この1冊ですべてわかる

新版

広報・PRの基本

The Basics of Public Relations

山見博康

Yamami Hiroyasu

日本実業出版社

はじめに

　本書は、広報・ＰＲの初心者が陥りがちな「5つの勘違い」を正すために生まれたものです。その「5つの勘違い」とは次のようなものです。

　1．広告は、カネがかかるが、広報は、タダだ！
　2．広報は、ニュースリリース配信が第一の仕事だ！
　3．広報は、記者と巧く付き合い、記事を書かせることだ！
　4．広報は、危機のときに初期対応さえ上手くやればよい！
　5．広報の最大の目的は、売上アップだ！

　広報・ＰＲの仕事に興味を持ったとき、このようなイメージを抱く人が多いのではないでしょうか？　実は、私もそうでした。カタールに駐在中のある日、「広報担当係長」の辞令を受けて、古巣の部署とは全く異なる新世界への挑戦に期待の傍ら、不安と心配を抱きつつ過ごしたものです。

　しかし、そんな心配は無用です。あなたは、広報・ＰＲの基本＋進化する先端のネットＰＲまでを網羅した本書によって、広報の「本質」を知り、仕事の正当な進め方に関する理解を深めることができるでしょう。

　本書は、すべて私が40年に亘り、大小企業において、実際に悩み、教えられ、体得して実践し、お客様を通じて、実証してきた精神のエキスです。

　本書をお読みいただきたいのは、次のような方です。

　▽広報・ＰＲの仕事に初めて就かれる同志
　▽基本から学び直し、一層の飛躍を志す経験者
　▽マスコミや広報・ＰＲの仕事に関心を抱く一般の人や学生諸君
　▽「ＰＲプランナー資格」（日本ＰＲ協会主催）受験を目指す勇士

　"広報"を学ぶことは、人としてのあり方や生き方の原点を学び、仕事の考え方や進め方の原則を学び、人と人とのコミュニケーションやコラボレーションの真髄を学ぶことでもあります。

　「読書は思索の代用品にすぎない」（ショウペンハウエル）としても、本書が、あなたの思索を助け、さらに深め、そして高めて、広報・ＰＲの基本を身につけ、直ちに具体的実践へと着実に導くように願っています。

　　歴史転換期に新版化の栄誉に感謝しつつ　令和元（2019）年12月　著者識

新版 広報・PRの基本◆目次

はじめに

第1章

広報の仕事を理解する

1 なぜ知名度を上げ、よりイメージを良くする必要があるのか？ ……… 14
Hero（ヒーロー）・Heroine（ヒロイン）を育てよう。

2 広報の仕事の「本質」…………………………………………… 20
ビジネスの最小単位である、行商の焼芋屋の活動を分析する。

3 広報担当者のミッションを意識する ………………………… 24
経営者が描くビジョンを社内外に伝える。

4 年間計画と一日の流れを把握する ………………………… 26
部署ごとの動きをつかみ、年間スケジュールに落とし込む。

5 広報・PRのネタを集める ………………………………… 29
新聞・雑誌のチェック、社内「御用聞き」で情報感度を高める。

6 取材用資料とニュースリリースを作る ……………………… 32
記事のネタになるような「見てわかる」資料を心がける。

7 取材をしてもらう …………………………………………… 35
一斉発表も大事だが、あくまで基本は個別取材。

1●8 広報イベントを企画・運営する ······················· 37
目的に合わせてイベント形態を選択する。

1●9 社内広報を行なう ······································· 39
紙とネットを併用し、社員とのコミュニケーションを深める。

1●10 社外向け情報を社内にも即時配信しよう ··············· 41
社内が活性化する情報をタイムリーに伝える。

1●11 ＩＲ広報を行なう ······································· 42
自社の健康状態を効率良く株主・投資家に知ってもらう。

1●12 「統合報告書」発行への潮流に乗る ··············· 44
「年次報告書」「ＣＳＲ報告書」……を統合しよう。

1●13 ブランド化するには ··································· 46
ブランドの本質をついた差別化と地道な情報発信がブランドを作る。

第2章

採用されるニュースリリースを作る

2●1 ニュースネタをキーワードで探す ······················· 50
さまざまなキーワードからニュース価値を考える。

2●2 記者の興味を惹くネタ ································· 52
USP・UDPを箇条書きしてみよう。

2●3 1つのネタから5つの切り口を案出する ··············· 55
1粒で5度おいしい切り口やメディアの組み合わせの妙を身につける。

2•4 集めたニュースネタを評価する ……………… 57
緊急か、時期尚早か、極秘かを判断し、適切な対処をする。

2•5 ニュースリリース作成時の5つのキーワード＋1 …………… 59
「簡・豊・短・薄・情込めて」が読まれる条件。

2•6 ニュースリリースの基本的な姿 ……………………… 61
定型にとらわれず、独創的に。しかしポイントは押さえる。

2•7 ニュースリリースにいかにインパクトをつけるか？ ………… 65
基本は読まれない。目立たせる、理解してもらうためのあらゆる工夫を。

2•8 ニュースリリースの戦略的表現を工夫しよう ……………… 67
同じことを伝えるにも言葉の選び方で印象は全く違う。

2•9 記者のニュースリリースの読み方と情報処理の方法 ………… 70
記者が記事にしやすい形で情報発信する。

2•10 テレビで取り上げられるニュースリリースの作り方 ………… 74
論理性と画をイメージできることがキーポイント。

2•11 テレビ番組への正しいアプローチの仕方 ………………… 77
番組内のコーナーまで調べ、ピンポイントで提案する。

第3章
一斉発表・個別取材の対応と公式見解・Q&Aの作り方

3•1 記事の出し方 9つの方法 …………………………… 82
「一斉発表」と「個別取材」を目的に応じて使い分ける。

3•2 一斉発表の具体的な方法 86
さまざまな方式、対象があることを理解し、適切なものを選択する。

3•3 記者クラブとその利用法 90
良いネタを提供できれば、効率的に記者人脈を築くことができる。

3•4 取材要請の具体的な方法 93
未知のメディアでも価値のある独自ネタなら対応は良い。

3•5 取材申し込みの具体的な受け方 97
通常テーマと事件・不祥事とで対応は大きく異なる。

3•6 取材対応時に広報が心がけるポイント 101
万全の記者対応サービスは双方にメリットを生む。

3•7 戦略的Q&A（想定問答集）作成法 102
Qは漏れなく多く、Aは部署間の差異を調整。

3•8 Q&A作成の実務ポイント 105
部署ごとに異なる見解を調整するのが広報の役目。

3•9 戦略的に作成し、3つに分けよ 109
言っていいこと、言わなければならないことの区別をしておく。

3•10 メディア・トレーニング（リハーサル）の意義・目的 112
経営者が誠実な振る舞いができるように、準備をしておく。

3•11 実践メディア・トレーニング①── 一斉発表・記者会見の場合 ... 116
リハーサルを通じて発表までのプロセスを確認。

3•12 実践メディア・トレーニング② ── 面談(・インタビュー)の場合　119
どんな取材をどうアレンジするかを前もって考えておく。

3•13 発表者に心がけさせたいポイント ……………………………… 121
発表者をうまくコントロールし、会見を成功に導く。

第4章

最大効果を上げるマスメディアの使い方

4•1 「すべてがメディア」という発想を持とう ……………………124
マスもネットも自分も含めすべてがメディア……全方位広報を！

4•2 マスメディアの種類と特徴 ………………………………………125
小さなネタも取り上げてくれる業界紙・誌を重要視する。

4•3 新聞社・テレビ局の組織 …………………………………………127
新聞社・テレビ局の組織を押さえて、広報に活かす。

4•4 企業とメディアは、"協力"も"対立"もする …………………130
対立よりも協力関係になることで双方にメリットが生まれる。

4•5 企業とメディアは、"共創活動" ………………………………132
記者と広報で、記事という「作品」を創り上げていく。

4•6 記事と広告との共通点と相違点 …………………………………134
広告から記事寄りになるにつれて視聴者・読者の信頼度は高まる。

4•7 メディア、記者への具体的なコンタクト法 ……………………136
相手先、内容によって手段は全く異なる。

1 • 8 記事・ニュースが作られるプロセスとスケジュールを知る ··· 137
ピンポイントでニュースにしてもらうために締切時間を意識する。

1 • 9 記者とのコミュニケーションと日々の心得 ····················· 143
日頃から記者を喜ばせることが、良い信頼関係を生む。

1 • 10 回答のプロになれ！ ··· 146
記者は質問のプロであると心得る。

第5章

インターネットを使った広報・PR

5 • 1 インターネットと広報 ·· 150
消費者が作り出す新たなネットメディアの積極的な活用を！

5 • 2 マスメディアとオンラインメディアの最新動向 ·············· 153
マスメディアも積極的にネットとの融合を進めている。

5 • 3 ネットの最新動向を知り、いかに広報活動に活かすか ····· 157
SNSやニュースなどをPRに活かす事例も増えている。

5 • 4 インフルエンサーを活用した広報・PR ························· 161
インフルエンサーを自社のPR戦略に組み込もう。

5 • 5 インフルエンサーと戦略的に付き合う ······················· 163
インフルエンサーの特性を知り、その姿勢を学ぶ。

5 • 6 インフルエンサー・マーケティングからアンバサダー・マーケティングへ ··· 169
SNSを広報・PRに組み込む流れに積極的に乗ろう。

5・7 ソーシャル・メディアをPRに活用する ………………175
小さなファンから多くのファンが！　小さな情報発信で拡散力を高める。

5・8 YouTubeなどの動画配信の最新技術を活用する …………177
インパクト波及力と即時性などウェブ動画の長所をPRに活かす。

5・9 選ばれる自社ウェブサイトの作り方 …………………………180
ユーザビリティを第一に考え、ブランド価値を高める。

5・10 自社ウェブサイトで広報力を高める …………………………183
おもてなしの心で自社サイトを構築する。

第6章

広報・PRの効果を測定する

6・1 調査結果の広報戦略への反映プロセス ……………………188
インターネットを活用した調査も広がっている。

6・2 調査結果のPRや自社戦略への応用 …………………………190
タイミング良く利用すれば、調査結果の戦略的な活用も可能。

6・3 プロがしている新聞記事の戦略的な読み方 ………………192
新聞社による記事のウエイト付けとその戦略的な読み方を理解する。

6・4 数値で示せる効果測定 …………………………………………195
広報・PRの効果を常に数値化する意識を持つ。

6・5 ネット上の情報を評価してPRに生かそう ………………197
ネット上の好評も悪評も把握して対策を講じる。

6 • 6　数値で示せない功績に使命感を！ ……………………………… 200
無から有を生む創造的実行・事態好転・危機未然回避を心がけよう。

6 • 7　報道の効果は、計り知れない …………………………………… 202
外部への影響以上に、社員への影響も。

第7章

事件・事故・不祥事へのリスクマネジメント

7 • 1　企業にとっての危機と対応 ………………………………… 206
不祥事を起こした後の対応こそ見られている。

7 • 2　危機発生から回復までのシナリオ ……………………… 208
危機発生後は回復線フローを想定し好転の手を打つ。

7 • 3　危機への事前対応 ……………………………………………… 210
とんでもない危機をも予測し、起きたときのための体制作りをしておく。

7 • 4　危機を最小限で乗り切る「７つの直」 …………………… 212
メディアは顧客代表。"率直・素直"が被害を最小限に抑える。

7 • 5　危機別対応フローチャート ………………………………… 214
危機の露呈の仕方を捉えて、的確な対応を戦略的に行なう。

7 • 6　「危機対策本部」を設置して即刻始動せよ …………… 216
情報に対する感性を研ぎ澄まし、一元管理して善処しよう。

7 • 7　なぜ記者会見を行なうのか？　どんな場合に行なうか？ …… 220
いつ誰が発表するかで、経営の姿勢が問われる。

7●8　公式見解－ニュースリリース作成 ………………………… 224
　　公式見解に基づいて個々に対応する。リハーサルも忘れずに。

7●9　危機収束時への配慮 ……………………………………… 226
　　危機への対応は企業の姿勢を示すチャンスでもある。

7●10　予期せぬ報道への対応 ………………………………… 229
　　予期せぬ報道にこそ落ち着いて、すばやく対応する。

7●11　最新のデジタルリスク対策 …………………………… 231
　　目に見えない情報を常に監視して先手を打とう。

広報・ＰＲを担当するあなたへ ………………………… 234
おわりに

巻末付録 ●ニュースネタ探しのキーワード32か条 ················· 242

巻末付録 ●PR会社の役割と料金設定と選び方のポイント ········ 243

巻末付録 ●トップ−記者面談立ち合い時の心得12か条 ············ 244

巻末付録 ●主要PR会社紹介 ································ 245

巻末付録 ●海外−国内PR会社相関図 ······················· 246

巻末付録 ●記事・報道の二次利用（引用・転載）許諾申請方法一覧 ···· 247

巻末付録 ●テレビ局ネットワーク一覧 ······················ 248

巻末付録 ●「ニュースリリース」有料配信会社のサービス比較 ···· 249

巻末付録 ●主要モニタリング会社のサービス比較 ················ 250

巻末付録 ●企業・団体・官公庁の広報アドバイス一覧 ············· 251

巻末付録 ●メディア幹部の広報担当者へのアドバイス一覧 ······· 275

巻末付録 ●広報・PRに使える！　メディアリスト ················ 288

巻末付録 ●広報・PR会社　分野別「自社紹介」リスト ············· 315

装丁デザイン／志岐デザイン事務所　秋元真菜美
本文組版／ダーツ

第1章

広報の仕事を
理解する

1 なぜ知名度を上げ、よりイメージを良くする必要があるのか?

Hero（ヒーロー）・Heroine（ヒロイン）を育てよう。

「大谷翔平って知ってる?」「もちろん!」と今や野球を知らなくても世界に知れ渡り、チームも「大谷のいるエンゼルス」となります。同僚は喜び、地元の人は誇りを抱く。この現象はどんなHeroでも、どんな場所でも当てはまります。その偉業の大きさに比例して世界に拡がり、その喜び・誇らしさは内側に向かうほど深くなるのです。

そんなHeroやHeroineが自社にいたら? 社員は喜び、誇らしい。自信も出来る。そこで悪心（あくしん）が消え、自律心が芽生え、良い商品を作ろうとし、喜ばれるサービスを提供したくなる。顧客や取引先・社会の人々も喜び、誇りを抱くでしょう。誰もがHero・Heroineに夢・憧れを抱くのと同様に。

世界に冠たる企業の社員とその周りの人たちの心情や憧れのブランド品を身につけたときの密かな嬉しさや誇らしさを思い描くと、よくわかります。

ただし、有名になるのは数々の報道がなされてからのこと! その偉業も人伝に聞くなり、マスコミ報道あって初めてわかること! 良い記事、喜ばれる報道というのは、優れた経営活動によって社員の躍動から生み出される顧客や社会に役立つ商品やサービスがあり、然るべき業績あってのことなのです。

それは、革新的な新技術開発、画期的な新商品であり、全社一丸つまり「One Team」となった経営活動による優れた業績から生み出されるものでなければなりません。それを実行するのは、経営者をはじめ社員1人ひとりであり、それを支える関係会社・協力会社群とその社員たちの精魂を傾けた仕事ぶりであり、さらには家族の協力あってのことです。

小手先では長続きする道理はありません! 言葉で飾り、化粧が過ぎるといつか必ず暴かれます。今やネットで一瞬に! 「誰も永遠に仮面を被り続けることはできない。偽装はやがて自己の本性に立ち帰る」（ルキウス・アンナエウス・セネカ）からです。

まず、このHero・Heroineの本質をしっかりと胸に刻みつけましょう。

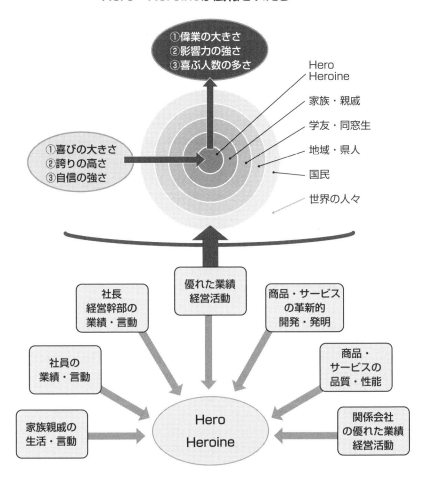

▶ Hero・Heroineが広報されたら…… ◀

①偉業の大きさ
②影響力の強さ
③喜ぶ人数の多さ

Hero
Heroine

家族・親戚

学友・同窓生

地域・県人

国民

世界の人々

①喜びの大きさ
②誇りの高さ
③自信の強さ

社長
経営幹部の
業績・言動

優れた業績
経営活動

商品・サービス
の革新的
開発・発明

社員の
業績・言動

商品・
サービスの
品質・性能

家族親戚の
生活・言動

Hero
Heroine

関係会社
の優れた業績
経営活動

　「"そこそこ広報"でいい」と広報の努力を怠る社長、軽視する幹部や社員がいるとしたら、彼らは次の3つのチャンスを逸しているのです。

1. 顧客・社会への説明責任を果たすチャンス
2. 顧客増、売上増を図り、業績を向上させるチャンス
3. 人に喜び・誇り・自信・社会的責任の自覚から芽生える自律心を与えるチャンス

それは、3つの重大な背任行為であることを恥じなければなりません。

広報の重視は、経営者・社員1人ひとりの義務・使命！
広報の軽視は、経営者・社員1人ひとりの怠慢・傲慢！
広報の無視は、経営者・社員1人ひとりの不作為の罪！
　＝「或ることをなしたために不正である場合のみならず、
　　　或ることをなさないために不正である場合も少なくない」
　　　　　　　　　　　（マルクス・アウレーリウス『自省録』）

　ここで直ちに自省しましょう！　「このような義務・使命を十分に果たしているのか？」「自ら気高い会社の社員たる資格があるのか？」と……。そうでなければ、その椅子に座するに値しない、と魂に恥じて自戒すべし！　改めるのに躊躇したりしている時間はないのです。
　広報は崇高にして典雅なる経営の仕事！　あなたは、経営者と共に、それを率先する重要な任務に誇りと使命感を持って、日々の業務を遂行しなければなりません。
　「高い人間とは、自分の上に高いものを持っている人間にほかならぬ。自分より高いものを自分の上に持たぬという意味で絶対的なのは、ただ低い人間だけである」（ジンメル『日々の断想』）。

▶ 「広報」を軽視する経営者や社員は？ ◀

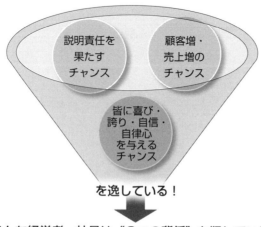

説明責任を果たすチャンス

顧客増・売上増のチャンス

皆に喜び・誇り・自信・自律心を与えるチャンス

を逸している！

こんな経営者・社員は"3つの背任"を犯している!!

❖ 長期的・継続的観点からの広報活動循環プロセスを理解しよう

　"広報で直ちに売上アップを"との考えは、短絡的で実際持続しません。「広報活動の真の成果は循環する」と永続的に捉えることが正当です。下の「広報活動循環スパイラルのプロセス図」を脳裏に刻みつけてほしい。

　1つの良い記事でもそれを取り巻く人たちにビジョンが浸透し、活性化し、帰属意識やモチベーションが高まる。それが重なれば社員は自信と誇りを抱き、業務遂行の責任感も向上、社員が社会的責任の自覚を持つようになり、"○○の社員たる者はかくあるべし"の自律心の芽生えを感じて、ビジョンや行動規範に則って言動する。家族や子供・親戚まで周りの皆が喜び、誇らしい気持ちになる。"善い報道"は、社内外に大きな効能があるのです。逆に"悪い報道"は、反省・改心の機会を与えてくれます。

　その結果、顧客や社会に役立つ仕事を自発的にするようになって顧客が増え、売上が上がり、会社は成長発展する……つまり、経営の根幹としての真の広報活動とは、そのようなプロセスをスパイラル的にきちんと循環・高揚させることです。社長・社員・製品が愛され尊敬される著名な人・物で、常により良い話題として報道されている……このような現象が

▶ 広報活動循環スパイラルのプロセス図 ◀

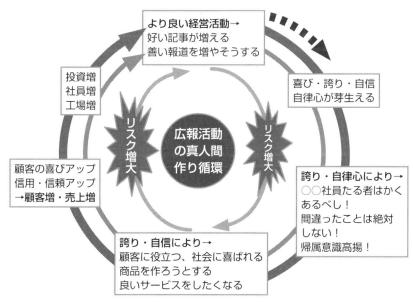

続いていくのが容易に想像できるでしょう。

　1人ひとりが眼前の人に良いイメージ・信頼感・安心感を与えようと日々実行する風土・仕組みを築き上げる……どんな企業も然り！　それをスパイラル的に循環させることが経営における広報活動の真髄なのです。

◇「3つの品」のリードによる知名度向上が危機を遠ざける

　知名度＝売上アップを期待する……の短期的終焉は自明です。

　大金を使い自画自賛で有名になっても、品質が劣り期待に外れ、社員の対応に配慮を欠けば、たちまち滑落する。すなわち、知名度上昇の何倍もの「リスク」増大を常に恐れ、それに備えるべく、製品＆社員両方の品質向上促進の仕組みとその下落監視・阻止・改善体制を構築すべきです。

　正統には、①社員の品性、②商品の品質、③会社の品格という「3つの品（ひん）」がこの順序で常に高度化し、その進化・深化に比例して知名度やイメージが向上していくプロセスが理想。「気品とはその人から発する内面的な香りとも言え、人間の値打ちのすべてを言い表す」（森信三『修身教授録』）ので、人→商品→会社の三位一体の高度化が先導して、知名度・イメージが後を追っていきます。それに伴い、徐々に信頼性が向上して、長期的に名声が高まります。善い品性の社員しか良い品質の商品は創れないのです。

　人は、指を切ると、血小板が直ちに集合して血液の凝固を助け出血を止める。傷口から悪い菌が侵入すれば、間髪入れずに白血球が出動して即刻退治する。ところが彼らがさぼり、見て見ぬ振りをするとどうなるか？は明白です。血液（情報）は漏れ続け、侵入した悪い菌はのさばり蔓延（はびこ）る。そこで常に指先の動向に細心で気を配り、ちょっとした過ち・少しの不具合でも直ちに見つけ、即座に正す人物を育てよう。そんな組織風土構築に日々啓発努力するのが、正に経営の使命だ！

　この原理に照らせば、「バイトテロによる不適切動画配信事件」の本質は、"動画配信"ではない！　撮影現場で"誰も咎（とが）めなかった"つまり「白血球がさぼった！」「見て見ぬ振りをした！」ことです。NHK「ダーウィンが来た！」（毎週日曜19：30～20：00）の生き物たちが外敵から身を守る間断なき注意・防御姿勢を見習いましょう。

　不適切な電話応対やあるまじき態度1つを、直ちに断固注意しあう敏感

な、しかも厳格な社員を育てていくべし。そんな風土醸成が経営の責任であることを自覚しなければなりません。

どんな企業でも、人と同じく、いつでも、誰にでも、どの部署にでも起こり得る。油断すればすぐ"メタボ"になりやすい。メタボになれば、指先（社員）の感度が低下、叩かれてもわからないほど、鈍感になっていく。そうならないように、私たち1人ひとりも、企業自身も日々、心身の健康増進を図らなければなりません。この機にそれぞれの立場で我が身と我が部・我が社を振り返ってみましょう。

良い細胞が善い人間を作り、良い人間が善い会社を造るのです！

「重要なことは、明日何をなすかではない。不確実な明日のために、今日何をなすかである」（ドラッカー『マネジメント』）。

▶「3つの品」、知名度、発生リスク、発生後クライシス度の相関図 ◀

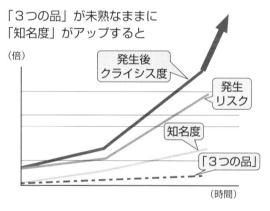

「3つの品」が未熟なままに
「知名度」がアップすると

①危機発生リスクは急に上がる
②発生すると大きな危機に陥る
③人心が離反劣化し長く立ち直れないし、衰退する。最悪消滅も！

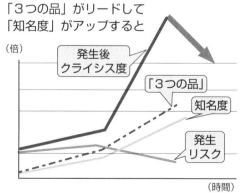

「3つの品」がリードして
「知名度」がアップすると

①危機発生リスクは急に下がる
②発生すると極大な危機に陥る
③「3つの品」が躍動し早く立ち直る。反省し、さらに成長へ！

広報の仕事の「本質」

ビジネスの最小単位である、行商の焼芋屋の活動を分析する。

　行商の焼芋屋さんは、まず芋を仕入れ、焼いて価値を高めて商品にします。一軒一軒訪問販売し、街頭では「イシヤキイモ〜！」と大声で叫んで、販売を拡大します。この「叫ぶ」は多くの人に「知らせる」行為です。人は、お釈迦様でも「知らないものは買えない」「知らせなければ買っていただけない」のです。したがって、売る前に必ず「知らせる」活動が不可欠。「価値作り」から「売る」行為には、「知らせる」なくして決して直接には結びつきません。「広く知らせる」ことはまさにビジネスの基本であり、「経営の一部」なのです。お客様に適切に知らせる能力が顧客を増やす原動力となり、その優劣がライバルとの競争の勝敗を左右します。この真理は、どんな時代になろうとも不変です。**お客様が知らない企業は存立し得ない。広報の能力＝成長の能力**なのです。**買っていただけないのは知らせる努力が足りない**、と我が身・我が社を省みましょう。

　企業は、行商と同じく、お金（カネ）で原材料である物（モノ）やサービスを仕入れ、人（ヒト）が情報等の付加価値をつけて、企業や人々に役に立つ商品・サービスに転換し、狙いの市場（マーケット）に適切に知らせ、消費者に購入してもらう、これが基本的なビジネスサイクルです。

　今日は、嗜好の多彩化、品質の多様化、価格の多角化により、いまや量より質、価格より価値が優先されます。規模の大小にかかわらず、**QPDDS**＝Quality（品質）、Price（価格）、Design（デザイン）、Delivery（納期）、Service（サービス）の創造的価値を重視し、これらの価値をいかに適宜・適切・タイムリーにお客様に「知らせられるか」が広報活動なのです。

　この「知らせる」には、①１人ひとりに知らせる、つまり電話応対や面談から始まることを肝に銘ずべきです。ところが、少し離れたら聞こえなくなるので、②大声（メガホンやスピーカー）で知らせます。しかし、もっと遠くの多くの人たちにはどうするか？　そこで、巨大なスピーカー＝知らせる手段・武器を持つマスメディアやネットメディアの協力を得て第三者の目を通して、広報活動（知らせる活動）を実行するわけです。

◇自分と組織と一致させよう

「一日一生」とは古人の言葉ですが、私たちは朝小さな生を受け、日中に活動し、夜眠るとともに小さな死を迎えます。日々の、その循環が人生です。人は裸で生まれます。富みも貧しきも隔てなく、母親のお乳で成長し、親や教師の教育により生活習慣を覚えていきます。成人して、社会人としての規範・法令・慣習、人としてのあり方・倫理観を身につけます。

▶ 「広報は経営」が一目瞭然！ ◀

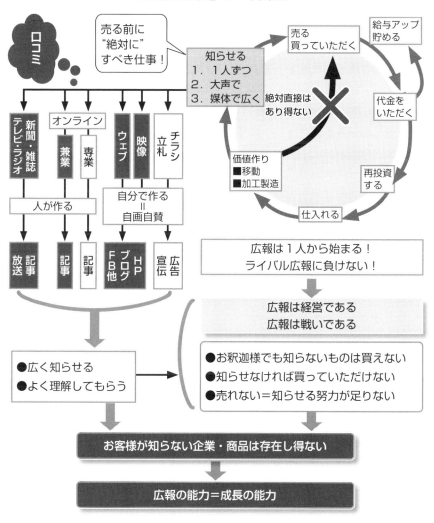

人は、国、地域、所属する団体や企業のどれかに属し、成長につれてT＝Time（時）、P＝Place（場所）、O＝Occasion（機会）を考えて、はど良い化粧を施し、場にふさわしい服装を整え、適切な態度をとります。

　会社もベンチャーとしてハダカで生まれます。ある商品・サービスを基に起業し、売上、利益を得て生きていきます。"法人"として法令を遵守し、企業倫理に沿って経営します。

　さあ、ここで自分自身のことを考えてみましょう。

　人の活動はすべて脳の支配下にあり、神経や血液により司られています。脳の指令に基づき指先は善行もすれば悪行もします。正しい指令なくして善行はありません。神経による指令や血液が滞れば、指先は「壊死」し、末端情報が詰まれば「脳死」に近づく……メタボ状態です！　人は脳と指先（末端）との情報交通で生きているのです。

　会社は法人で、トップは脳、社員は指先です。すると脳死・壊死の関係が歴然とわかります。トップの考えが正しければ社員は正しく動き、さもなければ社員の行く方向は危くなります。トップが緩めば社員はもっと緩み、トップが誤れば社員はさらに誤るのです。

　また、各関節に陣取る管理職にも脳死・壊死があります。いつも自らを点検して決して根を腐らせてはなりません。会社もトップ⇔管理職⇔社員間の情報が円滑かつ迅速で、タイムリーに社内へ交通（コミュニケーション）してはじめて日々を正しく生きられるのです。

　「広報とは、ビジョン実現を目指して、内外への適切な情報交通で"善"に向かって会社を"司"り、真人間（真の会社）に導く永続的経営活動である」というのが本質なのです。決して情報を滞らせてはなりません。この情報基地「顔」が広報。脳に密着して延髄の如く脳幹を構成し、見えない情報をも見ようとし、聞こえない情報をも聴き、微かな臭いでも嗅ぐのです。五感で情報を得て脳の指令の中で外部へ言うべきことを口で発し、内部へは組織ルートで指先まで伝達するのです。

　そこで、大切なのは第一義的に、「To be good」（いかに善くあるべきか！）を考えることです。次に「To do good」（いかに善く行なうべきか！）を実行するのです。この順序を決して間違えてはなりません。また、"司る"には"倫理観"や"道徳観"が含まれているので、広報担当者は、一貫して小事も地道に日々継続する必要があるのです。

▶ 広報は企業の顔と神経 ◀

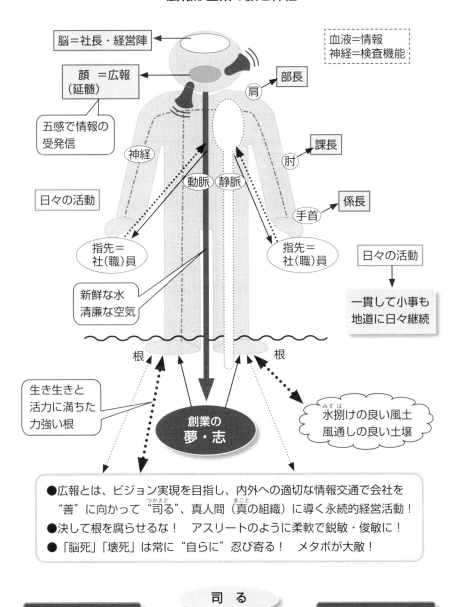

脳＝社長・経営陣

血液＝情報
神経＝検査機能

顔 ＝広報
（延髄）

部長

肩

五感で情報の
受発信

神経

課長

肘

動脈　静脈

係長

手首

日々の活動

指先＝
社（職）員

指先＝
社（職）員

日々の活動

一貫して小事も
地道に日々継続

新鮮な水
清廉な空気

根

根

生き生きと
活力に満ちた
力強い根

水捌けの良い風土
風通しの良い土壌

創業の
夢・志

●広報とは、ビジョン実現を目指し、内外への適切な情報交通で会社を
　"善"に向かって"司る"、真人間（真の組織）に導く永続的経営活動！
●決して根を腐らせるな！　アスリートのように柔軟で鋭敏・俊敏に！
●「脳死」「壊死」は常に"自らに"忍び寄る！　メタボが大敵！

司　る

To be good !

To do good !

3 広報担当者のミッションを意識する

経営者が描くビジョンを社内外に伝える。

近年、広報の重要性がますます高まり、社長直轄の部署として、**広報部**や**コーポレート・コミュニケーション部**を置く企業が一般的です。

広報を重視する企業は、広報部門に第一級の人材を投入します。さもなくば、ライバルに後れをとるからです。広報担当に役員を登用し、CCO（Chief Communication Officer＝最高広報責任者）を置き、経営の情報戦略機能を強化充実させるのは、情報戦略が企業の盛衰に直接関わることを認識しているからに他なりません。

国には、国の歴史があり、民族や宗教のあり方によって国のビジョンが掲げられ、それに向かって国政が行なわれます。日本であれば首相が、米国では大統領が執権を握り、国を統治するのです。

会社も同じ。創業の夢や志により、会社のビジョンが掲げられ、最高経営責任者＝ＣＥＯである会長もしくは社長が経営を執行します。

国の方針は首相が国民に伝えますが「官房長官」が代弁します。米国では「大統領報道官」です。

会社では広報担当者となります。社長が企業ビジョンの「唱道者」で、広報は、社内外への「伝道師」の役割を担うのです。

その広報業務には多面的な役割があります。社外に対しては「会社の顔」として最前線に立ち、「社会へ開かれた窓」としてメディアを通じて対外的に公言するなど、積極的な情報開示を行ないます。

社内的な役割も重要です。「経営参謀」としてトップへ助言し、時には忠言する立場にあり、企業ビジョンは元よりトップの考え方・戦略や社員への期待などを常に社員へ浸透させる重要な役割があるのです。

また、広報には、**広く知らせる「広報」**に加えて、**広くきく「広聴」**という役割も大切です。これには、お客様相談室との緊密な連携が不可欠です。

「きく」には、「聞く」「聴く」「訊く」があり「広聴」はそれを総称しています。状況に応じて、多様な「きき方」を駆使して、価値のある情報入手に励み、起こり得る問題の芽を早く摘み取ることも広報の役割の１つ。

広報は会社の五感！　肌で感じ臭いを嗅ぎ、耳目や口になるのです。

　あなたは、トップの分身としての自覚と、こうした多様な広報の重要性や役割を正しく理解し、率先してその役割を遂行しましょう。「人間はだれも、自分の力にかなうかぎり、他人の幸福をはかる義務がある」（デカルト『方法序説』）。その成果が、未来を切り拓いていくのです。

▶ 広報の使命 ◀

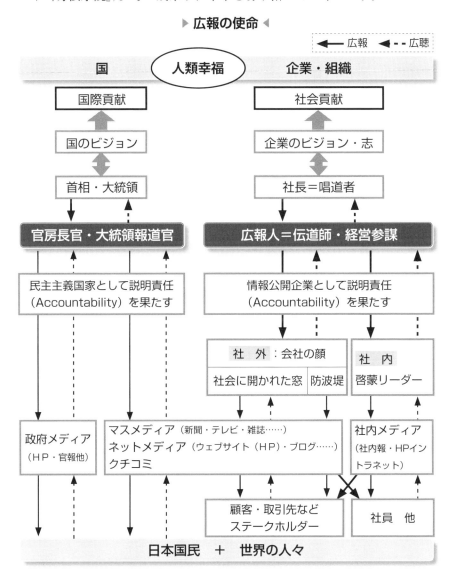

年間計画と一日の流れを把握する

部署ごとの動きをつかみ、年間スケジュールに落とし込む。

　年間の主な広報業務は、年度初めにまず「年中行事」を押さえ、それから諸活動を追加していくと円滑に進められます。

　まず、株主総会、取締役会や経営会議などの重要会議を押さえます。次に各部署のヒアリングによって、毎月行なわれる定例会議の動向やそれぞれの主な年間行事、重要な活動を把握し、それを年間スケジュールに落とし込んでいきます。そこにそれらの行事に伴う広報の準備内容やスケジュールを具体的に付加していくことによって、詳細な広報業務予定表が完成します。

　特に押さえておくべき部署は、次の通りです。

○**企画**：全社経営活動の中枢で短・中長期経営戦略を司る最重要部署。全社予算を統括するので、経営に関する予定は大体ここで把握できる。取締役会や経営会議などの予定もすべてわかる
○**人事（労政）**：定期人事・組織変更、新規採用人数、教育研修関係、福利厚生関係、定年退職、女性共同参画、ワークライフバランスなど
○**営業**：営業戦略、主力商品の販売見通し、大型・重要商談の動向、営業形態変更、営業拠点新設・統廃合、販促イベントなど
○**技術・技術開発**：新技術・新商品の開発状況、特許・実用新案などの申請状況、中長期研究開発計画など
○**工場**：生産状況・工程管理上の問題、生産数量・工場稼動予定（修理による休止）、品質検査、工場イベント（オープンハウス）等行事予定など
○**秘書**：面談アレンジ、年頭所感作成、取締役会他重要会議日程、社長・会長の（海外）出張日程、重要な外部会合など
○**ＩＲ**：アナリストやファンドマネジャーを集めての経営方針や企業理念を紹介する企業説明会、スモールグループ・ミーティング、決算発表およびそれに伴う決算説明会など。発行物としてはアニュアルリポート（年次報告書）、ファクトブック、事業報告書、株主通信など

○**広告宣伝、マーケティング**：広告出稿計画、各種販促イベントなど

　あなたは新任広報担当として、各部を"御用聞き"し、公表したい案件をリストアップして年間日程に追加していき、いつもアップデイトされた最新の日程表を作っておくのです。

　広報担当者は、現場・現業部門に対して先手で準備を促すこと。待ちの姿勢では後手に回ります。「お知らせ広報」になってはいけません。

▶ 年間広報活動例（上場会社３月期決算の場合）◀

月	メディア関連		IR（株主・投資家向け）関係	行事
1	社内向け社長年頭の辞			賀詞交換会 記者クラブ新年会
2			第３四半期決算発表 年間日程策定とIRツール検討	研究開発会議出席
3	新年度経営方針発表 ４月１日組織改正人事異動発表 入社式資料配布	新製品発表	IRツール制作業者と企画検討	
4	入社式社長挨拶文配布 入社式取材対応 経営計画発表 決算発表ニュースリリース等作成準備開始		決算発表準備開始（資料作成） 決算発表説明会準備 各種IRツール作成作業開始	販売会議出席
5	決算発表 株主総会準備 役員人事発表	新規営業体制発表	決算発表説明会	記者懇親会
6	株主総会		有価証券報告書・IRツール作成	生産会議出席
7	新任役員個別面談アレンジ		第1四半期決算発表	記者クラブ 工場見学
8		夏季イベント開催	アニュアルリポート発行	記者懇親会
9	創立記念日メッセージ作成			
10	新製品展示発表会 中間決算ニュースリリース等作成準備開始		中間決算発表説明会準備	商品企画会議出席
11	中間決算発表		中間決算発表 中間決算発表説明会開催	記者懇親会
12	メディア向け社長年頭所感作成配布 １月１日組織改正人事異動発表		各種IRツール完成 半期報告書提出 （セミアニュアルリポート等）	記者クラブ納会

次に、広報の一日の仕事の流れを把握しておきましょう。

担当者が（交代で）始業前から出社して、速やかに主要メディアチェックを行ない、重要記事はクリッピングし「ニュース速報」を作成、対象ごとに分けて配布します。それによって、トップや経営幹部は出社するや否や、その日の主な関連情報に目を通し、必要に応じて直ちにアクションを取ることができるのです。広報担当者は、

①どの記事に着目しクリッピングするか？（その理由）

②どのクリッピングを誰に配布するか？（その理由）

にその力量が問われることになります。次第に高いレベルでのクリッピングを目指すことが大切な心構えです。

参考までに典型的な一日の業務例を挙げておきます。

▶ 広報ディレクターのある一日 ◀

Uber Japan株式会社　コミュニケーション部
ディレクター　今井久美子さん（広報歴15年）

「Uberでは、火曜と木曜がオフィスへの出勤日に設定されており、リモートと対面でのコミュニケーションを柔軟かつ効率的に活用しています。さらに、社員の健康とウェルビーイングを大切にしており、朝食と昼食、飲み物などが無料で提供されている他、多様な食事ニーズを持つ社員のために、ベジタリアンやビーガンメニューも取り揃えています」

8:00	自宅にて米国本社のチームとビデオ会議（英語）
9:00	通勤しながらニュースチェック
9:30	出社　メールやスラックでの問い合わせ対応
10:00	公共政策チームとマーケティングチームとの合同会議（英語）
11:00	PR代理店との定例ミーティング
12:00	社食にてランチ、社員と交流
13:00	記者レクチャー
14:00	資料作成（インタビューブリーフ、PRプランなど）や予算調整など作業
15:00	代表インタビュー立ち合い
16:00	広報チームメンバーと1 on 1
16:30	記者発表の会場下見にUberで移動
18:00	外出先から帰宅、自宅にて問い合わせ対応や報告書作成など作業
19:00	終業

※電話対応は随時、メール、ニュースのチェックは適宜空き時間に行なう

広報・PRのネタを集める

新聞・雑誌のチェック、社内「御用聞き」で情報感度を高める。

◇ メディアクリッピングをする

　広報業務は、毎朝のメディアチェックから始まります。自社や業界に関連のある新聞記事、雑誌記事、あるいはテレビ等をチェックし、クリッピングしていきます。また、インターネットによる情報のチェック、自社ウェブサイトへの投稿メールやクレームへの対応も確実にこなしていきます。

　社内では広報担当者ほど、複数のメディアをチェックしているポジションはありません。いわば、広報は「最大の情報受発信基地」です。メディアチェックは、情報に対する感性を養う絶好の機会ですので、それを単純作業と見ずに"自分の成長につながる仕事"と確信して取り組みましょう。

　メディアチェックの際、①自社（子会社・協力会社を含む）、②ライバル他社、③顧客関係、④業界関連記事まではクリッピングするのが普通ですが、さらに、⑤将来、会社に関係あり（でき）そうな記事にも目を光らせ、なるべく集めることです。記事や情報を俯瞰する習慣がつき、自然と視野が広くなります。クリップする際には、新聞であれば次のことにも注意し、情報の重要性を意識しましょう（192～194ページ参照）。

①**掲載場所**：１面なのか、経済面なのか、アタマ（右肩）なのか、ヘソ（中段）なのか
②**見出しの大きさ**：「白抜き」か「4 or 3段抜き」見出しか
③**本文のトーン、語尾**：肯定的（好意的）か、懐疑的か、否定的か

　上記を踏まえながら、これからの自社戦略にどんな影響があるのか？業界全体にどのような影響が考えられるか？　を考えます。部署単位や自分自身に関連する記事もクリップできると、なおいいでしょう。それらの情報を関係ある部署や社員に提供すれば、喜ばれるだけでなく広報の仕事も進めやすくなります。誰もが洗練された情報は欲しいものなのです。

そして、トップなどへクリップを配布する際に心がけたいのが、「自分のコメント」を添えることです。ここで「コメントをつける」能力向上を目指しましょう。そこに個々の独創力発揮のチャンスがあります。コメント力は自らの存在意義を確かなものにし、かつ、直言できる広報担当者になるために必要な能力です。新任であろうと、記事や情報に関して常に"私見"を述べる気概を持つことが大事です。この訓練を積んだ人とそうでない人との成長の差は歴然となります。

◇社内でネタを集める

　広報担当の特権の1つは、新任といえども、役員会などを除けばどのような会合にも少なくともオブザーバー（傍聴人）で参加できることです。ＩＲミーティング、研究開発会議、営業会議、生産会議等々、社内定例会議にできるだけ参加することです。それにより、いくつかの利点があります。

①社内の情報に早く精通できる

　広報の仕事は幅広い社内知識を必要とするので、新入社員でいきなり広報担当になるケースよりも、どこかの部署からローテーション人事によって担当するケースのほうが多いものです。その場合、全社のことを早急に把握する必要がありますが、これらの会議に積極的に出席することが知識の多様化・拡大に大いに役に立ちます。

②社内人脈作り

　多くの人と会え、名前と顔を覚えてもらう絶好の機会です。

③工場や支社・営業所等に出張できる

　工場の人や地方にも人脈ができる。また、見聞を広げられる。

　正規メンバーでもオブザーバーでも、メンバーに入れてもらうと、いつでも参加できます。常に最新ニュースや社内情報を流してもらえるルート作りにもなります。

　積極的な出席は親近感を生み、その部署のキーパーソンを見出すことができます。また、出席すること自体が、有形無形に広報担当のＰＲになり、広報の理解者・協力者を増やすことになり、仕事がしやすくなります。待ちの姿勢でなく"御用聞き"に徹することが要諦なのです。

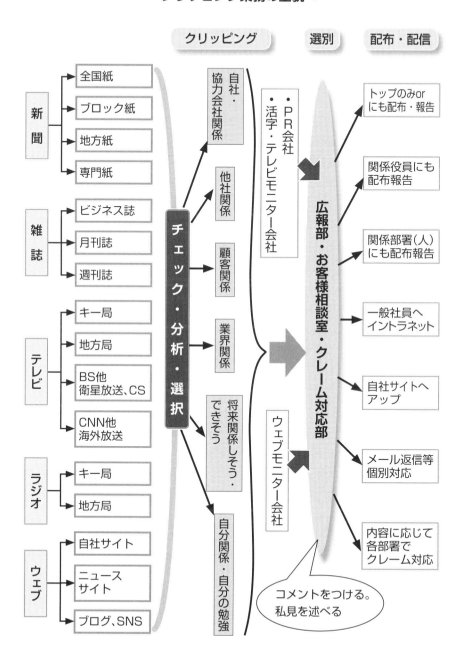

▶ クリッピング業務の全貌 ◀

クリッピング 　選別 　配布・配信

新聞
- 全国紙
- ブロック紙
- 地方紙
- 専門紙

雑誌
- ビジネス誌
- 月刊誌
- 週刊誌

テレビ
- キー局
- 地方局
- BS他衛星放送、CS
- CNN他海外放送

ラジオ
- キー局
- 地方局

ウェブ
- 自社サイト
- ニュースサイト
- ブログ、SNS

チェック・分析・選択

- 自社・協力会社関係
- 他社関係
- 顧客関係
- 業界関係
- 将来関係しそう・できそう
- 自分関係・自分の勉強

・PR会社
・活字・テレビモニター会社

ウェブモニター会社

広報部・お客様相談室・クレーム対応部

- トップのみorにも配布・報告
- 関係役員にも配布報告
- 関係部署(人)にも配布報告
- 一般社員へイントラネット
- 自社サイトへアップ
- メール返信等個別対応
- 内容に応じて各部署でクレーム対応

コメントをつける。私見を述べる

取材用資料とニュースリリースを作る

記事のネタになるような「見てわかる」資料を心がける。

　新任担当者にとって、資料作りほど有益な仕事はありません。一斉発表でも個別面談でも、会社や商品・サービスの内容を的確に短時間で理解してもらう資料が必要になります。ニュースリリース（以下、ＮＲ）が最たるものですが、それ以外の主なツールは次の通りです。

○ニューズレター

　一斉発表までのニュース性はなくても興味をもってもらえそうなネタや発表機会を逸したネタは、「お知らせ」的にニューズレターとして定期的あるいは不定期に郵送またはFAXで発行します。並行してメルマガで流すと良いでしょう。テーマは、企業動向、プロジェクト動向、新製品動向やトレンドなどさまざまで、調査データ、エピソード、メセナ活動、ボランティア活動など公式に出せるものは"new"でなくてもかまいません。発信することで、企業の躍動感向上にもつながります。経営指針、企業動向、新製品や売れ行き動向の解説、外部識者による寄稿、海外情報の翻訳、わかりやすい技術解説、話題のテーマに関する独自の分析や見解などを加え、記者のみならず、業界の評論家、フリーライターへの伝達ツールとして活用できます。自画自賛を避け、社会性ある視点からまとめることです。写真やイラストを多くし、一目でわかりやすくすることに加え、人間的なエピソードや情緒的な要素をストーリーにまとめると、記事の切り口のヒントにもなります。ＮＲと異なり、一度に複数テーマの掲載も可能ですので管理用の"通し番号"をつけておくと便利です。

○「会社案内」「入社案内」「商品カタログ」「啓発パンフレット」等小冊子（広告担当と連携）
○「会員誌」「会報誌」：限定顧客への定期刊行物
○「ファクトブック」：自社の経営活動の推移や商品シェア・業界の位置などに関して、主に数値で示した小冊子。メディアへの説明に有用。

◇「ファクトブック」を作る

　会社概要は一般向けに記述したものですが、広報としては、記者向けに数字的な観点から押さえた「ファクトブック」作成を推奨します。

　これは、新任担当記者や初めてお付き合いするメディアへの説明に有用であるばかりでなく、ＩＲ用、つまり投資家や株主への説明にも最適であり、さらには、営業や購買その他、お客様と接するあらゆる部門で有効に活用できるからです。

①共通ポイント

　　＊過去5〜10年間の業績推移（単体・グループ）
　　＊他社との差別化ポイント
　　＊主力商品説明と業界におけるポジション
　　＊全社および事業部や商品別の売上高やシェア（市場占有率）をグラフ化
　　＊採用状況の推移（大卒高卒・男女・技術系事務系別）
　　＊従業員数の推移（男女別、年齢別）
　　＊歴史・経緯（歴代社長と在位期間等を含む）
　　＊日本、海外拠点（住所等連絡先）
　　＊グループ（関係）、会社の概要と拠点（住所等連絡先）

②オフバランス 資産の強調

　　＊顧客資産（全売上高に占める重要顧客の割合・リピーター数等）
　　＊取引先との関係
　　＊社員の能力（外部表彰者、博士の数等）
　　＊社名ブランド価値
　　＊特許保有数・IP知的資産価値

　以上の項目は、企業規模や業務内容によっても変わります。それぞれどんな項目が必要かを検討してください。

　新任広報担当者のあなたとしては、もし、「ファクトブック」がまだなければ新規作成を、すでにあれば、その更新を担当し、その充実に向けて写真やグラフ、チャート、一覧表などを追加・改善したり、新たな項目を

追加するなどを工夫すべきです。相手の立場に立って、一目でわかる、つまり "見てわかる" ように検討を加えるプロセスは、健康診断のように、会社を項目ごとに客観的な数字で表すことにより、会社の概要や社内での各部署の立ち位置、さらには業界でのポジショニングを数字で把握し、より詳しく、しかも大局的な視点から学ぶために大いに役立つでしょう。いわば、「健康コンテスト」に向けたアピール資料とも言えます。

◇ メディアリスト

　メディアリストとは、一般には「ニュースリリース配信先リスト」ですが、それに「親派記者リスト」も入ります。一般紙記者はよく担当替えになるので、人事異動や昇格人事に気をつけて、異動があれば後任への引き継ぎをお願いすること。

　本人からの情報に加えて、新聞の人事情報に敏感になり、いつも気をつけてこまめなリスト更新が不可欠です。誰でも、異動直後に新しい所属や役職へ送られるほうが良い心証を抱くことでしょう。

　広報担当になったら、メディアリストを1人でも増やすことと親派記者の人数を増やすことを心がけることです。先輩が築いた人脈をベースに、より多くの記者と付き合い、1人ひとり着実に増やしていく。親派記者は企業の資産であり、次世代への大切な財宝、その充実を楽しむのです。

◇ 役員の写真更新整理

　自社の役員は定期・不定期に替わりますので、手持ち写真の更新に気を配り、常に新しいものにしておきましょう。新聞社等に提供している写真も差し換える必要があります。役員改選時にまとめて写真を撮り直すことも可能です。

　新任役員は新たな撮影が必要ですが、留任役員については、本人に個別に意向を問い合わせます。撮り直したいという役員と、今の写真がいいという役員がいるからです。

　これらは個人の意思を尊重すること。ただし、表情については会社のビジョンや与えたいイメージを優先し、時には撮り直すよう要請することも大切です。トップの場合、フォーマルな服装から異なったアングルや表情の写真など状況に応じたものを複数準備しておきましょう。

取材をしてもらう

一斉発表も大事だが、あくまで基本は個別取材。

◇一斉発表

　メディアへの露出方法の1つで、広報の最重要業務に「一斉発表」があります。これは、会社や組織として、①公式に、②伝えるべきこと、または伝えたいことを（活動内容や新しい事柄などの情報）、③伝えるべき人たち、または伝えたい人たちに（顧客や社会の人たちなど複数）、④伝えるべきとき、または伝えたいときに、⑤伝えるべき方法、または伝えたい方法で（直接か間接か、口頭か書類か、両方か）伝えることです。

◇社長・役員との個別面談

　トップや役員と記者との一対一の面談アレンジは、広報のきわめて重要な戦略的業務の1つです。

　広報担当者はこの業務をいかに増やしていけるかが、一斉発表業務にも増して、広報業務に精通する道です。役員面談を増やすことは、記者と会う時間と回数を（ライバルよりも）増やすことになります。また、それによって自分自身も記者と多く接触できるのです。

⑴企業からアレンジする場合

　①あるニュースネタを特定記者に書いてもらいたい場合
　②ある役員とある記者との懇親を深めつつ、重要テーマを話したい場合
　③特定のテーマや業界の旬の話題等を戦略的に出したい場合
　④新任役員紹介の場合

⑵取材申し込みの場合

　記者からある特定のテーマで取材申し込みがあり、面談希望者が決まっている場合には、その役員の了承を得てアレンジを進めます。もし、指名がない場合には、テーマに相応しい担当役員を検討し、了承を得るのも広報の大切な役割です。時間・場所等も適宜調整します。

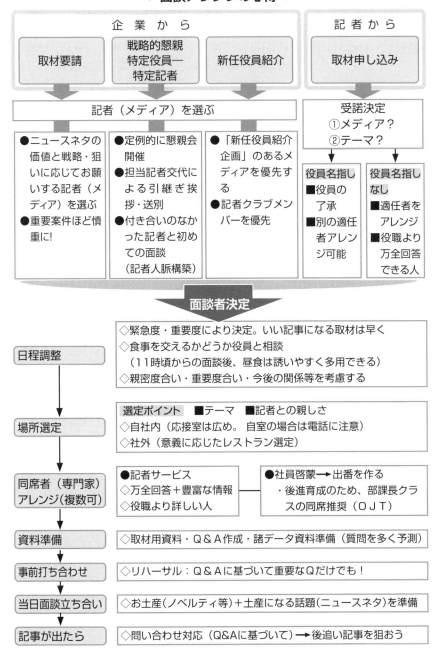

▶ 面談アレンジの心得 ◀

企業から

取材要請	戦略的懇親 特定役員— 特定記者	新任役員紹介

記者から

取材申し込み

記者（メディア）を選ぶ

●ニュースネタの 価値と戦略・狙 いに応じてお願 いする記者（メ ディア）を選ぶ ●重要案件ほど慎 重に!	●定例的に懇親会 開催 ●担当記者交代に よる引継ぎ挨 拶・送別 ●付き合いのなか った記者と初め ての面談 （記者人脈構築）	●「新任役員紹介 企画」のあるメ ディアを優先す る ●記者クラブメン バーを優先

受諾決定
①メディア?
②テーマ?

役員名指し ■役員の 了承 ■別の適任 者アレン ジ可能	役員名指し なし ■適任者を アレンジ ■役職より 万全回答 できる人

面談者決定

日程調整	◇緊急度・重要度により決定。いい記事になる取材は早く ◇食事を交えるかどうか役員と相談 　（11時頃からの面談後、昼食は誘いやすく多用できる） ◇親密度合い・重要度合い・今後の関係等を考慮する
場所選定	選定ポイント　■テーマ　■記者との親しさ ◇自社内（応接室は広め。自室の場合は電話に注意） ◇社外（意義に応じたレストラン選定）
同席者（専門家） アレンジ（複数可）	●記者サービス 　◇万全回答＋豊富な情報 　◇役職より詳しい人 ●社員啓蒙➡出番を作る 　・後進育成のため、部課長クラ 　　スの同席推奨（OJT）
資料準備	◇取材用資料・Q＆A作成・諸データ資料準備（質問を多く予測）
事前打ち合わせ	◇リハーサル：Q＆Aに基づいて重要なQだけでも!
当日面談立ち合い	◇お土産（ノベルティ等）＋土産になる話題（ニュースネタ）を準備
記事が出たら	◇問い合わせ対応（Q&Aに基づいて）➡後追い記事を狙おう

広報イベントを企画・運営する

目的に合わせてイベント形態を選択する。

　広報担当者は、企業の考えや新規商品・サービスに関して外部に発信していく役割を担っています。

　ニュースネタを対外的に発信する方法として、イベントにすると話題となり、記事になる可能性が高くなります。これらは後述する一斉発表（86ページ参照）の範疇となります。

①**記者発表会（記者会見）**：一斉発表の項（86ページ）参照。

②**プレスパーティ**：飲食付き記者発表会のこと。昼食・夕食・午後のティータイムなどに設定し、案件の重要性と招待記者の人数や親密度合いなどを勘案して方法を考えます。立食形式が普通。経営幹部と記者との懇親にも最適です。

③**記者懇親会**：記者クラブや少人数の懇意な記者との懇親（座談）会のこと。半年に１度ぐらいの定例開催が望ましい。会社の状況をアップデイトし親近感を深めるのに役立ちます。経営陣の交代・新経営計画への理解を深めたい場合や疎遠な記者との懇親の場合などに開くと効果的です。

④**プレスセミナー（記者説明会）**：新商品や新技術に関して、より深い理解促進を狙う勉強会のこと。記者の勉強の機会を増やすことは記者にも喜ばれます。特に、読売・朝日などの全国紙記者の場合には１～２年での交替が多いので、このような機会は記者にも有用のみならず自社のことをよく知ってもらう効果的なチャンスとなり、そのときの話題がヒントとなって、記事になりやすいのも利点です。

⑤**オープンハウス（記者見学会）**：工場や研究所見学により記者に自社製品の開発の経緯、背景技術や製造工程、従業員の気質等を理解してもらう機会です。試飲食、記念品など特典付きの見学会を実施することも可能です。環境やリサイクルへの社会貢献姿勢を強調するチャンスでもあります。

⑥プレス（取材）ツアー：新工場完成や地域イベント取材など、ある特定テーマに対し、記者に（同行し）取材してもらうことです。数人グループ、記者クラブ単位で希望者を募る場合もあります。宿泊を伴う場合には懇親を深める絶好の機会です。現地工場長や営業所長はもちろん、規模の大小にかかわらず、社長や経営幹部が十分なおもてなしを行なうことが大切です。

⑦プレスプレビュー：大イベント開催前に、一般公開前日か直前に、マスコミだけに公開し記者会見を行なうことです。魅力ある記事を狙い、写真やビデオ等十分な報道用資料を準備する必要があります。

　あなたは、これらのイベントを、自ら一気通貫で企画運営ができるようになることを目指してください。そのためには、最初は先輩のやり方を踏襲し、過去の経緯を含めてよく学びつつも、新たな視点で自分ならではの改善案をどしどし上申することを心がけるのです。

　広報では新任とはいっても、すでに他部門で十分な業績を残してきた将来を嘱望される第一級の人材であることを誇りにして、遠慮することなく、積極的に意見具申してください。時には"直言"も辞さない覚悟で！

　どんな小さな仕事にも大義があります。崇高なビジョンや大きな目的があるのです。組織目標に沿った独創的な企画や斬新なアイデアに歯止めは不要です。「人間の幸福は自己の優れた能力を"自由自在に"発揮するにある」（アリストテレス）のです。

　上記のイベントをすべて実施しているところはまだまだ少ないでしょうから、新任といえども、自らのアイデアを提案するチャンスはいろいろ見出すことができるものです。予算等の制約は当然あるものの、まずはアイデアありき！　革新的アイデアなしには何事もステップアップできません。まずは、自らの"心のバリアー"を取り除きましょう。それは、年齢・性別・年次・役職に加えて、過度な気遣い、無用な配慮、保身による遠慮！　さらには"ヒト・モノ・カネ"の三大バリアーや過去の経緯、組織の壁をも取り払って考えをめぐらせてみましょう。

　願わくは、従来の広報イベントに加えて、新たなあるいは異なった視点からの、記者が喜んで参加できる斬新なイベントを企画運営できるようになってほしいものです。

社内広報を行なう

紙とネットを併用し、社員とのコミュニケーションを深める。

　社内コミュニケーションとは、従業員のモチベーションを高めて、生産性を向上させ、組織の拡大・発展に寄与する従業員とのコミュニケーション活動です。インターナルコミュニケーションによって相互理解と連帯感を作り、**①従業員の意識改革、②問題意識の共有化、③モチベーション向上、④トップと従業員の信頼関係の構築**などを行なうことによって、企業の活性化を促進するのです。

　会社側も、働く人が多様化したので、帰属意識向上の必要性は、以前より増しています。経営情報・環境問題などを家族でもじっくりと読んでもらいたいと、トヨタ自動車やソニーなどは社内報の表紙に「家庭に持ち帰ってください」と記載し、しかも社員に必ず手渡ししているほどです。

　ネット時代でも紙社内報の重要性を認識し、ネットとの相乗効果を狙う企業が増えています。速報性のある経営情報やニュースなどはネットで常時配信し、情報開示を徹底しています。つまり、「ネットの速報でざっと見て、紙でよく読む」という併用の流れが主流です。ネットのヘビーユーザーのほうが、むしろ "紙の愛読者" であるとも言えるでしょう。

　そのために、社内連絡会の開催や社内報の作成等いろいろな方法でコミュニケーションを図っていくのです。広報担当は、双方向の情報受発信を促し、トップからタイムリーに降りてくる諸情報を、末端組織までの浸透を図る重要な情報基地としての役割を担っています。

　今日の社内コミュニケーションには、経営戦略の意図や真意を社内に浸透させる目的があるのです。最近では、地球温暖化や環境問題から社会的責任（SR）が叫ばれ、企業文化・社風形成・知識共有化について、社員は元より家族を含めて一丸となって取り組む必要性が高まっています。

　そこで、社内コミュニケーションを円滑にして、トップの力強い意志を示すことは、組織目標達成への近道でもあります。それによって、社員の独創力発揮を促しモチベーションを高め、高い目標遂行に総力を挙げる意図があるのです。

社内コミュニケーションの方法

ウェブ利用	伝統メディア	直接対話	イベント等
ホームページ イントラネット メルマガ・フェイスブック 社長ブログ・ツイッター リリース等即時開示	社内報 広報マニュアル ニュース速報 社内放送 映像メディア （DVD・ビデオ）	トップとの対話 トップの拠点巡り 広報連絡会 フォーラム・セミナー OB会組織	各種イベント開催 諸キャンペーン 職場表彰 ボランティア活動

透明性　　　　　　　　　円滑な双方向コミュニケーション

社内広報の狙い

会社内	会社と社員	会社から
情報に対する感性を養う 話題作り・社内活性化を図る 社内の生の声を聴き適切に伝える コミュニケーションのスピード感 企業市民としての共生意識	社員に社会的責任の自覚を与える 社員に誇りと自信・自律心を与える 社員のモチベーションを高める 帰属意識を高める 家族との一体感を醸成する	会社のビジョン・戦略を浸透 情報公開に対する強い姿勢を示す 経営陣と従業員との意識を共有化 会社との一体感・親近感 自己実現への風土・文化作り

広報の社内啓蒙・啓発の役割

□広報はA＆P。つまり、Artist（役者）＆Producer（演出家）でもある
□役者として自ら、会社のSpokes Personとしてトップ（主役）を代弁する
□演出家として、役者（社員）たちの出番を適宜適切に演出する

社外向け情報を社内にも即時配信しよう

社内が活性化する情報をタイムリーに伝える。

　会社の公式発表は、リアルタイムで社員に伝える必要があります。営業担当が顧客訪問したとき、自社の記事も知らないという恥をかかせてはなりません。

　情報を即時に伝達することは、広報の義務・使命です。それにより次のようなことが期待できます。

　　▷社内に情報の迅速な伝達、およびその共有の大切さを啓発する

　　▷社内に情報に対するスピードアップ・感性アップを促す

　　▷情報による経営活動の透明性アップを促進する

　　▷情報の上下左右の交通を加速させる

　具体的には、一斉発表時に、ニュースリリースを直ちに自社ウェブサイトへアップ、同時に、社内イントラネットにて配信します。

　自社記事やニュースも報道後速やかにアップします。さらにニュース速報で配布、社内報に利用するなど二次利用、三次利用ができるのです。

　ＩＲ情報、社長メッセージなどもウェブサイトやイントラネットを活用して積極的・タイムリーな社内への伝達を行ないます。それによって、社内にトップのビジョンや考え方が浸透し、社内が活性化したり、社員のモチベーションを高めることができます。

▶ 社外情報の社内へのフィードバック ◀

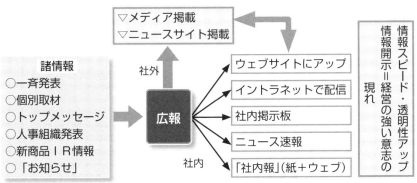

IR広報を行なう

自社の健康状態を効率良く株主・投資家に知ってもらう。

　IR（投資家向け広報）とは、株式公開（上場）企業が株主や投資家に対し、投資判断に必要な企業情報を適時、公平に、継続して提供する活動のことです（日本IR協議会編『IR戦略の実際』より）。

　企業はIR活動によって、資本市場で適切な評価を受け、資金調達などの戦略につなげ、株主・投資家も情報を効率よく集めることができます。その目的とは、"広報の一角"として企業の経営状況を法律に則って公表し、将来の経営見通しについて数値をベースに公表すること。いわば、自分の健康状態を、世話になっている人（株主）や今後世話になる人（機関投資家・個人投資家）にきちんと知らせることなのです。

　近年は特に、株式のネット取引の利便性が急速に高まり、個人投資家向けIR活動が盛んになっています。株主への報告書やウェブサイトの充実が図られ、株主総会が活発化したり、個人投資家向けのイベントやフェアへの参加が増えたりするケースが多くなっているのです。

　投資判断に必要な情報とは、一般には有価証券報告書、決算や増減資などの財務情報やM＆A（企業の買収合併）や企業統治情報です。これらは、会社法や金融商品取引法あるいは証券取引所の規則などによって情報開示が義務づけられている制度的開示（ディスクロージャー）で、四半期ごとに、業績見通しやより細かなセグメント情報に関して報告する義務があり、これが適時開示（タイムリーディスクロージャー）です。その際に求められる姿勢は、①情報開示性、②公平性、③透明性です。

　企業はトップ率先、自発的に、良い時も悪い時も、情報開示性・公平性・透明性を常に堅持し、ビジョンや経営戦略の理解と浸透を図る義務があります。その上で、安定した業績を残し、将来の成長性を高めることです。それによって顧客、株主・投資家、一般社会などステークホルダーに対し信用・信頼を構築し、市場（マーケット）に評価され続けるのです。

　これからは、社会貢献に力を入れる企業に投資するSRI（社会的責任投資）を進め、投資促進のための戦略的IR活動が盛んになることでしょう。

▷ IRは広報の一角を成す ◁

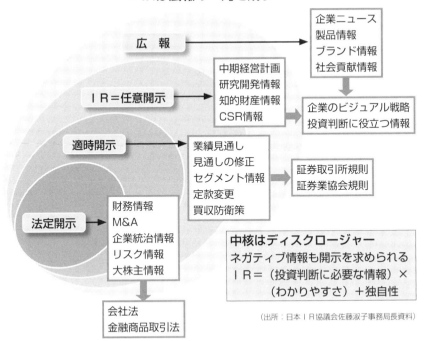

広報 → 企業ニュース／製品情報／ブランド情報／社会貢献情報

ＩＲ＝任意開示 → 中期経営計画／研究開発情報／知的財産情報／CSR情報

企業のビジュアル戦略
投資判断に役立つ情報

適時開示 → 業績見通し／見通しの修正／セグメント情報／定款変更／買収防衛策

証券取引所規則
証券業協会規則

法定開示 → 財務情報／M&A／企業統治情報／リスク情報／大株主情報

会社法
金融商品取引法

中核はディスクロージャー
ネガティブ情報も開示を求められる
ＩＲ＝（投資判断に必要な情報）×
（わかりやすさ）＋独自性

（出所：日本ＩＲ協議会佐藤淑子事務局長資料）

ネット時代のIR情報発信法

- ブログ・メルマガ発信
- 諸情報資料 ウェブへの適宜アップ
- 説明会資料 ウェブへの即時アップ
- 重要情報メール配信

アナリストに
直接配信すると
評価が上がる

個人投資家に
わかりやすい
ワンクリック
動画など
アクセスを
簡単に！

ＩＲサイトに開示すべき主なＩＲ情報

（多い順）

1. 決算短信
2. ニュースリリース
3. トップメッセージ（顔写真）
4. 有価証券報告書等法定開示資料
5. 株価情報・推移（グラフ）
6. 説明会内容
7. 株主向報告書
8. ＩＲカレンダー
9. 個人情報取扱方針
10. よくある質問への回答（FAQ）
11. 中期経営計画
12. アニュアルリポート
13. コーポレート・ガバナンス
14. 株主総会の公開
15. ファクトブック

（出典：日本IR協議会資料）

「統合報告書」発行への潮流に乗る

「年次報告書」「CSR報告書」……を統合しよう。

　2013年国際統合報告評議会（International Integrated Reporting Council＝ＩＩＲＣ）が国際的な開示の枠組み「国際統合報告フレームワーク」を発表して以来、「統合報告書」の発行が世界的潮流になっています。

　「統合報告書」とは、これまで別々に制作されていた「アニュアルレポート」「ＣＳＲ報告書」「会社案内」「株主向け報告書」「リクルート案内」「知的財産報告書」「社史」「ウェブ」などを俯瞰し、①全体コンテンツの情報整理、②重複チェック、③掲載情報の選定、④不足コンテンツの把握を行ない、価値創造ストーリーに沿って再構築したものです。

　日本でも最近は、毎年100社以上が発行、2023年年末にはおよそ1,000社に急増しています。この傾向は、ますます強まるでしょう。

　なぜなら、ステークホルダーとの対話のツールとして「統合報告書」活用が有用と認識されてきたからです。その背景は次の通りです。

①「責任ある機関投資家」の諸原則「日本版スチュワードシップ・コード」を2024年3月末時点には334の主たる機関投資家が導入
② 企業統治指針「コーポレートガバナンス・コード」適用企業が急増
③「ＥＳＧ投資」の普及と「ＳＤＧ s」を経営の根幹に据える企業が急増
④「ＣＳＲ」から「ＣＳＶ」（Creating Shared Value：共通価値の創造）思考への転換を図り、社会課題を解決する企業が増加

　ＩＲを得意とするＰＲ会社、㈱エフビーアイ・コミュニケーションズは、いち早く「統合報告書」の重要性を唱道し、2016年諸専門分野から企業コミュニケーションを支援する大日本印刷㈱、㈱エディット、㈱i-Cue、㈱インベストメントブリッジ、㈱セサミワークスの5社共同で統合報告コンソーシアム「Integrated Summit」を設立して、統合報告コンサルティングから報告書制作までワンストップで対応しています。すでに三菱商事、大日本印刷、イオンモール、ナブテスコ、オリンパス、ＮＴＴドコモ

などの実績を基盤に、急増する要望に応える体制を整えています。

「真に大志ある者は、よく小物を勤め、真に遠慮ある者は、細事を忽<ruby>忽<rt>ゆるがせ</rt></ruby>に<ruby>遠慮<rt>えんりょ</rt></ruby><ruby>細事<rt>さいじ</rt></ruby>せず」（佐藤一斎『<ruby>言志四録<rt>げんししろく</rt></ruby>』）なのです。

同社の福田光洋社長は「企業・組織が社会との関わりをどう最適化し、その道筋をどうステークホルダーに理解してもらい共感を得ることができるか？　未導入企業に諸報告書を統合し経営活動の本質をより総合的に理解してステークホルダーとの稔りあるコミュニケーションを推奨したい」と迸る情熱を隠しません。

▶ 「統合報告書」作成の意義 ◀

外部への効果	内部への効果
1．幅広いステークホルダーに向けて共通の情報を効果的に発信 2．事業活動と社会・環境の相互関係を容易に理解 3．長期的に評価するステークホルダーの信頼感獲得に役立つ	1．中長期的視点から自社の全体像が掴め新たな企業価値の認識と課題の見える化につながる 2．広報・IR・CSRの質の向上につながり、組織の壁を越えたコミュニケーション活動に寄与する 3．社内一体感の醸成、モラル向上に貢献する

Integrated Thinking
統合思考
企業の価値創造において要素（資本等）の結合および相互依存関係を考慮に入れる

Integrated Reporting
統合報告
企業価値創造におけるコミュニケーションプロセス

Integrated Report
統合報告書
統合報告の成果物

価値創造へのプロセスを明瞭、簡潔、一貫性のあるストーリーで表現

企業理念　会社概要　ビジョン、経営戦略　ビジネスモデル　事業環境とパフォーマンス　環境・社会への取り組み　ガバナンス、リスクと機会　財務分析、財務指標

（出典：㈱エフビーアイ・コミュニケーションズ資料）

ブランド化するには

ブランドの本質をついた差別化と地道な情報発信がブランドを作る。

　ブランド化には、①商品の知名度を上げる、②社名の知名度を上げる、③企業のイメージを上げる、④ブランド化する、という4つの順序があります。内外の環境変化に対応し、ライバル企業を凌駕するため、時代を先取りして革新しつつ、次世代へバトンリレーすることが経営の使命です。1人ひとりの言動によって培われる社会の信頼や信用は日々の電話応対など小事の地道な継続活動からしか得られません。

　これからはインナーブランディングに注目し、社員全員が自社ブランドの意義と価値を共有して自分の役割を認識することが大切です。ブランディングは、内外に向けた組織一丸の経営活動なのです。

　ブランドを築くための要件には6つあります。

　①高邁なビジョンを掲げる：顧客と共有し一体感を醸成する

　②知名度を高める：記事を増やし、ブログ・メルマガなどを発信する

　③自分との関連性を増やす：顧客・市民参加型イベントを増やす

　④親しみ・愛着を深める：自社サイトを見やすく、社員の登場を増やす

　⑤圧倒的差別化を図る：3つの独「独自・独特・独創」によって強烈な特長・独自の売り（USP）and/or明確な差別点（UDP）を創り出す

　⑥夢・憧れを与える：「持ちたい、接したい、見たい」と感じさせる

　ブランド化に成功すると、人々は社名を聞けば、経営者や社風・社員の行動を思い浮かべ、商品名を聞けば品質の高さを思い、ロゴを見れば企業文化を連想するものです。その連想の強さと濃さがブランドの力と言えます。広報担当者には、全社員が自ら誇りと自覚を持つように会社を少しでも有名にし、イメージを良くする使命があることを肝に銘じましょう。

　「永続的企業（組織）＝強いブランド×善いマネジメント×良い組織人」を心に刻んでおきましょう。トップの情報を組織の末端まで浸透させ、広報活動により知名度アップ・イメージアップに努め、情報交通を促進して透明性の高い誠実な善なるマネジメントを行ない、社員が自社で働く誇りと喜びを抱くに相応しい真に強いブランドを築きあげるのです。

▶ ブランド化には順序あり ◀

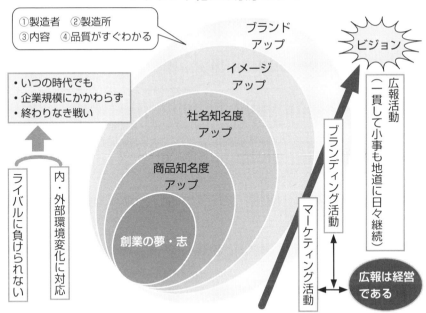

①製造者 ②製造所
③内容 ④品質がすぐわかる

ブランド
アップ

・いつの時代でも
・企業規模にかかわらず
・終わりなき戦い

イメージ
アップ

ビジョン

社名知名度
アップ

商品知名度
アップ

創業の夢・志

ライバルに負けられない

内・外部環境変化に対応

広報活動（一貫して小事も地道に日々継続）

ブランディング活動

マーケティング活動

広報は経営である

▶ ブランド化に必須6要素 ◀

・マスメディア、ウェブメディア等
広報活動主体
・話題作りし発信多く
・ウェブサイトを魅力的にし多くの
発信を

知名度

・信頼性と一貫性
・誇り・喜び・自信
・社風・風土・一体感

高邁な
ビジョン

・電話応対、接客態度
（電話は1回以内でとる）
・参加型イベント増加
・記念日・プレ
ゼント企画等
を増やし顧客
接点増加
・地方地元
イベントを作る

自分との
関わり

自社名
商品内容
品質が
すぐわかる

・わかりやすいウェブサイト
・ニュースリリース・ブログ・
メルマガ発信を多く
・全社員応対を笑顔で誠実!
・顧客や社会と
接点を増やす
イベントを!
・好かれる

親しみ
愛着

・商品サービスの
徹底的差別化
・社員の独自・独創を伸
ばす社風を築け

差別化
独自
独特
独創

3独

夢
憧れ

・ビジョンを明確に
・優れた商品提供
・CSR・SDGsを果たす
・著名なトップに社員

良い広報人 vs 悪い広報人（34か条）

NO	良い広報人	悪い広報人
1	率先垂範	指示待ち
2	（超）一流の"仕事"をする	一人前の"作業"に精を出す
3	サケよりネタ	ネタよりサケ
4	直視して逃げない。受けて立つ	目を逸らして、屈む・避ける・逃げる
5	小さなメディアにも配慮	大きなメディアのみ配慮
6	テキパキクイック（すぐやる）	ぐずぐずスロー（あとでヤル）
7	柔軟（臨機応変）にして堅固	融通利かずして頑固
8	すべて私の責任です（自分のせいにする）	すべて誰かの責任です（人のせいにする）
9	手間を引き受ける	手間をかけさせる
10	誤解が当然、理解は偶然	誤解は偶然、理解が当然
11	あてにされる （情報が集まり、頼りになる）	あてにされない （情報がなく、頼りにならない）
12	ウソがない（言い訳しない）	ウソが方便（言い訳ばかり）
13	誇りは高く、志も高く、自負心は強い	奢りは高く、気位も高く、虚栄心は強い
14	トップとツーツー	まわりとナーナー
15	業界のことにも詳しい	自社のことすらよく知らない
16	アイデアが次々に出る（アイデアの泉）	アイデアを頼んでばかり（枯渇した井戸）
17	訥弁だが確か	能弁過ぎてくどい
18	記事は疑って読む（鵜呑みにしない）	記事を信じて読む（鵜呑みにする）
19	記者には非公平（個別取材第一）	記者に不公平（ニュースリリース第一）
20	貸しが多い	借りが多い
21	賢い盲導犬（見えないものを見、香も感ず）	東照宮の猿（見ざる、言わざる、聞かざる）
22	言うべきことをすべて言い、 言うべきことしか言わない（真の雄弁家）	言うべきことを言いそびれ、 言うべきでないことを"つい"言う
23	ネタは探すもの、創るもの	ネタは来るもの、貰うもの
24	ベタ記事でも感謝する	ベタ記事だとバカにする
25	酒の肴になる（記者仲間の評判になる）	つまみにもならない（話題にならない）
26	目立たせたがり （演出家、プロデューサーにもなる）	目立ちたがり （役者しかやれない）
27	記者それぞれに「オンリーユー」で	記者をみんな一緒にする
28	記者が待っている	記者を待っている
29	プロアクティブ（先取能動的）	リアクティブ（受動反応的）
30	記者に誤報させない（確認、確認、確認）	記者に誤報させる（確認を怠る）
31	ポケットにいつも忍ばすニュースネタ	ポケットはいつも萎んでニュース待ち
32	"いつまでに？"といつも訊く （締切を気にかける）	いつまでか訊こうとしない （締切を気にかけない）
33	直言も"時には"辞さぬ （上には強く、下には優しい）	直言は"いつも"控える （いつもペコペコ平目人）
34	王道を"凛々と"歩く（誇りと勇気）	側道を"こそこそ"歩く（卑屈と怖気）

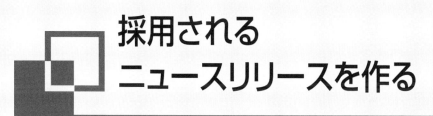

第 2 章

採用される
ニュースリリースを作る

ニュースネタをキーワードで探す

さまざまなキーワードからニュース価値を考える。

　広報担当者に課せられた役目は、価値のあるニュースネタを探すことです。それには、メディアのお客様である読者・視聴者に役立つ価値、消費者に役立つ価値、企業に役立つ価値など、多様な観点からの価値に着目する習慣をつけることが大切です。ネタ（弾丸）探しはキーワードで考え、ネタにピッタリの独創的なタイトルを案出することをお勧めします。

▽**新奇性・先端性**：「新しい」、「最も」、「初めて」、「NO.1」がつくと立派な弾丸になります。「どこかで何かで一番」や、「狭い範囲でベスト3」でも！

▽**意外性・斬新性**：「驚くべき」、「画期的」、「珍しい」にはみんなが目を見張ります。「あっと驚く」、「思いがけない」、「常識外れ」も！

▽**特異性・希少性**：「独自(Only One)」、「独特(Unique)」、「独創(Original)」という「3つの独」は必ず興味を惹きます。

▽**人間性・ドラマ性**：プロ的趣味を持つ社長や痛快事を達成した社員など「人」がらみも魅力があります。人助けや地道な社会貢献などの「心温まる話」や「汗と涙の情熱物語」は思わず拍手喝采したくなるものです。

▽**社会性・時代性**：「世相」を反映し、これからの「トレンド」も記事になりやすいし、「時流」に乗る「流行り・旬」には誰もが気を惹かれます。旬にも季節や行事・記念日・業界・社会の旬があり、必ず話題になります。「指標」になるような「売上高伸び率業界一」、「生産性業界NO.1」など、とにかく「数字」に関することは確かな証となります。

▽**コラボ性**：異業種・異分野、大と小、老人と孫などの組み合わせです。

▽**その他のキーワード**：

・**「記念日」**：創業記念日などに加えて業界や業種、分野に関する独自の「記念日」を創りましょう。同業他社に先んじて設定し、それに相応しいイベントを考えるのです。これを周年行事化すれば、定期的に記事にしてくれる可能性があります。トップ企業でなくとも先んずれ

ば同業他社を制すことができます。

- ・「読者プレゼント」：新聞雑誌のプレゼントコーナーに提案できます。
- ・「アンケート・ランキング調査」：自社・業界に関して独自テーマを案出し、ネット「アンケート調査」結果を独自に分析評価しランキングしたり一定の条件下でのトレンドを予測してニュースリリースにします。記者（読者）は、"この先は？"という近未来予測に強い関心を示すもの。トレンド記事になるネタは記者の意欲を促進します。
- ・「募集」：ネーミング、キャッチフレーズなどに関する募集ものも記事になりやすい。一般の人の参画を増やすと話題が広がります。

1つのテーマでもいろいろな切り口を思いつくようになるとしめたものです。それには、会社の歴史や創立の経緯、発祥の地、社名の由来、あるいは主力商品・サービスに関するエピソードなど、さまざまな社内情報を仕入れ、キーワードで、多角度から研究してみましょう。

▶ ニュースネタ作りのキーワード ◀

新奇性 先端性	意外性 斬新性	特異性 希少性	人間性 ドラマ性	社会性 時代性	実利実績 お得性
新しい 最も 初めて 1番 ベスト3	驚くべき 画期的 珍しい	3つの独 独自（オンリーワン） 独特（ユニーク） 独創（オリジナル）	人 イベント 物語	時流：流行・旬 季節・行事・記念 日・食物・業界 世相：トレンド 指標：数字・統計	社会に+の要素 （値下げ・激安キャンペーン等） 福袋・度肝を抜く

▶ 主なパブリシティ素材例 ◀

経営	株主総会、新年度経営計画、新中長期経営計画、画期的経営戦略、珍しい新規事業、業務提携、M&A、業界動向、新CSR実施内容、合理化計画
技術開発	画期的な研究開発成果、発明発見、最先端技術・製品、新原材料、特許、実用新案
マーケティング・商品	大型受注、新商品・サービス開発、興味ある調査結果、画期的ビジネスモデル、革新的販売方式、販促イベント、特別サービス販売、大バーゲン、ネーミング等
人事組織	トップ人事、組織改正、興味ある人事・新しい福利厚生、社長の海外出張報告、社長・幹部のパーソナリティ・独特な生き方・面白い趣味の社員・一芸に秀でた社員
財務関係	年度・四半期決算発表、新規株式公開、新手法での資金調達、過去最高売上げ
行事イベント	社会貢献事業、社屋等の新設・移転、スポーツイベント、地域との交流会、講演会、工場見学会、ボランティア活動、シンポジウム、メディアツアー（工場視察）
募集もの	商品・キャラクター名等ネーミング、キャッチフレーズ、参加者、代理店、ロゴ、アイデア、論文、写真、川柳、俳句、標語
アンケート調査	企業イメージ・商品知名度・各種トレンド調査、旬のテーマ、業界初の独自テーマ
記念日	創立記念日・周年記念行事・初めて〜した日・何か画期的な日……（自社で設ける）
プレゼント	自社商品売出し、特別イベント等との組み合わせ
命名権	地域社会貢献の話題、地方の公共物、冠スポーツ、冠講座、冠イベント

2 記者の興味を惹くネタ

USP・UDPを箇条書きしてみよう。

　新聞は"新しく聞く"と書きます。ニュース＝NewsとはNew、つまり"新しい"の複数形で、奇しくも、North、East、West、Southの頭文字なので"古今東西の面白い知らせ"という意味でしょう。

◇USP・UDPを箇条書きする

　２－１で学んだ「ニュースネタのキーワード」の核になるのは、USP（米国のマーケティング用語）とUDP（私の造語）です。

　▽**USP**：Unique Selling Proposition　＝独自の売り、特長、長所
　▽**UDP**：Unique Different Proposition ＝際立った差別点、特異点、
　　　　　　　　　　　　　　　　　　　　　　独特の違い

　ネタを見つけたら直ちに各３つずつくらい箇条書きする習慣を身につけると、一段と広報力が磨かれます。なぜなら、箇条書きには、①ポイントを明確に押さえる、②わかりやすい表現を考える、③言葉を選び簡潔に記述する、必要があるからです。必然的に本質を見抜く洞察力が研磨され、適切な言葉を案出しようとします。そのためには、余計な言葉を読ませない心がけ、つまり１字でも削る決意が不可欠です。

　USP・UDPの多くは当然ながら重複します。しかしUSPは"絶対価値"ですが、UDPは"相対価値"なので、比較しないと表現できません。

　美人コンテスト（ニュースリリース）で、「私は美しい！」とUSPを強調しても、ライバルも皆美しいので審査員（記者）の心は動かず、比較優位点を数字で客観的に表現するUDPのほうが強い説得力で訴えるのです。

◇付加価値をつける

　記者の興味の視点は、読者・視聴者＝消費者にとって価値がある「顧客価値」か、社会の公器の視点から社会的な意義や社会的広がりのある「社会的価値」です。読者・視聴者に価値のない情報は、役に立たない商品・サービスと同じなのです。

▷ USPとUDPの違い ◁

USP	UDP
1．際立った特徴	1．他社と異なる購入場所の多様性
2．最高or最低価格	2．他社が提供できない異なったサービス
3．最も幅広い選択肢・豊富な品揃え	3．他社が真似できない行き届いた配慮
4．特に秀でた利便性	4．既存商品との明確な差異
5．最速サービス・配達　等々	5．他社にない場所の優位性　等々

▶ 広報はメディアと記事を共創する ◁

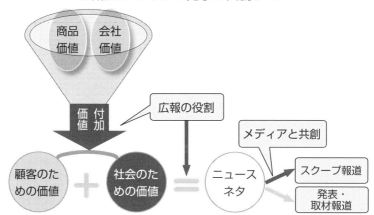

　そこで、広報の役割は、商品や会社の価値に付加価値をつけてお客様の役に立ち、社会のためになる価値に表現してニュースネタにしてメディアへ提供し、発表記事やスクープ（特ダネ）で報道されて喜ばれることです。つまり**「記事は共創の作品」**なのです。

　日本一や世界初でなくとも、狭い範囲で、あるいは小さな分野において、「新」「最」「初」などのキーワードを当てはめてみましょう。

　狭い範囲では、県で一番であれば地方新聞や地方局があり、小さな業種では、その分野ごとに業界・専門紙があります。小と狭、つまり業種・分野に地域をうまく組み合わせて日々ネタ作りをしましょう！

　既存の商品・サービスに、付加価値をつけたり、数・量・時間などを増やしたり、組み合わせを増やして顧客の選択肢を増やすなど、顧客の実利を創り出すと顧客の購入決意促進につながり記者の心にも響くでしょう。

　古今東西、老若男女、貧富地位を問わず、プレゼントのような、"お得"な話は誰もが大好きで飛びつくものです。

▶ お客様に実利をもたらし売上増につなげるための３つのテクニック ◀

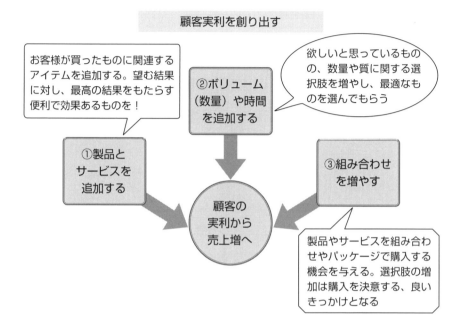

顧客実利を創り出す

お客様が買ったものに関連するアイテムを追加する。望む結果に対し、最高の結果をもたらす便利で効果あるものを！

②ボリューム（数量）や時間を追加する

欲しいと思っているものの、数量や質に関する選択肢を増やし、最適なものを選んでもらう

①製品とサービスを追加する

③組み合わせを増やす

顧客の実利から売上増へ

製品やサービスを組み合わせやパッケージで購入する機会を与える。選択肢の増加は購入を決意する、良いきっかけとなる

▶ 顧客にとって価値ある25の情報 Up & Down ◀

商品・サービス、プレゼン、スピーチや座談で、これらの項目が複数入っていなければ、興味を持って（買って）もらえない。多く入るほど多くの人の興味を惹き喜ばれる

知名度 Up	イメージ Up	話題 Up	人脈 Up	体調・健康 Up
業績・収入 Up	ブランド Up	趣味 Up	誇り・喜び Up	地位・立場 Up
美 Up	パワー Up	諸能力 Up	知識・智慧 Up	社会貢献 Up
性格・人格 Up	生産性 Up	チャンス Up	企業拡大 Up	人望・名声 Up
悩み Down	ストレス Down	体重・脂肪 Down（Up）	コスト Down	リスク・危機 Down

1つのネタから5つの切り口を案出する

1粒で5度おいしい切り口やメディアの組み合わせの妙を身につける。

　1つのネタから、1つの記事を出しただけではもったいない。角度を変えてネタを観ることにより少なくとも「5つの切り口」を考えましょう。ある業界初の画期的新商品を売り出す場合、次のように、1つの優れた価値をいろいろな角度から探り、隠れた価値を見出して、自分の才覚や創意工夫で新たな視点からの露出を図るのです。

① **「商品」**："業界初"の商品という切り口で記事にできます。USP・UDPをしっかり押さえると経済産業紙や地方紙に喜ばれるでしょう。

② **「技術」**：その商品開発の源には優れた技術があるはずです。そこで技術という切り口に焦点を当て、技術のUSP・UDP、特にいかに独創性に優れているかを強調します。コアとなる技術が特許であれば、業界紙・専門紙は喜んで記事にしてくれます。また背景、技術開発に至る経緯などをストーリー（物語）にすれば、全国紙やビジネス誌のみならずテレビにも興味を持ってもらえることでしょう。

③ **「人」**：その技術や商品開発を担当した人物をハイライト（強調）することにより、記者は異なった興味を見出すに違いありません。特許保持者やその業界で画期的発想をした人であれば、全国紙・産業経済紙や業界紙ネタとして「人」の欄で紹介される可能性があります。

④ **「経営」**：その商品の売れ行きが好調だとしたら、会社広報へと拡大展開し経営戦略としての位置づけを切り口にすることができます。
　●その商品を会社の将来戦略にどう位置づけているか？
　●会社業績にいかに反映させるのか？
　●その新商品を将来、事業の柱にする方針なのか？

⑤ **「業界」**：その商品や技術が業界にインパクトを与え、その分野で主流になって一般化してきたら、「業界における今後の位置づけ」というようなトレンド的切り口も考えられます。そこで興味を持ってくれそうな記者に個別に取材を要請して「まとめ記事＝企画モノ」として

取り上げてもらう可能性が出てきます。

1つの切り口で「一斉発表（ニュースリリース）」し、その後、別の切り口で、別のメディア（記者）に、別のタイミングで取材をお願いすることによって異なった記事が出ることになります。それぞれのテーマで、別のメディア（記者）に独占記事を提案するのです。

すると、記事を見た記者からの「取材申し込み」が入ることも期待でき、まさに"記事が記事を呼ぶ"可能性も出てきます。下図のA～C記者に加え、さらに担当の違うD記者に、異なった切り口で提案することもできます。「記者の最大の情報源は他の記事」なのです。

1つの優れた価値をいろいろな角度から観て、隠れた価値を見出してあげる思いやりが必要なのです。特に小さな会社は、ネタを工夫しながら料理し、1粒で少なくとも2度、できれば5度おいしい切り口やメディアの組み合わせの妙を身につけましょう。さらには「旬」「記念日」「行事」などとの結びつきや異業種・ベンチャーとのコラボも考えてみてください。

▶ 1粒で5度おいしい5つの切り口 ◀

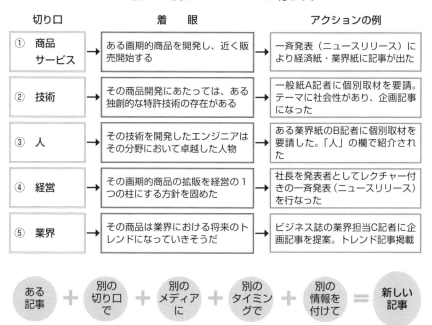

切り口	着　　眼	アクションの例
① 商品サービス	ある画期的商品を開発し、近く販売開始する	一斉発表（ニュースリリース）により経済紙・業界紙に記事が出た
② 技術	その商品開発にあたっては、ある独創的な特許技術の存在がある	一般紙A記者に個別取材を要請。テーマに社会性があり、企画記事になった
③ 人	その技術を開発したエンジニアはその分野において卓越した人物	ある業界紙のB記者に個別取材を要請した。「人」の欄で紹介された
④ 経営	その画期的商品の拡販を経営の1つの柱にする方針を固めた	社長を発表者としてレクチャー付きの一斉発表（ニュースリリース）を行なった
⑤ 業界	その商品は業界における将来のトレンドになっていきそうだ	ビジネス誌の業界担当C記者に企画記事を提案。トレンド記事掲載

ある記事 ＋ 別の切り口で ＋ 別のメディアに ＋ 別のタイミングで ＋ 別の情報を付けて ＝ 新しい記事

集めたニュースネタを評価する

緊急か、時期尚早か、極秘かを判断し、適切な対処をする。

　役員会、経営会議などの議事録・資料はネタの宝庫。それを定例的に入手するルールやルートが必要です。常日頃、主要部署でキーパーソンを見出し、"弾丸探し集約所"の役割を頼んでおくこと。この社内人脈構築が広報力を総合的に高める上で重要です。すると良い話ばかりでなく悪い話も入るようになります。社内の小さいが悪いうわさ話も、社外からの小さそうだが、実は大きな不満もそのルートで捉えましょう。

　時には、トップや担当役員から耳打ちで（口頭）極秘指示が来ます。急を要することが多いので最優先に対応しなければなりません。

・**攻めの場合**：「緊急に記事にせよ」との指示。何をいかに訴えるか？
　一斉発表か個別取材か？　すぐ関係部署と具体的に打ち合わせ実施する。

・**守りの場合**：「この案件は当面極秘だ。注意しろ」との内密の指示。漏洩なきよう口止めする。テーマによっては社外関係者にも手を打つ。

　新任といえども心しておくと、時に上層部の動きや表情が険しくなる香りを感じるはずです。その感性は心がけにより徐々に磨かれていきます。

　社員がニュースネタ案出を心がける会社は広報に目覚めた会社。弾丸が湧き出る会社ほど社員は生き生き躍動し、タマの出ない会社が衰退へ向かうのは自明の理。タマは手品ではなく、ひょっこり出てくるものではありません。真の経営活動と社員の躍動から産まれ出るのです。

　集めたニュースネタは、次のように3つに分けることが大切です。

①今、広報可能

②今は時期尚早だが、時期が来たら可能
　（次回取締役会決定後、相手との合意後等）

③将来も、広報できない、できる見通しがない項目（マル秘案件）

　①はすぐ担当部署とミーティングし、どう広報するかを決定・実施します。②は、早い機会に担当部署と打ち合わせて事前準備を進め、時期が来たら、①と同様のアクションをとります。③はM&Aや重要人事・大型商談等、重要な経営戦略に関わるマル秘案件もあり、関連情報が少しでも漏

れると経営上重大な影響を及ぼします。必要に応じ、役員・関係部署の重要人物・社外関係者にも箝口令（口止め）を敷きます。とはいえ、このような案件は突如決定する可能性があるので、引き続きウオッチして常に緊張感を保っておく必要があります。決まれば急遽①となりますから。

　あなたの仕事はネタ探しが原点です。弾丸＝ニュースネタ探しの斥候（探偵・調査員）であり、獲物を射止める腕利きハンターを目指すのです。広報は見えないものを視て、聞こえないものを聴く感性の仕事です。

▶ 弾丸（ニュースネタ）発掘から広報準備 ◀

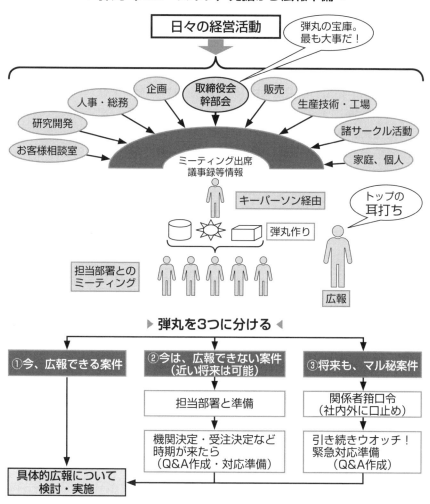

日々の経営活動

弾丸の宝庫。最も大事だ！

人事・総務　企画　取締役会幹部会　販売　生産技術・工場

研究開発　諸サークル活動

お客様相談室　家庭、個人

ミーティング出席議事録等情報

キーパーソン経由

トップの耳打ち

弾丸作り

担当部署とのミーティング

広報

▶ 弾丸を3つに分ける ◀

①今、広報できる案件

②今は、広報できない案件（近い将来は可能）

③将来も、マル秘案件

担当部署と準備

関係者箝口令（社内外に口止め）

機関決定・受注決定など時期が来たら（Q&A作成・対応準備）

引き続きウオッチ！緊急対応準備（Q&A作成）

具体的広報について検討・実施

ニュースリリース作成時の 5つのキーワード+1

「簡・豊・短・薄・情込めて」が読まれる条件。

　ニュースリリース（ＮＲ）は、会社として公式に一斉発表するときに必要です。また、記者会見や事件・事故・不祥事などで公式見解が必要な場合も作成します。「お知らせ」も同じ様式です。

　個別取材時には正式なＮＲは不要ですが、同じ要領で作成し「ご取材用資料」として渡すと、説明時に強調するポイントが明確になり、記者にも好都合。加えて、メディア名や記者名を記すと "Only You" 情報となり喜ばれます。ＮＲ作成には、次の５つのキーワードを心がけてください。

① **「簡」**：簡潔・簡明を心がける。それには「ですます調」で断定的に。「……させていただきます。……いただきます」と続くのは饒舌。「……と思います」「……と考えます」は詠嘆調で意志が曖昧。

　丁寧はいいが丁寧過ぎず、饒舌さを避けること。社名は「当社」がベスト！　株式会社＝㈱と簡略化。明確・明快な表現を工夫すること。文字は大きめ（10〜12ポイント）で、左右に余白をとり、行間も詰め過ぎない。「箇条書き」を多用し、「段落」に「小見出し」をつける。「多量の思想を少量の言葉に収めよ」（ショウペンハウエル）が要諦！

② **「豊」**：「ＮＲには最少限記載、後はＱ＆Ａで」は誤り！　それは記者（顧客・社会）に不親切な考え。記者（顧客・社会）に伝達すべき／伝達したい内容はできる限り網羅！　そうして、数字や戦略的表現の記述により記者の間違いを防ぎ、しかもこちらが意図する表現を使った記事化を促す。記者に問い合わせの手間をかけさせることなく、誤報から守るためにも判明していることや決定事項は漏れなく記述しましょう。

③ **「短」**：一文を短く、一行も短くする。そのコツは「　、＜　。」＝読点より句点を多くするように努める。だらだら長く続けない。

④ **「薄」**：１〜３枚に。後は資料添付。無理に１枚にする必要なし。網羅すべきことを網羅し、すべてわかりやすく記述することを優先せよ。

⑤ **「情」** 込めて：情熱を持って書く。入魂が大切。本当に伝えたい人は

記者ではなく、その先の多くのお客様。"このリリースが記事となり読者（顧客）の心を動かす"という気概を抱いて作成する。「今後の方針」に"意志""決意""熱意"を顕します！

　もう１つのキーワードが、「ＶＶ＆Ｉ＝ Value・Visual＆Impact」です。記者（読者）にとって貴い価値と強いインパクトを与えるのです。"文体は精神のもつ顔つき"。簡潔な中に奥深い言葉を選ぶなど、心魂を傾けてＮＲを作成しましょう。そのためにはビジュアルにし、グラフや表でわかりやすくすること。常に、相手の立場で「読んでわかる」＜「見てわかる」を心がけましょう。そこに「今後の方針」を入れ、企業のメッセージを伝えることです。これを欠くＮＲは「志なき人間」に等しいのです。

▶ ニュースリリース５つのキーワード＋１ ◀

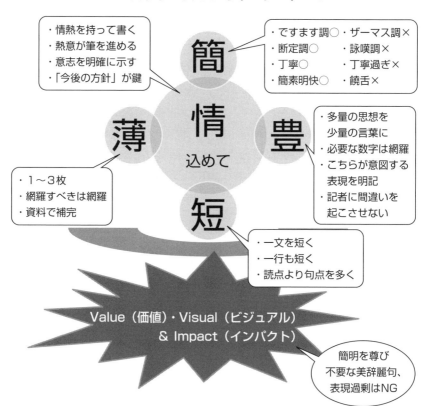

・情熱を持って書く
・熱意が筆を進める
・意志を明確に示す
・「今後の方針」が鍵

簡

・ですます調○　・ザーマス調×
・断定調○　　　・詠嘆調×
・丁寧○　　　　・丁寧過ぎ×
・簡素明快○　　・饒舌×

薄

情
込めて

豊

・１〜３枚
・網羅すべきは網羅
・資料で補完

・多量の思想を
　少量の言葉に
・必要な数字は網羅
・こちらが意図する
　表現を明記
・記者に間違いを
　起こさせない

短

・一文を短く
・一行も短く
・読点より句点を多く

Value（価値）・Visual（ビジュアル）
＆ Impact（インパクト）

簡明を尊び
不要な美辞麗句、
表現過剰はNG

ニュースリリースの基本的な姿

定型にとらわれず、独創的に。しかしポイントは押さえる。

　ニュースリリース（ＮＲ）は「広報の主力商品」。その商品は特徴を持ち、徹底した差別化こそが魅力になります。そこに確定した形式はありません。確定すべきは、次のテンプレート（枠）部分のみです（63ページ）。

●ヘッダー：①ロゴ（カラー）、②ＮＲか「お知らせ」か？、③日付、
　　　　　　④社・組織名（都市名・代表者名）
●フッターまたは文末：⑤会社・組織概要、⑥問い合わせ先
この統一は、一目で「社・組織名」がわかる"ブランド"です。

「タイトル」以下は、次の方針のもと自由自在、独自独創で作成します。

私があなたに	あなたが私を

伝え（わかってもらい）たい真意を——わかり（納得し）やすい真意を
伝え（わかってもらい）たい順序で——わかり（納得し）やすい順序で
伝え（わかってもらい）たい表現で——わかり（納得し）やすい表現で

　本文を一定の書式に沿って作成するのは、伝えたい真意を理解せず、ネタの価値を活かしていないことになります。たとえば、経営計画と新商品販売開始のＮＲが同じ書式ということはあり得ません。

　両者の説明を同じ順序でするでしょうか？　１枚に限定せず、「自分の作品」として"独創的に"レイアウトすべきです。１枚にするために網羅すべき内容を削減するのでは本末転倒です。伝えたい重要項目は網羅し、読んでもらいたい、わかってもらいたい順に進めるのです。

　最も短くインパクトがある「タイトル」、次にこの発表の真意を端的に表す「リード部分」、そして「本文」と、ピラミッドのように次第に幅広い説明となります。間違いやすい数字やその語尾などは正確に記述して強調し、記者の手間を省き、無用な時間・労力をかけさせないことです。

▽タイトルにキーワードを：強いキャッチフレーズや心を打つ言葉やインパクトのある数字で興味を惹く。「サブタイトル」を効果的に使って補足。

▽リード部分には結論を：発表の真意と骨子＝最も訴えたい内容をそのまま記事になるように。タイトルとリード部分に広報センスが凝縮される！

▽「前振り」で印象づけ：時々のビジョンに沿ったキャッチワードを入れて簡潔に会社を表す「前振り」を創りましょう。特に、未だ知名度が低い場合には繰り返し印象づけができ、著名企業でも意図した方向でイメージを誘導し定着させたい場合に効果的です。

例：〇〇を目指し世界へ雄飛する□□社

▽多彩な主語の書き方：下記パターン（「ABC株式会社」の例）を状況や文脈に応じて、熟慮し使い分けましょう。

①当社は：社名は右上にフルネームで記載するので、この3文字が最も簡潔。文中2回目以降に最適。

②ABCは：右上にフルネームあり。特に著名企業はこれで十分。

③ABC㈱は：できるだけ略号を使い、"1字でも"削る。

④ABC株式会社は：③で十分。2字削れる！ スペースがもったいない。

⑤ABC㈱or株式会社（福岡県、代表取締役山見博康）は：普通。

⑥ABC株式会社(福岡県〇〇市□□1-1-1　代表取締役山見博康)は：住所は末尾の「お問い合わせ先」に記載するので、フルの住所は不要。

⑦「前振り」＋①〜⑥の組み合わせ：推奨！

⑧共同発表やM＆Aなど2社以上の社名が出てくる場合：記者の誤解を避けるよう的確明確に表現する。逆に①および②の使い方に注意！

▽（重複）言葉の簡略化：最も大事なスペースである本文は重複言葉で埋めず、より重要な言葉のために使用する。㈱、当社など間違いようがない略号や代名詞を有効に使う。記者に余計な字を読ませない！

▽本文＝6W5H：わかりやすいストーリーで、伝えたいことから、ピラミッド型で！　本文は段落にわけて、背景、経緯、特徴や差別点などを箇条書きに「6W5H」にて記述。

6WではWhoに加えてWhom誰をor誰に、と対象を明確に。Howに加え4Hが大切。ビジネスには、いくら（金・資金）、どれくらい（数、量）、いつ・いつから・いつまで・いつまでに（時・時期）が不可欠。

▽「将来の方針」「今後の見通し」：4H最後の、How in the future　＝「今後の見通し」が発信者の意志・意図を明示。この最後の数行に生命を吹き込む。これで価値が変わる。「情」を移入し、「魂」を注入できる

▶ ニュースリリース基本パターン ◀

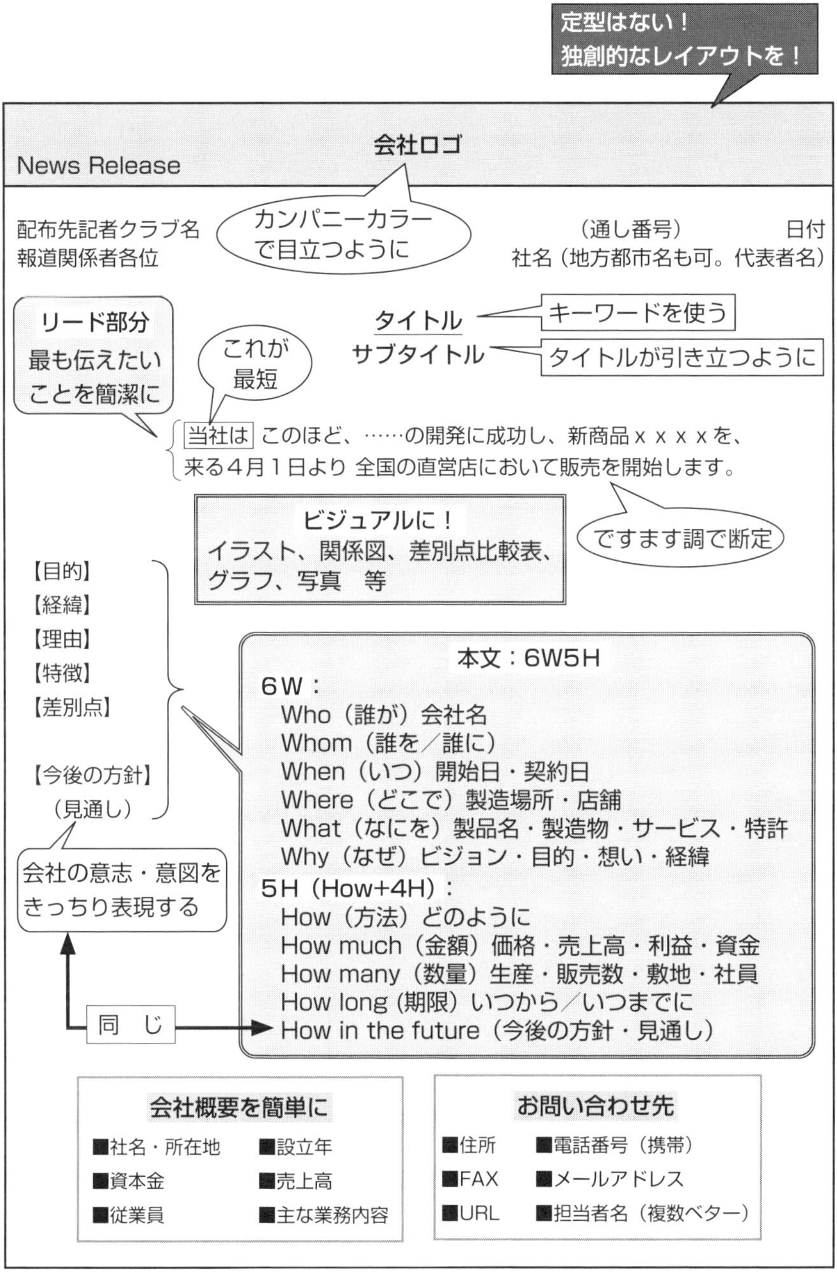

> 定型はない！
> 独創的なレイアウトを！

会社ロゴ

News Release

カンパニーカラー
で目立つように

配布先記者クラブ名
報道関係者各位

（通し番号）　　　　　日付
社名（地方都市名も可。代表者名）

タイトル ← キーワードを使う
サブタイトル ← タイトルが引き立つように

リード部分
最も伝えたい
ことを簡潔に

これが
最短

当社は このほど、……の開発に成功し、新商品ｘｘｘｘを、
来る４月１日より 全国の直営店において販売を開始します。

ですます調で断定

ビジュアルに！
イラスト、関係図、差別点比較表、
グラフ、写真　等

【目的】
【経緯】
【理由】
【特徴】
【差別点】

【今後の方針】
（見通し）

会社の意志・意図を
きっちり表現する

本文：6W5H
6W：
　Who （誰が）会社名
　Whom （誰を／誰に）
　When （いつ）開始日・契約日
　Where （どこで）製造場所・店舗
　What （なにを）製品名・製造物・サービス・特許
　Why （なぜ）ビジョン・目的・想い・経緯
5H（How+4H）：
　How （方法）どのように
　How much （金額）価格・売上高・利益・資金
　How many （数量）生産・販売数・敷地・社員
　How long （期限）いつから／いつまでに
　How in the future （今後の方針・見通し）

同　じ

会社概要を簡単に	
■社名・所在地	■設立年
■資本金	■売上高
■従業員	■主な業務内容

お問い合わせ先	
■住所	■電話番号（携帯）
■FAX	■メールアドレス
■URL	■担当者名（複数ベター）

のはこの部分。これがないリリースは単なる「お知らせ」に過ぎない。

▽**ビジュアルに**：「写真」「イラスト」「グラフ」「差別点比較表」「検査機関による検査説明書」などビジュアルに一覧できる表現。

▽**外国語はカタカナ併記**：間違いやすい名前や用語にルビを！　"読んでわかる"より"見てわかる"を実行。この工夫に思いやりが見える。

　あなたは、上記の真意をよく理解し、次の５つのポイントを外さないところに上達の秘訣があります。

　①会社（組織）のビジョンや戦略を理解し、真の意志・意図を汲む
　②ニュースネタの価値を把握し、USP・UDPを明確に箇条書き
　③（読者・消費者に）伝えたい・伝えるべき内容を吟味する
　④伝えたい真意を、わかりやすい順序で思いやりに満ちた表現で伝える
　⑤簡豊短薄に情を込めて書く！　今後の方針を忘れない

▶ ６Ｗ５Ｈを駆使したリード部の例 ◀

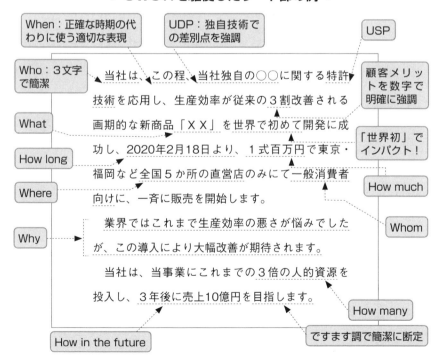

ニュースリリースにいかに インパクトをつけるか?

基本は読まれない。目立たせる、理解してもらうためのあらゆる工夫を。

　記者のデスクには毎日数十通ものニュースリリース（ＮＲ）が届きます。その中から目立つには、一目で惹きつける独創的な工夫が必要です。真意を確かめ、USP/UDPを明確に把握し、多彩な表現に向けて知恵を絞れば、自ずと魅力的なＮＲになるでしょう。大切なポイントは、次の6つです。

① 「パソコン」を駆使：枠で囲む、下線を引く、太字にする、字体を変える、色をつける、図形を描く、背景を変える、写真をつける等。

② 「箇条書き」にすると主張ポイントが明確になる。自然と「文は短く」なり、簡潔かつ断定調になる。斜め読みで理解してもらえる。

③ 「小見出し」をつけ「段落」をつけると、フレーズごとに一目でわかる。ランダムに読みたい箇所へ飛べる。番号や印をつけるとなお良い!

④ 「バックデータ」をつけると信頼性が増す。過度の表現を戒め、「日本一」「業界初」などの自画自賛の表現には、必ずその証をバックデータで示す。バックデータになりうるのは、次のようなものです。

　▽権威ある人（大学教授、専門家など）のお墨付・メッセージや談話

　▽官公庁、大学など公的機関、第三者検査機関の証明

　▽海外関係は、相手側のトップメッセージ、大使館、領事館等のメッセージ・コメント

　▽上記等の裏づけある数字的データ（グラフ・比較表・差別表）を一覧表で示す

　▽自社の確かな調査データ・実験データ（上記等の証明あればなお良い）

⑤社長や当事者の紹介に顔写真やメッセージを!　顧客や子供の登場を増やす。

⑥コピー後を想定した色使いや字の使い方を。FAX配信も多い。

　ＮＲ作成は、適切な一語一語を注意深く結合して文章に組み立てていく

プロセスです。そのためには、「何を伝えたいのか？」について明確な意図が必要です。心理学も応用して具体的にわかりやすくしましょう。

　たとえば比較する場合には、

　高さ：東京タワーよりも高い、広さ：東京ドームの何倍、重さ：りんごと同じ重さ、など具体的なイメージが湧くような比較を考えること。

　個別取材時にもNRと同じ内容で手元資料を配布し、ニュアンスの行き違いや数字の間違いをお互いにチェックできるのです。新聞用はニュース性、雑誌用はストーリー性、テレビ用は映像性など媒体別に表現を工夫しましょう。

　その蓄積が、新任広報担当者に次のような能力向上をもたらすのです。

　①真理を見抜き、簡潔に本質を表現する力

　②言葉を選び過剰表現を慎み、"1字でも削る"文章を推敲する力

　③相手を思いやり、手間をかけずに真意をわかってもらいやすくする力

　④無用な文字を読ませない！　多量の思想を、少量の言葉に収める力

　あなたは、「自分に備わっている以上の精神を示そうとして見え透いた努力をしないことであろう」（ショウペンハウエル『読書について』）を心に刻み、表現に"厚化粧"が過ぎないように、と肝に銘じなければなりません。化粧の仕方に会社および社員のビジョン・人間性が露呈する！

▶ 一目でわかる魅力的なニュースリリースを ◀

パソコン駆使 重要ポイント強調 すぐわかりやすく	箇条書き（番号・印） 小見出し＋段落 （左詰めばかりはダメ）	ルビ （読みにくい、間違い やすい場合）
一覧性 イラスト・図解 グラフ・比較差別表	技術用語 ＝注釈にするか 別紙にするか	固有名詞の簡略化 ＝当社・㈱
自画自賛したら ＝バックデータ	外国語 （人名・地名） 言語を併記	独創的レイアウト 読んでわかる ＜見てわかる

▽権威ある人のお墨付
（大学教授、専門家など）
▽官公庁、大学等公的機関
第三者検査機関の証明
▽数字的データ
（グラフ・比較表・差別表）

記者は素人、お客様はもっと素人！
資料で実力と思いやりがわかる！
多量の思想を少量の言葉に収めよ！
文体は所詮思想の影絵に過ぎない！

2-8 ニュースリリースの戦略的表現を工夫しよう

同じことを伝えるにも言葉の選び方で印象は全く違う。

最も留意すべきは語尾。どの言葉を使うかで会社の戦略が表れます。

① 「努力します」「目処をつけます」と曖昧表現で意欲だけを示す
② 「予定です」「目標です」「見通しです」とやや強い気持ちを出す
③ 「方針です」「約束します」「決意します」と達成意志を明確にする

【時期】「10月1日に新商品の発売を開始する」場合

　ライバルとの関係から「もう少し先になる」ニュアンスにしたい場合には、「年内には」とすると、読者は「早くて11月、恐らく12月」と思います。もっと曖昧にしたければ「下期には」とすると、翌3月までのスパンになり、読者は「恐らく、早くて年内」と受け止めるでしょう。

　「早い」ニュアンスであれば、「上期中を目処に」「下期に入らない内に」「できれば9月には」「○○以内には」などの表現が浮かびます。

【価格】「価格3万円程度で発売する」場合

　「もっと低い価格もあり得る」感じを与えたければ、「最高3万円の予定」とすれば、読む人は2万8,000〜9,000円と感じるものです。

　「安さ」を強調しておきたい場合には、「3万円を切るくらい」とか「2万円台後半」「3万円には届かない」などの表現も効果的です。

【数量】販売数量100万台としても、「必ず達成し、かなり上回るぞ！」というニュアンスの場合

　「100万台を確約」と記せば明確だし、「100万台を切らない」とすれば強い決意が読み取れます。ですが、何とか確保する気持ちを伝えたいとの弱気な気持ちから「100万台を目標に」とすれば、「100万台には到達しない」と、努力はするがほぼ到達は難しいと推測されるでしょう。

　なお、「程度」と同様の意味を表す副詞には、「約」「ほぼ」「およそ」「大体」「大概」「概ね」「前後」「以上／以下」「超／未満」等があり、使い

方により少しずつニュアンスや与える感じが異なります。日本語にはこうした多様多彩な言葉や表現が多いので、状況に応じて１つひとつ深慮し、より適切な言葉を戦略的に使い分ける心がけが大切です。

　あなたは、このように読む人の心理を察し、受け止められ方を推察して、表現に繊細さと奥深さを与えましょう。万全な準備資料作成には、質問を予測する能力が物を言い、そこに実力が明々に表れるものです。

　もちろん、表現を工夫するにしても、自分以上のものをどのぐらいまで示すかは、自分がどんな服装をし、どこまでお化粧を施すかと同じように、自分のあり方や人生観に関わるもの。文体の美しさは、その思想や人間性から出てくるものです。ニュースリリース（ＮＲ）とは、自分の思想（考え）の影絵でもあり、それが、外部からは会社の真の姿に映るのです。

▶ いろいろな表現を工夫しよう ◀

ケース		知らせたいニュアンス	表 現 法
販売時期（現在3月として）	10月発売の場合	少し先になるニュアンスにしたい	上期以降。年内には
		10月中に間に合わせたい	下期早々には
		9〜10月には何とかしたい	秋には（秋ごろ）
	6月1日発売の場合	6月中旬頃もあり得る	6月初旬
		早い！と印象づけたい	5月中にも
		早くなるニュアンス	6月までには
販売価格	3万円の場合	もっと低い価格もあり得る	最高3万円の予定
		安さを強調したい	3万円を切るくらいの
		±2000円程度	3万円程度
販売目標数	百万台の場合	達成に自信。どのくらい＋αか期待	百万台以上を確約
		百万台に達すれば上々	百万台を上回りたい
		達成は困難	百万台程度を目標
比較表現		単純な数字比較　or　具体的なわかりやすいものと比較 例・高さ：バスケット選手のように 　　・広さ：九州と同じくらい 　　・大きさ：象よりも大きい	
数字の出し方		切上げ・切捨て・四捨五入・丸め数字…… トップ・現業部署の意向の差に注意。 ∵　売上目標数字：トップは大きめ、現業（営業部）は小さめ ∵　人事採用数字：人事部は小さめ、現業は大きめ	

▶ ニュースリリースの基本例 ◀

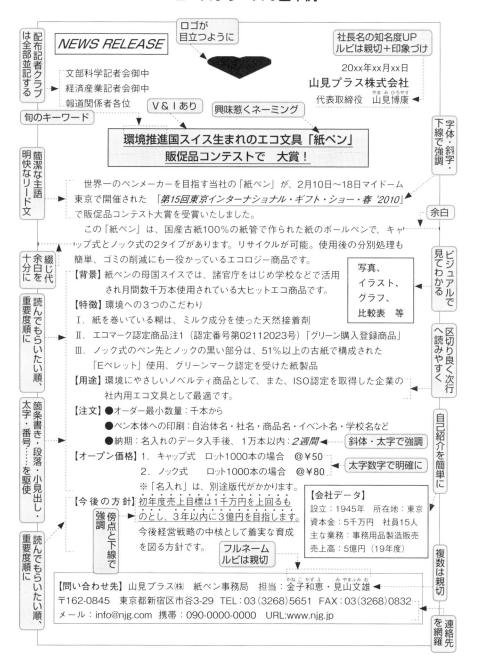

NEWS RELEASE

ロゴが
目立つように

社長名の知名度UP
ルビは親切＋印象づけ

20xx年xx月xx日
山見プラス株式会社
代表取締役　山見博康

配布記者クラブは全部記者記する

文部科学記者会御中
経済産業記者会御中
報道関係者各位

旬のキーワード

V＆Iあり

興味惹くネーミング

字体・斜字・下線で強調

環境推進国スイス生まれのエコ文具「紙ペン」
販促品コンテストで　大賞！

明快なリード文

世界一のペンメーカーを目指す当社の「紙ペン」が、2月10日～18日マイドーム
東京で開催された　第15回東京インターナショナル・ギフト・ショー・春 '2010
で販促品コンテスト大賞を受賞いたしました。

余白

　この「紙ペン」は、国産古紙100%の紙管で作られた紙のボールペンで、キャ
ップ式とノック式の2タイプがあります。リサイクルが可能。使用後の分別処理も
簡単、ゴミの削減にも一役かっているエコロジー商品です。

十分に　余白を　綴じ代

重要度順に　読んでもらいたい順、

【背景】紙ペンの母国スイスでは、諸官庁をはじめ学校などで活用
　　　　され月間数千万本使用されている大ヒットエコ商品です。

【特徴】環境への3つのこだわり
　Ⅰ．紙を巻いている糊は、ミルク成分を使った天然接着剤
　Ⅱ．エコマーク認定商品注1（認定番号第02112023号）「グリーン購入登録商品」
　Ⅲ．ノック式のペン先とノックの黒い部分は、51%以上の古紙で構成された
　　　「Eペレット」使用、グリーンマーク認定を受けた紙製品

写真、
イラスト、
グラフ、
比較表　等

ビジュアルで見てわかる

区切り良く次行へ読みやすく

太字・番号…を駆使　簡条書き・段落・小見出し・

【用途】環境にやさしいノベルティ商品として、また、ISO認定を取得した企業の
　　　　社内用エコ文具として最適です。

【注文】●オーダー最小数量：千本から
　　　　●ペン本体への印刷：自治体名・社名・商品名・イベント名・学校名など
　　　　●納期：名入れのデータ入手後、1万本以内：*2週間*

斜体・太字で強調

【オープン価格】1．キャップ式　ロット1000本の場合　@¥50
　　　　　　　　2．ノック式　　ロット1000本の場合　@¥80
　　　　　　　　※「名入れ」は、別途製版代がかかります。

太字数字で明確に

自己紹介を簡単に

重要度順に　読んでもらいたい順、

傍点と下線で　強調

【今後の方針】初年度売上目標は1千万円を上回るも
のとし、3年以内に3億円を目指します。
今後経営戦略の中核として着実な育成
を図る方針です。

フルネーム
ルビは親切

【会社データ】
設立：1945年　所在地：東京
資本金：5千万円　社員15人
主な業務：事務用品製造販売
売上高：5億円（19年度）

複数は親切

【問い合わせ先】山見プラス㈱　紙ペン事務局　担当：金子和恵・見山文雄
〒162-0845　東京都新宿区市谷3-29　TEL：03(3268)5651　FAX：03(3268)0832
メール：info@njg.com　携帯：090-0000-0000　URL:www.njg.jp

連絡先を網羅

記者のニュースリリースの読み方と情報処理の方法

記者が記事にしやすい形で情報発信する。

日々締切に追われ取材で多忙な記者には、"断りもなし"に相次いで送られてくるニュースリリース（ＮＲ）全部に目を通すことは、時間的に無理ですが、情報収集のためにＮＲは必要でもあるのです。そういった中における選別プロセスとは？

ＮＲを手に取ると、まず「タイトル」と「社名」を目にして興味が湧かなければゴミ箱へ直行。ちょっと面白そうだと感じたら、数行のリード部分を読んでみて、魅力がなければ「没」となり、興味があれば「本文」に目を移します。

そこで特徴（USP）・他社との差別点（UDP）が明確でなければ即刻、あっても興味を惹かなければその時点でゴミ箱行きとなります。そこで手元に残った"エリート"だけが、次の３つの方法で利用されるのです。

①すぐ使えるもの：すぐ電話をとる（記者のアクションは早い）
②近く使うもの　：机の上に置き、いつでも使えるように
③いつか使うもの：机の引出しか近くにファイル

そこで、読んでもらえるようにするには「タイトル」や「リード部分」から本文の最初のほうへと訴えたい順にインパクトがあるように整理し、諄々と説く流れにするのです。つまり、記者の思考の妨げになる流れは禁物です。

記者の情報入手経路は多岐に渡りますが、最も信用性の高い情報源の１つは、経営者や広報からの直接の紹介です。HPも確かな情報源で今やネット検索やブログなどのクチコミ情報も多くなっています。どこに情報源を持つかにジャーナリストとしての面目があり、独自ルートの情報源はジャーナリストのコアテクノロジーと言えましょう。この優劣で記事の次元の高さと奥行きに違いが出るのです。

記者の情報源は次のように分けられます。

▽**切り口・テーマのアイデア**：記者はこれを日々考え、探している。

他メディアの記事を読むのはアイデア創出の促進を図るため。

このアイデア提供は広報担当の最大の努めの1つ。記者のデータベースになるのです。記者の発想源となれば喜ばれ、人脈の深化を促す。

▽**取材候補先として**：マスメディアで取り上げられる企業は（良くも悪くも）取材候補先。これも記者は、いつも探しています。

他の記事を見て面白そうな企業を見つけたら、メモしておく。

業界専門紙（誌）は一般紙等他メディアにとって取材候補先企業の宝庫。小メディアにも、たとえ小記事でも載れば載るほど楽しみが待つ！

▽**担当分野の有力情報**：業界専門紙（誌）に詳しい。各界識者・専門家。メディアKOL＝Key Opinion Leader。論文など。官公庁・団体・企業のニュースリリースやウェブサイト情報は幅広い信用ある正確な情報ソースとして活用される。企業の知的財産を可能な範囲で開陳すれば、社会貢献にもなり、アクセス数も増え喜ばれる。政府官庁・大学のニュースリリースは最も信頼性の高い客観データ。

▽**時事情報・旬の話題**：日々のマスメディアからが最も多く、基本的に事実をほぼ正確に早く把握できる。ネットからは広く最短で、良悪混沌とした情報を集めることが可能。インフルエンサーのブログ・ツイッター・フェイスブックなどSNSによるWOM＝口コミ情報も有力。

あなたは、記者の情報源＝データベースとなり、知恵袋になるように努力することです。広報は"見えないものを見る"仕事。「紙」の裏、「画（え）」の背後に潜む"真意"の把握力・表現力を磨きましょう。

●その業界のことは、A社のB君に聞けば大局的に把握できる！

●その話題（テーマ）に関しては、C社のD氏に聞けば詳しくわかる！

●その業界のことを調べたいときは、E社のF氏がすぐ調べて教えてくれる！

●そんな人を探しているのなら、G社のH君がすぐ紹介してくれる！

こうした評判が得られたら、その記者がローテーションで交替しても、引き継いでくれた評判が何よりも増して"置き土産"となります。そうなるのも、日頃の精進の賜物（たまもの）。相手の立場で質問予測力を研磨向上して、「何としても役に立とう」「記者の手間を引き受けよう、記者の手間を省いてやろう」との熱意と使命感によるものです。どんな仕事も、この心構え

で誠実に！

　常に新鮮で先端の情報入手を求める記者の本分を十分に理解し、その耳目で情報を集め、記者の役に立てるように心がけましょう。

▶ 記者のニュースリリースを見る目とは ◀

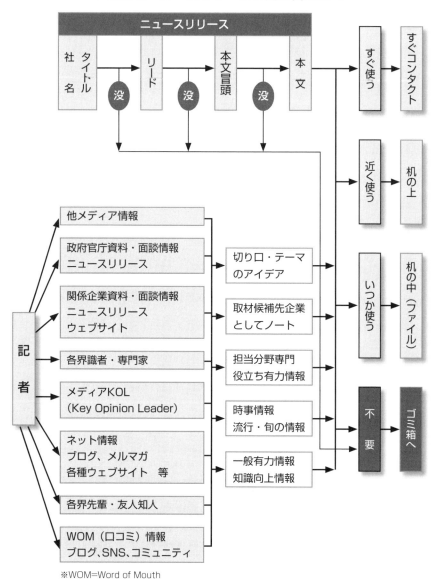

※WOM＝Word of Mouth

メディアKOLに人脈ネットワークを

メディアオフィス時代刺激人代表
生涯現役経済ジャーナリスト
毎日新聞・ロイター通信OB
牧野　義司

　KOLってご存知ですか？　メディアの中核にいるKEY OPINION LEADERのことで、社説やオピニオンページを担当する論説委員、コラムなどを書くベテランの専門記者の編集委員など世論をリードする人たちを指します。

　社名や肩書にこだわらずフットワークがよく、問題意識が旺盛でロジックもしっかりしていて、説得力あるオピニオンを展開するKOLに積極的にコンタクトし、皆さんの人脈ネットワークに連ねることをぜひ勧めたいのです。

　広報に携わる皆さんには、現場記者への対応という役割に加えて、より高度の次元から企業の有るべき姿や世論の観方など客観的な意見・情報を入手する重要なミッションもありましょう。

　しかし、現場記者は日々超多忙でその余裕がない場合も多いので、まずは独自にKOLとの太いパイプを作り意見交換しておく必要があります。

　その場合、多くのKOL候補の中から、その人のコラム記事などを読み、その論調や考え方に共感し、傾聴に値する、面白い発想をする、知見に厚みがあるといった優れた５、６人に絞って自分のKOLとします。何かのときに企業課題へ客観的アドバイスを仰いだり、意見交換を通じてメディアの考え方をつかむようにするのです。

　優れたKOLは現場が大好きで、皆さんが情報の要路にいるとの見方なので、むしろKOLから「ぜひお会いしよう」となります。まずは門をたたくことです。

　私も６、７人のKOLと政府系機関や企業の方々と交流する場を作ったところ、文字どおり談論風発、双方にとってWIN-WINなのです。

　広報が音頭をとって、トップとKOLとの意見交換会を持つことも一案。KOLが独自に持つコンフィデンシャルなバックグラウンド情報などにも接し、相手の考え方も聞けて大いに視野が拡がるでしょう。

　広報には、「守りの広報」ではなく外部に開かれた組織として、メディアやステークホルダーの見方や課題視している点などを探り、集約してトップリーダーにレポートする特別なミッションもあるはずで、KOLは重要な情報ソース、問題意識を醸成するソースになる存在だと思います。ぜひ、アタックされることをお勧めします。

牧野義司　氏（makino7@7max.sakura.ne.jp）
　経済関係記者35年の後「メディアオフィス時代刺激人」としてコンサルティングの仕事に関わるフリーランスを15年続ける"生涯現役"経済ジャーナリスト。旺盛な問題意識と好奇心、誰とでもどこでも会うフットワークの良さ、ネアカコミュニケーションの3点セットで現場取材し、ネットコラム「時代刺激人（じだいしげきびと）」「賢者の選択（https://kenja.jp/column/zidaishigekibito/）」で情報発信中。1968年、早稲田大学大学院卒。

テレビで取り上げられる
ニュースリリースの作り方

論理性と画をイメージできることがキーポイント。

◇ 三段論法的なストーリー展開を意識したリリースを

　元大手テレビ局ディレクターの鈴木秀逸さんは、現場ディレクターの経験から、テレビに取り上げられる企画を立てるためには、戦略的な思考プロセスをたどってきちんと理詰めで押さえていくことを推奨しています。

　まず、商品開発、新規アイデアを案出するに際して、①市民・社会、②行政、③企業の3つの視点で、「制作」してもらうための企画を戦略的に考え、自社の経営活動でテレビに取り上げてもらいたいテーマをいかに策定するかです。その戦略思考プロセスの流れは3つですが、その思考の流れには、2通りのパターンがあるのです。

　以下は、鈴木さんの解説をヒントに、リアルな例をあげましたのですぐ実行に移せましょう。

【テレビ企画戦略思考プロセス①】

　ステップ1　今、社会は何が流行りか？　何が旬の話題か？　何が関心事か？（流行、旬、関心）

　ステップ2　これからどうなるか？　どんな動きが出てくるか？どう世に波及するか？（変化、動向、波及）

　ステップ3　だからこんな商品が注目を浴びている。（解決策、改善策）

　商品A　　　　　　　**商品B**　　　　　　　　**商品C**

まず、商品Aは…、次に、商品Bは…、さらに（また）、商品Cも…

【テレビ企画戦略思考プロセス②】

　ステップ1　今、こんな現象が起きている。（現象、症状）

　ステップ2　私たちが注目したのはこういう点です。
　　　　　　　　今問題にしているのはこの点です。（注目点、問題点）

　ステップ3　だから、これらは社会にこんな役に立つ。（貢献、役立ち）

| 事例X | 事例Y | 事例Z |

まず、Xでは…、一方、Yは、…、ところが（さらには）、Zは、…

具体的に例をあげると、春の花粉症の季節として次のような企画が考えられます。

ステップ1	そろそろ花粉症の季節です。
ステップ2	今私たちが注目しているのは、人だけではありません。
	つまり、今年は犬も猿も花粉症になっていて、いくつか
	こんな事例が起きているのです。
ステップ3	そこで、こんな新商品が出てきました。
	一方、こちらはこんな商品もあります。
	さらに、他にこんな関連商品も見つけました。

このような「流れのパターン」があるのです。

テレビ映像のテーマで取り上げられることは、"よほどの何か"が不可欠です。その際、テーマ選びからも戦略的思考プロセスを重視しましょう。論理的で三段論法的なストーリーの流れが重要なのです。

▶ テレビ企画戦略は「3の3乗」で ◀

3つの視点	①市民社会	②行　政	③企業組織
3つの戦略思考プロセス その1	①流行 旬、関心	②変化 動向、波及	③解決策 改善策
3つの戦略思考プロセス その2	①現象 症状	②注目点 問題点	③貢献 役立ち
3つの事例 その1	①まず	②一方	③ところが さらには
3つの事例 その2	①まず	②次に	③さらに また、なお

▶ テレビの企画を立てるポイント5か条 ◀

1. 視聴者にどんな関係があるか？
2. 自社製品に関連して、今世の中で起こっている問題は？　また関心事は？
3. 自社製品はその問題を解決できるのか？　どう役に立つのか？
4. 競合他社の取組み姿勢も盛り込む。政府、団体からの客観情報も入れる。
5. 季節もの、イベント性、社会ネタでタイムリーな話題にできるか？

◇いかに画にできるかをアピールする

テレビは"映像"が勝負です。どんな面白いネタでも、"画"にならなければ取り上げられるチャンスはありません。基本的なニュースリリースの書き方は、前述の通りですが、テレビの特性に応じた工夫が必要です。

テレビ用ニュースリリースにまとめる留意点は、次のようなものです。

○端的に映像の魅力を伝えるタイトル
○そのタイトルを如実に示す「画像」＝写真と映像が不可欠
○要望に応じて、いろいろな「画」になることを強調

「テレビは最新ニュースばかりを取り上げる」との誤解があります。スピードで言えば、テレビは映像が必要なので、企画テーマによってはむしろ新聞・雑誌掲載の後なのです。ローカル紙や業界紙にてまず話題になった記事が雑誌でも取り上げられたのを見て、映像になる切り口で取材が入るケースが多いもの。"ミニブレーク"していたほうがなおいいのです。

最も取り上げられやすい魅力的な"画"の内容をニュースリリースにまとめる必要がありますが、その際のポイントは、撮れる"映像"を徹底してアピールすることに尽きます。

●こんな映像が撮れる！
●こんな動きも撮れる！
●こんな協力ができる！
●こんなことまでやれる！
●ここまでやっても大丈夫！
●こんな体験をさせてあげられる！
●こんなとんでもない場所からも撮れる！
●秘蔵品・お宝の超レアが撮れる！
●こんな高い（低い）ところからも撮れる！
●普段入れないところに入れる！
●誰も見たことのない世界が見える！
●普段逢えない人と遭遇できる！
●人とペットのあり得ないシーンが撮れる！
●ワクワクするロマンが現実に！

ニュースリリースは、"定型なく"独創的で一見して驚かせるような見せ方・書き方が必要です。思わず手に取りたくなる"奇抜さ"がいるのです。新任としても画になる旬のテーマを見出して、リリースを見た記者に、強くて楽しく、面白いインパクトを与え、興味を惹き、すぐ映像を思い浮かべてもらえるようにしなければなりません。画像やＤＶＤを付けると喜ばれ、話が即座に進み、取材へ直結する可能性が高まります。

テレビ番組への正しいアプローチの仕方

番組内のコーナーまで調べ、ピンポイントで提案する。

テーマを見つけ、基本的なニュースリリースを作成したら、次にアプローチすべき番組をどのように選ぶかという問題に突き当たります。

そこで、ステップごとに具体的なアプローチ方法と対応法を考えます。

通常、どの番組に売り込むかを検討し、それを決めたら、その「○○番組担当プロデューサー」あるいは「○○番組担当ディレクター」宛に送ることを当たり前のように考えますが、それは適切ではありません。

それよりも、もっとピンポイントで担当に届くように、「番組」ではなく、番組の中の「どのコーナー」かに狙いを絞るのです。なぜなら、コーナーごとにそれぞれ「コーナー担当ディレクター」はいますが、番組担当ディレクターはいないからです。そこで、狙いのコーナーの担当ディレクター宛にダイレクトに送るのが、あまり知られていないのですが、実効のあるポイントです。

①番組ではなくコーナーで関係するテーマを見つける。
　　例：日本テレビの朝の情報番組「スッキリ」やテレビ東京の夜の経済番組「ワールドビジネスサテライト」にどんなコーナーがあるか、テレビを見て研究する。「Wikipedia」は各番組情報が驚くほど詳しく、内容調査に最適ですので大いに活用しましょう。
②そのコーナーに合う「ニュースリリース」を作成する。
　（活字媒体用を改善）
③そのコーナーの担当ディレクター宛に送る。
　　●局内制作番組の場合：
　　　「宛先：番組名＋○○コーナー担当ディレクター様」
　　●ＶＴＲ外注番組の場合：
　　　「宛先：制作会社名＋番組名＋○○担当プロデューサー様」
　　　①既知のディレクターの場合：メールかＦＡＸ（ＤＶＤは郵送）
　　　②未知のディレクターの場合：まず郵送。そして電話でフォロー

④（じっくり）待つ。あるいは届く日か翌日に電話する。

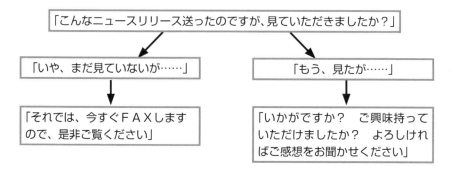

　もし、あまり関心がないようだと、多くの場合、「興味があればこちらから連絡します」のような回答が待ち受けています。そんな場合は、数日後、また電話してみます。そこで、本当に興味がなさそうであればもう深追いしても無理なので、次の企画を案出するのです。しかしまだ、あきらめてはなりません。

「どうなればOKになりますか？　何を追加したら企画になりますか？」
「どこがダメだったのでしょうか？　今後の参考に聞かせてください」

　このように今後の企画のためにも、また、多くの会話の機会を得て人脈を築くきっかけにするためにも、率直に学ぼうとする熱意を示すのです。すると、時には、「もう似たような企画をやったよ！」とか、「こんなところがもっとこうなれば……」とか、「このテーマにもっと旬の話題があればねぇー」などの呟きの言葉が返ってくることもあるのです。それが実は本音で、思いもよらない貴重なアドバイスをもらえることになります。

　⑤取材決定！　となれば、万全の体制で取材協力すること。
　あなたは、トップや現場と一丸となって万全の体制で臨み、現場取材に同行して細かいところまで気配りし、できる限り映像撮影の便宜を図り、個別インタビューなどの取材協力を積極的に行なうことが大切です。

【ニュースリリース送付の留意点】
- **送り先**：取り上げてもらいたい番組にはできるだけ多く送る。
- **興味のある番組やコーナーの趣旨をよく理解して送る**：これは礼儀。その際、生放送のほうが、常時デスクに記者がいる場合が多く、話が早く進むこともある。ＶＴＲ番組は、企画になれば大きな取材となるが、時間と労力もかかる。
- **送るテーマの関連記事があれば同封する**：テーマの信頼性と切り口のヒントになるので喜ばれる。
- **同じテーマのニュースリリースを真裏の番組にも送ることはＯＫ**：もしダブれば率直に話すこと。切り口を変え、タイミングを変えられれば、双方で取り上げられる可能性もある。

　内容によっては、テレビ放映に合わせてニュースリリースで「お知らせ」することも可能。１つのニュースネタをマルチユースして、さまざまなメディア露出を考えつくことが創造的な人に許された楽しみです。さらに、ウェブ検索を見越して、ウェブ戦略をあらかじめ組み込んで進めることを推奨します。せっかくめぐってきたチャンスなので、当然、ブログ、ツイッターやインスタグラムなどＳＮＳの活用を図り、できるだけネット上での拡散を成功させましょう。

　現役アナウンサーによる話し方研修事業を展開する㈱トークナビは、2019年７月、日本初の「**女子アナ広報室**」を発足させ、異なった視点で企業の魅力を再発見し、ブランディングやメディアへのアプローチ戦略の提供を始めました。その強みは"テレビ"。同社社長でプロアナウンサーの樋田かおりさんは、テレビ取材には「**あえた**」の３ポイントを強調しています。

「**あ**」：**新しいか**……番組には新情報コーナー枠が多々あり、ディレクターやＡＤは常にネタ探し。限られた時間ゆえ"新"にはとても敏感。統計的裏づけ（説得力）、本当に最新か（正しさ）、他と何が違うか（珍しさ）、視聴者に有益かがポイント！

「**え**」：**仰天の面白さ、「稀有の！」など目を引く「画」が撮れるか**……同じ情報でも、映像での魅せ方で視聴者の楽しませ方を変えるので、紹介する人や商品の映り方や順番にも意図した気配りが必要。

「た」：**的確なタイミングで情報提供できるか**……災害が起きたときにタイ
　ミングの良い非常用電池など、災害に役立つ企画提供は興味を惹く！
　樋田さんは「広報担当者は的確なタイミングで情報提供できるよう、
商品の画像、ロゴなど、番組の素材になる資料を準備しておく。新し
い情報を映像が撮りやすい状態でタイミング良く知らせると成果につ
ながりやすくなります。"あえた"の３つのポイントを押さえ、"取材
に立ち合えた！"となる日がくるといいですね」と麗しい"声"で奨
めています。

▶ テレビ局への戦略アプローチ法 ◀

・「画」になるテーマを見つける
・「ニュースリリース」にまとめる

・番組から該当コーナーを見つける
・趣旨などを調べる。「ウィキペディア」も活用

・「ニュースリリース」＋資料
・「DVD」「他の記事」

・○○コーナー担当ディレクター様
・複数番組の希望コーナーへの送付OK

・ディレクターが見たか、まだ見ていないか？
・状況に応じて、きちんとフォロー

・テレビ局「企画会議」検討……決定
・取材準備開始

・万全取材協力
・広報担当者現場動向……取材万全配慮

・放映前ニュースリリース（お知らせ）社内外告知
・ウェブサイトアップ……社内外告知
・放映（オンエア）時録画……2次・3次利用権の確認等

第 3 章

一斉発表・個別取材の
対応と
公式見解・Q&Aの作り方

記事の出し方 9つの方法

「一斉発表」と「個別取材」を目的に応じて使い分ける。

　ニュースネタを記事にする方法には、大きく分けて企業からは、「一斉発表」と「取材要請」、記者からは「取材申し込み」があります。「取材要請」と「取材申し込み」は個別取材となります。

（A）一斉発表

　一斉発表とは「公式に」、「同じ情報を」、「同じときに」、「複数（すべて）のメディアに」情報提供することで、この4つの条件を満たす必要があります。人事や組織変更、経営計画、M＆Aなど公式に発言しておきたい案件の場合や事件・事故・不祥事など、緊急に発表すべき場合があります。多くのメディアで報道される可能性もありますが、各記者にとっては横並びの情報なので、記事は相対的に小さくなります。記者会見や各種イベントでの挨拶も発表の一種です。

　一斉発表の問題点は、配布されるニュースリリースは、記者にとって1つの情報としてはありがたいが、横並び情報なので、読まれないケースが多く、配信したからといって記事になるかどうかは不明であることです。したがって、期待してはなりません。発表と並行して個別コンタクトすることにより、初めて真意を伝えることができるのです。

　「記者が最も嫌いなもの」は……実は“ニュースリリース”。その本意がわかっていない人は、ジャーナリストの本分を知らない素人です。ある地方紙の経済部長は「県内本社の企業から重要テーマで発表、つまりニュースリリースが配信されたら、“抜かれた”と思え！」と部下を叱咤激励。したがって、発表を嫌い、「独自ネタ＝“特ダネ”以外は興味ない！」というのが基本的姿勢です。全国紙も同じ！　特に企業モノにこだわりのある日本経済新聞の独自取材意欲は並々ならぬものと想像できます。

（B）取材要請

　取材要請とは、あるネタに関して「企業から特定メディアに取材を要請すること」で、企業がメディア（記者）を選べることから戦略的な広報が可能です。知り合いの記者に個別に、新しい情報を提供して大きな記事を

狙ったり、これまで付き合いのないメディアに有力情報の提供を申し入れたりして、インパクトある記事をものにすることもできます。

また、公式発表ができる時機ではないものの、第三者に言及してもらいたい場合や、まだ不十分な段階だが、戦略的に知らせたい場合には、気心知れた親しい記者に個別取材要請をしたうえで、記事化の段取りを行なうのも広報の役目です。

重要な経営案件の場合には、時には1年くらい前から社内の進捗に連動して戦略的に計画。興味を持ってくれそうな特定の担当記者と担当役員との面談をアレンジし、1〜2年先の業界動向の見通しなどを話題にしつつ、意図する内容での記事化を促す高度な広報戦略を考えてみましょう。

「憶測記事」や「観測記事」をものにする面談アレンジ力の向上が広報担当の醍醐味でもあり、日頃から記者人脈を培っておく必要があります。

さらに、1〜2か月後に一斉発表する案件でも、今の段階で個別取材により「観測記事」を出してもらうことは、"特ダネ"であれば比較的容易に記者の共感を得られるでしょう。記者が興味を持つようなテーマならば個別面談で話題となって盛り上がり、何らかの形で記事化につながることが多々あります。それに加えて、「絶対に記事にしたい！」案件の場合には個別取材要請が最適です。

このような取材要請は、新たな記者人脈拡大の方法でもあります。

取材要請を受けることは、記者にとっては「特ダネ」となり、報道される確率は高く、相対的に大きな扱いになるのです。独自の記事は「ジャーナリストの本分」です。ネタの価値とターゲットによって適切なメディア（記者）を選ぶことが大切です。1社に掲載後、他メディアからの「追っかけ取材」で「一粒で何度も美味しい」思いをすることもよくあります。

最近、「一斉配信が広報だ」という風潮もありますが、広報活動とは、記者との一対一の対応が原点であることを忘れてはなりません。一斉発表でニュースリリースを広く配信し、その後個別にアプローチして、興味を引き出し取材にこぎつけることも、この分類に入ります。

（C）取材申し込み

「記者からの特定テーマに関する申し込み」で、記事化のアイデアが固まりつつある場合や企画が決まっている場合も多く、記事になる確率も高いのです。業界に関する調査を頼まれたら、気持ちよく調べてあげると喜

ばれます。逆に、業界動向や統計を先取りして調べてまとめ、積極的に情報提供を試みると、さらに喜ばれ、あてにされるようになるでしょう。要するに、記者のデータベースになること！　すると、業界のアンケート調査や“業界代表としてのコメント”を求められることにもつながっていきます。しかし、注意すべきは、進行中の重要な経営案件（トップ人事、M＆A、重要商談など）や事件・事故・不祥事に関する情報を掴んで取材申し込みに来た場合で、いずれも企業（組織）の危機に他なりません。当初から誠実に対応することが大切です。

　個別取材による記事は特定“1メディアに大きく”出て、インパクトがあれば、その他のメディアからの「後追い記事」も期待でき、2度3度異なった味を味わうことができます。

　平たく言えば、「一斉発表」とは、いわば「合コン」と同じ。メディア全体に同じラブレターを配布するようなもので、読まれずにゴミ箱行きになる確率も高いのです。だから、真剣に読んでもらおうと思えば、まずはラブレターを、片想いの人の気を惹き興味を抱いてもらえるように、わかりやすく熱い恋心で書くことです。そして、送った後に“他の人よりももっといい話がある”と個別のコンタクトが必要です。

　取材要請は、こちらからデートを申し込むこと。1人だけに手書きのラブレターを手渡し、自分の想いの丈を吐露することです。自分の長所について情熱を持って伝えれば、良い返事（記事）ももらえるでしょう。

　取材申し込みは、相手からのデート申し込みです。こちらが了承すれば会いに来てくれ（取材）、喜ばれればお礼の手紙（記事）も届くでしょう。こうして築いた記者人脈の数と質が、日々の広報の仕事をやりやすくしてくれます。合コン（一斉配信）では、友達もできません。デートによってのみ、お付き合いが始まって友人ができ、その中から恋人もできるものです。それぞれの記者とは「Only you」のお付き合いを心がけましょう。

　以上のように、個別取材で記事を一度出し、役員会決定後や契約締結後に正式にニュースリリース配布や記者会見等で発表すれば、一粒で何度もおいしく違った味が楽しめることになるでしょう。

　なお、（A）（B）（C）の組み合わせ方は、右の表に示した通り、（D）（E）（F）（G）（H）（I）の6パターンもあります。

▶ 取材形式と記事の扱い ◀

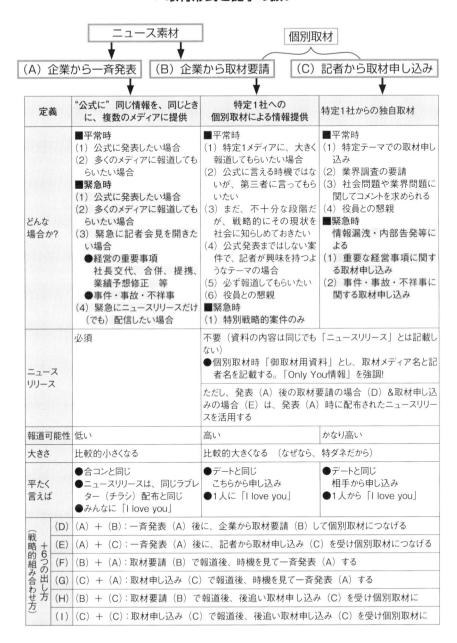

		ニュース素材		個別取材
		（A）企業から一斉発表	（B）企業から取材要請	（C）記者から取材申し込み
定義		"公式に" 同じ情報を、同じときに、複数のメディアに提供	特定1社への個別取材による情報提供	特定1社からの独自取材
どんな場合か?		■平常時 （1）公式に発表したい場合 （2）多くのメディアに報道してもらいたい場合 ■緊急時 （1）公式に発表したい場合 （2）多くのメディアに報道してもらいたい場合 （3）緊急に記者会見を開きたい場合 　●経営の重要事項 　　社長交代、合併、提携、業績予想修正　等 　●事件・事故・不祥事 （4）緊急にニュースリリースだけ（でも）配信したい場合	■平常時 （1）特定1メディアに、大きく報道してもらいたい場合 （2）公式に言える時機ではないが、第三者に言ってもらいたい （3）まだ、不十分な段階だが、戦略的にその現状を社会に知らしめておきたい （4）公式発表まではしない案件で、記者が興味を持つようなテーマの場合 （5）必ず報道してもらいたい （6）役員との懇親 ■緊急時 （1）特別戦略的案件のみ	■平常時 （1）特定テーマでの取材申し込み （2）業界調査の要請 （3）社会問題や業界問題に関してコメントを求められる （4）役員との懇親 ■緊急時 情報漏洩・内部告発等による （1）重要な経営事項に関する取材申し込み （2）事件・事故・不祥事に関する取材申し込み
ニュースリリース		必須	不要（資料の内容は同じでも「ニュースリリース」とは記載しない） ●個別取材時「御取材用資料」とし、取材メディア名と記者名を記載する。「Only You情報」を強調! ただし、発表（A）後の取材要請の場合（D）＆取材申し込みの場合（E）は、発表（A）時に配布されたニュースリリースを活用する	
報道可能性		低い	高い	かなり高い
大きさ		比較的小さくなる	比較的大きくなる　（なぜなら、特ダネだから）	
平たく言えば		●合コンと同じ ●ニュースリリースは、同じラブレター（チラシ）配布と同じ ●みんなに「I love you」	●デートと同じ 　こちらから申し込み ●1人に「I love you」	●デートと同じ 　相手から申し込み ●1人から「I love you」
（戦略的組み合わせ方）+6つの出し方	(D)	(A) ＋ (B)：一斉発表（A）後に、企業から取材要請（B）して個別取材につなげる		
	(E)	(A) ＋ (C)：一斉発表（A）後に、記者から取材申し込み（C）を受け個別取材につなげる		
	(F)	(B) ＋ (A)：取材要請（B）で報道後、時機を見て一斉発表（A）する		
	(G)	(C) ＋ (A)：取材申し込み（C）で報道後、時機を見て一斉発表（A）する		
	(H)	(B) ＋ (C)：取材要請（B）で報道後、後追い取材申し込み（C）を受け個別取材に		
	(I)	(C) ＋ (C)：取材申し込み（C）で報道後、後追い取材申し込み（C）を受け個別取材に		

一斉発表の具体的な方法

さまざまな方式、対象があることを理解し、適切なものを選択する。

　一斉発表の詳しいやり方を解説します。これは、会社としての「公式発言」であり、テーマや狙いに応じていくつかの方法があります。

①記者クラブにて発表する場合

　記者クラブの会員には全国紙をはじめ有力メディアが加入していますが、雑誌専業オンライン会社などは入っていません。まず、該当記者クラブに対し「レクチャー（説明者）付き」（一般に「レク付き」と言う）か、単に「資料（ニュースリリース）配布」か、を決めて電話で（受付経由で）幹事に申し込みます。もちろん、「レク付き」には「資料配布」も伴います。

　複数の記者クラブで発表する場合には、その旨を明記しておきます。「レク付き」の場合には説明者の役職氏名が必要。資料配布だけの場合、各メディアのボックス（箱）に指示された数のニュースリリースを配布します（「投げ込み」と言う）。当然ですが、クラブメンバー以外のメディア（地方紙・専門紙や雑誌等）にも同日にニュースリリースを配布配信することができます。

②関係全メディアを一堂に集めて一斉発表する場合

　記者クラブメンバーのみならず、他のメディアも一緒に一度に発表したい場合です。影響の大きいトップ人事、M＆Aなど重要な経営事項の発表の場合、商品展示やデモが必要な場合にも、この方式が有効です。さらに、事件・事故・不祥事で緊急に記者会見が必要な場合には、自社会議室や現場で行なうことにもなります。同時に関係全メディアに当日配布するニュースリリースを配信できます。

③関係全メディアへ資料配布（ニュースリリース）する場合

　自社メディアリストに基づき、関係する全メディアにニュースリリースを、主にＦＡＸ、メール、郵送で配布配信することです。ＰＲ会社やリリース配信会社へのアウトソーシングも利用できます。ニュースリリース配信だけですぐ記事やニュースとして報道される可能性は

少ないにしても、多くのニュースリリース数を発信しておくことは、"話題豊富な企業" という証にもなり、企業の躍動感を感じさせ、知名度アップ、イメージアップにつながることになります。何かのきっかけで、記者の考えるテーマ・切り口のヒントになり、「取材申し込み」へと導くこともありますので、常にネタの発掘と案出を心がけ、1回でも多く発信しましょう。

④インフルエンサー（影響力のある人）に依頼する場合

　影響力のあるブロガー等は、マスメディアではありませんが新しいメディア＝媒体であり、ネットメディアとみなすことができます。

　最近、この伝播力が著しく強力になり、有効なメディアとして利活用しようとする動きが活発になっています。1日1万PVもある影響力のあるカリスマブロガーの協力を得たり、フェイスブック、ツイッター、インスタグラムで影響力のある人を募って別途「インフルエンサー会議」を開くなど、単なる一斉発表とは異なる斬新なイベントを行なう動きも広がっています。業種や目的によっては、新たなメディアとして検討するといいでしょう。

⑤緊急発表—記者会見

　経営に関する重要事項に関して、緊急に一斉発表する場合と、メディアに重要な経営情報をスクープされた場合、あるいは事件・事故や不祥事などで記者から取材攻勢を受けた場合などがあります。緊急にニュースリリースだけを配信する場合もありますが、重大性により、同時にあるいはその直後に「記者会見」を行なうことになります。

⑥「お知らせ」（ニューズレター）法

　ニュースリリースと同じような形式ですが、「お知らせ」は、記者が飛びつくようなニュース性はなくとも、企業として知らせる価値のある情報をまとめて、その都度全メディアに配布配信するものです。

　たとえば、すでに同じようなテーマで記事になったネタや一斉発表のタイミングを逸して、ニュースにはならないが話題性はあるもの、また時期をずらし付加価値をつけたり、切り口を変えて出せるケースなどは、「お知らせ」を利用することです。「ニュースリリース」と書く代わりに「お知らせ」とし、内容を必要があれば修正して配布配信することができます。記者クラブへの申し込みも「お知らせ」として

問題なく受諾され資料配布できるのです。全メディアに配信も可能です。それにより、正式な　斉発表と同じ効果も期待できます。

　「お知らせ」の利点は、どんなテーマでも良く、ダイレクトメールのように、とにかく発信できることで、その内容に興味を持った記者から取材申し込みもあり得ます。記者としても「一斉発表」ではないので、他メディアに気兼ねなく自由に取材して記事にできるのです。

　トップ人事やM＆Aなど重要な発表の場合、新任といえども広報担当者は、その情報をいち早く知る立場にあるので、情報漏洩には最大の注意を払う必要があることを自覚しておかなければなりません。"機密が事前に漏れるリークは、広報の責任"との緊張感を持って対応することです。事前情報漏洩は、「インサイダー取引」と見なされる恐れもあります。

　異分野・異業種・異系列への参入が容易になった今日、共同あるいは連名での一斉発表も多くなる傾向にありますが、いずれの場合でも基本的に単独での発表方法と同じです。主体企業によって社名の順序が変わることに留意してください。A社がB社を買収する場合にはA社が主語になり、対等の場合には社名が並列となります。

　インターネットを利用して常に発信を心がけることは、長い目で見ると取材申し込みのきっかけになるし、時には一斉発表と同じ効果をもたらすものです。何かのトピックスをテーマにして行なう「記者会見」や「記者懇親会」なども一斉発表と同じ類と考えていいのです。

　あなたは、タイミングが必要な公式の「一斉発表」をきちんと行なうことは当然としても、ネタ探しに精を出し、"ニュースリリース風"にまとめて「お知らせ」としてどしどし発信していくことを心がけてください。それは、１つの手持ちの「弾丸」になり、発表しなくとも後述の個別取材テーマやお土産用に使うことも可能なのです。

　役員面談時のお土産ネタにもネタ切れで困っている記者への貴重なプレゼントとしても喜ばれます。その場合、「ニュースリリース」ではなく「ご取材用資料」や「ご参考」と記載し、加えて取材メディア名と記者個人名を記載すると、「一斉発表」でも「お知らせ」でもないこと、つまり「あなただけ」の「Only you」ネタということを暗に示すことになります。

　繰り返しになりますが、ニュースリリース後に個別コンタクトし、より多くの情報を提供したり、別の切り口で記事化を促すことが大切です。

▶ 一斉発表後の流れ ◀

一斉発表決定

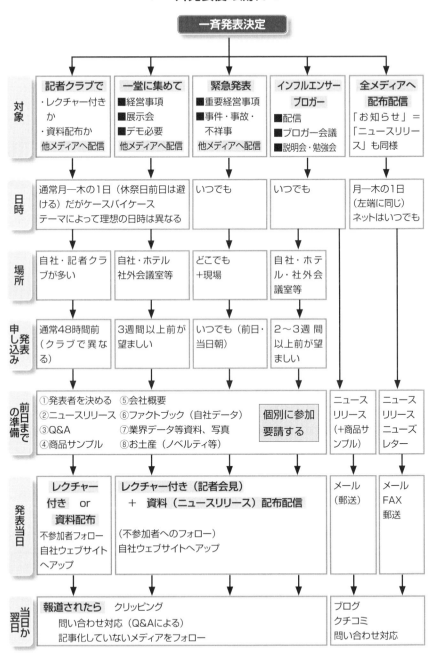

	記者クラブで	一堂に集めて	緊急発表	インフルエンサー ブロガー	全メディアへ 配布配信
対象	・レクチャー付きか ・資料配布か 他メディアへ配信	■経営事項 ■展示会 ■デモ必要 他メディアへ配信	■重要経営事項 ■事件・事故・不祥事 他メディアへ配信	■配信 ■ブロガー会議 ■説明会・勉強会	「お知らせ」＝「ニュースリリース」も同様
日時	通常月～木の1日（休祭日前日は避ける）だがケースバイケース テーマによって理想の日時は異なる	いつでも	いつでも	いつでも	月～木の1日（左端に同じ）ネットはいつでも
場所	自社・記者クラブが多い	自社・ホテル 社外会議室等	どこでも ＋現場	自社・ホテル・社外会議室等	
申し込み 発表	通常48時間前（クラブで異なる）	3週間以上前が望ましい	いつでも（前日・当日朝）	2～3週間以上前が望ましい	
前日までの準備	①発表者を決める ⑤会社概要 ②ニュースリリース ⑥ファクトブック（自社データ） ③Q&A ⑦業界データ等資料、写真 ④商品サンプル ⑧お土産（ノベルティ等）			個別に参加要請する	ニュースリリース（＋商品サンプル）／ニュースリリース ニューズレター
発表当日	**レクチャー付き or 資料配布** 不参加者フォロー 自社ウェブサイトへアップ	**レクチャー付き（記者会見）＋ 資料（ニュースリリース）配布配信** （不参加者へのフォロー）自社ウェブサイトへアップ			メール（郵送）／メール FAX 郵送
当日か翌日	**報道されたら** クリッピング 問い合わせ対応（Q&Aによる） 記事化していないメディアをフォロー				ブログ クチコミ 問い合わせ対応

記者クラブとその利用法

良いネタを提供できれば、効率的に記者人脈を築くことができる。

　記者クラブは、日本特有の制度で、メディア各社の会員制親睦組織です。記者側は、取材の最前線基地として行政や企業からの発表を受け入れる場であり、企業側としては、メディアとの重要かつ容易な接点となります。

　首都圏では官公庁系と民間系クラブがあり、さらに一般紙と業界紙、専門紙に分かれます。首都圏以外での企業の発表は、主要都市の商工会議所にある「経済記者クラブ」で行なえます。商工会議所がない都市では、「県政クラブ」や「市政クラブ」で企業からの発表に対応してくれます。

　発表のテーマによっては、首都圏の該当記者クラブと地方の記者クラブでも同時発表が可能です。

　クラブの利点は、一挙に公式に関係メディアに伝えることができることと、一度に資料配布できるので手間とコストが抑えられるなど効率的な点です。また、担当記者と直接接触できるので人脈作りに役立ちます。

　各記者クラブには、「黒板協定」があり運用ルールに基づいて大体2〜3か月ごとの輪番制で2〜3社ずつ決められた幹事社が申し込みの諾否判断を行ないます。異分野企業やテーマによっては承認されないので注意！

　発表申し込みはクラブによって異なりますが、首都圏の場合は通常、発表日の48時間前まで、地方の場合は1〜2日前までに所定の方法（電話かFAX）で申し込みます。資料配布だけの場合は、申込書のFAXや前日の電話だけで受け付けるクラブもあります。事前に問い合わせてください。申し込み受理後は、記者は発表日まで記事化できない！　これを「しばり」と言います。

　主な申し込み項目は、**①発表テーマ、②日時、③場所、④レクチャー（発表者）付きか単に資料配布か**の4項目です。幹事社が受理すると、申込用紙が黒板（壁）に貼られ、平常時は記者への個別連絡は不要です。しかし、社長交代人事、M&Aをはじめ、重大な経営案件など緊急時の場合には、幹事社判断で当日申し込み、当日発表や即刻発表も可能。個別連絡が必要で、申し込みの受付から概ね1時間以内に発表するのが原則です。

【記者クラブでの発表の留意点】

● ニュースリリースの左肩に「報道関係各位」と記載する。

● 複数クラブで発表する場合、幹事社に伝える。申込書に記載欄あり。

　▼ 複数クラブ発表はリリースに発表するクラブ名を全部記載

　▼ 一般紙・業界紙のクラブ両方で発表する場合には、（締切時間の早い）業界紙クラブの時間を早く設定すること

　▼ メディアの社宛は「1社・1部署・1人」が原則。他は「ご参考」

　記者クラブと付き合いがある企業の広報担当者の場合、同僚や上司が記者クラブメンバーを含む各メディアの担当記者を紹介してくれるので、あとは各記者と個別にコミュニケーションを図り、自分の信用と信頼を築いていくことです。記者は"ジャーナリストの本分"を心に秘めた優れた見識の持ち主が多く、異なる業界についても詳しい情報を持ち、"一家言"ある方々なので、謙虚にそして熱意を持って学ぶ姿勢を保ちましょう。

　しかし、自分自身に魅力がないと長続きしません。そのためには"自分のネタ"と"会社（組織）のネタ"を作り続け、社会の旬の話題にも一定の見識を持てるように、日々勉強です。進んで調べ物をし、"記者に手間をかけさせない"、"手間を引き受ける"ことをいつも心に期し、"相手の時間を奪わない"、"不要な文字は1字でも読ませない"ように努めましょう。

▶ 記者クラブへの一斉発表申し込み方法 ◀

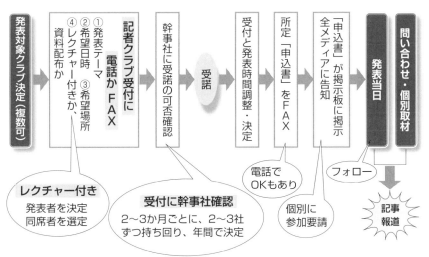

▶ 黒板協定運用ルール（例）◀

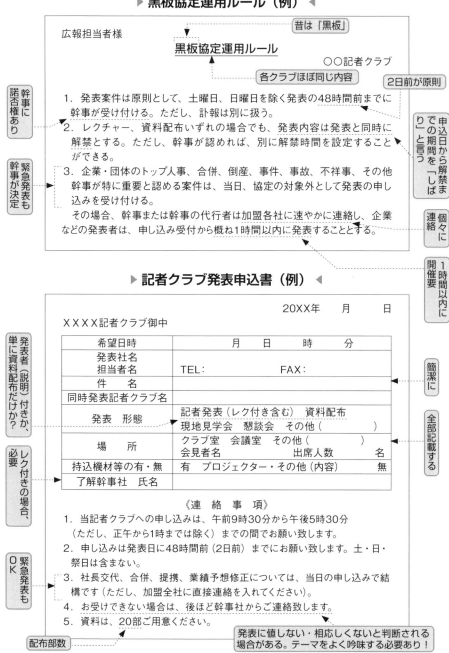

広報担当者様

昔は「黒板」

黒板協定運用ルール

○○記者クラブ

各クラブほぼ同じ内容

幹事に諾否権あり

2日前が原則

1. 発表案件は原則として、土曜日、日曜日を除く発表の48時間前までに幹事が受け付ける。ただし、訃報は別に扱う。

申込日から解禁までの期間を「しばり」と言う

幹事が決定 緊急発表も

2. レクチャー、資料配布いずれの場合でも、発表内容は発表と同時に解禁とする。ただし、幹事が認めれば、別に解禁時間を設定することができる。

3. 企業・団体のトップ人事、合併、倒産、事件、事故、不祥事、その他幹事が特に重要と認める案件は、当日、協定の対象外として発表の申し込みを受け付ける。
　　その場合、幹事または幹事の代行者は加盟各社に速やかに連絡し、企業などの発表者は、申し込み受付から概ね1時間以内に発表することとする。

個々に連絡

1時間以内に開催要

▶ 記者クラブ発表申込書（例）◀

20XX年　　　月　　　日

××××記者クラブ御中

発表者（説明）付きか、単に資料配布だけか？

希望日時	月　　日　　時　　分
発表社名 担当者名	TEL：　　　　　　　FAX：
件　　名	
同時発表記者クラブ名	
発表　形態	記者発表（レク付き含む）　資料配布 現地見学会　懇談会　その他（　　　　　）
場　　所	クラブ室　会議室　その他（　　　　　） 会見者名　　　　　　出席人数　　　　名
持込機材等の有・無	有　プロジェクター・その他（内容）　　無
了解幹事社　氏名	

簡潔に

全部記載する

レク付きの場合、必要

《連　絡　事　項》

1. 当記者クラブへの申し込みは、午前9時30分から午後5時30分（ただし、正午から1時までは除く）までの間でお願い致します。

2. 申し込みは発表日に48時間前（2日前）までにお願い致します。土・日・祭日は含まない。

緊急発表もOK

3. 社長交代、合併、提携、業績予想修正については、当日の申し込みで結構です（ただし、加盟全社に直接連絡を入れてください）。

4. お受けできない場合は、後ほど幹事社からご連絡致します。

5. 資料は、20部ご用意ください。

配布部数

発表に値しない・相応しくないと判断される場合がある。テーマをよく吟味する必要あり！

92

③④ 取材要請の具体的な方法

未知のメディアでも価値のある独自ネタなら対応は良い。

　取材要請とは基本的には1社の独自取材になりますが、一斉発表後に個別に記者コンタクトを行ない、単独取材をアレンジする方法も通常行なわれる一般的な方法です。その場合はニュースというよりも、何か切り口を変えてストーリーを考えるなど工夫が必要でしょう。

　さらに、役員面談で（意図的に）出した話題の中で記者の興味を惹いたテーマについて、別途フォローして記事化を促すこともできます。あるいは、常日頃温めていた旬の話題・テーマを何かのきっかけで切り出し、記者の関心を引き出すこともあります。

　興味を持ってくれた記者との相談により、担当役員や当該技術者等に特別に面談アレンジする等、記者が記事にしやすい心境と環境を作るのも広報担当の腕が鳴る仕事となります。こうした戦略的な、しかし地道な仕掛けは、日頃、問題意識を持って業界や社内を俯瞰し、記者の興味を惹くテーマ・切り口を探しているかどうかにかかっています。"社内記者"として身を挺して"御用聞き"に励む健気な姿は次第に信用・信頼とネタの蓄積をもたらし、社内人脈の着実な構築も実感するでしょう。そして、「ポケットにいつもニュースネタを忍ばす」ようになって、いつか「ネタ切れで困った記者にそのネタを提供して喜ばれる」ようになるものです。

【メディア選定】

　いいネタがあれば、それをどのメディア（記者）に取り上げてもらいたいのかを考えて、ネタの価値とターゲットによって適切なメディア（記者）を選ぶことが大切です。その場合、同一メディア（記者）にあまり偏らないようバランスに配慮が必要です。

【ケーススタディ】

　あなたはＴ社の広報担当Ｅです。最高級品質の新商品を開発しましたが、まだ公式に発表できる段階には少し早い。しかし、先がけて、できる

だけインパクトあるような内容でF紙掲載を企画しました。しかし、まだコンタクトをしたことはありません。

　このような場合、実際のアクションは次のステップになるでしょう。

①F社編集局（経済部or該当部）や取材センターに電話します
　Ｅ「私は、Ｔ社広報担当のＥと申します。当社は○○○の会社です。
　　　この度、業界初の新商品を開発したのですが、この業界担当の方は
　　　おられますか？」
　Ｐ「私が、担当デスクのＰですが、どんな話ですか？」
　Ｅ「この業界初の画期的な品質の最高級商品を開発し、近々販売を開
　　　始する予定ですが、もしご興味あれば取材されませんか？　当社と
　　　しては（こんな話は）"ぜひ御社（だけ）に"と思っていますが……」
　Ｐ「どこに独創性がありますか？　特徴は？　差別点は何ですか？」
　Ｅ「実はそれには３つあり、……です」
　　（この１〜２分が勝負。即答できるようにしておきましょう）
　Ｐ「それは面白そうですので、担当記者から電話させますから連絡先
　　　を教えてください」あるいは「ここに電話するとＳという担当記者
　　　がいますので、私からの紹介ということで、話してください」
②Ｓ記者と連絡がとれ、同じ説明をすると、Ｓ記者も興味を抱いてくれ
　たので、面談日時場所を設定する
　　（デスクが担当記者を紹介しても、担当記者が「ノー」の場合もある。
　　なぜなら担当のほうが前例や競合状況、差別化度合い等に詳しく、厳
　　しい視点で評価するため）
③当日、Ｓ記者と社長（あるいは担当役員）との面談
④Ｓ記者が興味を持てば、原稿を書き、Ｐデスクに上げる
⑤報道記事として掲載？（没もある）

　このように記者の興味を惹く案件であれば、未知のメディア（記者）で
も、"喜んで"取材してくれます。取材要請を受けることは、記者にとっ
ては願ってもない"特ダネ"です。たとえ懇意の記者がいなくても、目指
すメディアの編集局に電話して案件を売り込みましょう。未知のディアへ
のアプローチは、人脈拡大の有力な方法でもあります。

既知の記者であれば、話は簡単です。“取材価値のあるなし”を即刻判断してくれますから、自社の案件の客観的市場価値がわかるのです。

　記者を、自社（商品）の価値を“無償”で評価する「第三者評価機関」として尊ぶこと！　提供したネタが取材対象にならない場合、その理由は、

<ol>
<li>際立った特徴がないか、他社との差別化が明確でない</li>
<li>特徴や差別化には興味があるが、まだ十分でないか、実績に欠けるので、有力な実績が上がってから……</li>
<li>同様のネタあるいは切り口ですでに記事化され、今や新鮮味に欠ける</li>
<li>良さそうなネタだが、説明者の話が明瞭・的確でない</li>
</ol>

などが考えられます。記者は、社会（読者）の視点で取材する／しないあるいは記事にする／しないを判断するので、そこに主観と客観のズレが起きるのです。“記事にならない”は明確な差別化の欠如であることを認識し、“記事になるように”一層の差別化に励むことです。

　電話の前に「ご取材用資料」を送り、翌日に電話する方法もあります。取材ＯＫとなればＱ＆Ａや資料を準備、テーマに応じて適切な「説明者」をアレンジし個別面談を設定するのです。独自の記事は、“ジャーナリストとしての本分”ですから、取材にまで行けば、報道の確率は高く、相対的に大きな扱いになるのです。

　この取材要請は広報の第一歩。ネタの価値とメディアを組み合わせて、効果が得られるような実践力を養いましょう。特定の新聞や雑誌の特集企画や囲み企画を見て、それに見合ったコンテンツを提供することも、記者に喜ばれ、うまく合えばすぐに取材されて記事になる確率は大です。

　記者は常に「次は何を書こうか？」「何を話題にすれば読者の興味を惹くか？」といった次の「切り口・テーマ」で頭が一杯なので、そのヒントやコンテンツを提供してもらうことは最もありがたいのです。しかも、取材のアレンジまでしてもらうと手間も省け、内容も記事化に十分耐えうる価値があれば、なおさらです。

　記事をよーく読んでいる人は、実は他のメディアの担当記者！　どんな記者も切り口・テーマと取材候補先をいつも探していますので、ある記事→他メディアからの問い合わせ→取材→記事と続き、まさしく記事が記事を呼ぶ現象が始まるのです。

▶ 取材要請の方法 ◀

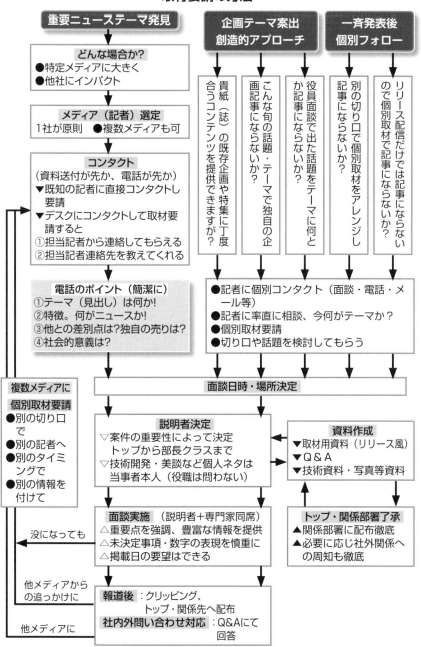

取材申し込みの具体的な受け方

通常テーマと事件・不祥事とで対応は大きく異なる。

取材申し込みは、平常時と緊急時に分けて考えてみましょう。

▽平常時：①通常テーマの取材　②諸調査協力　③コメント等

▽緊急時：①重要な経営情報に関する取材（独自取材か情報漏洩による）

　　　　②事件・事故・不祥事に関する取材(情報漏洩、内部告発による)

◇ 通常テーマ取材の場合

通常取材の場合、基本的にはすべて受ける姿勢で対応することが大切ですが、その流れをまとめると次の手順となります。

▼メディア確認

既知のメディアであれば問題はありませんが、初めてのメディア（記者）の場合、事件・事故がらみの取材申し込みには要注意。また、時に「広告費」や「取材費」を請求されるケースもあります。

まず、取材主旨を記した「企画書」があれば、FAXかメール送付を頼んでみること。検討はその後でよいのです。取材は、①「企画」があって取材する場合、②「企画」のテーマや切り口のヒントを得るために取材する場合があります。特に雑誌の取材であれば、時間的余裕のあるケースが多いので、企画主旨をよく聞いて面談しましょう。

▼取材テーマ：2つのケースに分かれます。

A 「すでに企画（特集名・掲載面または番組名等）が決まっていて、その内容を取材したい」

B 「まだ企画は決まっておらず、テーマや切り口のヒントを探している」

A、Bのどちらなのかを率直に尋ね確かめることです。

▼希望取材対象：2つのケースに分かれます。

A 社長など面談相手の希望がある

基本的には希望に沿ってアレンジしますが、もっと良い適任者が考えられる場合には適切な人選を戦略的に行ないます。時に希望

する人ではふさわしくないケースもあるからです。

　　Ｂ　そのテーマに最適な人と面談したい

　　　　こちらで適任者の人選を行ない、本人の了承を得て提案します。

　▼希望日時・場所：取材日時と場所を設定し、当日面談。

　こうしてうまく運べば、記事掲載という流れに乗ります。取材申し込み
も取材要請も、取材が決定すれば結果的に同じプロセスで行なうことにな
ります。これはまさに"デート"実現のプロセスと全く同じなのです。

◇記事の事前チェック

　取材される側としては、すべて事前チェックできればそれに越したこと
はありませんが、通常はできません。雑誌の企画ものや間違いやすい数字
を含む新聞の「工場レポ」「開発秘話」等については「間違えると互いに
困る」と事前チェックを申し入れてみましょう。テーマによっては了承さ
れるケースもあります。記事は記者判断で書かれるため、時に意図しない
ことが書かれたり、困る表現で記事が出てしまう恐れを感じたり、間違い
やすい箇所（148ページ参照）があればメールやFAX、口頭により確認す
る用心を怠らないようにしましょう。それが、有能な広報のプロへの確か
な道程です。

　こうして取材申し込みは、申し込みメディアや企画テーマに十分留意し
つつも基本的には何でも受けて立つオープンな姿勢で最大限記者に協力
し、より良い記事になるように支援応援しましょう。

◇「重要な経営情報」と「事件・事故・不祥事に関する取材」

　情報漏洩や内部告発などにより、①進行中の重要な経営案件に関する情
報、②企業内の事件・事故や社員の不祥事に関する情報を掴んで取材に来
ている場合、いずれも企業の危機につながります。ただちにトップ・関係
者に直報して対応策を検討することになります。初期対応が大切です。

　取材を受けるのか？　先延ばしするのか？　どのような応対をするかに
よって、企業の姿勢を問われる瀬戸際です。

　①進行中の重要な経営に関する案件には、トップ人事、Ｍ＆Ａ案件、大
型商談などがあります。取材に来た記者がその重要案件に関して、どのく
らい正確な情報を持って来ているかによって、対応が変わります。その程

度を測ることがポイントです。気をつけるべきは、記者は一般的に"何でも知っている風"を装うプロなので、"こんなことまで漏れているのであれば全部言わないと仕方がない"と下手に観念してしまわないことです。記者は憶測情報を元に"山をかけて"問い合わせ、応対を観察。何かある、との察知力に長け、その反応を元に多彩に深掘りしていくのです。

　そんな問いには、（たとえ知っていても）まず、「そんなことは決してありませんよ！」と断固否定してみる手もあります。逆に相手の反応により、その情報把握度を測ることもできるのです。そして、いったん電話を切り、ただちに上司とその後の対応を決めましょう。

　また、記者の掴んだ情報が正しくとも、今報道されると当該案件に大きな影響を被るような場合には、記者に記事化を延ばすよう要請する場面も出てきます。特ダネを掴んだ記者の了承を得ることはなかなか困難ですが、了承が得られた場合には「借り」となります。その場合、近い将来、当該案件と同等か、それ以上の価値ある「特ダネ」を提供する約束付きとなるのはやむを得ないことです。その記者との話し合いにより、信頼関係をベースにして、双方納得できる解決策を見出していかねばなりません。そんな厳しい局面を経てこそ、一生の友になる関係も生まれるのです。

　②**事件・事故・不祥事**に関する問い合わせの電話を受けたら、取材の意図と状況をよく聞いてただちに上司の判断を仰ぐことです。その最初の対応いかんによっては深刻な事態に陥るケースがあります。まず、社内で事実関係を調べ、それによって当面の記者への対応と、対外的な公表とを並行して上司およびトップ経営幹部と相談することになります。

　新任の広報担当だからといって、記者に容赦はありません。「障害は私を屈せしめない。あらゆる障害は奮励努力によって打破される」（レオナルド・ダ・ヴィンチ『手記』）のです。最前線の防波堤であり、アンテナやセンサーにもなって、1つひとつ上司に判断を委ね、慎重に対応していくことです。

　仕事の進め方において他の部署と異なるところは、次の通りです。
　　1．常に記者の締切が迫っており、回答時間が切迫すること
　　2．求められる情報が会社の重要な機密や微妙な時期等に触れること
　　3．広報の回答がそのまま会社の回答として、即刻記事化される厳しい局面にいつも立たされていること

▶ 取材申し込み対応法 ◀

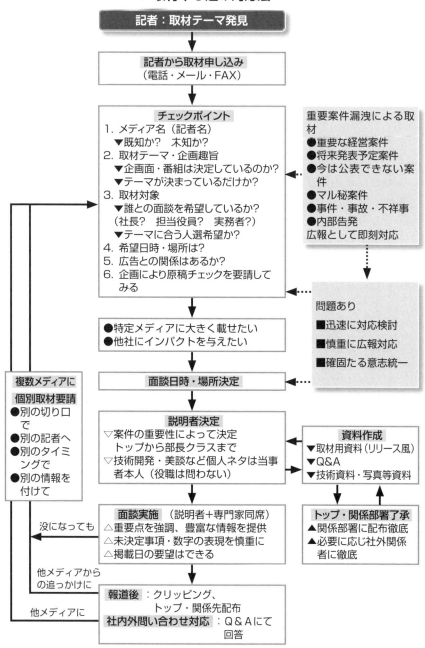

記者：取材テーマ発見

記者から取材申し込み
（電話・メール・FAX）

チェックポイント
1. メディア名（記者名）
　　▼既知か？　木知か？
2. 取材テーマ・企画趣旨
　　▼企画面・番組は決定しているのか？
　　▼テーマが決まっているだけか？
3. 取材対象
　　▼誰との面談を希望しているか？
　　（社長？　担当役員？　実務者？）
　　▼テーマに合う人選希望か？
4. 希望日時・場所は？
5. 広告との関係はあるか？
6. 企画により原稿チェックを要請して
　　みる

重要案件漏洩による取材
●重要な経営案件
●将来発表予定案件
●今は公表できない案件
●マル秘案件
●事件・事故・不祥事
●内部告発
広報として即刻対応

問題あり
■迅速に対応検討
■慎重に広報対応
■確固たる意志統一

●特定メディアに大きく載せたい
●他社にインパクトを与えたい

面談日時・場所決定

複数メディアに
個別取材要請
●別の切り口
　で
●別の記者へ
●別のタイミ
　ングで
●別の情報を
　付けて

説明者決定
▽案件の重要性によって決定
　トップから部長クラスまで
▽技術開発・美談など個人ネタは当事
　者本人（役職は問わない）

資料作成
▼取材用資料（リリース風）
▼Q&A
▼技術資料・写真等資料

面談実施　（説明者＋専門家同席）
△重要点を強調、豊富な情報を提供
△未決定事項・数字の表現を慎重に
△掲載日の要望はできる

没になっても

トップ・関係部署了承
▲関係部署に配布徹底
▲必要に応じ社外関係
　者に徹底

他メディアから
の追っかけに

報道後：クリッピング、
　　　　　トップ・関係先配布
社内外問い合わせ対応：Q&Aにて
　　　　　　　　　　　　回答

他メディアに

取材対応時に広報が心がける ポイント

万全の記者対応サービスは双方にメリットを生む。

　最も喜ばれる記者サービスとは、原稿を書くに際して役に立つ豊富な情報を十分提供し、取材を1回で短時間に終わらせることです。

　そこで、新任広報担当者が配慮すべき要諦とは何でしょうか?

　一斉発表の場合:レクチャー付きを増やす。内容に沿って適切な発表者＋同席者をアレンジする。発表者を上位者にすれば多くの記者が集まる。

　個別取材の場合:テーマに沿い適切な説明者＋同席者をアレンジする。

　その要諦は「どんな質問にも万全な回答体制で臨む」ことです。具体的には、トップを含む経営幹部などの中からテーマに沿った適切な発表者(説明者)に加えて、予測される質問に万全に答えられる同席者をアレンジ(当然、資料も万全に)すると喜ばれます。その理由は2つあります。

　理由①万全の記者サービス:記者の疑問にすべて答える体制で臨む。より豊富で詳細な情報提供は記者の発想を豊かにし、その結果、**「記事が膨らむ」**＋**「記事が増える」**のです。なぜなら、記者はアーティストに似て、常に「大作」を「多く」仕上げたいのですから!

　豊富な材料は記事を膨らませ、さらにいろいろな切り口のアイデアを促し「別の切り口の記事として別途取材」となり記事が「増える」のです。

　次に、質問への万全な回答は、**取材を1回で終わらせ双方の時間と労力を省き生産性を向上**させます。記者の疑問点にその場で当事者が正確な情報で回答するので、数字の間違いやニュアンスの曖昧さがなくなるのです。後で電話確認する手間と労力が消滅する効果は大きいものです。

　理由②社内啓発:取材は、発表者(説明者)も同席者も会社を代表し対外的に責任ある対応をする1つの試練の場となる。その役割に自信と誇りをもつことです。周りの人たちへの話題提供にもなります。取材を受けることはライブのメディアトレーニングのチャンスでもあるのです。

　広報担当は、**役者兼演出家**(A＆P＝Artist＆Producer)。社長から社員にまで適切な出番を与えること。その選定から、出席要請、役割の説明、当日の配慮などの実践より大いに学ぶことができます。

戦略的Q&A（想定問答集）作成法

Qは漏れなく多く、Aは部署間の差異を調整。

「ニュースリリース」は重んじても、「Q&A」の重要性を説く人はそう多くありません。しかし、広報担当者の真の実力は、Q&A作成に如実に表れます。ある案件に関するQ&A作成のプロセスやポイントを問い、その答えを聞けば、その担当者の真の実力がすぐわかると言っても過言ではありません。なぜなら、それはニュースリリース作成よりもはるかに難しい仕事ですから、「質問予測力」をはじめ、多岐の能力を磨き高める必要があるのです。

特に新任の広報担当者は、Q&A作成能力を高める努力を怠らないことです。高い志と目標を抱いて日々精進を重ね、異なった重要な案件でこれがきちんとできるようになれば、優秀な成績での卒業認定に値します。

ここでは、慣れないあなたが広報に"自ら足跡を残す"ために、本質的なことを理論で理解できるよう指南しましょう。

◇いつ必要か

どんな案件でも、即座に「Q&A」を考える人は優れた人です。つまり、大なり小なりいつでも必要というわけですが、特に一斉発表時、記者会見や事件・事故等で公式見解を求められたときはもちろん、トップ人事、M&Aなどの進行中の重要案件に関しても事前準備が不可欠です。

このような場面は緊急事態のときも多いので、公式見解であるニュースリリース作成と一対で必要です。切羽詰まった状況の中で、これら一連のプロセスを、リアルに順を追って考えてみましょう。

◇作成プロセス

①広報で「Q（記者が質問するであろう事項）」を出し、各部に分ける

「Q」は多角度から漏れなく多様で多いほどいい。削るのは簡単。

「Q」ごとに適切な部署に分け"期限付き"で「A（会社側の回答）」を要請する。同一テーマで複数の部署にAを要請するべきものも落と

さないように。

　追加のQがあれば、各部でQ&Aを追加してもらい、漏れのないように注意し八方に気を配る。

②各部が「A」を作成開始。Qを追加

　広報部は各部に期限内に回答し、遅れないように促す重要な役目。なぜなら、遅れる部署があれば最終ニュースリリースやQ&Aができず、全体の準備が滞る。各部も必要に応じてQ&Aを追加する。

③「A」を吟味、部署間の差異を調整。広報案を作成・上申

　各部からAを入手、組織の上下関係や左右の部署間で、同じテーマで異なったニュアンスや表現の違いを調整することが最も重要。立場の違いから必ず差異が出る。自部署に有利な論点で主張しがち！

　たとえば、「来期の売上高」の場合、営業部門からは小さめの数字に、トップや企画部門からは大きめの数字になる傾向があるのは当然。なぜなら、営業部門は大きな数字を出すとノルマになってしまうからです。逆にトップや企画部門は、営業部門が頑張った数字に対しても"もっと！"となります。

　また、「来年の予定採用人数」の場合には、現業の積上げ数字は大きくなり、人事部からは小さな数字になりがちでしょう。現業は拡大を望み人が欲しい立場で、逆に人事部は人件費を抑えたいからです。

　このような違いを調整し、会社としての公式回答が本当にそれでいいのか？　回答に漏れがないか？　などを慎重にチェックし、広報案を作成し上申します。判断を仰ぎたい場合は2、3の回答案が必要。

④広報「Q&A」案を承認

　トップや関係役員・各部署に図り、再調整し、最終的な承認を受けます。決して漏れがないように十分な根回しをする。これを怠り抜けがあると、「私は聞いてない」と問題になり、広報の落ち度になります。

⑤必要人物・各部に配布・徹底

　「ニュースリリース」と共に配布し、周知徹底を図ります。ここでも、漏れのない配布が必要です。案件によっては、社外やOBにも一言根回しの必要が出てきます。慎重な配慮を必要とするところです。

　Q&A作成は、こうした一連の複雑なことを、同時並行して、緊急に、短時間で行なう必要があります。並行して作成している「ニュースリリー

ス」も「Q&A」作成のプロセスの中で、広報部門で作成、同じタイミングで根回しし、トップや幹部の承認を得て完成します。重要なテーマになるほど、語尾の表現が微妙になってくるので、「作成─承認─徹底」のプロセスを抜かりなく実行するところに広報業務の真髄があるのです。

日々の案件で「この質問にこう答える」「あの質問にああ答える」などと自問自答して、いつも「Q&A」作成の練習を心がけることが重要です。

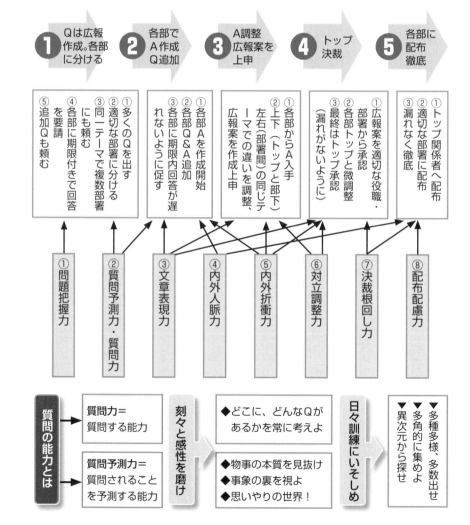

▶ Q&A作成プロセス ◀

Q&A作成の実務ポイント

3 8

部署ごとに異なる見解を調整するのが広報の役目。

◇ Qの出し方

　Q＆A作成時の最も大切な心構えは、「**質問予測力**」を発揮しＱの数に制限を加えず、できるだけ多くのＱを出すことです。重複は削ればよいのです。ＱなしにＡは出せません。まず、伝えるべきこと、伝えたいことに関するＱを真っ先に記す。これらはキーメッセージとなります。

　Ｑを多く出すコツは、相手の立場に立ち「質問予測力」を駆使して多角的に考えていくこと。その際、次の８つの視点から多くの項目を考え出すようにしてみてください。

①**掘り下げる縦型思考**：ある商品の売上高から、その利益や利益率等、縦に掘り下げる方法。品質や技術等に関しても深掘りする

②**広く集める横型思考**：ある商品の売上高から他の商品の売上高、事業部や会社と広げる方法。あるテーマに関して広範囲で多様に思索する

③**部署別**：企画部、営業部、人事部、工場、事業部、関係会社など

④**テーマ別**：品質、製造、営業、今期計画、○○プロジェクトなど

⑤**６Ｗ５Ｈ**：多彩な数字の質問が浮かぶ。

　　Ｍ＆Ａなら、Why やHow in the futureなどは必ず！

　　どの数字で、どんな数字表現で、公式回答とするか？

　　その表現に密やかな戦略、真の意図・狙い、隠したい本心が露呈！

⑥**ＩＲ・コンプライアンス**：すべて法務や弁護士とのすり合わせが不可欠。弁護士主導の法令に則った回答が時に社会の非常識の恐れあり。深慮すべし。コンプライアンスは規範の最低ライン！　ジンメルは「もし個人が最低限だけを守り、他の多くの掟に従わなければ、彼は倫理的異常者、全くとんでもない人間になってしまうであろう」（『社会学の根本問題』）と警鐘。不祥事の会見でよく聞く「コンプライアンスを重視して……」という紋切り型発言には、まるで"刑務所の塀の上を歩き、法的に通ればいいだろう"と開き直っている印象あり！

⑦**ＣＳＲ、ＳＤＧｓ**：ＳＤＧｓを経営の中枢におき活動する企業が急

増。世界的に関心の高いテーマで多岐にわたるので質問が容易で幅広
い
⑧**旬の話題**：季節や食物の旬、近い記念日や行事に関する話題の他、業
界や社会の旬の話題あり

こうした方法で、多くのQを漏れなく集めることができるのです。
さらにはＩＲ・コンプライアンス調査をはじめとした専門部署の協力を
得ると、網羅性を高めることができます。

◇ Aの出し方

各部からの回答が、どうしても説明調になるのはやむを得ないところで
す。しかし長い記述では実際の発表の時や電話問い合わせに対する広報の
回答としては使えません。社内的にはいいのですが、相手の問い合わせに
答え理解してもらう、となると、別の簡潔な公式の回答が必要になります。
また、同じ質問でも複数の部署にまたがる場合、広報に戻ってきた回答
のニュアンスや数字、回答内容に違いが出るのが普通です。立場が変われ
ば回答も変わってくるのが自然なのです。それを対外的にいかに会社の見
解として統一するか、が広報の仕事。それらの回答を広報が調整し、広報
案をまとめ、上申することになります。これが最も重要なＱ＆Ａ作成のポ
イント。答えにくいQは、語尾に留意しながら２、３の回答案を出せるか
が広報の腕の見せ所です。
どんな異なる面があるかというと、次のようなものが考えられます。

上下＝経営陣と各部の食い違い
「販売目標」などの業績では、トップは大きめ、現業は小さめの数
字に、「資金」や「人」などコストに絡むことでは逆になりがちです。
左右＝部署間（企画部と営業部等）の食い違い
「新商品発売時期」では、営業部門は早めの発表を希望するが、開
発部門は遅めに、納期では営業は早め、工場は遅めとなるでしょう。

広報はこういった食い違いを一本化して、会社の統一見解としての表現
案をいくつかまとめるのです。
多種多様な質問に対して具体的な回答を作成する必要がありますし、語
尾の表現にも細心の注意を払う必要があります。そこに企業の戦略的意志

や意図、真の思惑が明確に表れるからです。逆に言えば、上記ケースは、多彩な、または微妙な表現法を学ぶ絶好の機会なのです。

　たとえば、取締役会などで機関決定していない事項、相手との関係でまだ明らかにできない事項等をいかに適切に表現するか？　などです。

　とにかく短い文章で、簡潔に表現することに尽きます。無用な疑念を抱かせないように、「です」「します」と短く断定することが、「確信」と「自信」を表します。これらの表現はニュースリリースの書き方と同様ですが、自分のことと同じく断定したくてもできないことのほうが多く、言いにくいことだらけです。そのため、きっちりとしたQ&Aを作っておかなければならないのです。

　特に、取締役会前の未決定事項や、まだ最終契約には至っていない重要案件等に関しての問い合わせに対応するには、語尾の表現がますます難しくなります。この表現の微妙さがわかるようになると、広報担当としてかなり実力がついた証です。

　適切な表現にたどり着くには、会社の現状を理解し、問題点を直視し、内外の環境・ライバルとの競合状況などを勘案しつつ、いくつかの語尾表現を案出しなければなりません。次のように、確約するか？　自信を示すか？　努力に留めるか？　など悩みは尽きません。

「……10億円達成の見込みです」「……10億円を目標に努力します」
「……10億円達成を確約します」「……10億円前後を想定しています」
「……10億円達成を目指します」「……10億円を下回らない見通しです」

　これら候補の中からどれが当座の回答として適切かを測り、トップ上層部へ上申することになります。トップはその表現案を勘案し、どの表現でいくかを決定するのです。この「上申―承認―徹底」が重要な役割です。

　広報の仕事は新任といえども、あなたがそのつもりになれば、その日から経営レベルの観点で修業できることになります。どのレベルの仕事を目指すかは、あなたの志の高さ、情熱と意欲の強さ次第です。

　森信三先生も「人間の偉さは、豊富にして偉大な情熱であり、それを徹頭徹尾浄化せずば已まぬという根本的な意志力である。情熱のない人間はでくの坊である」（『修身教授録』）と奮励しておられます。

▶ Ｑ＆Ａ作成の秘訣 ◀

<table>
<tr><td rowspan="6">Ｑ の 出 し 方</td>
<td>伝えるべき、伝えたいAからQを出す
多くのQを出す。経営から技術まで
複数の人で出す。グループで出し合う</td>
<td>→</td>
<td>伝えるべきはキーメッセージ
馬鹿げたQほど価値あり
人が気づかないQほど喜べ</td></tr>
<tr>
<td>①縦型：同じ系統の質問を掘り下げる
②横型：広い視点・関連質問
③部署別　　　　④テーマ別
⑤6W5H　　　　⑥IR、コンプライアンス
⑦CSR、SDGs　⑧旬の話題</td>
<td>→</td>
<td>売上高・利益・利益率……
この売上高・あの売上高……
営業部では……　品質面では……
今後の見通しは？　法令違反は？
専門部署と協力</td></tr>
<tr>
<td>Qの出し方でAが変わる。異なった表現で！
同じテーマで複数のQも出す</td>
<td>→</td>
<td>来年度の業績見通しは？
or来年の業績は10％位ダウンか？</td></tr>
<tr>
<td>具体的Qにする
抽象的Qは、答えが作れない、曖昧</td>
<td>→</td>
<td>発表者がAに確信を持つ
具体的Aは抽象Qに対応可能</td></tr>
<tr>
<td>事実確認、謝罪の有無、責任者の処分
対策や賠償の方針、過去の同様の事件や事故、
業績に与える影響、短期・長期の経営見通し</td>
<td>→</td>
<td>同じテーマでも異なった質問の仕
方を想定しておく</td></tr>
</table>

<table>
<tr><td rowspan="4">Ａ の 出 し 方</td>
<td>具体的・簡潔な表現。断定調は○詠嘆調は×
短い文章で答えやすく。説明調はダメ</td>
<td>→</td>
<td>長い記述は、実際に使えない
下手なAがQを呼ぶ！</td></tr>
<tr>
<td>明確・明快な表現で。戦略的曖昧さはOK
異なったニュアンスに取られないように
数字を正確に、かつ細か過ぎないように</td>
<td>→</td>
<td>曖昧さがQを呼ぶ！
曖昧さは疑惑・疑念を招く！
数字は、丸める！</td></tr>
<tr>
<td>未決定事項をどう言うか？（機関決定前等）
（今は）明らかにできない事項の表現を慎重に
戦略的数字表現を工夫せよ
各部・トップとの調整が不可欠！</td>
<td>→</td>
<td>この表現に全力を注げ
広報の実力証明の場
この表現で会社の本質が露呈
To be goodが回答の根底に！</td></tr>
<tr>
<td>外部の目を入れよ（専門家）
リーガルチェック（弁護士等）を忘れない！</td>
<td>→</td>
<td>広報は常に第三者視点で見よ
社外7：社内3のバランスで俯瞰</td></tr>
</table>

戦略的に作成し、3つに分けよ

言っていいこと、言わなければならないことの区別をしておく。

　Q＆Aができたら、重要性に応じてすぐ3つに分け、さらに2つに分けましょう。項目ごとに番号を付けますが、別に「通し番号」を付けることが肝心。実際の現場では、この通し番号が役に立ちます。

　危機対応の要諦として「ウソを言わないこと」がよくあげられますが、「ウソを言う」のはこの仕分けをしておかないからで、むしろ「ウソを言わざるを得ない状況になっている」というのが正しいところでしょう。

　それでは、具体的に解説します。3×2＝6つに分けます。

　Ⅰ　訊かれなくても、言うべきこと

　　①ニュースリリースに記載していること（キーメッセージ）

　　②ニュースリリースに記載していないことで是非言いたいこと

　Ⅱ　訊かれたら、言うべきこと

　　①訊かれなくても、まあ言ってもいいこと（Ⅰに近い）

　　②訊かれたら、やむなく言うべきこと（消極的、むしろ言いたくない）

　Ⅲ　訊かれても、言うべきでないこと

　　①今は、まだ言うべきでないが、時機が来たら言えること

　　②真のマル秘項目

この仕分けに会社の戦略が如実に現れます。これを明確にすることによって、誰にでも、どのように対応すべきかが統一されて、確かなニュアンスで伝えることができるのです。

　この仕分けを怠ると、大事なところで、言い逃したり、言ったとしても真意が伝わらなかったりする恐れがあるのです。あるいは、言ったとしても表現が断定的でなかったため、肝心なことが記事に表現されてないこととなるのです。あるいは重要なポイントが異なった表現となり、誤解される運命が待ち受けるのです。具体的には、以下のような仕分けになります。

　【Ⅰ-①】は「キーメッセージ」として、伝えたい・伝えるべきことですから、強調することによって自社戦略に近い記事表現が期待できます。

【Ⅰ－②】は、積極的に言及することです。たとえば「ちょっと、付け加えたいことがあります」「ここで強調したいことは……」など。

【Ⅱ－①】は、訊かれなくても、まあ言ってもいいことですので、話の経緯でタイミングが合えば、積極的に触れても差し支えはありません。

前述のように、ニュースリリース作成に際し、言っていいことはできるだけ網羅するように推奨していますが、具体的には、【Ⅰ】に加えて【Ⅱ－①】も効果的に使えればいいでしょう。

【Ⅱ－②】は、消極的で、むしろ言いたくないことですので、訊かれてから言うべきことです。とは言っても、訊かれたら、率直簡潔に答えて、決して疑念を抱かせないように注意しましょう。

【Ⅲ－①】は、訊かれても "今はまだ" 言えないことです。ということは、時機が来たり、相手と合意したりと何らかの条件が整えば、言ってもいいことです。そこで、「現在調査中ですので、言及できませんが、（いつごろ）明らかにできるのでその段階で公表します」としたり、「まだ、相手と合意に達していませんので、合意ができた段階で発表いたします」などが回答例。わかる範囲で「今後の見通し」にも言及しておくことが大切です。

【Ⅲ－②】が、真のマル秘項目です。とはいえ、答えられない理由をきちんと言うことが肝要です。たとえば、「この商品に関しては特許上（または相手先との契約上）の理由で、言及できません」などです。

訊かれても言うべきでない、と言っても「ノーコメント」などと突っぱねず、「言及できる立場にはありません」「～なので当面コメントは差し控えます」等答えられない理由を必ず付け加えること。もちろん、どのように切り抜けるかは、常に課題です。

あなたにとっては、これまでのＱ＆Ａの解説は、微妙な人心の機微に触れるようなこともあり、難しかったかもしれません。しかし、あなたは第一級の人材です。そんな熱意と意欲を抱く広報担当者であれば、通り一遍の解説ではすぐに物足りなくなり、もっと高度な、最も困難なそして重要なＱ＆Ａに興味の矢を向けるようになることでしょう。すると常に事態を先取りした対応をとれるようになります。

どんな場合もＱ＆Ａを考える人は、質問される風を感じる感性を持つ優れた人です。そんな人が必ずや抜きん出て成長し、会社の中枢を担う人材に育つことでしょう。

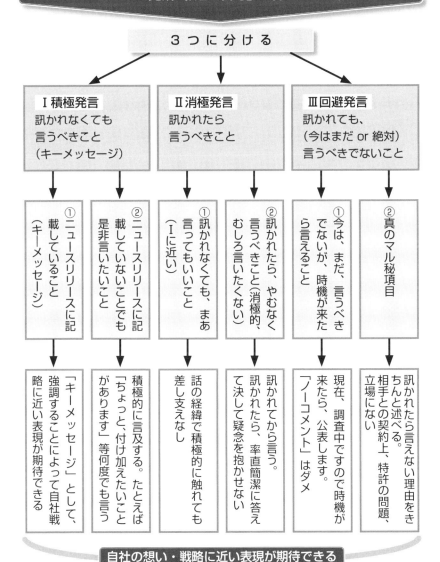

Q&A　完成（「通し番号」で探しやすく）

３つに分ける

Ⅰ積極発言
訊かれなくても
言うべきこと
（キーメッセージ）

Ⅱ消極発言
訊かれたら
言うべきこと

Ⅲ回避発言
訊かれても、
（今はまだ or 絶対）
言うべきでないこと

① ニュースリリースに記載していること（キーメッセージ）

② ニュースリリースに記載していないことでも是非言いたいこと

① 訊かれなくても、まあ言ってもいいこと（Ⅰに近い）

② 訊かれたら、やむなく言うべきこと（消極的、むしろ言いたくない）

① 今は、まだ、言うべきでないが、時機が来たら言えること

② 真のマル秘項目

「キーメッセージ」として、強調することによって自社戦略に近い表現が期待できる

積極的に言及する。たとえば「ちょっと、付け加えたいことがあります」等何度でも言う

話の経緯で積極的に触れても差し支えなし

訊かれたら、率直簡潔に答えて決して疑念を抱かせない

訊かれてから言う。現在、調査中ですので時機が来たら、公表します。「ノーコメント」はダメ

訊かれたら言えない理由をきちんと述べる。相手との契約上、特許の問題、立場にない

自社の想い・戦略に近い表現が期待できる

メディア・トレーニング （リハーサル）の意義・目的

経営者が誠実な振る舞いができるように、準備をしておく。

　ネット時代になって情報のスピードが格段に速くなり、企業は意志表明の速さとその的確さ、さらにはその対応姿勢が問われる時代になっています。それに伴って、企業のみならず国家も地方自治体も諸団体も大学も、対外的に公式に発表したり、記者会見を行なう機会は増えています。重要案件に関する対外発表や単独取材であればあるほど、万全な準備を整えるため、経営者にメディア・トレーニング（リハーサル）を体験してもらうことは、広報担当者の大切な役目です。

　記者会見や個別インタビューの事前練習であるリハーサルの目的は、もちろん発表の訓練の場でもあるのですが、社内の問題点摘出—Ｑ＆Ａ作成から一貫して行なう過程を通じて社内情報交通（コミュニケーション）のレベルアップを図り、また社員の情報への感性を高めるという目的もあります。社内における情報開示の姿勢を統一し、広報の重要性に関する真の理解を得ることにより広報体制の構築を行なうことができるのです。

　そのためには、Ｑ＆Ａ作成からリハーサル本番まで、広報担当者を中心にした全社内の必要な関係者が参画することが望ましく、単にトップだけの練習では本番で真の効果を発揮することは期待できません。なぜなら、発表の"形"はできても勘心のニュースリリースやQ&A等の作成プロセスにおける情報の確度や内容のチェックができないからです。

　リハーサルを通じて、ニュースリリースやＱ＆Ａの不備、発表の内容から態度まで、いろいろな改善が可能なのです。人間は、確信を持ったことしか、相手の目を見つめて発言できません。突然の質問に、思わず、目が宙を舞い、態度に落ち着きをなくしてしまい、余裕を持った態度は取れない……。つまり、"ドギマギ"するのです。心の余裕は、歩く姿勢、発言の落ち着き、眼光の確かさ、口調の安定につぶさに現れます。

　いかにあるべきかを決め、何をどのように伝えるかを決心してからそれにふさわしい態度を決める。そして外見を決める。この順序を忘れてはなりません。そうすれば、想定を上回る多様な厳しい質問にも、一貫して誠

実な態度で接することができます。相手により変えてはいけません。

　発表リハーサル、メディア・トレーニングを取り仕切る実力養成には、時間と経験が必要ですので、企業組織やＰＲ会社のベテランといえども実施できる人は限られます。なぜなら、実際の場面を"好んで"作り出すことはできないために、練習しにくいからです。

　将来、発表直前リハーサル（メディア・トレーニング）を自ら仕切ることができるとき、あなたは広報のプロと言えるでしょう。

▶ メディア・トレーニングのポイント ◀

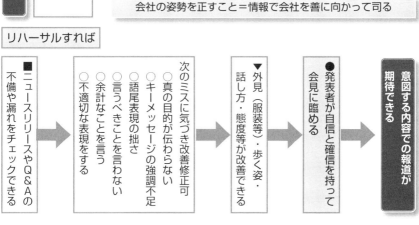

そのときには自ら司会や発表者、つまりスポークスパーソン（Spokes-person）にもなれる実力が備わっているはずです。スポークスパーソンとは流暢に話せるとか口が上手いという能弁者（のうべんしゃ）のことでは決してありません。「真の雄弁（ゆうべん）は、言うべきことをすべて言い、かつ言うべきことしか言わないところにある」（ラ・ロシュフコー『箴言集』）が、その真髄です。口下手（くちべた）と卑下している訥弁（とつべん）の人の励みになります。

▶ 危機に際してのリハーサルで留意すべき発表者のチェックポイント ◀

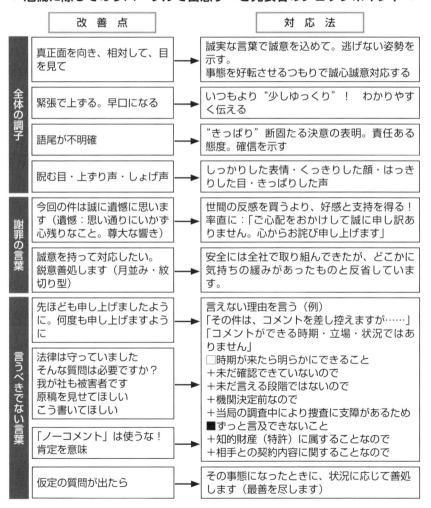

	改 善 点	対 応 法
全体の調子	真正面を向き、相対して、目を見て	誠実な言葉で誠意を込めて。逃げない姿勢を示す。 事態を好転させるつもりで誠心誠意対応する
	緊張で上ずる。早口になる	いつもより"少しゆっくり"！　わかりやすく伝える
	語尾が不明確	"きっぱり"断固たる決意の表明。責任ある態度。確信を示す
	睨む目・上ずり声・しょげ声	しっかりした表情・くっきりした顔・はっきりした目・きっぱりした声
謝罪の言葉	今回の件は誠に遺憾に思います（遺憾：思い通りにいかず心残りなこと。尊大な響き）	世間の反感を買うより、好感と支持を得る！率直に：「ご心配をおかけして誠に申し訳ありません。心からお詫び申し上げます」
	誠意を持って対応したい。鋭意善処します（月並み・紋切り型）	安全には全社で取り組んできたが、どこかに気持ちの緩みがあったものと反省しています。
言うべきでない言葉	先ほども申し上げましたように。何度も申し上げますように	言えない理由を言う（例） 「その件は、コメントを差し控えますが……」 「コメントができる時期・立場・状況ではありません」
	法律は守っていました そんな質問は必要ですか？ 我が社も被害者です 原稿を見せてほしい こう書いてほしい	□時期が来たら明らかにできること ＋未だ確認できていないので ＋未だ言える段階ではないので ＋機関決定前なので ＋当局の調査中により捜査に支障があるため ■ずっと言及できないこと
	「ノーコメント」は使うな！ 肯定を意味	＋知的財産（特許）に属することなので ＋相手との契約内容に関することなので
	仮定の質問が出たら	その事態になったときに、状況に応じて善処します（最善を尽します）

❖ 会見会場のレイアウト

通常の記者会見の場所は自社、ホテル、外部会議室などですが、事故等の場合には工場等の現場となり、2か所で行なうことになります。

広めでゆったりしたレイアウトにし、記者、カメラマン、テレビクルーなどが自由に動けるスペースを確保します。さもなくば、メディア同士はライバルなので、切羽詰まった状況の中でより良いアングルからの映像を求めて、少ないスポットに殺到し、混乱を招くからです。

ここで広報担当者が留意しなければいけないのは、十分な質疑応答を心がけ、会見をこちらの都合で打ち切らないことです。記者の満足度は質疑応答時間の長さと誠実な対応に比例します。

また、「ぶら下がり取材」（会見後の取材）は受けるほうが記者サービスになります。会見内容とリリース情報だけでは横並び記事しか書けず、ライバルとの差別化ができないので個別取材のチャンスを与えます。ぶら下がり取材を避けたい場合には、出入口を別にするとよいでしょう。

▶ 記者会見会場のレイアウト（例）◀

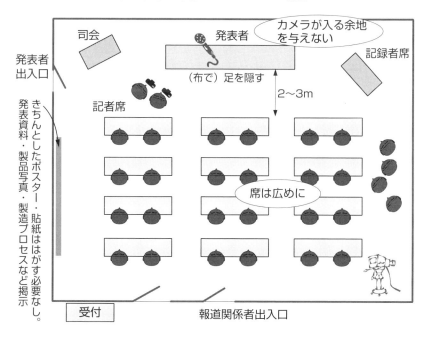

実践メディア・トレーニング①
―― 一斉発表・記者会見の場合

リハーサルを通じて発表までのプロセスを確認。

メディア・トレーニングには2通りあり、1つは一斉発表で記者会見を行なう場合で、もう1つは個別取材（インタビュー）に答える場合です。

まず、緊急事態発生後の一斉発表記者会見時のメディア・トレーニングを取り上げますが、小手先の対応練習ではいけません。トップの必要性の認識と意欲が必要です。そして、プロジェクトチームを結成し、その過程で、社内中枢の部署の多くの幹部を巻き込み、一致協力していくことに意義があるのです。

【事前準備】

(1)**プロジェクトチーム（PT）の結成**：広報を中心に企画、人事、営業、生産等主要各部署の部課長クラス5〜10人（組織規模による）を選ぶ。

(2)**講義**：広報の本質やトレーニングの流れ、諸資料作成方法を教える。

(3)**社内問題点の洗い出し**：PTメンバーが各部にてリハーサルの趣旨・目的を説明。ブレーンストーミングを通じて、起こりうる問題点や危機的状況を摘出、PTに集約する。すでに明確なテーマがあれば、このプロセスは省いてもよい。

(4)**テーマ選定・シナリオ策定**：PTは集約された社内の問題点の中で「最適テーマ」を検討、決定。それに基づき、シナリオ（ポジションペーパー：PP）作りを行なう。その際、最も厳しい情況とする（例：複数の死傷者を出す）。

(5)**会場設営、資料完成**：必要資料を万全に整える（チェック＆指導）。一連のプロセスから、PTは各資料作りを具体的に学ぶ。会場設営。

【当日】

(6)**講義**：広報は経営・真人間創りの本質と危機対応の基本の理解を促す。

(7)**発表者とPT**：トレーニングの流れを共有する。

(8)**PT**：PPに基づいて公式見解（ニュースリリース）＋Q＆Aを作成し、トップに上申する。トップは必要な修正後承認。PTは記者会見

の準備に入る。

　　　・発表者：社長・常務・総務部長
　　　・司　会：広報部長（課長）
　　　・記者役：大手メディア経済部・社会部OB各1名
　　　・PTメンバーや他の者も参加可

　(9) **1回目トレーニング**：発表者と2人の同席者が入室。歩き方、表情などもチェック。

　　　・司　会：「ただ今より、○○会社の記者会見を始めます」
　　　・発表者：着席後、ニュースリリースに基づいて発表
　　　・記者役：司会のリードで「Q＆A」（「A」は発表者）
　　　・司　会：「ご質問がないようでしたら、この辺で……」と発表終
　　　　　　　　了を告げて発表者退席

　(10) **ビデオチェック＆レビュー＆講義**：ビデオを見ながらレビュー。

　　キーメッセージの伝わり方、Q&Aの不備、厳しい質問への受け答え、発表時の姿勢、声の大きさ、表現等にいたるまで批評＆アドバイス。

　　次いで、「正しい立ち方・歩き方や発表時の心得」を実演指導。

　(11) **2回目トレーニング＆講評（質疑応答）**：注意ポイントが明確なので、発表者たちの向上度合いは著しい。

　こうして本番同様のトレーニングにより、発表者たちが"自信と確信"を持つことになりますが、それ以上にPT結成・全員参加によって広報と危機対応の本質の理解が進み、広報体制の構築ができるところが重要です。トップの"頭の下げ方"が巧みになろうとも、発表に至るには、現状を把握し、事態を直視し、関係者が隠蔽なく率直に情報を開示し、言いにくいことも率直に直言し合い、会社としていかにあるべきかを決定、それに基づいて、公式見解つまりニュースリリース＋Q＆Aを作成する……という膨大なことを短時間で遂行しなければなりません。それがあって初めて、まっとうな一斉発表—記者会見ができるのです。

　あなたも、一度このメディア・トレーニング・リハーサルを経験すると、会社の実情がつぶさに把握できます。

　そしてメディア・トレーニングの本質を認識し、ニュースリリースやQ＆A作成にも本番を想定して個々の業務に臨むことにより、さらなる飛躍を実感することができるでしょう。

▶ 一斉発表記者会見メディア・トレーニング１日コースの例 ◀

目的
■ 広報と経営との思想浸透を図り、社内の広報体制構築と危機対応力を強化
・情報開示に対する基本姿勢の理解啓蒙を図る
■ 経営者（発表者）のとるべき態度と発言方法の基本を理解し、実践を通じ
て身につける
■ 社員の情報に関する感性を向上させる→関係者全員参加が基本！

事前準備
■ テーマに応じて広報中心のプロジェクトチーム（PT）結成
　　▼「広報の本質」「PP・ニュースリリース・Ｑ＆Ａ作成方法」の講義
　　▼当日までのプロセスおよびチームの役割
■ シナリオ策定：PT&講義
　　▼トレーニングテーマ決定
　　▼PP作成
■ 直前
　　▼諸資料最終確認および会場準備
　　▼当日の配役確認決定：発表者・同席者・司会・記録係・記者役等

当日タイムスケジュールおよび助言のポイント
9:30-10:30　　講義：「広報は経営である」「広報は真人間・真の会社創り」
　　□ 広報の重要性と経営者の使命・義務を理解する
　　□ 経営の危機とメディア対応の基本を理解する
　　□ スポークスパーソンとしての発表のあり方を理解する
10:30-14:30（昼食含む）　PTで公式見解（ニュースリリース）・Ｑ＆Ａ
　　　　　　　　　　　　　作成→トップへ上申→承認を経て記者会見準備
14:30-14:40　　休憩
14:40-15:20　　第1回目模擬記者会見、記者質問対応（Ｑ＆Ａ）
　　□ 発表者と同席者は、入室から本番と同じ状況にて発表する
　　□ 記者役からの実際の質問に対して、Ｑ＆Ａに基づき回答する
　　□ ビデオに録画する
15:20-15:50　　ビデオを見ながら、レビューし、必要な助言を行なう
　　□ 登場の仕方・壇上での態度・話し方などはどうか？
　　□ 発表内容：キーメッセージがきちんと伝わったか？
　　□ Ｑ＆Ａにおける対応の仕方はどうか？　言うべきことは伝わったか？
15:50-16:20　　講義：立ち方・歩き方・話し方・壇上での心得
16:20-16:30　　休憩
16:30-17:00　　第2回目模擬記者発表、Ｑ＆Ａ
17:00-18:00　　講評および全体質疑応答
　　□ 全体の講評を通じて、来るべき本番に向けた総合的助言を行なう
　　□ 社内コミュニケーション能力の向上について
　　□ 参加者全員の反省と問題点の把握・今後の抱負と決意表明
　　□ 社内広報体制構築へのアドバイス＆今後の方向

3-12 実践メディア・トレーニング② ── 面談（インタビュー）の場合

どんな取材をどうアレンジするかを前もって考えておく。

インタビューは、一斉発表と並ぶ経営幹部にとっての対外試合です。この良否によって、記事の出方が変わるのです。自社の知名度を上げ、イメージを高めるには、できるだけ個別面談を増やし確実に露出増を図ることです。経営にとって重要なテーマや回答しにくい問題がテーマの場合には、本番前にきちんとリハーサルを行なっておきましょう。

① リハーサル前

▽事前情報として、「記者の要望テーマ」「記者の経歴（わかる範囲で）」「写真（カメラ）撮影の有無（入る場合には前日には伝える。身だしなみを整えるため）」を調べておきます。

▽記者役は、実際には広報部員も担当するとよいでしょう。質問予測力により想定外の多彩なQ＆Aを準備する。案件によって外部専門家や記者OBに頼みます。同席者も参加。

② 取材用資料およびQ＆A作成

▽テーマに応じて、現業部門の協力を得て準備。

▽記者役との調整が必要。

③ リハーサル中

▽Q＆Aに基づいて、質問を進める。

特に、経営に関して、売上高や生産数などの数値や今後の見通しにズレはないか？　などをチェック。

④ レビューおよび本番への最終準備

▽リハーサル後、キーメッセージの伝え方などをレビュー。

▽ポイントのQ＆Aを再度確認。

本番への自信・確信が持てれば万全です。

あなたとしては、まずは、どんなときに、どんな幹部と、どんな記者との面談をアレンジすべきかをいつも考えておくことです。

個別面談を行なう意義と目的を考えて、それを積極的に実行に移すように努力することは、必ずや広報としての実力向上につながります。

メディア・トレーニングは最も難しい仕事の１つですので、個別面談をどのくらい自らの仕掛り・働きかけて実現していくかは、ベテラン広報担当者の実力の裏づけとなるのです。また、自分の実績の大きな部分を占めることになります。そこで、個別取材申し込みを想定して、何を伝えるべきかを考え、記者の質問予想を踏まえて、Ｑ＆Ａや資料づくりを行ない、リハーサルまで取り仕切ることを考えられるようになると、一連の重要な業務の流れを把握できたことになるのです。

▶ 個別面談リハーサルの流れ ◀

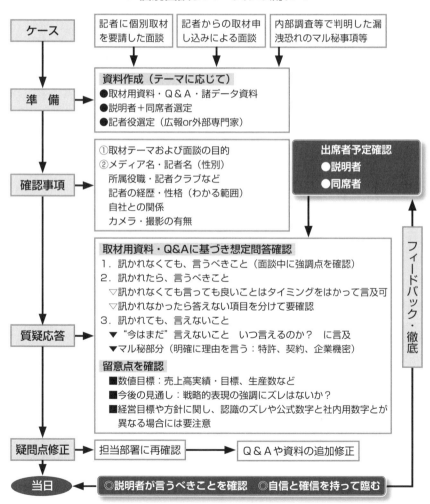

③ 13 発表者に心がけさせたいポイント

発表者をうまくコントロールし、会見を成功に導く。

　不祥事などの記者会見をテレビで見て、記者の厳しい質問に社長の眼が宙を漂うシーンに、「なんて、かっこ悪い社長だ」と感じたことがあるかもしれません。しかし、いざ自分の会社の社長や役員がその立場になると、なかなかうまくいかないものです。肝心なことは、「自分は自分自身でしか、マネジメントできない」ことを知ることです。

　発表者には、自分でコントロールできることに全力を集中してもらいます。それは次の5つです。

　①発言内容　②話し方　③姿勢・態度　④表情　⑤服装・外見

　その前提としては、何を伝えたいか、どう思ってもらいたいかが明確で、自分の話す内容に確信があり、心身とも充実していることです。発表の際に注意すべき大切なポイントは、次の通りです。

●発表内容を棒読みしないで、自分自身のことばで話すこと
●重要ポイント（＝キーメッセージ）を確認、凛然たる態度で臨む
●発表時間よりQ&A時間を長く取り、オープン姿勢で、すべてに回答
●伝えるべきメッセージを明確に決め強調し、複数回繰り返し徹底
●明確な表現方法で確信をもって発言し、記者の心に刻み込む

　声の調子や目や表情、態度には、言葉の選び方に劣らない豊かな雄弁さがあり、心中を映し出していることを肝に銘じてください。

▶ ペーパー作成・配布のポイントとその真意 ◀

○記者会見でも個別取材でも、ニュースリリースやペーパーを配布する
○伝えるべき点は、記述して配布する
○記述によって、当方の意図を伝える＋記者に間違いを起こさせない
○数字表現＋曖昧な表現などで、誤解を招かないように記述。曲解を防ぐ
　特に語尾が意味するニュアンスに注意する。記者は記述された表現から
　は、裏を取らねば、逸脱はできない。逸脱すれば訴える権利を持つ！

▶ 発表・面談姿勢のチェックポイント ◀

ポイント	留意点	メッセージ
服装・髪など	■清潔な身なり・ネクタイの緩みに注意 ■洗面所で整える	品格・沈着 儀礼
入室前	■発表の骨子・会見の目的を確信 ■聞かれなくても言うこと＝キーメッセージ確認	決意・冷静 自信・確信
入室	■「竹筒法」（注）で姿勢を正し胸から歩く ■力強い（軽やかな）足取りで、記者を見ながら入室	自信・親しみ 堂々（軽快）・泰然
一礼と着席	■最敬礼にならず、胸から上だけを曲げる心持ちで着席（角度30°or60°）	ていねい・誠実 確信・落ちつき
見廻し（始めと終わり）	■一通り見廻す（左前―右前―斜めに左奥―右奥へ） ■全体に話すつもりで！　1人ひとりに話すように！	親しみ・余裕 威厳・高揚
読み方と声	■読まずに自分のことばで、強調点は強い声で ■くっきり、はっきりとした口調。張りのある声 ■自分のスピードより、"少し"ゆっくり話す ■語尾を明確に言う。数字は見ながら確認	明確な主張 断固たる口調 達成への確信 説得力・訴求力
表情	■明るく凛然とし、時に、魅力的なスマイル ■口角（口の両端）を軽く引き上げる	希望・確信・優しさ・明朗・熱意
姿勢	■腰を立て、「竹筒法」を忘れず姿勢を正す ■話している間はそのまま前傾の気持ち両手を机に	確固たる態度・敬意 堂々・沈着
目の据え方	■一か所だけを見ず、全体をよく見る ■強い決意・堅実な目的を示すときは目を据える ■顔を上げたとき、目線を相手に合わせる	落ち着き・敬意 親しみ 自信・決意
質疑応答	■質問者にきちんと目を合わせる ■全体にも話すつもりで。時に身を乗り出す	信頼・優しさ・思いやり・尊重・強調
ジェスチャー	■オーバーにならない小さめで切れ良く ■タイミング良く力強い印象を	インパクト・熱意 説得・確信
リズムとテンポ	■マ（間）の取り方を的確に。声の強弱を巧みに ■コトバの緩急、遅速を適切に	強調・インパクト・スピード感・凛然
終了・退席	■起立、姿勢を正し、一礼して凛然と退席	堂々（軽快）・凛然 達成への自信

注：「竹筒法」：山見式直立法。頭の頂点から尾てい骨まで直径10cmの竹筒を垂直に刺した形で首、背骨、腰が立ち、直立できる。

第4章

最大効果を上げる
マスメディアの使い方

「すべてがメディア」という発想を持とう

マスもネットも自分も含めすべてがメディア……全方位広報を!

　Media（メディア）とは、Medium（ミディアム）の複数形で、仲介するモノ「媒体」という意味。つまり、結婚の仲人であり、商社、不動産屋なども媒体です。企業情報のメディアを個客に伝えるモノと考えれば、多種多様あります。まず、初対面の「名刺」が最初で最小の広報ツール。次に「会社パンフレット」「プレゼン資料」もそうですし、挨拶や電話応対、1人ひとりの態度や表情、話し方や話の内容等も実は媒体です。

　営業の人の面談、窓口、地方の営業所や代理店……、ところがそれだけでは伝える相手の数が少な過ぎるので、マスメディアやネットメディアを介して膨大な不特定多数の人々に一挙に報せる方法を活用するのです。それらすべての媒体を"報せる武器"として戦略に応じて有効活用することが、これからの広報活動なのです。実は、自分自身も「パーソナルメディア」なのです。企業―メディア―社会の人々や顧客との一連の協力関係を肝に銘じましょう。企業は、メディアの協力がなければ、説明責任（Accountability）が果たせないのですから。

▶ **メディアとは（全方位広報の全貌）** ◀

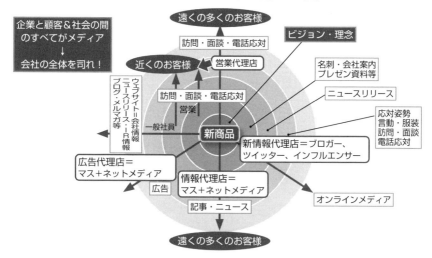

マスメディアの種類と特徴

小さなネタも取り上げてくれる業界紙・誌を重要視する。

　マスコミとは、マスコミュニケーション（大衆伝達）の略で、新聞、雑誌、テレビ、ラジオを４大マスメディア（大衆媒体）＝４マスと言います。

　新聞の発行部数は、一日約2,700万部（2023年）で、我が国は世界有数の新聞大国です。読売・朝日など「全国紙」５紙で全体の５割強を占めます。

　４大地域にはそれぞれ北海道、東京、中日、西日本の「ブロック紙」があり地域でのシェアは高いのですが、各県には約80紙の「地方紙」があり、よりローカルな細かい記事を掲載しています。注目すべきは、日本経済新聞社発行の日経ＭＪ、日経ヴェリタス、独立系で中小企業にも強い日刊工業新聞の経済産業紙で、分野別に紙面が広いので掲載の可能性が広がります。かつてのフジサンケイビジネスアイは2021年に産経新聞に統合され、日経産業新聞は2024年３月に休刊しています。

　各業界には、必ず複数の業界紙・専門紙（誌）があります。広報担当は、大メディアに目も心も奪われ、ややもすると軽視しがちですが、企業と商品をＰＲするという観点から考えると、むしろ業界紙を重視することです。小さなネタでも掲載してくれるので、最も大切なメディアです。

　通信社には、共同、時事の他、海外ではロイター（英）、ＡＰ（米）などがあり、大きなニュースは瞬時に世界へ配信されます。テレビやラジオは、キー局を中心にした地方局ネットワークで全国をカバーしています。ビジネス誌「日経ビジネス」「プレジデント」を含む雑誌総発行部数は、週刊誌が185万部、月刊誌が448万部です（日本ABC協会2023年１〜６月）。

　重ねて強調すれば、あなたがまず大切にすべきメディアとは、業界紙・専門紙（誌）などの小メディアであることを肝に銘じてください。

　あなたはメディアとの接点に立ち、記者と最も近い立場ですので、メディアリテラシー（Media Literacy）、つまり、情報を評価・識別する能力や情報処理能力を高める必要があります。より正確な情報を入手し、一方的な情報に踊らされないためにもメディアリテラシーを身につけ、メディアからの情報を決して鵜呑みにしないのが正しい姿勢です。

▶ 主要メディア一覧表 ◀

種類	メディア名（発行部数：万部）	発行部数（万部）
全国紙	読売（619）、朝日（357）、毎日（163）、日経（144）、産経（92）	1,375（51%）
ブロック紙	北海道（81）、河北新報（宮城38）、東京（38）、中日（180）、中国（広島50）、西日本（38）	425（16%）
地方紙県紙	釧路（6）、室蘭民報（6）、東奥日報（19）、デーリー東北（6）、陸奥新報（4）、秋田魁新報（20）、北羽新報（4）、岩手日報（18）、岩手日日（5）、山形（19）、荘内日報（2）、福島民報（22）、福島民友（15）、下野（栃木27）、茨城（12）、千葉日報（7）、上毛（群馬26）、神奈川（14）、山梨日日（17）、長野日報（6）、信濃毎日（長野40）、静岡（49）、中部経済（10）、東愛知（5）、岐阜（13）、新潟日報（37）、北日本（富山21）、富山（4）、北國（石川27）、北陸中日（8）、福井（17）、日刊県民福井（3）、伊勢（10）、紀伊民報（和歌山4）、滋賀報知（6）、報知写真（滋賀3）、奈良（10）、京都（32）、大阪日日（1）、神戸（38）、山陽（岡山28）、日本海（鳥取15）、山陰中央新報（島根17）、島根日日（3）、山口（9）、四國（香川16）、徳島（17）、高知（14）、愛媛（18）、佐賀（12）、長崎（5）、大分合同（16）、熊本日日（23）、宮崎日日（17）、南日本（鹿児島24）、南海日日（5）、沖縄タイムス（14）、琉球新報	868（33%）
学生	朝日小学生（7）、朝日中高生（4）、読売KODOMO（24）、読売中高生（9）	
夕刊紙	夕刊フジ、日刊ゲンダイ、十勝毎日（7）、苫小牧民報（4）、紀伊民報（和歌山3）、紀南（和歌山2）、日高新報（2）、宇部日報（5）、島根日日（3）	
一般紙合計		2,668（100%）
産業経済紙	日経MJ、日経ヴェリタス、日刊工業（35）	
業界紙専門紙	鉄鋼、日刊産業、日刊金属通信（2）、機械（6）、化学工業日報、日刊建設通信（45）、日刊自動車（10）、繊研（20）、日刊建設工業（33）、花卉園芸（1）、日本食糧（10）、日本農業（29）、住宅新報（9）、電波（29）、物流ニッポン（16）、環境（8）、日本証券（7）、週刊観光経済（5）、日刊木材（4）　他	
英字紙	The Japan Times、The NY Times（2）、The Japan Times Alpha（3）、The Japan News、Asahi Weekly、The Washington Post、Mainichi Weekly、The Wall Street Journal、NIKKEI Asia	
スポーツ紙	スポーツ報知（読売系131）、スポーツニッポン（毎日系165）、日刊スポーツ（朝日系162）、サンケイスポーツ（122）、東京スポーツグループ（東京・中京・大阪・九州スポーツ）、中日スポーツ（29）、東京中日スポーツ（8）、デイリースポーツ（神戸新聞系）、西日本スポーツ（Web）、道新スポーツ（Web）	
通信社等	共同通信、時事通信、AP（米）、ロイター（英）、AFP（仏）、DPA（独）、新華社（中国）、タス（ロシア）、UPI（米）、CNN（米）	
テレビキー局	NHK（46）、日本テレビ（30）、TBS（28）、フジテレビ（28）、テレビ朝日（26）、テレビ東京（6）	（　）内は地方局数
ビジネス誌	PRESIDENT（11）、プレジデントFamily（8）、PRESIDENT WOMAN（11）、日経ビジネス（15）、週刊ダイヤモンド（9）、ダイヤモンドZAi（18）、エコノミスト（4）、週刊東洋経済（10）、日経トップリーダー（5）、日経TRENDY（5）、日経マネー（4）、日経WOMAN（5）、財界（5）、経済界（5）、ZAITEN（4）、THE21（6）、NEW LEADER、ニューズウィーク日本版（3）、Forbes（8）、月刊総務（2）、広報会議（5）、月刊ビジネスサミット、企業と人材（6）	日本ABC協会（2023年7-12月平均） ○月刊誌　75誌420万部 ●週刊誌　21誌175万部 ■合計　96誌600万部
月刊誌週刊誌	文藝春秋（16）、週刊文春（21）、週刊新潮（12）、週刊ポスト（12）、週刊現代（12）、SPA!（12）、サンデー毎日（5）、週刊大衆（5）、週刊プレイボーイ（7）、AERA（3）、致知（13）、FRIDAY（6）、FLASH（4）、婦人公論（10）、STORY（7）、女性セブン（14）、女性自身（13）、週刊女性（6）、ViVi（5）、non-no（6）、MEN'S NON-NO（3）、サライ（5）、BRUTUS（4）、Tarzan（4）、Hanako（8）、an・an（10）、MORE（10）、nicola（5）、スポーツグラフィックナンバー（5）、LEE（10）、レタスクラブ（16）、ハルメク（45）、dancyu（10）、クロワッサン（5）、リンネル（10）、CanCam（5）	

（出典：日本新聞協会・日本ABC協会・日本雑誌協会・出版科学研究所等2024年公表数字＋筆者独自調査）

新聞社・テレビ局の組織

新聞社・テレビ局の組織を押さえて、広報に活かす。

◇ 新聞社の組織形態

　全国紙・ブロック紙・県紙とも概ね同じ組織形態です。編集局の傘下に経済部、政治部、社会部など分野別に分かれ、その中で企画モノ担当の遊軍記者と、記者クラブ所属の記者に分かれています。また「○○取材班」といった特別チームの一員としても動きます。記者は、本社内か取材センター（別館）あるいは記者クラブで原稿を書きます。

　記者は原稿を「デスク」（次長＝企業の課長職でローテーションにて対応。業界用語で長く座る机の意味）に上げます。企業関係は通常「経済部」の担当ですが、他部でも企業に関するテーマ・企画は多いので、幅広い記者へのコンタクトが必要です。

　編集局内では、記事を書く出稿担当部署と、見出しやレイアウトをつけ

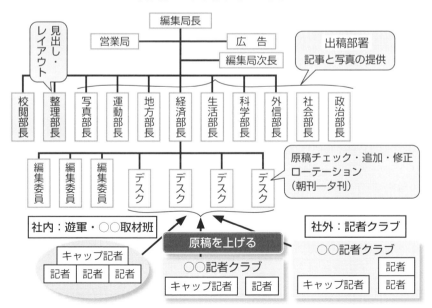

▶ **新聞社の組織例（一般紙）** ◀

る「整理部」、ミスチェックや、時代考証をする「校閲部」があります。「編集会議」で客観的に評価され整理部が記事のウエイトからレイアウトするシステムで、客観的判断を持って記事が偏らないようにしています。

日本経済新聞は、2021年4月付で大胆な機構改革を行ない、約30あった編集局内の部を廃止し、5つのユニットと5つのセンターからなる体制としました。朝刊、夕刊の締切時間を前提にした縦割り組織を改め、「デジタルファースト」を加速させる体制です。官公庁や記者クラブに記者が張り付く旧来型組織から、取材分野をテーマごとにグループ化したのが特徴です。毎日も「デジタル報道センター」に改称する等、この傾向は強まる!

業界紙・専門紙も基本的に一般紙と同じですが、政治部・社会部等の代わりに、金属部や繊維部などといった各紙特有の部署があります。

◇ テレビ局の組織形態

テレビでは、新聞の編集局にあたる報道局の傘下に外報(国際)部、政治部、経済部などがあります。映像関係部署が多い以外は、基本的に新聞社と同じです。取材クルーは通常、記者・カメラマン・音声担当の3人体制ですが、最近は、人員削減やカメラの小型化・軽量化に伴い1人や2人で取材するケースも増えています。

経済部をはじめとした担当記者が各地の現場にて取材し、カメラに収め原稿にまとめます。映像部では、撮影したビデオテープから、記者の原稿をもとに適切な映像を選び出し、放映時間までに編集し、それにナレーション、テロップなどを活用してニュースが作られるのです。

実際にOA(オンエアー)されるのは、刻々変わる状況に応じて緊急性や話題性の判断によります。限られた時間帯に、実際に放映できる件数は少ないのですが、社としての見識や姿勢が大きく反映します。突発的に発生する出来事の緊急性に応じてただちに差し替えとなることが日常です。

緊急事件・事故の場合、まずテロップで流されます。テレビには、速報性は通信社やラジオと同じですが、"映像"という絶対の強みがあります。映像のインパクトは圧倒的で、視覚・聴覚にダイレクトに訴える力は、文字とは比較にならず、予測を遥かに超える伝播力や波及力があります。

各局とも経済関係ニュースや特集の充実を図っていますので、これからの広報担当はテレビ向きの広報活動を重視しましょう。

▶ 日本経済新聞社の組織の一部 ◀

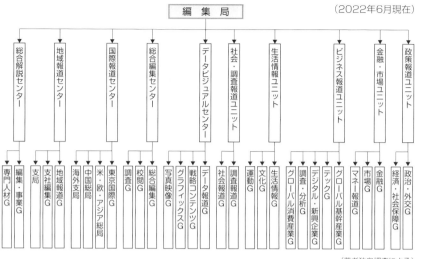

（2022年6月現在）

編　集　局

- 総合解説センター
  - 専門人材G
  - 編集・事業G
- 地域報道センター
  - 支局
  - 支社編集G
  - 地域報道G
- 国際報道センター
  - 海外支局
  - 中国総局
  - 米・欧・アジア総局
- 総合編集センター
  - 東京国際G
  - 調査G
  - 校閲G
  - 総合編集
- データビジュアルセンター
  - 写真映像G
  - グラフィックスG
  - 戦略コンテンツG
  - データ報道G
- 社会・調査報道ユニット
  - 社会報道G
  - 調査報道G
- 生活情報ユニット
  - 運動G
  - 文化G
  - 生活情報G
- ビジネス報道ユニット
  - グローバル消費産業G
  - 調査・分析G
  - デジタル・新興企業G
  - テックG
  - グローバル基幹産業G
- 金融・市場ユニット
  - マネー報道G
  - 市場G
  - 金融G
- 政策報道ユニット
  - 経済・社会保障G
  - 政治・外交G

（著者独自調査による）

▶ テレビ局組織例 ◀

（参考：日本テレビ）

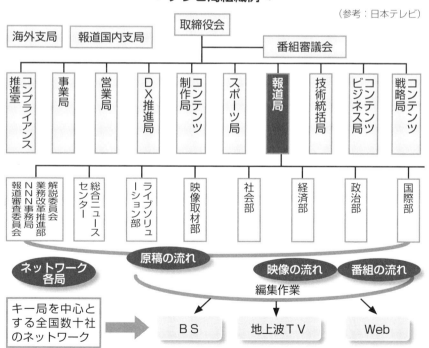

海外支局　　報道国内支局

取締役会

番組審議会

- コンプライアンス推進室
- 事業局
- 営業局
- DX推進局
- コンテンツ制作局
- スポーツ局
- 報道局
  - 報道審査委員会
  - NNN事務局
  - 業務改革推進部
  - 解説委員会
  - 総合ニュースセンター
  - ライブソリューション部
  - 映像取材部
  - 社会部
  - 経済部
  - 政治部
  - 国際部
- 技術統括局
- コンテンツビジネス局
- コンテンツ戦略局

原稿の流れ

ネットワーク各局

映像の流れ　番組の流れ

編集作業

キー局を中心とする全国数十社のネットワーク

BS　　地上波TV　　Web

4 企業とメディアは、"協力"も"対立"もする

対立よりも協力関係になることで双方にメリットが生まれる。

◇ お互いに必要な補完関係

　企業は、情報提供によりメディアに報道してもらい、業績拡大を望みます。一方、メディアは情報を入手して報道したい会社であり、知らせるのが仕事です。つまり、記者とは"仕事で"記事を書いてくれるありがたい人なのです。メディアのお客様である「読者・視聴者」は、企業の「既存顧客か潜在顧客」なので「お客様が共通」です。つまり、両者は「協力かつ対等関係」にあり、記事は**「共創の作品」**と言えます。

　広報（パブリシティ）は「記者に良い仕事をしていただく仕事」であり、「メディアに知らせることをアウトソーシングする仕事」とも言えます。

　ところが、メディアと企業はよく対立します。それは立場と使命が異なるからです。メディアは社会の知る権利を背景にすべてを知らせようとして企業秘密でも何でも暴こうと迫ります。しかし、企業には、その時々で出せる情報と出せない情報があるので、対立が生じるのです。

　しかし、共通のお客様に知らせるために、メディアは、批判・批評・評価・監視の役割を持つ社会の公器として知らせるべき点を徹底的に追求してきます。それに対して企業は、企業ビジョンや倫理観・法令順守（コンプライアンス）・企業防衛といった観点から対応するため、両者は「綱引き」することになるのです。こうして、記事は締切のためにどこかで見切り発車し、ぎりぎりで妥協して出る**「妥協の作品」**と言えるでしょう。

　つまり、記者は原稿の締切とライバル記者との競争に追われるので、社長の言質（げんち）を取って書こうとしても裏を取れない場合には、どこかで妥協して書かざるを得ないのです。それで誤解や曲解を生み誤報となったり、企業にとって不都合な内容の報道となったりする恐れがあるのです。

　あなたは、上記関係をしっかり頭に入れて、常にお客様の立場に立ち、対立があろうとも、いかにメディアの協力を得るかに全力を尽くさなければなりません。メディアなくしては、同じ情報を一挙に多くの顧客や社会に届けられないことを改めて肝に銘じてください。

▶ メディアと企業の協力・対立の相関関係 ◀

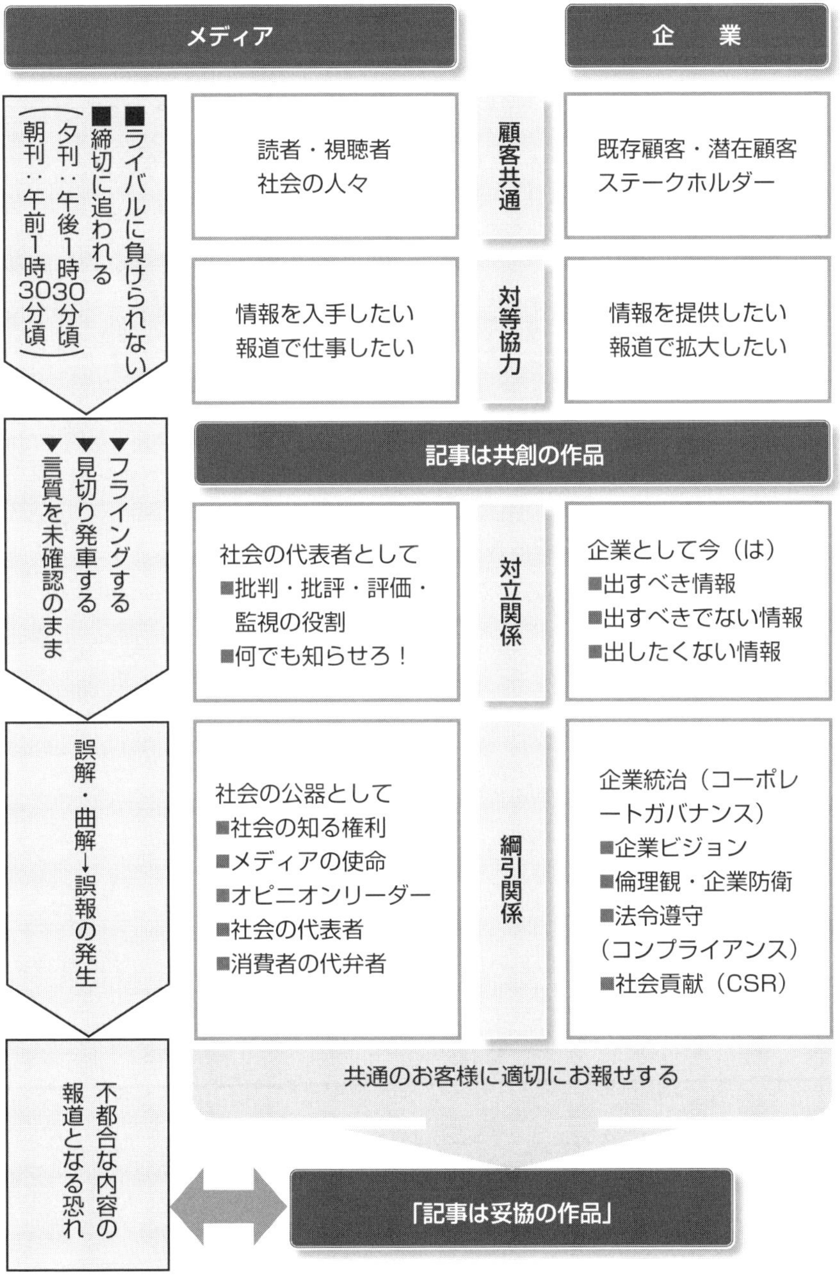

メディア		企 業

	読者・視聴者 社会の人々	顧客共通	既存顧客・潜在顧客 ステークホルダー

■ライバルに負けられない
■締切に追われる
〔夕刊：午後1時30分頃〕
〔朝刊：午前1時30分頃〕

	情報を入手したい 報道で仕事したい	対等協力	情報を提供したい 報道で拡大したい

記事は共創の作品

▼フライングする
▼見切り発車する
▼言質を未確認のまま

	社会の代表者として ■批判・批評・評価・ 監視の役割 ■何でも知らせろ！	対立関係	企業として今（は） ■出すべき情報 ■出すべきでない情報 ■出したくない情報

誤解・曲解
↓
誤報の発生

	社会の公器として ■社会の知る権利 ■メディアの使命 ■オピニオンリーダー ■社会の代表者 ■消費者の代弁者	綱引関係	企業統治（コーポレートガバナンス） ■企業ビジョン ■倫理観・企業防衛 ■法令遵守 （コンプライアンス） ■社会貢献（CSR）

共通のお客様に適切にお報せする

不都合な内容の
報道となる恐れ

⬅➡ 「記事は妥協の作品」

企業とメディアは、"共創活動"

記者と広報で、記事という「作品」を創り上げていく。

　企業が売上拡大のために不特定多数の人に商品やサービスをPRするには、次の２つの方法があります。

　①**間接＝メディア**：メディアは企業に代わって知らせてくれるありがたい存在。それは、お金で知らせる「広告代理店」と価値で知らせる「情報代理店」に分かれます。最近は、もう１つのメディアとして影響力のある人＝インフルエンサーである「新情報代理店」が出現しています。

　情報代理店は、営業代理店と異なり「金＝Money」より「価値＝Value」です。それには「顧客に役立つ価値」（Value for Customer）の他に環境やリサイクルなど「社会に役立つ価値」（Value for Society）が必要です。これなしには絶対に記事にしてはもらえません。たとえば「リサイクル」「環境」などに関連があれば、喜んで知らせてくれるのです。

　つまり、広報者は信念やビジョンを示すキリストのようなもの、記者はそれらを広く伝える伝道師＝聖パウロです。また、記者はダ・ヴィンチのような「天才アーティスト」で広報は「アシスタントアーティスト」と見なせます。アシスタントが優れた良い材料（情報）を集めると、アーティストが大きなキャンバスに秀逸な作品を描きます。それは「アーティストの本分」。特ダネ記事で一面トップを飾りたいのは「ジャーナリストの本分」であり、また広報の切なる願いでもあります。つまり記事は、記者と広報の「妥協の産物」ですが、「共創の作品」なのです。

　②**直接＝インターネット**：ウェブサイト・Eメール・ブログ等をフル活用して直接コンタクトすることです。発信＝顧客訪問、ＰＶ（ページビュー）＝顧客来店と同じです。魅力的なウェブサイトにし、ライバルよりもアクセス率を高め、PVを増やして、多くの人たちへのリーチを工夫することです。「広報―メディア―顧客」は一直線です。

　あなたは、メディアの協力を得て、常に共通のお客様に価値ある情報提供を心がけ、記者の背後のお客様を決して忘れてはなりません。情報という生きた素材で独創的アートを描きましょう。

▶ 企業─メディア総合関係図 ◀

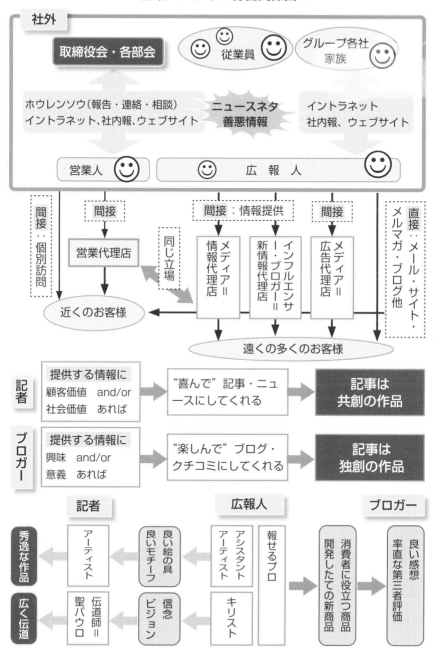

社外

取締役会・各部会　　従業員　　グループ各社 家族

ホウレンソウ（報告・連絡・相談）　　ニュースネタ　　イントラネット
イントラネット、社内報、ウェブサイト　　善悪情報　　社内報、ウェブサイト

営業人　　　　広　報　人

間接：個別訪問　　間接　　間接：情報提供　　間接　　直接：メール・サイト・メルマガ・ブログ他

営業代理店　　同じ立場　　メディア＝情報代理店　　メディア＝新情報代理店　　インフルエンサー・ブロガー＝　　メディア＝広告代理店

近くのお客様　　遠くの多くのお客様

記者	提供する情報に 顧客価値　and/or 社会価値　あれば	"喜んで"記事・ニュースにしてくれる	記事は 共創の作品
ブロガー	提供する情報に 興味　and/or 意義　あれば	"楽しんで"ブログ・クチコミにしてくれる	記事は 独創の作品

記者　　広報人　　ブロガー

秀逸な作品 ← アーティスト ← 良い絵の具 良いモチーフ ← アシスタント アーティスト ← 報せるプロ → 開発したての新商品 消費者に役立つ商品 → 良い感想 率直な第三者評価

広く伝道 ← 伝道師＝聖パウロ ← 信念 ビジョン ← キリスト

記事と広告との共通点と相違点

広告から記事寄りになるにつれて視聴者・読者の信頼度は高まる。

新任担当者にとって、まずは記事と広告の違いを明確にわかっておくことが必要です。いずれも遠くの多くの人々に報せるメディア（媒体）です。

《記事》企業はメディアに情報を提供し、メディアは"自らの判断・都合"により、記事・ニュースとして報道する。この方法での記事化をパブリシティと呼ぶ。記事の客観的価値により、信頼性は高く、伝播力は計り知れない。

《広告》企業がメディアのスペース（紙媒体）・時間（テレビ・ラジオ）を買い、メディアは、"企業の指示通り"に広告・ＣＭとして伝える。近年はネット広告も一般化してきた。企業は予算に応じて計画的に広告できるが、効果を出すにはかなりのコストがかかる。また、その内容は企業の自画自賛となり主観的なので、信頼性は低い。

《記事広告》タイアップ広告やアドバトリアル・ペイドパブとも言い、記事と広告の中間的なものだが、広告の部類に入る。企業のチェックが可能なので、企業の意向を反映したものになる。

広告はMoney（マネー）で買えますが、記事はお金で買えないValue（バリュー）の問題です。つまり、「金」から「価値」への転換です。記事には「**広告費（Advertising Fee）**」は不要ですが、経営者や広報担当の、さらには社員１人ひとりの熱い「**情熱費（Passion Fee）**」が必要なのです。情熱は汲めども尽きず、汲めば汲むほど湧いてきて、次第に濃くなります。想いの丈が募り追っかけにもなる片想いに似ていて、誰にでも出せます。

企業の知名度アップ・ブランド力アップには、記事が主導し、広告が後押しする関係が理想です。資金的に余裕があれば広告も大いに利用することによって、相乗効果が得られるのです。

記事と広告とを効果的に組み合わせ、どのような媒体にどんなタイミングで記事や広告を出していくかというメディアミックスが大切です。

▶ 記事と広告はここが違う ◀

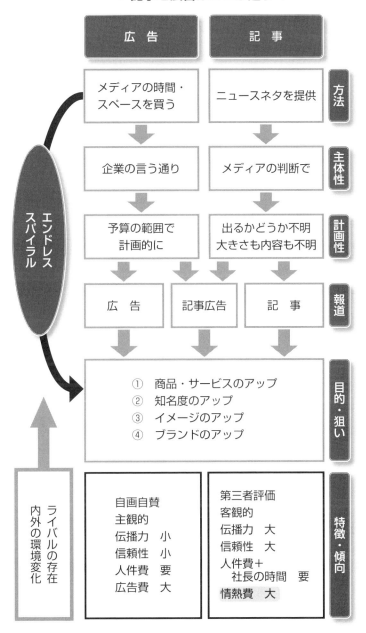

広告	記事	
メディアの時間・スペースを買う	ニュースネタを提供	方法
企業の言う通り	メディアの判断で	主体性
予算の範囲で計画的に	出るかどうか不明 大きさも内容も不明	計画性
広告 / 記事広告	記事	報道

広告（エンドレススパイラル）

① 商品・サービスのアップ
② 知名度のアップ
③ イメージのアップ
④ ブランドのアップ

目的・狙い

ライバルの存在 内外の環境変化

		特徴・傾向
自画自賛 主観的 伝播力　小 信頼性　小 人件費　要 広告費　大	第三者評価 客観的 伝播力　大 信頼性　大 人件費＋ 　社長の時間　要 情熱費　大	

メディア、記者への具体的なコンタクト法

相手先、内容によって手段は全く異なる。

　メディアや記者にコンタクトを取る方法は、ＦＡＸ、Ｅメール・郵送の順序が普通でしたが、最近、メール希望が増えています。

　ＦＡＸ：最も一般的。記者には日々多くのニュースリリースが届くので、読まれないことを覚悟。重要なときはメールや電話と併用すること。

　メール：個人的に知っている場合には最も有効。親しい記者には積極的に直接情報提供すると喜ばれます。本当の緊急案件は、記者に携帯メールができるとベストです。

　郵送：ニュースの場合、郵送は不可だが、発表日にバイク便などで届けることは有効。テレビの場合、「映像」が第一なので、ＤＶＤがあれば郵送します。雑誌向けとして資料が分厚くなる場合も郵送が適切です。

　手渡し：記者の了承を得られれば最も確実で喜ばれます。広報にとっては個別コンタクトができるチャンスです。メディアリレーションとは本来、記者との１対１での情報提供が原点です。

　電話コンタクト：ニュース性があれば、いつでも良いでしょう。締切の時間帯を考慮して電話すること。新聞・テレビの場合には、13時から15時頃までは比較的ゆとりがあります。雑誌の場合には、午前中が取材に出る前なので良い。

　一斉発表資料配布：複数の記者クラブへの資料配布の場合、他の発表先をリリースに明記すること（メディア社内で担当を調整できる）。メディアに直接送る場合には「１社・１部署・１人」が原則。他の部署へも送る場合は“ご参考”とし、メインの部署名を明記する。そうしないと、原稿がダブリ、社内混乱など迷惑をかけ、信用低下を招きます。送る場合、宛名は個人名がベターです。

　個々に事情が異なり、画一的でないところに工夫のしどころがあります。あなたとしては、ネタの価値・ニュース性を考え、１件１件適切な方法を選び、適宜個別の電話確認など、きめ細かいコンタクトが必要です。１つひとつ相手の状況を想像し、慮る思いやりを常に忘れないこと！

記事・ニュースが作られる プロセスとスケジュールを知る

4 8

ピンポイントでニュースにしてもらうために締切時間を意識する。

◇ メディアの締切時間を知るメリット

メーカーの納期と同様に、メディアには「原稿締切時間」があります。

新任広報担当者でも、いつも締切時間を考えて記者とのコミュニケーションを行なうと喜ばれます。

新聞には夕刊が2版、3版、4版、朝刊では11版、12版、13版、14版というように、早版と遅版があります。もともとは1版から印刷され、朝刊の最終版は、午前3〜4時頃まで15版、16版……と続いていたのですが、IT化による工程短縮や、印刷終了を午前1時半頃にする新聞社間の申し合わせ＝「降版協定」によって、当時のなごりとして残っているものです。

首都圏の朝刊の場合は、21時頃にまず地方向けの11版（早版）の締切となり、22時に12版、24時に13版そして午前1時半頃に最終14版を締切ります。夕刊は、早版が10時頃で、最終版が午後1時半頃となります。

各社ともギリギリまで取材し、最終版に最新ニュースを盛り込もうとします。ここに各記者が鎬を削る所以あり！ 130ページで述べたようにメディアと企業は「協力」も「対立」もし「綱引き」しながら妥協して"見切発車"するかどうかの締切が「1時半（朝刊も夕刊も）」なのです。

情報提供は夕刊向けには遅くとも前日まで、翌日の朝刊向けには午前中、遅くとも午後2時頃までに行なうことが大切です。

産業紙や業界紙専門紙などは、通常午後4時から5時頃までなので、情報提供は、遅くとも前日が望ましく、午前中か、午後であればできるだけ早めに行ないます。記者には"デスクへの納期"があり、追加取材や原稿を書く時間が必要なので、できるだけ早めの情報提供を心がけましょう。それは少しでも良い大きな原稿にしてもらうためにできる配慮なのです。

通信社はネットメディアと同様に即時報道をするので、締切がありません。また、テレビもニュース番組には締切がありますが、緊急の場合はテロップで流すので、締切がありません。

あなたは、各メディアの特性と締切時間、常に記者の追加取材や原稿を

書く時間を考慮して先取りした取材対応を行なうこと。取材や問い合わせには「いつまでに？」と聞く癖をつけ、早め早めに回答しましょう。締切に間に合わない恐れがあれば直ちに一報を入れること！

【一般紙記者の一日】：夜討ち・朝駆けはどのように行なわれるのか？

　早番の担当デスクは、午前1時半の朝刊最終14版を入稿してほっと一息！　午前3時頃には一般紙各社の「紙面交換」協定により、他紙の朝刊がチェックできます。そこで、もし他紙に"特ダネ"を抜かれていたら、直ちに担当記者にコンタクトします。記者が熟睡していてもお構いなく、真夜中に叩き起こされる。"抜かれた"現実に眠さも吹っ飛び、本能的に闘争心を高めて戦闘モードになり、指示された重要人物を"朝駆け"しようと飛び出すのです。朝駆け先には他紙の記者の顔も……。何とか取材に成功し、午前中は必死に"後追い原稿"に没頭し、昼過ぎ13時半の夕刊最終4版に何とかギリギリでも間に合わせるのです。"特オチ"（1紙だけ書いていない！）は大チョンボ！　担当記者としては"大目玉"となります。

　遅めのランチも暫しの楽しみ……、予定の取材で企業を訪問し、その後記者クラブでトレイに積まれたニュースリリースに目を通し始めます。

　16時頃から他紙の夕刊をチェックしたデスクがもし"抜かれた"ことを見つけたら、"朝駆け"と同様の動きとなり、それが"夜討ち＝夜廻り"なのです。また、通常でも夜討ちはあります。記者は16時頃から発表ネタや取材ネタ等を書き始め、夕方までにデスクに提出、19時頃からデスクとやり取りをします。もし、デスクの指示があれば、広報担当者に電話して追加取材、役員の自宅などへの"夜討ち＝夜廻り"を行ない、最新情報や談話を取って記事を補強し、デスクと調整します。OKとなれば、ゲラが上がるのを待ち、最終確認をして、夜遅くようやく解放される毎日です。

　"夜討ち""朝駆け"は近年のメディアの多様化により、その機会が増えてきたとも言えます。つまり、新聞のみならず、テレビ・通信社・オンラインメディアからのグローバルなニュース報道にも各自目を光らせてウォッチしておかなければなりません。

　DF（Digital First）としても、記者の動きは基本的に変わらないものです。

◇ 新聞記事の制作工程

　広報の仕事を行なううえで、企業から提供したニュースネタが記事にな

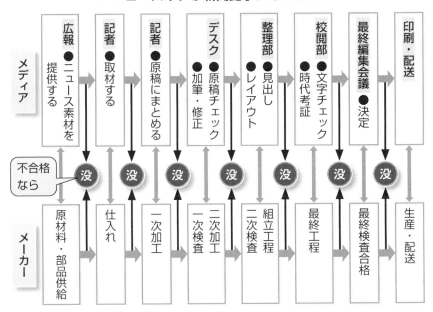

▶ ニュースネタが新聞記事になるまで ◀

メディア	広報 ●ニュース素材を提供する	記者 ●取材する	記者 ●原稿にまとめる	デスク ●原稿チェック ●加筆・修正	整理部 ●見出し ●レイアウト	校閲部 ●文字チェック ●時代考証	最終編集会議 ●決定	印刷・配送
不合格なら	没	没	没	没	没	没	没	
メーカー	原材料・部品供給	仕入れ	一次加工	二次加工 一次検査	組立工程 二次検査	最終工程	最終検査合格	生産・配送

る過程を知っておくことは重要です。新聞を例に、記事ができるプロセスをたどってみましょう。記事を"車"とみなせば、メディアはまさに"メーカー"と同じです。

①情報探し：記者は企業などから面白そうなニュース素材（原材料）をピックアップし、興味があれば、

②取材（仕入れ）し、その内容が面白ければ、原稿にし、

③良い原稿にまとまれば（一次加工）、デスク（管理職）に上げる。

④デスクは原稿に加筆・修正し、良い原稿を選ぶ。記者に追加取材や修正を指示する。

⑤編集会議で採用原稿を決定。

⑥整理部に送る。整理部は独自の判断で見出し・レイアウトを調整。

⑦校閲部は言葉づかいや漢字等、ミスチェックや時代考証を行ない、

⑧最終編集会議（品質検査）に合格すれば、原稿確定・紙面決定。ただし、既決定の原稿以上の価値あるビッグニュースやビックリニュース

が飛び込んできた場合は直ちに差し換える。

⑨印刷・配送（生産・配送）となります。

　新聞社やテレビ局は、販売部数・視聴率競争に勝つため、読者・視聴者がより喜ぶニュースを報道するのは当然ですから、提供したニュースネタが、実際に世に出るまでには、幾多の関門を乗り越え評価されなければなりません。各原稿はトーナメント方式でライバル原稿に勝ち続けてようやく記事になって紙面に掲載されるのです。

　そうして勝ち取った記事は"歴戦の勇士"であり、"勲章"です。敵はライバル会社の広報担当者。つまり、広報担当者は"戦士"であり、"戦い"の感覚のない広報担当者は会社を衰退に導くので、失格です。

◇ テレビ番組の制作工程

　テレビ番組の制作工程についても、理解しておきましょう。

①**ネタ収集**：番組テーマの趣旨に合わせたネタをそれぞれのスタッフが持ち込み、企画（編集）会議で取捨選択され決定される。外部プロダクションからの提案もある。

②**取材**：テーマ内容に応じディレクター（記者）が取材（ロケ）開始。

③**編集作業**：取材した映像素材を元に編集する。テロップやＣＧ（コンピュータグラフィック）を加えたり、音響効果も挿入される。放送作家が台本を完成。

④**最終チェック**：番組ＭＣ（司会者）との調整やスタジオ現場と演出相談を行なう。

⑤**オンエアー**：予定時間に放映。しかし、緊急ニュースなどにより差し替えもあり得る。

◇ 締切

　テレビの場合、スタジオでの準備が整えばいつでもオンエアー可能です。また、速報ニュースは原則的にＣＭ中以外いつでも放送ができます。発表やニュースリリースを放送時間に間に合わせるためには、全国ネットの昼ニュースの場合はできれば10時半、だいたい11時頃までに、夕方ニュースなら16時までに作業を終えている必要があります。

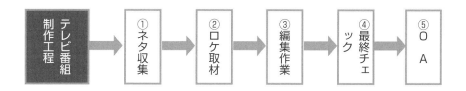

緊急会見をする場合、カメラ手配等の準備がかかるため、遅くとも会見の1時間前に各局への通知を終えていないと間に合わない社が出てくるので注意が必要です。広報担当は、各メディアの特性と締切時間を考慮し、時間を先取りしながらタイムリーな対応を常に心がけることが大切です。

◇雑誌の締切と制作スケジュール

週刊誌

雑誌は、新聞やテレビに比べ速報性は劣りますが、物語性のある記事となり、その浸透力・波及力・拡大力はむしろ勝るものです。同じテーマでもより掘り下げた内容となるので、読み応えがあり、読者の手元にも長く置かれ、新聞とは異なった影響を及ぼすことになります。

「週刊ダイヤモンド」や「週刊東洋経済」などは毎週土曜発行で、翌月曜日に店頭に並びます。通常発売2～3週間前に企画会議が開かれ、テーマが決定。記者は取材に入ります。

特集記事は、1か月前くらいから決められたテーマで取材が開始されます。原稿は適宜入稿され、月曜から印刷開始。1冊140ページとすると綴込みの中央部分8～20ページ分から順に印刷されます。水曜に最新ニュースが入稿され、表紙に近いページが印刷されて完了します。そこでニュース性のあるものは、月・火曜あたりまでの情報提供が喜ばれます。

都合よく同じ水曜日に翌週号の企画会議があります。木曜に取次店に搬入、月曜日には店頭に並ぶのです。

月刊誌

月刊誌の場合は、発売の1～2か月前に、編集者が作成した企画書や、外部ライターの提案などを基に企画会議でページ構成などが決定、取材開始となります。

3週間～1か月前頃、原稿が入稿されてくるとレイアウトや校正が始ま

る一方、時事的なニュースや解説ページに関する企画会議が開かれ、外部ライターの提案も検討しテーマが決められます。そして、1～2週間前に原稿を締め切り、色校正の後、10日～1週間前に印刷、製本となるのです。

雑誌への提案テーマとしては、「業界の旬」の話題や物語性のある情報が重んじられます。また、「人」や「起業」などの特集テーマにマッチする材料を提供すると喜ばれます。実際の取材は、編集部記者の他、外部ライターに委託されるケースも多いので、そのライターと懇意になることも良いでしょう。

▶ 週刊誌の制作スケジュール（毎週月曜日発売誌の編集日程）◀

期間	発売1か月前	発売2～3週間前	月火	水	木	金	土	月
編集工程	□取材開始 □特集テーマ検討	□テーマ決定 □ニュース記事準備開始	□特集原稿入稿	□特集原稿最終入稿 □ニュース原稿最終入稿	□印刷完了	□取次店へ搬入	□書店へ配本	□発売日

▶ 月刊誌の制作スケジュール（編集日程）◀

期間	発売1～2か月前	発売3週間～1か月前	発売1～2週間前	発売10日～1週間前	発売日
編集工程	◇編集者が企画書作成（テーマ検討） ◇外部ライターからの提案 ◆企画会議開催 ◇ページ構成決定・取材開始	◇取材継続 ◇原稿作成・入稿 ◇レイアウト・校正 ◆企画会議開催	◇外部ライターなどに原稿依頼（時事的なニュースや解説） ◇原稿締切 ◇色校正	◇印刷 ◇製本 ◇納品	◇店頭

記者とのコミュニケーションと日々の心得

日頃から記者を喜ばせることが、良い信頼関係を生む。

◇ 記者とはどんな人か？

　記事にならないのは、①特徴・差別点なし、②表現の拙さにあります。したがって、記者との付き合いを難しく考える必要はなく、人間として1対1の付き合いでいいのです。とはいえ、相手はジャーナリスト、天下の公器としての立場もあるので、記者の特性をつかんでおきましょう。

　【普通の人】マイクを突きつける記者の姿は怖そうですが、実は同じ会社員で対等です。

　【狩人】少しでも大きな獲物を日夜追い求めます。これが「ジャーナリストの本性」なのです。美味しい獲物を差し上げ、多くの狩人と親しくなること。時に夜討ち・朝駆けなど人の都合も考えない傍若無人な記者もいますが、その立場を理解する思いやりを忘れないことです。

　【素人】記者は「博識」ですが、ややもすると「薄識」になりがち。豊富なデータや資料を準備し、"ていねいに"わかりやすく説明してあげましょう。「誤解が当然、理解は偶然」を肝に銘じて。特に一般紙記者は異動が早いので、その都度後任の記者に会社のことをよく理解してもらう努力を怠らないことです。

　【多忙な人】原稿の締切に追われ、ライバルとの特ダネ競争があるからです。問い合わせには常に"いつまでに？"と訊き、それを守ると、記者に頼られます。記者の"データベース"あるいは"情報源"になるのです。

　【批評・批判する人】記者は「第三者評価機関」です。記者を自社情報の「評価者」と思えば、自分が謙虚になれます。

◇ 記者とのコミュニケーションのポイント
【社長の分身になろう】

　新任として広報担当を命じられたら、「社長の分身」になる決意をしましょう。重要情報を司る広報には、いっそうの倫理観と使命感が要求されます。記者も、その気概と自負心のない人物に頼るわけにはいかないも

の。誠実さを大切に、時には直言も辞さず、一身にその責を負う覚悟がいるのです。"すべてわたしの責任です"、その自負心が時に企業を救うのです。

【困ったときに助けられる存在になる】

　私が新任広報担当者の頃、「記者が原稿で困ったとき、君の顔を浮かべてくれるようになったら、本物だ」と教えられました。記者が誰の顔を思い浮かべ、受話器をとるか？　それはあなたが日頃どの程度付き合い、実際の役に立っているかにかかっています。他社の広報担当者に先んじて、自分の名前を思い浮かべてもらえるように日々努力を怠らないように！

　「急に紙面が空いて、今すぐネタが欲しい」
　「企画記事に相応しいネタが見つからない。締切は間近、何か切り口の
　　ヒントが欲しい」
　「今すぐでなくてもいいが、いい切り口・テーマはないか？」

　こんなときに、タイミング良く要望を叶えてあげられるように、日頃から社内のキーパーソンへ足を運び、ニュースネタを集め、加工しておくことです。社内情報のみならず、業界のことや社会的関心のある問題点についても、感性豊かに「切り口」や「テーマ」を創り、ニュースネタとしていつもポケットに忍ばせておくと記者から頼られるようになります。

【ぶらり電話・訪問】

　不意の土産が喜ばれるように、良いネタがあれば、時に「ぶらり電話」「ぶらり訪問」をすると良い関係が築けます（ただし、多忙時は避ける！）。
　　＊何かお手伝いできることはありませんか？
　　＊業界統計で面白いトレンドを見つけたのでご参考までに
　　＊業界のことに関し、こんなことを聞いたがご興味ありますか？　など

◇「小」「多」「異」がキーワード

　記者とのコミュニケーションのキーワードは、「小」「多」「異」です。

　【小】知名度の高い、大きなメディアばかりに目が行く人は、広報の本質がわかっていません。業界紙・専門紙（誌）記者を大事にすることです。業界に詳しく情報源になっていろいろ教えてくれ、業界の発展のため

にも積極的に記事にしてくれます。

　小さな記事だからといって軽んじてはいけません。記事はどのように載っても客観的価値があり、着実に信用を築くのです。「小を重んずれば大につながる」広報の原点を決して忘れないようにしてください。小さな記事に大メディアの目が光っています。「おのれに存する偉大なるものの小を感じることができない人は、他人に存する小なるものの偉大を見逃しがちである」（岡倉覚三〔おかくらかくぞう〕『茶の本』）のです。

　【多】　１人でも多くの記者と親しくするよう努力することです。これまでコンタクトのないメディア・記者へのアプローチを増やすのです。多くのメディアにいろいろな記事が出ることは、それだけ読者＝顧客が各方面に広がっていくことに他なりません。その波及力・伝播力を信じることです。

　【異】　メディアは大小多種多様、できるだけ多くの、これまでとは異なった記者へのコンタクトは、異質な記事を生み出す源になります。ライバル他社とは異なったメディアに、異なった切り口から記事を出すのです。
　異なった読者層により新しい顧客開拓にも発展します。"この前どこかで見たことがある！"は、人の心に深く蓄積。波状的に出ると「信用」と「イメージ」が増幅します。こうして小さくとも多くの記事が異なったメディアに露出していれば、記者は常に新しい「切り口」と「取材候補」を探しているので、いつかは記者の目に止まり、「記事が記事を呼ぶ」相乗効果となって記事が膨らみ、そして増えることになります。

▶「小」「多」「異」を大切に ◀

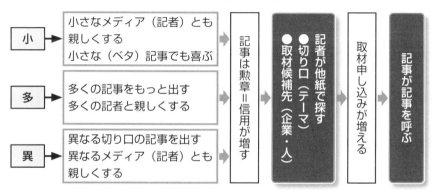

回答のプロになれ!

記者は質問のプロであると心得る。

「記者は質問する仕事」と言っていいほど、多様な訊き方を工夫して、相手から真の言葉、他で得られない内容、斬新な考えを導き出し、ある物事・事象に対するコメントを引き出そうと思っています。"質問が命"として日々を取材に駆ける記者は、いわば"質問のプロ"です。そんな記者とのお付き合いをきちんと進めるには、広報担当として"回答のプロ"＝真の雄弁家（114ページ参照）になる必要があります。

記者は、自分が欲しい情報だけを聞き出すテクニックに長けています。たとえば、最後の結び言葉やコメントが欲しいときに「予見取材」をします。その場合、回答者が話したコメントの前後が削られ、結論だけが使われる恐れがあります。狙った言質を取るために、「これは、○○ですよね」などと決めつけるような質問をして答えを誘導したり、「要するに、○○ですね」と言い換えて狙いの答えを引き出そうとしたりします。

「こうなったら、どうしますか？」と"仮定の質問"もよく使われますが、「仮定の質問には答えられません」と突っぱねるよりも「その時点で慎重に考えます」と肯定的に答えるほうがいいでしょう。

記者は、"観察のプロ"でもあります。多彩な質問を相手に浴びせながら、相手の表情や態度を見逃しません。難しい局面や切羽詰まった状況になると、記者は厳しい質問をして相手（社長など回答者や広報担当者）の心の動揺を誘い、目や身体の動きをじっと観ています。

特に、緊急時になれば、記者はさらに高度な質問テクニックを駆使してきます。たとえば、わざと怒らせるような質問をしたり、逆に宥めたり、再び厳しい言葉で迫ったり、激しい態度を取ってみたり……。しかし、そんな質問を記者がしたとしても、すべてジェスチャーだと思ってください。

なぜなら、記者はまともな答えを期待しているわけではないからです。では、そのとき、「何を見ているか？」というと、回答者の反応です。態度や動作のちょっとした変化や目の動きをじっと観て、おどおどした動作

があれば"イエス"だとか、目が宙を泳いだから"ノー"だとか……、いろいろな解釈をします。

　記者はこのようにして、難しい状況の中でも何らかの事実や事実に近い情報を得て、原稿にするのです。言質は取れなくとも、言質に限りなく近い何かをつかもうと多彩に質問するわけです。

　ただ、記者はライバル媒体を意識して、見切り発車の状況でも記事化を急ぐあまり、誤解や曲解が生じて誤報となる恐れもあります。そうなると、不都合な事態を招くことになるので、企業の広報担当者は留意しておかなければいけません。"誤報"は双方にとって無益有害！

▷ 質問のプロの訊き方を予測する ◁

否定形の質問	「あれはまさか、○○ではないでしょうね」
予見質問	原稿を作り、最後の言質を取るために、本題とは異なった質問をする
仮定の質問	「こうなったら、どうしますか？」
誘導する質問	「これは、○○ですよね」などと決めつける
二者択一質問	「この回答と、この回答はどちらが正しいですか？」 三番目にも要注意！
言い換え質問	「要するに、○○ですね」と別な表現で同意を得るか、否定させる
不意打ち質問	終わってほっとしたとき、出口やエレベーターホールでズバッと訊く
怒らせる質問	驚かせたり、煽(あお)ったり、怒らせたりするような質問で、断片的な回答と、目の動きや態度を観て、心中を推測する
安心させる質問	メモを取らずに、いろいろ訊く
同意を促す質問	他社や人を批判したり、誉めたりして同意を促す
沈黙質問	無言・沈黙も質問の内。本音を言い出すのを待つ

記者は質問のプロ

広報担当者は回答のプロ＝真の雄弁家になれ！

頭の動き＝言葉への乱れ
目の動き＝表情への表れ
心の動き＝態度への表れ ｝を司(つかさど)れ！

最後に"沈黙という言葉がある"ことも覚えておきましょう。相手（記者）に黙られると、「何か言わないといけないのではないか」と思ってしまうのが人情というもので、そんなとき、つい余計なことを言ってしまうことがあります。

　これは一般論ですが、他人や他社の批判があったときには、その批判に対して同感しても同意してはいけません。同意すると、「一緒に批判していた」と受け取られる恐れがあるからです。したがって、頷かずに、やんわり否定するのがよいでしょう。一方、誉めているときは（相手にもよりますが）同意しても構いません。「あの人も誉めていた」と好意的に受け取られるためです。つまり、「悪口には否定的、称賛には肯定的」が原則です。

　このように、スポークスパーソンを担うあなたとしては、どんな質問をされても、その都度適切かつ正しく答える力をつけて「回答のプロ」にならなければいけません。そのために、「真の雄弁」（114ページ参照）に加えて次の言葉を肝に銘じるとともに、下の図にまとめた間違いやすい項目にも気をつけましょう。

　「情熱は、必ず人を承服させる唯一の雄弁家である。情熱のある最も朴訥な人が、情熱のない最も雄弁な人よりも、よく相手を承服させる」

（ラ・ロシュフコー『箴言集』）

▶ **広報やＰＲをするときに間違いやすい項目** ◀

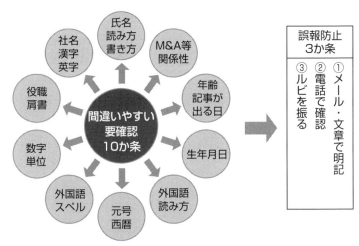

インターネットを使った
広報・PR

インターネットと広報

消費者が作り出す新たなネットメディアの積極的な活用を!

2018年経済産業省は、「デジタルトランスフォーメーション（DX）推進ガイドライン」を発表しました。DXとは、スウェーデンのウメオ大学エリック・ストルターマン教授が提唱した「企業がIT（情報技術）を利用して事業の業績や対象範囲を根底から変化させる」という概念です。

◇スマートフォンの普及とOMOの拡大

購買（消費）行動もスマートフォンの普及によって、いつでもどこでも24時間365日ネット検索で比較判断が可能になるので、企業は**オムニチャネル**（ネットとリアルの融合）や**OMO**（Online Merges Offline＝オンラインとオフラインの融合）によって対応しようとしています。そのため、これからは、すべての商品やサービスがオンリーワンである必要があるのです。

OMOは、O2O（Online to Offline）のように企業目線でチャネルを分けて考えるのではなく、徹底した"顧客目線""顧客体験志向"でオン・オフのチャネルを融合し、より良い顧客体験（User Experience＝UX）を提供していこうという考え方で、今や中国を筆頭に世界で急拡大しています。新しい潮流を常に把握しておきましょう。

▶ OMO時代における顧客の購買行動情報 ◀

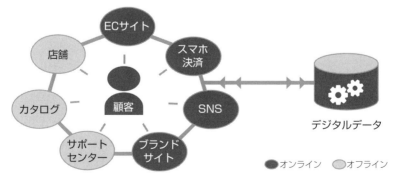

マーケティングとウェブコミュニティの進化

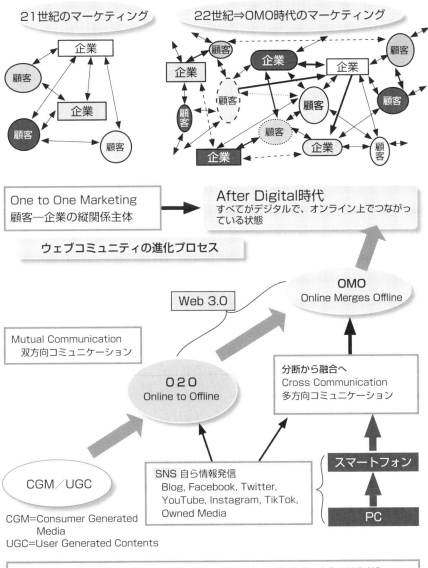

21世紀のマーケティング

22世紀⇒OMO時代のマーケティング

One to One Marketing
顧客―企業の縦関係主体

After Digital時代
すべてがデジタルで、オンライン上でつながっている状態

ウェブコミュニティの進化プロセス

Web 3.0

OMO
Online Merges Offline

Mutual Communication
双方向コミュニケーション

O2O
Online to Offline

分断から融合へ
Cross Communication
多方向コミュニケーション

CGM/UGC

SNS 自ら情報発信
Blog, Facebook, Twitter,
YouTube, Instagram, TikTok,
Owned Media

スマートフォン

PC

CGM=Consumer Generated
Media
UGC=User Generated Contents

【Digital Transformation】IT浸透が企業をあらゆる面でより良い方向に変化させる考え
【After Digital】スマートフォン、IoT等によりオフがなく、すべてがオンラインでつながる考え
【O2O=Online to Offline】オンからオフへ（または逆）ユーザーを誘導する施策
【OMO=Online Merges Offline】"オンラインとオフラインの融合"でのマーケティング
【オムニチャネル】あらゆる販売・流通チャネルをシームレスに統合し顧客との接点を増やす

㈱ゴンウェブコンサルティングの権成俊社長は、「ネットやスマホの普及で環境激変、今後ＡＩやＩｕＴの普及によって、社会はますます変革し、すべての産業で競争ルールが変化する。企業もそれに対応して変化が求められる」と、後れをとらないよう警告しています。

✧ネットメディアの活用とその留意点

近年、多くの企業が、規模の大小や業種を問わず、ネットメディアの特徴である、①スピード、②利便性、③多面的かつ双方向、④ネットワーキング化、⑤ボーダーレス、⑥データベース、⑦普遍性を生かし、「トップメッセージ」で、トップの意志を迅速・タイムリーに公表し、透明性や情報開示性をアピールしています。一方、匿名・書き込み自由なＳＮＳや「掲示板」による「炎上」には十分注意しましょう。

✧新しい資金調達法として増加中のクラウドファンディングで広報を

クラウドファンディングは広報・ＰＲとの親和性が高いので、案件の社会的意義を募集前やその結果が出た際にニュースリリースで発表し記事化につなげましょう。有名なサイトとしては次の通りです。
①社会問題の解決、公的価値の高い目的を支援：
　・Ready For（https://readyfor.jp/）
②モノ作り系：モノを作りたい企業や個人が前払いでお金を預かり、できたら商品を届ける（サイバーエージェントグループ）
　・キャンプファイヤー（https://camp-fire.jp/）
　・マクアケ（https://www.makuake.com/）
③地域系：ローカルエリアの課題解決に限定：FAAVO（https://faavo.jp/）
あなたは若くて、ＩＴ駆使を得意としていることから、独自の工夫によって従来とは異なった独創的な広報手法を案出し、悪い評判へのリスクにも慎重に対処しつつも、最新メディアを活用して、ライバルの先を行く斬新な広報手法も考え出しましょう。

「何すれぞ、我が思想の我が狭小なる脳裏より閃光一射して、
羅針盤の記さざる方向に馳せ、地理書の語らざる地界に飛び去るかな」

（新渡戸稲造『随想録』）

マスメディアと
オンラインメディアの最新動向

マスメディアも積極的にネットとの融合を進めている。

　マスメディアとネットの融合が本格的に始まっています。マスメディアは、いずれもオンラインと、堅固に構築されたインフラを持ち、膨大なデータの蓄積をベースに、張り巡らされた組織力と人的資源を駆使して、ニュースの収集および発信、さらには分析・解説などを行なっています。それに加えて、巨大なテーマでも克服する総合力をフルに活用して、そのパワーをオンラインメディア（ネットメディア）上でも開花させようとしているのです。

◇ 勢いを増すオンラインメディアとそのメリット

　いまや一般のニュースは、ネットで入手する若者たちが増え、「紙離れ」は深刻です。新聞通信調査会による2023年10月ニュース接触状況調査によれば、民放テレビ87.6％、インターネット74.6％、NHK 72.1％、新聞 57.5％、ラジオ 29.9％で、今やニュースは新聞よりもネットから入手します。その影響によって、日本新聞協会によれば、新聞発行部数は、1997年5,377万部をピークに減少、2018年には3,990万部（▼25.8％）と減り、その5年後の2023年は2,859万部（▼28.3％）と落ち込み、オンラインメディアと紙メディアの勢いの差は鮮明です。

　今後も、ネット利用への傾斜がさらに進むことは自明です。マスメディア各社は、ＯＭＯ時代を先取りして「メディア戦略室」のような戦略部門を立ち上げ、新しいビジネスとしての戦略を打ち出しています。

　オンラインメディアの紙にはない特徴は、次の通りです。

①長さに制限なく物語化やテーマに特化した記事の編集が容易
②映像・写真をふんだんに使える
③顧客とインタラクティブ性（双方向性）機能でクイズやアンケート等が容易
④影響が数字で把握、分析結果により戦略的展開が可能

オンラインメディアの記事は、マスメディア記者のみならず、一般の人たちからのアクセスも多く、しかも記事への反響が数字で明確にわかることも拡散への弾みになり、2次使用、3次使用がなされます。

このように、オンラインメディアでは異なった読者層への遡及も期待できますが、その分、サイトの信頼性や倫理性に関して留意すべきです。

◇オンラインメディアの種類と比較

Yahoo!ニュース、スマートニュースなどのニュース配信プラットフォームは、直接ニュースリリースを受け付けず、すでに報道されたマスメディアニュースの中から選んでいますので、まずはマスメディアに記事として取り上げられ、報道される必要があります。

急拡大中のオンラインメディアには、新聞や雑誌系の兼業オンラインメディアと、ハフポスト、バズフィード・ジャパン（BuzzFeed）やJ-CASTなどの専業があります。

各メディアはそれぞれ特長、強み、方針がありますが、ここでは、ダイヤモンド・オンライン、プレジデントオンライン、ハフポスト、バズフィードについて右の表にまとめておきましたので、参照してください。

●**プレジデントオンライン**：星野貴彦編集長によれば、公開記事は毎月約400本。以前は「プレジデント」からの転載がありましたが、現在はほとんどないそうです。すべての記事は無料で閲覧できますが、一部記事は会員登録（無料）が必要です。編集部には記者がおらず、全員が編集者。編集者の立てた企画に応じて、外部からの寄稿を募るほか、ほかの出版社との協業による「書籍からの抜粋記事」を展開しています。

●**BuzzFeed Japan**："Spread Joy & Truth"の理念に基づいて、生活を豊かにする情報の発信を行なっています。読者は女性と男性の比率が半々で、20代、30代が約6割です。記者・編集者は取材やSNS、プレスリリースなどから最新の情報をキャッチします。記事制作には、これまでの記事配信で得た膨大なデータや知見を用います。記事構成（文章、画像、クイズ、動画など）、タイトル、拡散手法などをプランニング。「ネットユーザーが読みたいコンテンツ」に落とし込み、低関心層の興味関心を促すことを得意としています。

▶ 主なオンラインメディア ◀

［兼業オンラインメディア］

メディア （アンケート協力者）	ダイヤモンド・オンライン 浅島亮子　ダイヤモンド編集部・編集長	プレジデントオンライン 星野貴彦　編集長
発祥設立	2007年10月	2008年 （プレジデント社創立1963年、サイトリニューアル2017年6月）
陣容	編集部は「ダイヤモンド・オンライン」と経済誌「週刊ダイヤモンド」の両方を手掛け、全体で約30名。	21名（編集者16名、制作5名）
勤務形態	9:30〜17:30	フレックス
記者出身など	新聞や雑誌、外資系通信社、オンラインメディアなど同業他社からの転籍組に加えて、メーカーなどメディア以外の業界からの転職組、新卒入社組などの超混成部隊です。	放送局、通信社、週刊誌などマス・ネットを問わず、各分野より多彩な人材を採用。
記事	経済・ビジネス分野を中心にニュース・特集・連載記事を出稿。	原則として記事は外部からの寄稿。
ニュースリリース （NR）活用	原稿を書く際のファクトチェック、編集部で企画している特集や連載、単体記事に合った情報があるかどうかの確認など。	専用のメールアドレス（news-pol@president.co.jp）に来たものは、編集部全員で回覧。担当分野には分かれておらず、編集者の興味関心に応じて対応。
情報提供をする ときの連絡先	電話：03-5778-7214　　　FAX：なし メール：https://item.diamond.co.jp/contact/ コメント：「ダイヤモンド・オンライン」と「週刊ダイヤモンド」の編集部を統合し、適宜判断してオンラインと紙のどちらにも記事を出稿する体制になりました。	電話：03-3237-3726　　　FAX：03-3237-6696 メール：news-pol@president.co.jp
月間PV／月	8,613万PV超（2024年4月現在、外部配信を含む）	2億2,511万PV（2022年4〜6月、外部配信を含む総PV。日本ABC協会Web指標一覧）
特長・強み	ビジネスメディアとして有数のPV数を持ちながら、2019年6月末に有料の新サービス「ダイヤモンド・プレミアム」の提供をサイト内で開始。オリジナル特集・連載に加えて、「週刊ダイヤモンド」やダイヤモンド社のベストセラー書籍などが読めます。	編集部員は全員が編集者。記者はいません。このため、ほぼすべての記事が外部筆者の寄稿です。編集者とあらゆるジャンルにアンテナを立てながら、専門家とタッグを組んで記事を展開しています。寄稿のほかには、さまざまな書籍から読み所を抜粋して、「ウェブ上の立ち読み」になる記事も多数展開しています。
今後の方針	読者から継続的に購読料をいただくサブスクリプションモデルと、広告収入をベースにしたPVモデルの共存共栄を進めていきます。	より多くの読者から信頼され、評価されるメディアをつくっていければと考えております。いまのところ収益源は広告のみで、無料の会員登録をお願いしているだけですが、将来的には課金モデルを導入する可能性もあります。その際、カギを握るのはメディアとしての信頼だと考えています。

［専業オンラインメディア］

メディア （アンケート協力者）	ハフポスト日本版 泉谷由梨子（いずたにゆりこ）　編集長	BuzzFeed Japan 白井良平（しらいりょうへい） Head of Content/Video
発祥	2005年米国	2006年米国
日本設立	2013年5月	2016年1月
陣容	約20名（うちエディター約15名）	約40名（うち編集者　約10名）
勤務形態	フレックス	フレックス
記者出身など	マス・ネットメディアだけでなく、各分野より多彩な人材を採用。	マス・ネットメディアだけでなく各分野より多彩な人材を採用。
記事	基本的に内製、直接取材記事。	内製、直接取材記事、情報キュレーションも。
ニュースリリース （NR）活用	多様な分野の専門性を記者をカバーしているので、担当分野分けはしていないが、自然とそれぞれが関心ある分野を記事にするのでうまく網羅されている。	プレスリリース送付専用のメールアドレスあり（japan-info@buzzfeed.com）。リポーターやライターが自分たちの興味関心に基づいて記事化を判断。
月間PV／月	非公表	非公表
特長	女性読者比率、若い世代の読者比率が高い。世界的に注目されている「SDGs」に、日本のメディアとしていち早く着目。 ライブ番組出演者の女性比率などを上げる「50:50」や、30歳未満の若者を1人以上呼ぶ「U30プロジェクト」を実施。	記事や動画をXなどのSNSで配信し、さらにYahoo! JAPAN、SmartNews、LINEなどのプラットフォームにも配信。若年層のための役立ち情報を発信する「BuzzFeed Kawaii」や料理動画メディア「Tasty Japan」（総フォロワー数2,000万人以上）を運営。
強み	分析力を生かし、記事によって読者とのタッチポイントを変える戦略を徹底的に実施。	高い技術力とそれに基づく分析力、世界的なネットワーク、メディア業界で活躍する書き手を積極的に採用する人材力。
今後の方針	テキスト記事のみではなく、グラフィックやライブ番組など、伝え方を多彩にする。	「Spread Joy & Truth」の理念に基づいた記事・コンテンツの創出。多岐にわたる特集による集中的な情報の発信。

◇オンラインメディアの記事に取り上げられやすいポイントとは？

オンラインメディアの特徴と、記事に取り上げられやすくなるポイントは以下の通りですので、押さえておきましょう。

①雑誌の編集部と同じように、多くのオンラインメディアの編集部には編集者もいれば専門記者もいる。

②ニュースリリースをマスメディアと同様に、数多く頻繁に配信する。フックになるキーワードがあると、取り上げられる確率が高くなる。社長コメント等も有効に働く可能性大。

③興味深い・新しいことに加えて、特に旬の話題を入れるといい。メディア向け→大衆向けへ。

④一般消費者向けのメディアであれば実利情報も惹きつける。「限定割引」「特別セール」など有益な情報は喜ばれる。ただし、ハフポストやBuzzFeedは、「宣伝」と「ニュース」を明確に分けている。各メディアの特性を知ることが大切。

⑤独自取材をするオンラインメディア記者も多いので頻繁に情報提供するといい。複数の職種をこなす記者や、文章以外の情報発信を考えている記者も多い。イベントの共催を提案するなど、発想を柔軟にする。

⑥目を惹くような写真や動画をできるだけ多く張り付けておく。

⑦情報を発信する際、過去の露出内容や周辺資料も添付する。調べる手間をかけさせない！

⑧単なる商品に関する内容紹介よりも、物語仕立ての紹介のほうが興味を惹く。つまり、「モノ」より「コト」に興味を持つことが多い。

⑨タイトルの付け方は、個人の関心や心情に訴えることを意識し、読まれ方を「データ分析」して日々工夫している。単に、インパクトだけを狙うニュースリリースのタイトル付けは避けたほうがよい。

不特定多数への拡散力が強いオンラインメディアですが、一度間違えば取り返しはつきません。そのため、高いモラルが要求されます。広報担当者は、常にネットメディアに関心を払い、書き込みチェックを怠らず、悪い情報でも見逃さないようにしましょう。

ネットの最新動向を知り、いかに広報活動に活かすか

SNSやニュースなどをPRに活かす事例も増えている。

　ここ数年のネットの発展は予想を超えるものがありますが、その質も格段に高度化しています。

　各SNSの特性を理解し、それを活かして運用することで、低コストで大きな効果を得られる可能性もあります。業態・商品・ターゲット層により対象のSNSを決めることをお勧めします。逆に、拡散したいSNSを決めてから、業態・商品を作る方法も有力です。

　そこで現在、最も有用なSNSに関する最新の動きを常に把握しておく必要がありますので、それらの違いを下表により学んでおきましょう。

▶ SNSの特性比較 ◀

（2024年5月現在）

	国内月間アクティブユーザー数	ユーザー数	特徴
LINE	9,600万以上	全国各地に分布幅広い年齢層	・1to1コミュニケーションに適している ・LINE APIを使い自社サービスと連携 ・スタンプ・ショップカードなど独自機能
YouTube	7,120万以上	幅広い年齢層約4割は45歳以上	・古い動画も検索して観てもらえる可能性 ・縦型動画（YouTubeショート）も人気 ・SEO（検索エンジン最適化）に強い
X	6,650万以上	20代が多い平均年齢は37歳	・カジュアルな短文コミュニケーション ・タイムリーさ重要 ・拡散力強い（「バズ」「炎上」）
Instagram	6,600万以上	10代20代が多い女性が過半数	・画像/動画で訴求しやすい商材向き ・フィード/ストーリーズ/リールの使い分け ・クリエイター（インスタグラマー）活用も
TikTok	2,700万以上	10代20代が多い	・「おすすめ」で新たな潜在顧客へリーチ ・コメント欄は荒れることもあり注意
Facebook	2,600万以上	ビジネスユースの30代以上が中心	・実名登録でリアルなつながり重視 ・フォーマル/オフィシャル/ビジネス

（出典：https://www.comnico.jp/we-love-social）

▶ 各サイト情報の信頼性の高低 ◀

| SNS
Facebook
Twitter
Instagram
YouTube
口コミサイト | キュレーション
サイト | アプリ
ニュース | ネット
ニュース
ネット
検索情報 | 企業
ニュース
リリース | 企業サイト
企業SNS |

信頼性低い　　　　　　　　　　　　　　　　　　　　　　　　　　　信頼性高い

（出典：CogentPR(同)資料に筆者加筆）

　広報は会社の内外への情報を司るのが仕事ですので、それぞれの情報にウェイト付けをして、その信憑性を考えてみましょう。"情報"と言っても、ある情報の重要性は人によって全く異なるものです。

　つまり、それは自分との関連性との兼合いですが、正確性となると共通に近くなり、また信頼性となると、いろいろな見方があって、一概には判断できません。上図は厳密な信頼性の評価ではなく粗方の感覚ですが、情報の正確性と信頼性の程度の差が大きいと理解しておいてください。

◇ Yahoo! JAPAN

　Yahoo! JAPANは日本最大級のポータルサイトで、ニールセンデジタルが発表した「2023年日本のインターネットサービス利用者ランキング」における「トータルデジタルリーチTOP10」では月間平均69％と第1位、今や100以上のサービスをあらゆる階層の人たちに漏れなく提供していますので、全国民が何らかの形で利用しています（第2位Google、第3位LINE）。「スマートフォンアプリアクティブリーチ」第1位はLINEで、第2位YouTube、第3位Googleの順。「利用時間」もLINEがトップです。

　あなたが広報担当として最も知りたい1つが、「Yahoo!ニュース トピックス」にどうしたら取り上げられるのか？　その命題を詳説します。

　ヤフー㈱の広報室宮下健太郎さんは、「全世界のニュースが対象ですから、24時間4交替体制で、提携コンテンツパートナー350社500以上の媒体から配信される約5千本の記事中から、Yahoo!ニュース編集部が約100本選

定し13.5文字の見出しを付けて、日々アップしています。選定基準は、まずは『公共性』と『社会的関心』を2つの大きな柱としています。『公共性』と呼んでいるのは政治や経済、防災など社会に伝えるべき重要度の高いニュース、『社会的関心』と呼んでいるのはスポーツやエンタメのように多くの人々の関心が集まるニュースのことです。『社会的関心』に応えて多くのユーザーに日々使ってもらえる場を作りつつ、『公共性』の高いニュースを広く届けるというのが方針です。また、①配信時間、②要素の多さ、③記事の長さ、④画像があるか、⑤よりクリックされやすいテーマかなども総合的に判断します」と話しています。

〈記事を選ぶポイント〉
1. **速報性・時事性・今日性**（事実が起きてからの鮮度、タイムリーであるか）
2. **真実性・信頼性**（虚偽が含まれていないか、信頼に足るか）
3. **新奇性**（目新しいことか、珍しいことか）
4. **公益性**（多くの人の利益につながるか）
5. **認知度**（より多くの人が知っているか、関心があるか）
6. **表現力**（内容が多くの人が理解できる表現か）
7. **品位**（誰が見ても不快感を抱かないか、誰かを中傷していないか）

着目すべきは、あるニュースの個々の内容に応じて読者が興味を持ちそうな関連記事や関連サイトへのリンクが張られ、読者はその場でその周辺情報を入手できる点です。

そのリンクには、間接的に関係するサイトも選ばれています。リンク先に選ばれるということは、情報内容の競争に勝ち、記者に選ばれて載るわけで、「記事は勲章」なのです。そのためには、即時・即日処理ができる体制構築が不可欠です。Yahoo!ニュースの情報選択のタイミングや発信スピードをむしろ上回るようなスピード力を持つ必要があるのです。

あなたは、Yahoo!ニュースをはじめ、いろいろなウェブサイトに引用されるように、つまりリンク先としてよく選ばれるように、ライバル他社のウェブサイトと比較して分析・評価を重ねて、自社ウェブサイトの充実のために内容を高め、深める工夫を怠らないことが大切です。

また、ニュースリリースやお知らせを発信したら、直ちに自社のウェブサイトにアップし、常に更新された情報をリアルタイムで掲載し続ける心がけを忘れないようにしてください。

　ネットの現状を把握し、今後の方向にいつも注視して、常に世の進歩を先取りして理解を深め、更新に努め、ネットを広報活動の戦略的武器として駆使することを心がけましょう。

▶ カテゴリー別代表的サイト・アプリ ◀

カテゴリー	代表的サイト	
ショッピングサイト	・Amazon ・アスクル ・Yahoo!ショッピング	・楽天市場 ・ZOZOTOWN ・PayPayモール
情報共有サイト	・食べログ ・カカクコム	・クックパッド ・最安サーチ.com
ニュースサイト	・Yahoo!ニュース ・NewsPicks	・Googleニュース ・SmartNews
動画共有サイト	・YouTube ・TikTok ・Vine	・ニコニコ動画 ・ツイキャス
画像共有サイト	・iStock ・PIXTA	・Pinterest
ブログ	・アメーバブログ ・SeeSaaブログ ・FC2	・ココログ ・ライブドアブログ
キュレーションサイト	・Together ・RETRIP ・Gunosy	・NAVERまとめ ・MERY
オークション・フリーサービス	・ヤフオク! ・ラクマ	・メルカリ ・PayPayフリマ
動画配信サービス	・GYAO! ・DAZN	・AbemaTV ・Amazon Prime
ＳＮＳ	・LINE ・Facebook ・Twitter	・Instagram ・LinkedIn ・mixi

（出典：㈱ゴンウェブコンサルティング資料に筆者加筆・編集）

インフルエンサーを活用した広報・PR

インフルエンサーを自社のPR戦略に組み込もう。

インフルエンサーとは、「影響を与える存在」で、①マスメディア　②政財界人、有名タレント、スポーツ選手等の著名人、③ＳＮＳ上でフォロワー数が著しく多いカリスマ的ブロガーやインスタグラマーの順ですが、近年は③の地位が急上昇し、大きな変化をもたらしています。そこで、企業×マスメディア×インフルエンサーの相乗効果を狙う「**インフルエンサー・マーケティング（ＩＭ）**」が普及しています。

ＩＭに詳しい**CogentPR**（同）の鈴木一美代表は、「消費者の1人であるインフルエンサーの投稿は、自社製品やサービスを実際に利用した良い点や悪い点を、まるで"友人に話しかける"ように、"正直"に伝えるため、信憑性・信頼性の高い"リアルな声"として拡散されます。するとその多くのフォロワーたちからロイヤリティの高いインフルエンサーの"リアルな声"に対する"正直な感想"がＳＮＳに投稿され、いつしか数千人～数十万人規模のユーザーへさらにはクチコミにて一般の人へも拡散し、認知向上、ブランディングや購買までも促進できる」とＩＭ活用の有効性に目を輝かせています。

ＩＭの成功は、目的に適したインフルエンサーにいかに投稿してもらえるかの戦略が鍵となるので、①適切なＳＮＳ（インスタグラム・Twitter等）の選定、②その分野が得意な、あるいは適したインフルエンサーの選抜、③目的遂行への戦略企画力が必要です。カテゴリーとしては、旅行、グルメ、ファッション＆美容、電器・パソコン等のデバイス＆スマホのほか、時計・映画・習い事・育児・教育等ですが、複数を得意とする人もいますので、選ぶ際に特性をよく見ましょう。

インフルエンサーは、概ね次の３つに分かれます。
1. 趣味と興味の「Organic Influencer」：信頼性高し。専門性追求型
2. 仕事の「Business（Money）Influencer」：専門性あり。信頼性小～大
3. 使い分けの「二刀流Influencer」：臨機応変に立場を変える

広報担当者としては、適切なインフルエンサーを見出し、協力を得ることは長期的に見て広報活動の多様化にも役に立つでしょう。

▶ 新時代の実践的広報戦略フローチャート ◀

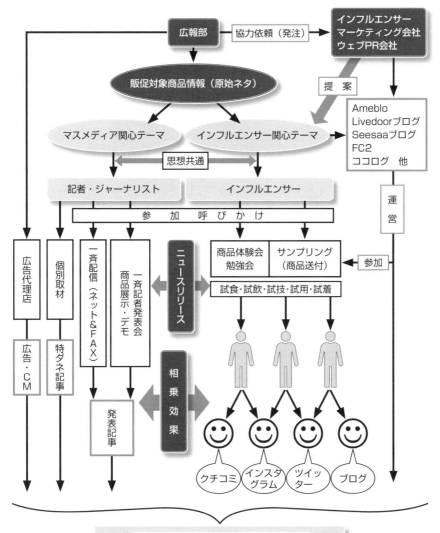

マス×ネット相乗効果による成果
●認知度アップ●売上アップ●イメージアップ
●ブランド力アップ●被リンク数増加

インフルエンサーと戦略的に付き合う

インフルエンサーの特性を知り、その姿勢を学ぶ。

インフルエンサーには、「フォロワー数○○人以上」という明確な定義はありません。一般的には、著名人やタレント、スポーツ選手など、いろいろなジャンルで、多様多彩なインフルエンサーがいます。

しかし、インフルエンサーと言っても、認知度の高い有名人でなくとも、小さな分野や狭い地域で、いろいろなカテゴリーのインフルエンサーもいるのです。

つまり、"マイクロコミュニティー"でファンを形成する"マイクロインフルエンサー"という存在ですが、場合によっては、著名人などよりインフルエンス度が高かったりするのも興味深い現象です。

ある商品やサービスに関して、インフルエンサーが実体験をもとに「自分の言葉」で「本当の感想」をブログに書いたり、眼前で見たリアルな画像をそのまま、もしくは加工して投稿したりして、フォロワーの共感や共鳴を呼び、そのクチコミ波及効果を狙うのが、前節でも述べたインフルエンサー・マーケティング（ＩＭ）です。

近年では、このＩＭを得意とするＩＭ会社も生まれています。以下に、その一例を紹介します。

◇Z世代向けＩＭ

㈱cosaji（コサジ：仁科ゆり社長）は、特にＺ世代（2000年から2010年の間に生まれた世代）向けのＰＲ・マーケティングを得意とし、Ｚ世代のリアルな感覚や実態を企業の課題に応じて伝える独創的な会社です。

関東をメインとする有名14大学の大学生2,120人、高校は１都３県40〜50人のネットワークを組織化し、それぞれのコミュニティや各分野でインフルエンス力を持つインスタグラマーとコアなつながりを持ち、顧客企業の要望に応じたＩＭの活動を推進中です。

なお、顧客企業からの主な要望は、次の通りです。

●いまの大学生や高校生のトレンド、ライフスタイルとは？
●何を欲しているか？
●何を基準に物を買うか？
●情報収集の方法　など

　定量的な声が必要な場合は、ネット上でアンケートを実施します。「ユーザーの生の声」をノイズなく届けたり、「普段のナチュラルな意見」を集めたりする場合は、クライアントのターゲットに合う若年層を集め、座談会や商品のレビューなどを行なっています。
　ＩＭは、“「クチコミ」の影響力が大きい人”を活用したマーケティングですが、具体的にはどのように実施されるのでしょうか。たとえば、大学2年生の加奈子（仮）は、化粧品を買うときに次のプロセスで行動します。

①自分の身近なアイコン（マイクロインフルエンサー）のインスタでオススメしている商品をクリップ（写真を保存）
②その商品を大手クチコミサイトで検索し、複数のクチコミをチェック
③複数のＥＣサイトを比較して「安さ」「手元に届く速さ」を基準にサイトを選定して購入

　いまどきの大学生の加奈子は、数ある商品から選ぶ際に、一般的な広告ではなく、「○○ちゃん（インフルエンサー）が使っている商品だから」という理由で手に取っているのです。
　いま、広告やネットでの情報が多すぎて、どれが本物かわからないので、若者は無意識的にキュレーション（精査・選別）された情報を求めているのです。「インフルエンサー」は、そのキュレーターとしての役割も果たしているのです。
　そして、企業とインフルエンサーとのコラボレーションは通常、次のような流れとなります。

①ＩＭ会社などが目的に合致しそうなインフルエンサーたちを推薦する
②インフルエンサー（たち）と1案件○円で契約（相場は1フォロワーにつき0.3〜1円）

▶ インフルエンサー活用広報も自社ウェブサイトの充実が不可欠 ◀

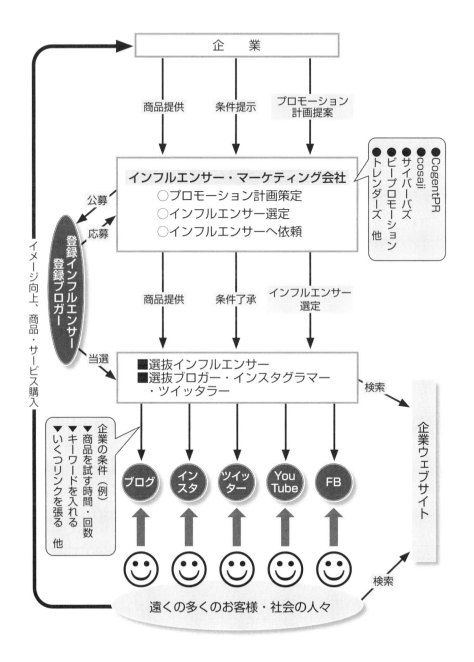

③インフルエンサーに商品紹介
④インフルエンサーが投稿
⑤その投稿に対して企業が「契約料金」を払う

　もちろん、インフルエンサーとの契約はＩＭ会社となるので、企業（顧客）が直接インフルエンサーに代金を支払うわけではありません。
　ここで注意を要するのが、インフルエンサーのフォロワー（企業が商品を買ってほしいターゲット）に、「あ、これ、ＰＲなんだ」と思われることです。
　つまり、"ステマ（Stealth Marketing：宣伝と気づかれないような宣伝行為）"は逆効果どころか、そのことがネットで評判になると命取りにもなりかねません。一方、広告色が強いとユーザーは"引いて"しまいます。
　cosajiの仁科さんは、「ＩＭを成功させるには、"共感・共鳴"が特に大切！　企業の目的に沿った適切なインフルエンサーを慎重に選ぶ必要があります。最も効率良く商品の知名度のみならず、企業ブランドを高めるのに、その"共感・共鳴の作り方"が私たちの得意とする影響力・波及力がある戦略的ＩＭとなるのです」と明るい表情で語っており、Ｚ世代を育てたいという優しさが感じられます。

◇インフルエンサーの特性と共通点
　あなたがインフルエンサーを選ぶ際には、それぞれのインフルエンサーの特性を知り、その姿勢を学ぶ必要があります。そこで、現役のインフルエンサーに聞いた経歴・姿勢（特性）と投稿の秘訣を167〜168ページの表にまとめましたので、ぜひ参考にしてみてください。
　同表から垣間見えるフォロワーに人気のあるインフルエンサーの共通点は、次の4つです。

①好奇心が旺盛で幅広く常にネタ探し、情報への感度が鋭い
②読者のコメントにすぐ反応する気配りと思いやりがある
③自分を大切にし、芯が強くブレない。自分の特性を活かす
④「Give & Give & Give」の精神と一途さ！

▶ インフルエンサーに聞いた経歴・姿勢と投稿の秘訣 ◀

	インスタグラマー：「Sayaka」 渡部紗也加さん（2001年生まれ。高校3年）		
経歴・姿勢（特性）	①2018年の高2の夏、インスタに手書き加工したものを、無料アプリ「PicsArt」を使ってペンや指で文字やイラストを記入して、インスタ映えするように投稿したところ、「いいね」がもらえて嬉しかった。 ②それがきっかけで、その後も手書き加工する人たちのお手本になるように……と、かなり上達したが、いまのところ趣味でビジネスにするつもりはなく、美術系大学進学への勉強の一環として投稿。 ③フォロワー数は、現在約6,000人で13～30歳くらいが多い。主にファッション・プリクラ・食に関するテーマでほぼ2日に一度アップ。 ④いまは、"マイクロインフルエンサー"だが、2020年初めにはフォロワー数1万人を達成して"アルファインスタグラマー"と言われたい！	投稿の秘訣	①夜の7～8時の間：最も見ていそうな時間帯に投稿 ②加工方法を開示：統一感を大事にし、ブレないこと。 ③DM（Direct Massage）には1件ごとに丁寧に答える ④複数の同じ質問にはワンテーマとしてまとめて投稿し、多くの人に役立つようにする ⑤24時間で消える"ストーリー"機能を使い、反応を見て修正して、本格投稿する
	インスタグラマー：山崎春佳さん（1995年生まれ。プロダクション事務所所属モデル）		
経歴・姿勢（特性）	①高校から米国留学した2009年頃、フェイスブックとインスタグラムを始め、大学1年の頃から画像加工に興味を持ち、自分をより可愛く見せるために試行錯誤しながら投稿を続けたところ、フォロワー数が急増。現在、フォロワー数は5万人近く、1投稿あたりのいいね数は1,000～2,000程度。 ②プロのモデルとして、自分のアピールポイントを作り、その反応を見て、自分の魅力を再発見でき、一定の収入にもなる。インスタを見た方からのモデルの仕事の依頼も入る。 ③こうして、商品PRやイベントPR・映画の試写会イベントの仕事が入り、モデルの仕事に加えて、収入になっているのはありがたく、もっともっと続けていきたい。	投稿の秘訣	①3日に一度、夜9時台に投稿（帰宅後、くつろぐ時間帯） ②自分の表情と容姿に特化。同じ服・背景なし。親近感を出すため少しおちゃらけた（ふざけた）ポーズも。 ③加工の統一が最重要で、T&M（統一感）に工夫 ④高画質で競い、"いいね"が付きやすいものを選ぶ ⑤どの画像がいいか「ストーリーズ」にてコアファンに反応を訊く ⑥すべてのコメントに返信し、コミュニケーションを徹底 ⑦ステマ色が強い仕事は断わる

ブロガー：「吉祥寺の達人　グルメバカ　ごろり」		稲垣功貴さん（1987年生まれ）
経歴・姿勢（特性）	①宮崎から上京しマスコミ専門学校を出て、テレビのディレクターなどを経て、不動産業やファミレスでのバイトなど、いろいろな仕事をこなした。水泳やスキーにも熱中しながら、好きなことで生活するのがいいかと……、子供の頃から "嫌いなことをしない" と考えていた。 ②2013年6月吉祥寺のイタリアンでバイトをした。それまでも "食" に興味はあったが、それを仕事にしようと思ったことはなかった。何か「"食の経験値" になるかも？」と、ブログを始めてみた。 ③思えば、母は "食" にうるさかった。その母のＤＮＡからか、次第に興味が出てきて、「"食" の情報発信によって何か役立つのでは？」と続けていると月５万PVに増え、読者の反応も励みになってきた。 ④2017年からツイッターとインスタを始めた。それから３年強、フォロワー数がツイッター7,000人、インスタ39,000人と急増中。すると、収入にもなってきた。 ⑤プロになれるのは100人に１人もいない厳しい世界だが、これで生きていく！	投稿の秘訣	①まず、吉祥寺の全店制覇、徹底する！　その後、徐々に拡大。店の位置や行き方情報を載せ、店を広める！ ②写真を立体的に見せる「斜めどり」で独創的に編集。自分の色を鮮明に ③毎日、投稿時間を一定にする（夜８時） ④コメントに必ず、すぐに返信する。反応する ⑤店の立場に立ち、ハッシュタグの付け方を工夫

　この共通点はどれも、広報担当者としての心得に通じます。つまり、自分自身を "ニュースリリース" に見立てれば、それに長けたインフルエンサーは、広報の適任者と言えましょう。

　自分の読者に最先端の情報をいち早く伝えて、喜んでもらおうと、時には眠りを減らしても厭わない。指示待ちより率先して果敢にチャレンジする！　そのような積極性は連鎖します。そして、記事が記事を呼ぶのです。これからの広報担当者は、企業とインフルエンサーとの新しい絆を作り、マスメディアを加えた革新的な試みをライバル他社に先駆けて実行しなければいけません。

インフルエンサー・マーケティングから アンバサダー・マーケティングへ

SNSを広報・PRに組み込む流れに積極的に乗ろう。

インフルエンサーの共通点は「信頼性」で、これこそが何万人もの人々を動かす源泉となるのです。それに加えて「社会性・公共性」、「専門性」、「親近性」の相互作用によって、1つの想いの実現へと昇華させていくのです。

◇ アンバサダー・マーケティングとは

アジャイルメディア・ネットワーク㈱の取締役CMOで、ブロガーでもある徳力基彦さんは、「アンバサダープログラム型マーケティング」（以下、アンバサダー・マーケティング）を提唱しています。アンバサダーとは、「企業を積極的に応援してくれる顧客やファン」のことです。

『顧客視点の企業戦略—アンバサダープログラム的思考』（藤崎実・徳力基彦著、宣伝会議、2017年）によれば、「デジタル時代では、顧客に情報の主導権が移り、企業と顧客の関係は、インターネットやソーシャル・メディア、そしてスマートフォンの普及により、180度変わってしまった」のです。これを整理すると、次の3つがポイントとなります。

①顧客の情報収集能力が飛躍的に高まる
②顧客の声が可視化される
③顧客の声が伝播する

他人のクチコミに接する機会は、ネット時代以前にはほとんどありませんでした。多くのソーシャル・メディア（SNS）を活用するようになって、そのユーザーが自分のフォロワーに対して情報を発信する小さなメディアがユーザーの数だけ存在していると言えます。

これまで探したくてもできなかった「クチコミWOM＝Word of Mouth」や不特定多数の「顧客の声」が可視化されて検索や集計が容易になったことが情報収集力と相俟って顧客側に大きな力を与えるようになっ

たのです。これからは、「顧客」を「個客」と見ること！　従来のマス・マーケティングでは、顧客は「大衆視点」であり、「個客視点」ではなかったと言えます。

　マス・マーケティングにおいて、一般的な「ＡＩＤＭＡの法則」、つまりAttention（注意）→Interest（興味・関心）→Desire（欲求）→Memory（記憶）→Action（行動）は、消費者が商品を知って購入に至るまでのプロセスを示したものですが、2004年に電通が提唱した「ＡＩＳＡＳモデル」はＡＩＤＭＡの法則にインターネットによる「Search：検索」と「Share：共有」が、消費行動として組みまれたのです。

　さらに、同社が2011年に提唱した「ＳＩＰＳモデル」における、「情報の共有・拡散」が重要な位置を占め、情報がループすることによって「共感」の母数が拡大していくとの考え方は重要なポイントです。

　そこで、徳力さんが提唱するのは、「**アンバサダー型**」のコミュニケーションモデルです。これは、"情報を「共有」してくれる人たち"（アンバサダー）に着目し、彼らを起点にして、商品の評判や情報が広がる仕組みを構築しようという考え方です。

▶ ＡＩＳＡＳモデルとＳＩＰＳモデル ◀

AISAS

SIPS

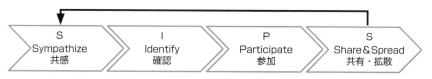

（出典：藤崎実・徳力基彦『顧客視点の企業戦略』宣伝会議）

▶ アンバサダープログラムの考え方 ◀

マスの認知よりも、ひとりの気持ちが動くかどうかを重視する。

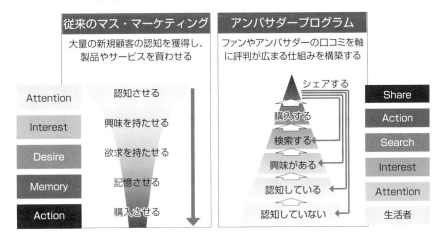

従来のマス・マーケティング	アンバサダープログラム
大量の新規顧客の認知を獲得し、製品やサービスを買わせる	ファンやアンバサダーの口コミを軸に評判が広まる仕組みを構築する

従来のマス・マーケティング
- Attention 認知させる
- Interest 興味を持たせる
- Desire 欲求を持たせる
- Memory 記憶させる
- Action 購入させる

アンバサダープログラム
- シェアする
- 購入する
- 検索する
- 興味がある
- 認知している
- 認知していない

- Share
- Action
- Search
- Interest
- Attention
- 生活者

（出典：アジャイルメディア・ネットワーク㈱資料に筆者加筆）

▶ アンバサダーとインフルエンサー ◀

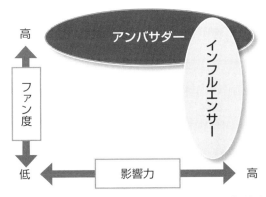

高 / 低　ファン度

影響力　低 — 高

アンバサダー

インフルエンサー

（出典：藤崎実・徳力基彦『顧客視点の企業戦略』宣伝会議）

　ピラミッド型の上部の情報を「共有」してくれる人たちとは、商品に満足を感じ、情報を発信してくれる「ファン」のことです。情報の発信元が従来のように企業ではなく、利用者です。企業ではなく利用者である「ファン」が発信する情報なので、他の消費者の気持ちや行動を変化させ、購買への動機づけになると考えられます。

さらに、「アンバサダー」とは、企業やブランドを積極的に応援し、クチコミをしてくれるファンのことです。ドラッカーは「企業の目的は顧客の創造である」（『現代の経営』ダイヤモンド社）と唱えましたが、アンバサダーを大切にすることは“個客を創造する顧客”の創造”と言えます。アンバサダーが行なう推奨の特徴として、商品やブランドについて「自分の言葉で語れる」という点が大切です。アンバサダーの言葉は、一般人からの発言であるために説得力があり、自ら選んでファンになったこともアンバサダーの説得力を強めているのです。

　インフルエンサーは著名人やタレントなど、特に「影響力」を持つ人が多いですが、アンバサダーは特定の商品やブランドに対する「ファン度」を重視します。「ファンかどうか？」が基準で、著名人である必要はなく、その多くは一般の顧客です。

　また、アンバサダーは、「amplified Word of Mouth（クチコミの増幅）」とも言われ、一部インフルエンサーと重なる部分がありますが、“自発的積極的に推奨”してくれるアンバサダーを多く獲得することが、ワンランク上のインフルエンサー・マーケティングだと言えます。

◇アンバサダー・マーケティングを成功させるポイント

　これからは顧客を個客として捉え、限定商品を個客視点とすれば、クチコミだけで売れるので、広告やＣＭの必要性がなくなります。アンバサダーは、「企業を積極的に応援してくれる個客やファン」なので、顧客が企業にもたらす価値、「顧客生涯価値（ＣＬＶ＝Customer Lifetime Value）」を最大化できます。また、顧客のクチコミが周囲に与える影響の価値である「顧客影響価値（ＣＩＶ＝Customer Influence Value）」も大切な指標で、単に顧客が顧客を紹介してくれた価値である「顧客紹介価値（ＣＲＶ＝Customer Reference Value）」よりも格調高い価値と言えます。

　次ページの図に示したように、「顧客」から深化させてファンである「支持者」へ、さらに周囲の人にも紹介してくれる「推奨者・唱道者」となってもらうのが理想です。このように関係を深化させ、そのようなお客様を増加させていくのです。

　顧客視点だけであった江戸時代に戻ったのです。お得意様とその評判を大事にする。馴染みの客を大事にする。昔ながらの商売の基本です。企業

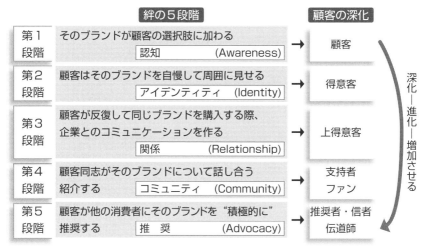

▶ ブランド・リレーションシップを築いて顧客を深化させる ◀

絆の5段階		顧客の深化
第1段階	そのブランドが顧客の選択肢に加わる 認知 (Awareness)	→ 顧客
第2段階	顧客はそのブランドを自慢して周囲に見せる アイデンティティ (Identity)	→ 得意客
第3段階	顧客が反復して同じブランドを購入する際、 企業とのコミュニケーションを作る 関係 (Relationship)	→ 上得意客
第4段階	顧客同志がそのブランドについて話し合う 紹介する コミュニティ (Community)	→ 支持者 ファン
第5段階	顧客が他の消費者にそのブランドを"積極的に" 推奨する 推奨 (Advocacy)	→ 推奨者・信者 伝道師

深化―進化―増加させる

（出典：T.ダンカン/S.モリアルティ『ブランド価値を高める統合型マーケティング戦略』ダイヤモンド社に筆者加筆）

と顧客が共創できる時代になったということです。

　10万人のフォロワーを持つインフルエンサーは10万人に対して影響力がありますが、フォロワー数100人のマイクロインフルエンサーでも、1,000人集まれば、その影響力は10万人です。いや、その先の拡散力は、むしろマイクロインフルエンサーのほうが強いとも言え、掛け算・鼠算では　1人の著名人以上の影響力となり得ます。

　しかも、マイクロインフルエンサーのほうが「炎上」リスクが低くなります。なぜなら、情報が拡散する際は、情報の信憑性よりも内容への共感や面白さが基準となる傾向にあり、それが良くも悪くも、炎上の要因になるからです。

　アンバサダー・マーケティングを推奨するCogentPR（同）の鈴木一美代表は、アンバサダー・マーケティングの「成功のキーは、①自社製品・サービスのファンインフルエンサーを見つけること、②コンテンツ（投稿）の見せ方を工夫すること。配信する内容が魅力的であり、シェアしたくなる有益な情報や社会的意義が高いほど、ＳＮＳ上で共感共鳴を呼び、拡散力が何十何百にも増幅し、ほぼコストをかけずに大きな効果をもたらすことも十分に期待できます」と意欲促進へ激励する一方で、「何でもか

んでも投稿してもらえばいいわけではない！」とアドバイスしています。

　以上のインフルエンリー＆アンバリダー・マーケティングの概要をきちんと理解したうえで、あなたとしては、これから1人でも多くの「ファン」増加を目指して、顧客価値and/or社会価値のある独創的なアイデアを出し続けるようにしてください。

▶ 新しいメディアを広報・PRに活用するポイント ◀

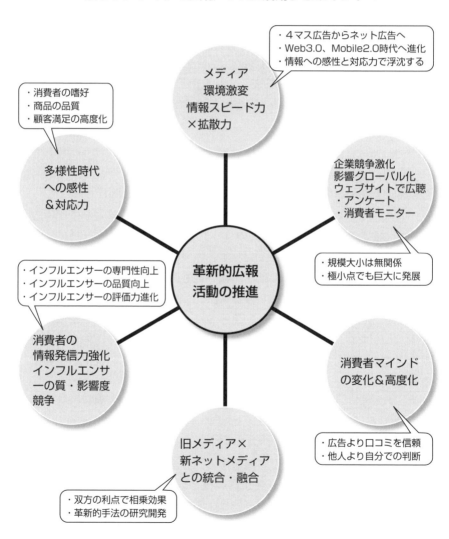

ソーシャル・メディアを PRに活用する

小さなファンから多くのファンが！ 小さな情報発信で拡散力を高める。

　清少納言の呟き「なにもなにも、ちひさきものはみなうつくし」（『枕草子』第151段）が、"カワイイ"文化発祥の言葉とも言われるように、「小」なる記事、「小」なる"いいね！"や呟き（Tweet）が呟き（Re - Tweet）を誘い、「多」くのファンを産み出し、「異」なった分野の人たちがシンパシーを感じ、共感・共鳴して、周りの人に勧めていく……、これが望ましい拡がり方です。

　「ファン作り」の原点として、"小は愛（おしい）"という感覚は、小さいものの確かな成功に導きます。

　その小さな「ファン作り」を支援する㈱ネタもと（本村衆社長）は、ＰＲの本質的な目的を「ファン作り」として、社会の多くの人々に理解と共感を得て、信頼関係を築き、ブランドを創り、長期的なファン作りを推進しています。あらゆるジャンルの企業広報のお困り事のみならず、多様な記者のネタ探し、取材候補となる企業探しに協力するなど、相手の立場に立つ"細やかな気遣い"を信条にしています。

　たとえば、報道関係者（2023年３月1,500媒体4,000名登録）は、「ネタ探しサイト」内の会員向けのニュースリリースをキーワード検索することと、「リサーチ」機能の活用により、効率的で実効性のある情報収集→取材が促進されると好評を得ています。各種PRセミナーを開催し、広報担当者の育成にも貢献しています。

　リリースにはしていないけれど、記者に知らせたいちょっとした情報を"ネタ"の種として簡単に登録できるニュースレターのフォーマットもあり、小さな会社やＰＲ初心者でも情報発信しやすいのが特徴です。

　あなたは、自社のウェブサイトの充実を図って発信力を増強させ、マスメディアの支援も得ながら、著名人などのインフルエンサーだけでなくマイクロインフルエンサーにも小さな協力を仰ぎ、ソーシャル・メディアを積極的に活用しましょう。

▶ 広報のウェブ利用 ◀

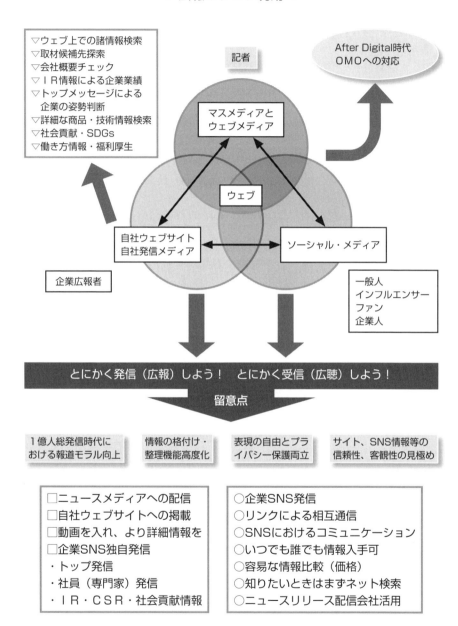

▽ウェブ上での諸情報検索
▽取材候補先探索
▽会社概要チェック
▽ＩＲ情報による企業業績
▽トップメッセージによる
　企業の姿勢判断
▽詳細な商品・技術情報検索
▽社会貢献・SDGs
▽働き方情報・福利厚生

記者

After Digital時代
OMOへの対応

マスメディアと
ウェブメディア

ウェブ

自社ウェブサイト
自社発信メディア

ソーシャル・メディア

企業広報者

一般人
インフルエンサー
ファン
企業人

とにかく発信（広報）しよう！　とにかく受信（広聴）しよう！

留意点

１億人総発信時代に
おける報道モラル向上

情報の格付け・
整理機能高度化

表現の自由とプラ
イバシー保護両立

サイト、SNS情報等の
信頼性、客観性の見極め

□ニュースメディアへの配信
□自社ウェブサイトへの掲載
□動画を入れ、より詳細情報を
□企業SNS独自発信
・トップ発信
・社員（専門家）発信
・ＩＲ・CSR・社会貢献情報

○企業SNS発信
○リンクによる相互通信
○SNSにおけるコミュニケーション
○いつでも誰でも情報入手可
○容易な情報比較（価格）
○知りたいときはまずネット検索
○ニュースリリース配信会社活用

YouTubeなどの動画配信の最新技術を活用する

インパクト波及力と即時性などウェブ動画の長所をPRに活かす。

「YouTube」を先駆者とするオンライン動画配信サービスは、①読むより見る、②ながら見る、③好きなときに見る、④残して見る（アーカイブ化）、⑤長く見るなどの利便性により成長著しいものがあります。

㈱ベクトルは、PRやニュースリリースの配信事業で順調に事業を拡大し、業界第一位となっています。ベクトルグループ内でも急成長をしている2015年設立の動画配信会社㈱NewsTVは、すでに4,500本の配信実績を持ち、一度利用した企業のリピート率も高い状況です。同社では、企業のニュースを無料で動画化（ビデオリリース化）していますが、その動画の長さは60～90秒で、アドネットワークあるいはSNSからターゲットに配信する独創的な形態をとっています。

同社の杉浦健太社長は、「"企業の伝えたいことがすべて入っている"ニュースリリースの動画化です。NewsTVの動画を1分見れば、発表の内容や商品の特徴がわかり、各種イベントでも活用できる。動画を無料で制作するため、これまでの広告に比べて、より多くの情報量を提供し、より高い効果を発揮します」と、その普及に揺るぎない自信を深めています。

㈱BitStarは、インフルエンサーの収益化を支援する広告ビジネス、スターを生み出すプロダクションや企業のソーシャルメディア運用・コンテンツ制作などを行なっています。同社は、独自開発した分析ツールで収集した160万件以上のインフルエンサーのデーターベースを活かして、企画一拡散プロセスを一気通貫で行ない、IMを成功につなげています。

起用インフルエンサーは事務所への所属の有無を問わず、顧客の要望に応じて自由に人選し、組み合わせて多くのファンづくりを行なっています。実際に1人ひとりがTV局のように発信し、年々ユーザーが増えるので、それが資産となって蓄積されます。将来上場を見据えている同社の渡邉拓社長は、「感情を動かす。世界を動かす。」というミッションのもと、「産業や文化にまで発展させて社会に必要とされる会社づくりを目指したい」と、明るい表情で力強く語っています。

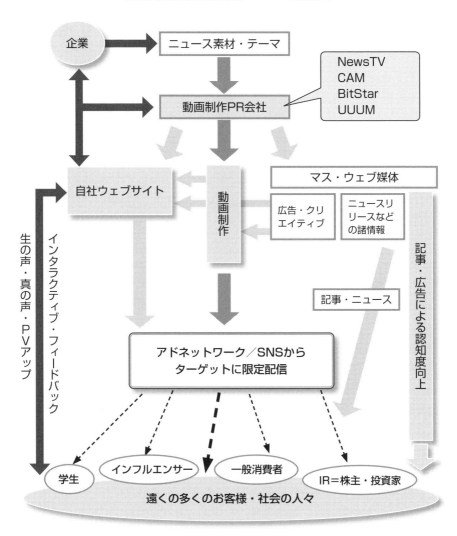

▶ 動画を利用した広報・ＰＲの仕組み ◀

企業

ニュース素材・テーマ

NewsTV
CAM
BitStar
UUUM

動画制作PR会社

自社ウェブサイト

動画制作

マス・ウェブ媒体

広告・クリエイティブ

ニュースリリースなどの諸情報

記事・ニュース

生の声・真の声・PVアップ

インタラクティブ・フィードバック

記事・広告による認知度向上

アドネットワーク／SNSから
ターゲットに限定配信

学生

インフルエンサー

一般消費者

IR＝株主・投資家

遠くの多くのお客様・社会の人々

　UUUM㈱は、動画配信ビジネス業界初のYouTuberプラットフォーマーで、圧倒的なリーチ力と求心力を持つYouTuberの感性を活かしたクリエイティブなプロモーションプランが得意です。しかし、所属YouTuberの通常の動画で再生数が伸び悩み、アドセンス（YouTuber広告）収入の落

ち込みやインフルエンサーマーケティングへの対応遅れによる過去最大の赤字に見舞われ、2023年9月フリークアウトHDの傘下に入り、経営再建中です。

　㈱サイバーエージェントの子会社である㈱CAMは、ビジネスパーソン向けメディア「新R25」のコンテンツデザインを企業のプロモーションに活用できる動画広告メニューを多数展開しています。
　制作された動画広告は、YouTubeやタクシー広告SNSなどを通じて配信され、「新R25」に出演するインフルエンサーの起用も可能です。

　こうした動画配信サービスを利用して企業発の動画配信を行なうことによって、視聴者の興味を惹きつけて、販促やブランドイメージアップに直結させる動きが加速されるでしょう。

　一方、この動画配信サービスは広告モデルであることに変わりはなく、結局は自画自賛の広告を映像で行なうことで、より厚い化粧を伴う懸念があります。もし、ライバル他社が同じような動画を配信した場合には、さらに厚化粧が過ぎて、度を越して整形手術へ、つまり"偽装"に近づく恐れを抱く必要があるでしょう。
　ドラッカーも「事業の定義は、組織が目標を達成したとき陳腐化する。目標を達成したときとは、お祝いすべきときでなく、事業の定義を見直すときである」（『未来への決断』）と警告を発しています。
　そこで、今のモデルからの脱却を図り、次のステージへ昇華していかなければなりません。

　あなたは、映像の持つ理解の浸透力や強力なインパクト力をいかに活用するかを考える必要があります。実際の導入には予算などの問題もありますので、少なくともその利点・欠点を慎重に比較しなければなりません。導入の利点があれば、その必要性を自らしっかりと認識し、自社の経営陣への提言の機会を見出しましょう。それが革新的なブレイクスルーのチャンスになることを祈ります。

選ばれる自社ウェブサイトの作り方

ユーザビリティを第一に考え、ブランド価値を高める。

ウェブサイトの閲覧ユーザーは、自分の意志でクリック（来社）した歓迎すべきお客様です。1人ひとり大切な顧客とみて、リアル店舗に来店した顧客と同じ、いやそれ以上の細やかな気遣いをする気持ちで、さまざまな工夫を凝らし、検索の対象になる、つまり多様な観点から選ばれるウェブサイトへと充実させなければなりません。

「評判を最大にする魅力的なウェブサイトは、相手（顧客）目線で作られ、誰が見ても理解ができ、信頼できること」と喝破するのは、私のパートナーで独創的なウェブサイト制作に長ける**アガルタ㈱社長**の**アガタサトコ**さん。彼女は作曲家でもあり、**Artist for Digital Strategy**として新たな分野を担当しています。

①会社概要や代表者のメッセージ内容がしっかりとしている
②訪問客にとってメリットがある内容で、顧客の声を代弁している（困っていることや知りたい内容が記載されている）
③専門用語の多用を避け、誰もがわかる文章

アガタさんは、この3点をポイントとして挙げながら、「顧客に寄り添った内容で作られたページが魅力的＝アクセス数や購買数につながっていく」と主張。さらに留意するポイントとして、次の4点を加え、よりサイト訪問者の視点でのきめ細やかな表現でアドバイスしています。
④このサイトにしかない独自情報を掲載する
　（例：詳しい開発経緯、苦労話・美談・エピソード、商品のリアルな映像化、使用した人の感想・率直な評判等々）
⑤商品の感想や評判、気づいた改善点やクレームなどを歓迎し、容易に投稿できる
⑥簡単にリンクが張れ、関連情報にアクセスできるように配慮する
⑦モバイル対応で、口コミで拡散する仕組みにする

●ＥＣサイトも充実させたい場合

…ライバー（liver）によるライブコマース（ＬＣ）

　ＬＣ（Live Commerce）とは、商品のイメージや利点をライブ配信し、視聴者とのリアルタイムでの双方向コミュニケーションを通じて、商品紹介から販売まで実施できる新しいＥコマース（ＥＣ：電子商取引）の形で、配信者は、このＬＣで効果的な販売促進につなげることができます。

　アガタさんは「中国先行だが、2020年から日本でも本格的な５Ｇの導入で、ネット環境が大きく変わり“動画”が身近になるので、ＬＣが広がるでしょう」と特に、質感や使い心地などネットショップ特有の不安があれば、先手を打ってＬＣを導入することを奨めています。

　中小企業に有用なＬＣは、「ヤフオク！ライブ」「Yahoo!ショッピングLIVE」「Rakuten LIVE」などですが、商品体験を売る形なので、配信者（＝ライバー）には、ライブで魅力的に語り、強いインパクトで紹介できるスキルが求められます。

●低予算でとにかく自前でも作りたい場合

　㈱イー・マーケティングの社長、澤井粂二さんは、無料でダウンロードできる制作ソフト「Wordpress」の活用を勧めています。「世界の３割のユーザーに使われているオープンソースで、作り方を解説する書籍も豊富で比較的簡単に担当者が自分でも学べ、自由に改良でき、ソフトの入手代も維持費用も無料なので、中小企業にとっては優れモノ！」と絶賛していますが、「半面、セキュリティが甘い面はあるので注意が必要」と警鐘も鳴らしています。

●“音”→“曲”をより活用して差別化を図ろう

　動画配信サービスの成長とともに、ウェブサイトに動画を活用する動きが徐々に増えるでしょう。動画には音がつきもの！　社長など登場人物の声、ナレーターの声、工場などの音、そして音楽……多種多様です。

　音楽の場合、既存の楽曲を活用するのが一般的ですが、作曲費がより廉価になれば、社歌のみならず、映像用オリジナル曲、個々の商品の独自メロディー等々、音による印象づけも重視するのがトレンドになるのではないか？　それに、会社のビジョンに合う、商品イメージをより良くするナレーターの声も大切です。企業の規模にかかわらず、他社との差別化を意図したウェブサイト制作の一般化は時代の趨勢です。販促やブランディン

グに戦略的活用を画策しましょう。

　人にたとえれば、服装や化粧など外見以上にどんな声で、何をどんなトーンで話すかによって好き嫌いが決まる！　"音"による印象づけに焦点を当ててみましょう。

　「この業界、あるいは、この情報なら、あのウェブサイトを見れば何でもわかる！」となれば、記者やインフルエンサーにクチコミを通じて拡散してもらえる可能性があります。「志ある者は事竟に成る」（『後漢書』）のです。

　ウェブサイトの持つ、さまざまな特徴を最大限活用し、企業のブランディング、自社商品購入意欲のある消費者へのより詳しい商品説明、投資家への豊富かつ詳細なセグメント情報開示などを積極的に行ないましょう。その姿勢が、多様なユーザーからの顧客満足度を高め、商品購入意欲を決心に導き、コンスタントに提供される外部との接点となって、企業や社員へのイメージを向上させ、ブランディングに大きく貢献するのです。

▶ ウェブサイトの充実を図れ！ ◀

調査分析	多様な表現法
▼経営ビジョン浸透によるブランド化 ▼アクセス分析により要望に応じた内容 ▼常にライバルと比しわかりやすい表現	○自由なレイアウト ○長さに制限なし ○動画・写真・絵など表現に変化 ○対象ごとに表現を変化

機能の優位性	豊富な情報
★双方向性（コメント） ★保存可能 ★継続性と反復性 ★スピードと伝播力 ★いつでもどこでもアクセス可能	●トップメッセージ ●ニュースリリース即時公開 ●ＩＲ情報 ●イベント情報 ●多彩な商品情報 ●詳細な技術情報

ウェブサイトから企業の本質をチェック

- 経営者の表情から企業ビジョン・理念実現への想い・情熱がわかる
- 情報の内容やわかりやすさで社員の親切心がわかる
- 反応スピードで情報への感性や敏捷性がわかる
- 商品の技術的役立ち情報で真の技術力がわかる
- 確かな数字・統計情報で企業の正確性がわかる
- コンスタントな情報開示により透明性がわかる
- 表現の多彩さ・着想の豊かさで企業・社員の知性や躍動感がわかる
- ＣＳＲ、ＳＤＧｓの豊かさに、社会貢献への姿勢が表れる

真に善なる誠実な会社になれ！

ブランド・イメージアップ

5
10
自社ウェブサイトで広報力を高める

おもてなしの心で自社サイトを構築する。

　企業の広報活動の実態は、ニュースリリースの出方に表れますので、広報担当になったら、まずライバル数社（３〜５社程度）のウェブサイトから、過去３年間のニュースリリースをダウンロードしてカテゴリー別に分け、そのタイトル・分野や件数・比率などを比較してみましょう。

　その分類は、①経営戦略、②新技術・技術開発、③新商品・サービス、④ＩＲ（上場会社）、⑤事件・事故・不祥事・クレーム、⑥社会貢献・ＳＤＧｓ、⑦単なるお知らせ、です。分類すると、広報活動のおおよその違いが把握でき、さらに分析すると会社の方向性や企業戦略の一端も垣間見えます。同時に、ウェブサイトそのものを人物に見立てて、社長の登場の有無、見やすさ、写真や動画があって親切かなども比較してみると、ユーザビリティ（使い勝手）の比較もできるのです。

　企業のデジタルマーケティング支援事業を手掛ける**トライベック㈱**の小林剛取締役は、「当社のwebサイト専門評価機関の**トライベック・ブランド戦略研究所**では、1,000サイトを超える評価実績とノウハウで、ユーザビリティを100点満点でスコアリング、問題点の洗い出しから課題の設定、具体的解決策を提案しています」と、その独自の方法に自信を深めています。

　ユーザビリティの診断は、①アクセス性、②トップページのわかりやすさ（サイト全体の明快性）、③移動しやすさ（ナビゲーションの快適性）、④読みやすさ（コンテンツの適切性）、⑤疑問や不安の解消（サイトの安全性）の５つの項目で行なわれます。この５つの診断項目は、自社サイトをチェックするときの参考になるでしょう。

　同社は毎年、「ウェブユーザビリティランキング」（国内主要企業150社）や「ウェブサイト価値ランキング」（国内主要企業246社）を発表しています。後者は、公式サイトのほか、デジタルメディアの売上やブランド向上への貢献度合から、デジタルメディアの事業貢献度を金額換算したもので、2023年の順位は、第１位は全日空で947億円。続いて、第２位が日本航空864億円、第３位がユニクロ823億円、第４位が日本マクドナルド680

億円、第５位がトヨタ自動車678億円です。

2016年施行の「障害者差別解消法」により公的機関のみならず、どの企業も、ウェブアクセシビリティ規格「JIS8341-3:2016」に基づき、ウェブアクセシビリティの確保や向上が必要なので、留意しましょう。

トライベック社の５項目を参考に、ウェブサイトを人と見立てて、次の観点から眺めると、来訪者に優しいウェブサイトを作るヒントが得られます。すなわち、誰にでも好かれる人は、きっと下の表の右側に示したような人でしょう。これらをイメージすれば、ウェブサイトが、いかにあるべきか、何をすべきかが自ずとわかってきます。

ウェブサイトの特性	個人の性格で言えば……
訪問してみたくなる。見やすい。人が多い	優しそう。清潔で素朴、親しみやすい
移動しやすい。誰でも調べやすい	理解が速い。親切である
どんな会社か目指す方向がすぐわかる	自分のビジョンや哲学を持っている
豊富な内容が詰まっている。話題が幅広い	頭が良い。まるで百科事典のように網羅している
幅広く、かつ奥深い情報が得られる。技術に詳しい	知識・経験が豊富で何でも詳しく教えてくれる
多くのリンクが張りやすい	良いお友達をたくさん紹介してくれる
反応がテキパキ。常に更新している	スピードがあり、機転が利く。臨機応変に対処する
写真・画像・動画が多く、ビジュアルで見やすい	子供にも障害者にも優しく、公平だ

クリックしてもらいやすいウェブサイトにして、しかも閲覧した人すべてに「見てよかった、満足した！」と喜んでいただき、「また閲覧しよう。きっといいことがある！」とリピーターになってもらえるような、最高のおもてなしを心がけることです。これからの時代は、顧客サービスの価値を「リアル来訪者（来店者）の満足度×ネット来訪者（閲覧者）の満足度」で測ることも考えられます。

全国２万人以上のクリエーターを持ちウェブサイト制作を手がける㈱ロフトワークの林千昌代表取締役は、「企業の見せたいところだけを見せようという姿勢から、企業のすべてをウェブサイトでいかに詳細に独創性の

あるコンテンツで表現するかが、これからのあり方ではないでしょうか」と語っています。

　ウェブサイトを人に見立てた前表でわかるように、現実と異なる表現で過度に飾れば飾るほど、実態から離れていきますので、いつかは実態が暴露され一挙に信用を失います。したがって、「日頃の姿にどこまでお化粧し、どんな華美な服装をし、どこまでに留めるのか？」は結局、その会社（人）の生き方や日頃の言動にかかっています。ウェブサイトも素顔、つまり優れた長所や人間性がわかるエピソードを見せることです。

　新渡戸稲造先生も「非凡のことは平凡の修養に成る。非常のときに身を処するのは、まったく日々の平凡の心がけによる。平素の修養があればこそ、非常のときに覚悟が定まる」（『修養』）と、平時の心がけの重要性を説いています。

▶ 望ましい企業ウェブサイト ◀

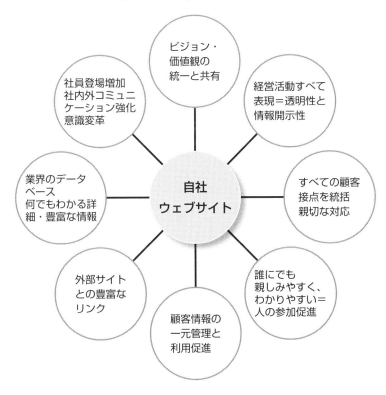

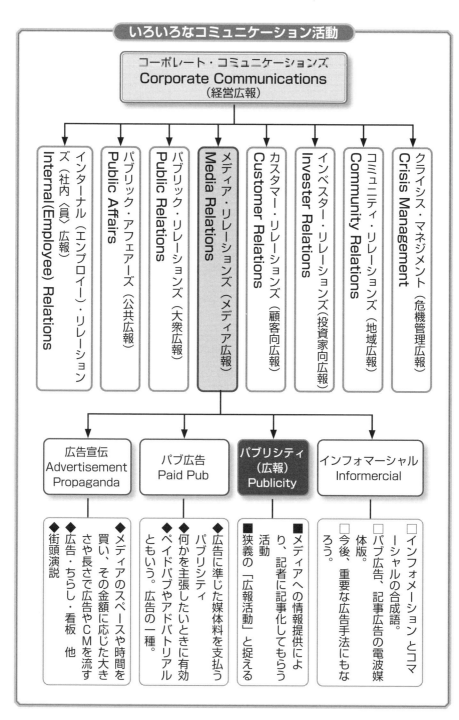

いろいろなコミュニケーション活動

コーポレート・コミュニケーションズ
Corporate Communications
（経営広報）

インターナル（エンプロイー）・リレーションズ（社内〈員〉広報）
Internal(Employee) Relations

パブリック・アフェアーズ（公共広報）
Public Affairs

パブリック・リレーションズ（大衆広報）
Public Relations

メディア・リレーションズ（メディア広報）
Media Relations

カスタマー・リレーションズ（顧客向広報）
Customer Relations

インベスター・リレーションズ（投資家向広報）
Invester Relations

コミュニティ・リレーションズ（地域広報）
Community Relations

クライシス・マネジメント（危機管理広報）
Crisis Management

広告宣伝
Advertisement
Propaganda

パブ広告
Paid Pub

パブリシティ
（広報）
Publicity

インフォマーシャル
Informercial

◆街頭演説
◆広告・ちらし・看板 他
◆広告さや長さで広告やCMを流す
◆メディアのスペースや時間を買い、その金額に応じた大きさ

◆広告に準じた媒体料を支払うパブリシティともいう。広告の一種。
◆何かを主張したいときに有効
◆ペイドパブやアドバトリアルともいう。広告の一種。

■メディアへの情報提供により、記者に記事化してもらう活動
■狭義の「広報活動」と捉える

□インフォメーションとコマーシャルの合成語。
□パブ広告、記事広告の電波媒体版。
□今後、重要な広告手法にもなろう。

186

第6章

広報・PRの効果を
測定する

調査結果の広報戦略への反映プロセス

6
1

インターネットを活用した調査も広がっている。

　調査サービス最大手の㈱マクロミルは、約3,600万人の大規模な調査モニター網を構築しています。詳細な条件でのレアサンプル抽出や全国規模の調査も行ない、海外も90以上の国と地域、1.3億人のパネルネットワークを有し、認知度・イメージ調査を複数国で同時に実施可能です。

　商品選びの選択肢が増え、何でも"No.1"が溢れて、広告が効き難くなっている今日、確かな数字の裏づけで証明する必要性が高まっています。

　実際のリサーチに際しては、パネルネットワークを活用した消費者パネル向けのマーケティングリサーチと、企業のハウスリスト（従業員、顧客会員、サイトユーザー等）向けに、無料からリサーチができるツール（Questant, ミルトーク）があり、企業の必要性によって活用できます。

　広報戦略の実践に際しては、知名度やイメージアップなど、目的にそって効果的なネタ作りから始めます。最初に、効果的なテーマの策定が大切です。広報戦略に則り、多方面からのテーマを案出し、その中から、時期や話題性を加味し、近い将来の動向を見据えて慎重に選びます。どのメディアも近未来予測、つまりトレンド記事には興味があるからです。

　そしてそのテーマに適した調査を行ない、集計結果に基づいて効果的パブリシティを実施します。その調査では、従来型のアナログ調査にネット調査を組み合わせた「ハイブリット調査」が有力な方法です。

　1万人以上の回答でも回収サンプル数に左右されない独自の料金体系で成長中の**インターワイヤード㈱**は、「ハイブリッド調査」（DIMSDRIVE）で先駆的な実績を誇っています。回答者数の多い、タイムリーな調査結果をバックデータとすれば、知名度が低くても信頼性が格段と高まるのです。

　最近、「コンプライアンス意識」や「ＥＳ（従業員満足度）」などの企業内調査やインバウンド客の購買意識・飲食行動調査など海外からの依頼も急増しています。これからの広報は、有力なネタは話題性を盛り上げ、小さなネタへは信頼性を付けるなど、ネット・アナログ両調査法の優位点を活用してライバル他社に先んじた広報活動を進めていきましょう。

▶ ネット調査の流れとポイント ◀

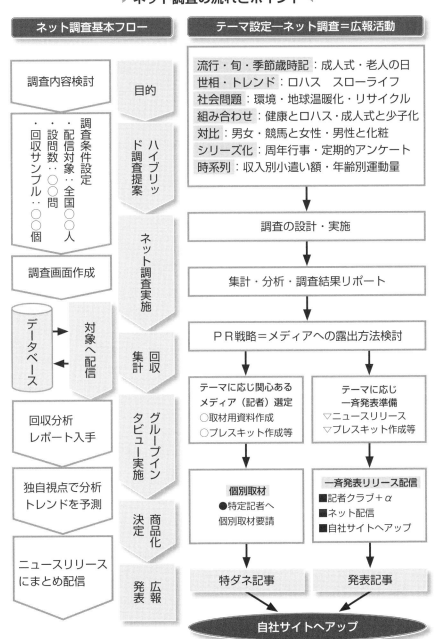

ネット調査基本フロー	テーマ設定―ネット調査＝広報活動

ネット調査基本フロー

調査内容検討

| 調査条件設定 ・配信対象…全国○○人 ・設問数…○○問 ・回収サンプル…○○個 |

調査画面作成

データベース → 対象へ配信

回収分析 レポート入手

独自視点で分析 トレンドを予測

ニュースリリース にまとめ配信

目的

ハイブリッド調査提案

ネット調査実施

集計 回収

グループインタビュー実施

決定 商品化

発表 広報

テーマ設定―ネット調査＝広報活動

流行・旬・季節歳時記：成人式・老人の日
世相・トレンド：ロハス　スローライフ
社会問題：環境・地球温暖化・リサイクル
組み合わせ：健康とロハス・成人式と少子化
対比：男女・競馬と女性・男性と化粧
シリーズ化：周年行事・定期的アンケート
時系列：収入別小遣い額・年齢別運動量

↓

調査の設計・実施

↓

集計・分析・調査結果リポート

↓

ＰＲ戦略＝メディアへの露出方法検討

テーマに応じ関心ある メディア（記者）選定
○取材用資料作成
○プレスキット作成等

テーマに応じ 一斉発表準備
▽ニュースリリース
▽プレスキット作成等

個別取材
●特定記者へ 個別取材要請

一斉発表リリース配信
■記者クラブ＋α
■ネット配信
■自社サイトへアップ

特ダネ記事

発表記事

自社サイトへアップ

調査結果の
PRや自社戦略への応用

タイミング良く利用すれば、調査結果の戦略的な活用も可能。

　ネット調査会社ネットエイジア㈱は、調査とPRとの融合による「マーケティングリサーチ&ニュースリリースサービス」を展開しています。企業の調査結果の分析に基づいて調査レポートとニュースリリースを作成し、マス＋ネットメディアに一斉に配信し、マスメディアやポータルサイトへの露出を図る仕組みです。ネット時代の新しいPR手法と言えます。

　①企業ブランド・商品サービスの「認知度」向上
　②第三者調査結果による「信頼性」醸成
　③ローコストなアーカイブ化による継続的利用

　東急住宅リース㈱は、転勤時期のリマインドや転勤の可能性がある人からの共感獲得のため、転勤経験のある既婚男性会社員と、夫の転勤に伴い一緒に引越しした経験のある既婚女性“転妻”の計千名を対象に、「持ち家の人に聞いた転勤時の住宅対処法」「転妻生活の実態」や「転勤先ランキング」などの調査結果をニュースリリースにまとめて発信しました。
　その結果、1か月間で各種サイトに約150記事（うちYahoo!系の記事として6回）が内容のバランスも良く掲載されたので、年に1回実施する他、他のニュースリリースも社名認知につながるように動画広告のYouTubeを併せて配信するなどネット活用を意識した広報活動を積極的に行なっています。

　また、㈱プラスアルファ・コンサルティングでは、お客様相談室やコールセンターのクレーム・電話応対や、品質・マーケティング情報などからネット上のテキストデータをすべて集めて、キーワード分析やデータの論調が直感的にわかる「見える化エンジン」をすでに1500社に提供しています。
　個々の分析結果に応じて100項目の感情表現も顔の表情変化を使って喜

怒哀楽、期待などを「見える化」、予想外語調分析も可能です。これらの分析内容を見たい人が、さまざまな部署や役職に応じて切り口を変えて、ウェブ上においてダッシュボード形式で一元的に共有できるようになり、"戦略判断の原資データ"として使われています。対外的にインパクトのある分析結果によっては、ニュースリリースにまとめて発信することも考えられ、それはテーマごとに新たなニュースのネタとして検討に値するでしょう。

　近年、優れた調査会社も台頭していますので、そのサービスに自社の狙いを独自に組み合わせることによって、創意工夫次第で、どの分野においても期待以上の効果が得られるものです。

　あなたは、できるだけ自社に関する新規テーマを案出し、客観調査によってそれを各方面に発信し、同時に自社ウェブサイトへのアップを怠らないことは、ネット時代に相応しい露出増加の新しい方法であることを知っておきましょう。

▶ 広報戦略策定・調査・実施プロセス ◀

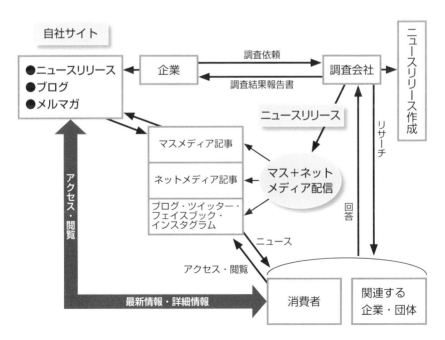

プロがしている 新聞記事の戦略的な読み方

新聞社による記事のウエイト付けとその戦略的な読み方を理解する。

　内容・場所・大きさを含め、記事がどのように掲載されるかは、メディアの判断によります。そのため、良い記事は客観的な価値が高く、信用力が倍増しますが、逆に悪い記事は、輪をかけて悪影響を及ぼすのです。以下、新聞社の記事のウエイト付けとその意味について順に説明します。

◇場所によって記事のウエイトを読む

　一番重要度が高いのは、右肩で「アタマ」「トップ」などと呼ばれます。2番目はその左側の「ワキ」、3番目は「ヘソ」の位置で「囲み」記事が多くてよく目立ち、トピックスや閑話休題的でユニークな話題性のある記事が掲載されます。

　"記者は狩人"、夜討ち朝駆けしてでもライバルを出し抜いて特ダネを狙い、「"1面トップ記事"をものにするために記者になった！」と言っても過言ではありません。これがジャーナリストの本分です。「どこに載ったか？」に重要な意味があることを理解しましょう。

◇見出しの大きさでウエイトを測る

　新聞は、1段に11〜13字で、1面に12〜15段となっています。そのうち、「何段の見出しか？」が重要で、「○段抜き見出し」などとも言われます。通常2〜4段が多く、最大5段抜きで「白抜き」は最も重要な記事に使われます。1段だけの見出しは「ベタ記事」ですが、載るだけでも貴重だと喜ぶべきでしょう。

　見出しと場所とを組み合わせて「1面トップ5段抜きの記事」というのは、プロの表現です。記事は期待に反して小さい扱いになる一方で、予想もしなかったような大きい扱いになることもありますが、広報担当者は常に「1段でも大きく！」するように心がけましょう。

▶ 新聞記事の掲載場所と見出しの大きさによる見方 ◀

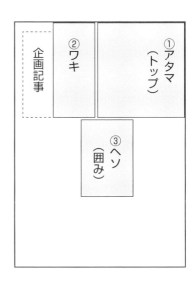

◇記事評価のポイントとは

　プロの読み方を身につけると、これから記事を見る目が変わります。次に掲げる記事の着眼点の高低で、広報の実力が垣間見えるのです。

　①掲載場所、②見出しの大きさ、③見出しのトーンやニュアンスを見て、④本文の大きさ、⑤本文のトーンや⑥全体のトーンが好意的か懐疑的か、あるいは悪意があるかをチェックします。

　加えて、⑦発表記事か、個別取材記事かなど、記事の出方を推測して記事の信憑性を想定し、⑧発表記事であれば複数紙に掲載される可能性があるので、他紙をチェックしてその違いを把握し、⑨業界への影響や、⑩自社への影響を考えて戦略を練る……というように、1つの記事を吟味すれば、観点の異なった評価ができ、真の広報・PRのプロになるための効果的な修養ができるでしょう。

　このように、これからの広報担当者は、自社戦略への影響を考えながら、戦略的に新聞を読むようにしましょう。

一方、あなたの仕事は新聞のチェックだけではありません。テレビ・ラジオ・雑誌もあるのですが、最近は特に、「ネット上で良悪混在した軽重多彩な情報をいかに整理して読むか？」が日々の重要なテーマになっています。広報の仕事は、"見えないモノやコトを見る仕事"です。

　そこで、洪自誠（こうじせい）は「冷眼（れいがん）にて人（ひと）を観（み）、冷耳（れいじ）にて語（ご）を聴（き）き、冷情（れいじょう）にて感（かん）に当（あ）たり、冷心（れいしん）にて理（り）を思（おも）う」（『菜根譚（さいこんたん）』）ように推奨していますので、早速実践してみましょう。

▶ 新聞記事の評価の仕方 ◀

①掲載場所	アタマかワキかなど、掲載位置をチェック
②見出しの大きさ	白抜きか、何段抜きか
③見出しのトーン	見出しが好意的か？　懐疑的か？　否定的か？
④本文の大きさ	何段何行かによって面積がわかり、広告換算ができる
⑤本文のトーン	好意的か？　懐疑的か？　否定的か？
⑥全体のトーン	見出しのトーンと異なるケースがある （見出しは整理部が客観的につけるため）
⑦記事の出方 　記事の信憑性	発表記事か、どんな個別取材記事かなど、出方を推定する。 記事の中味の信憑性を想定してみる （例：販売開始時期は正しいか？）
⑧他紙との違い	スクープ記事以外は、他紙にも同様の記事が出ているケースがあり、そのニュアンスの違いを把握する。誤報もありうる
⑨業界への影響	自社の業界に影響を与えるのかを戦略的に考える
⑩自社戦略への影響	自社の戦略への影響も検討する。 できるだけ、多方面から情報を集める

▶ 評価のイメージ ◀

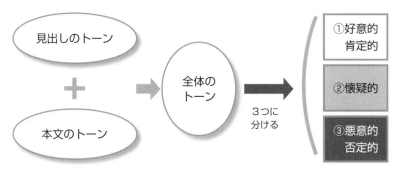

194

数値で示せる効果測定

広報・PRの効果を常に数値化する意識を持つ。

　近年、広報の重要性の高まりを背景に、ネット分析の容易さもあり、広報活動拡大の証として数値化を求める企業が増えています。

　テレビモニタリングの草分けである**ニホンモニター㈱**の韮澤美樹社長は、その理由を次のように３つ挙げています。

①日々膨大な情報の正誤、軽重に関して第三者評価が必要
②メディアの多様化・多彩化により予算管理が厳格・厳密になっている
③大きな予算が必要なイベント等の費用対効果を数字で見たい

　加えて、ＰＲ会社からの依頼も増加しているのは、自社の測定法よりも広範囲で詳細な分析が顧客から求められるようになったからです。そのため、モニタリング会社ではクチコミを含めたウェブ露出の数値化に加え、意識や態度の変化、論調までも独自の方法で測定し、何らかの数値化が行なわれることが多くなりました。

　㈱デスクワンは、70社が指定するキーワードに沿って、約50紙から記事を朝３時から切り抜き、始業前に届けています。**㈱内外切抜通信社**は、約2,000の媒体すべてに目を通し、新聞雑誌をはじめ、約4,500の国内ニュースサイトからウェブニュースのクリッピングや広告換算を行ない、最近では特にツイッターにも力点を置いています。**㈱ＰＴＰ**は、１週間分のテレビ映像をすべて録画し、キーワードですべての露出シーンを検索できる「SPIDER PRO」を500社以上に提供中です。

　㈱タカオ・アソシエイツ発表の「2023年度報道分析統計」によれば、直近５年間の主要企業グループ45社のニュースリリース約30,000本のうち、記事化率（ヒット率）は28.9％（2014年の41.6％から年々減少）で、リリースに基づく記事化数の全記事に占める割合（アウトプット占有率）は30.0％です。大企業でさえこの数字ですから、特に全体の98％を占める中小企業はリリースだけに頼るべきでないことがわかります。

また、企業のトップ露出が15%にも満たないのも気になります。これは、"経営者の義務・使命"を忘れているからではないでしょうか？　トップは、企業広報のリーダーとして自ら積極的に露出を図るべきでしょう。

あなたは広報担当者として、下表の多様な評価方法の中からできる項目をいくつでも構わないので、自己の目標管理として取り入れ、毎年項目を増やしていくように心がけましょう。とはいえ、広報の本質から鑑みれば、数値にならない活動やできない活動にこそ、真の価値があることを肝に銘じなければなりません（200〜201ページ参照）。

▶ 数値化できる評価方法（一定期間比較・前年比） ◀

メディアリスト数 親派記者数	➡ いかに多くの多様なメディアに発信できるか？ 異なったメディアの異なった担当の親しい記者数は？
リリース発信数	➡ 部門別で社内の躍動感がわかる。他社比較あればベスト
取材対応数	➡ 企業から「取材要請」か？　記者から「取材申し込み」か？
記事数（ウェブ含む）	➡ 一定期間におけるメディア別記事数比較
広告換算	➡ 記事のスペースや時間に単位当たり広告料を掛けて換算。 ウェブは「媒体価値×情報価値」などで換算
到達人数	➡ 記事が何人に到達したか？を発行部数や視聴率から数値化。 内容より数重視
問い合わせ件数	➡ 記事報道後の問い合わせ件数を数値化
ネット拡散数（率）	➡ 掲載サイト数。アクセス数。読者数。フォロワー数。 いいね！の数
売上高アップ	➡ 大イベントやM＆Aなどの報道後の動きを調査
株価変動	➡ 報道前後の変動を測る。重要な経営案件に有効
キーワード測定	➡ キーワード等が一定期間に何回露出したかを数値化。 時間労力コスト大
知名度調査 イメージ調査	➡ 半年・1年単位で調査。コストが大きい。 ネット調査を有効活用
論調・意識変化	➡ 論調、シェア・オブ・ボイス（露出比）、意識・態度変容・ 論調の分析による定性的指標などとの組み合わせ
アンケート調査 ランキング調査	➡ ブランドランキング・企業イメージランキングをいかに上げ るかなどを日々の広報活動で実践する
諸ネット調査	➡ 多種多様な調査可能。 自由な発想で新たな調査を考察できる

6 ネット上の情報を評価して
5 PRに生かそう

ネット上の好評も悪評も把握して対策を講じる。

　紙媒体のマスメディアでは困難であった効果の数値換算ですが、ウェブPRであれば定量的かつ明確な効果測定数値が得られます。これを活用して、次のPR戦略をより効果的に行ないましょう。

　デジタルPRの先駆者、**ビルコム㈱**では、テレビ・新聞・雑誌・ウェブの露出状況を情報収集し、PR活動の効果測定および分析を行なうクラウド型PR効果測定ツール「PR Analyzer®」を独自開発し、企業や組織の広報戦略を「見える化」する画期的展開を図っています。同社のPRは5つのステップで構成され、目的を設定し、戦略を立てて、効果検証を経営視点で行ない、ステップに応じて適切な効果測定を実施します。

▶ **戦略的ウェブPRの5つのステップ** ◀

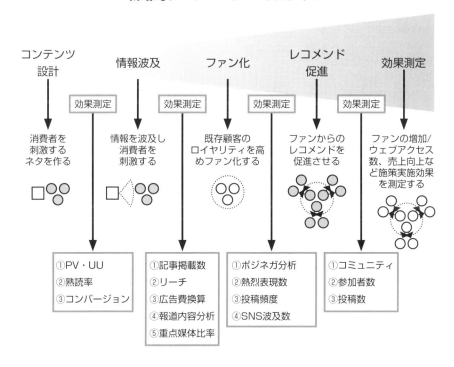

したがって、ＰＲ活動のＰＤＣＡサイクルを社内で運用でき、各ステップで定量的な指標を用いることで課題を明確にして対策を講じることができるのです。

　2019年8月、「PR Analyzer®」にこれまでのマス・ウェブの露出状況に加えて、ツイッターのクチコミデータも網羅し、一元管理する新機能を国内で初めて追加することによって、メディア露出とＳＮＳ（ソーシャル・メディア）波及の相関分析が可能になったのです。さらに、相対的評価指標（Share Of Voice＝広告や露出の絶対量ではなく競合と比べた相対的な指標）を簡単に可視化する新機能を追加したのです。

　同社は、これらを利用し、単に記事のみを評価するのではなく、ウェブ記事のＳＮＳ波及やツイッター上のクチコミを分析することで、より早いＰＤＣＡサイクルの運用を推奨しています。

　「ＰＥＳＯメディア」と言われるように、ＰＲの手法も多様化しています。

　①Paid（買う）メディア：広告
　②Earned（記事を獲得する）メディア：パブリシティ
　③Shared（共有する）メディア：ソーシャル・メディア
　④Owned（自社所有）メディア：自社サイト、オウンドメディア

　これからは、多様なメディアを統合しつつ、多面的なコミュニケーションチャネルで情報を発信して、より効果的な「統合型ＰＲ」を行なう必要があります。これは、いわば「全方位広報」です。

　同社の太田社長は「従来の効果測定指標で測れるのはごく一部。ＳＯＶ（Share of Voice：メディア露出量シェア）や意識・態度の変容を測る内容分析といった定性的な指標も組み合わせて社会の熱量を見る必要がある。ＰＥＳＯを横断した情報伝播とその熱量を可視化しながら、今の時代に求められる統合型ＰＲを支援する体制を整えている」と熱く語っています。

　モバイルに強いネット調査会社の㈱ワイズワークスプロジェクトは、ネット上にある商品・サービスに関する好評意見や不評意見、企業に対する悪質な誹謗中傷、虚偽の投稿、内部告発など、さまざまな意見投稿に対して、あらゆる情報を調査・分析し、価値に応じてウエイト付けして数値化し、比較検討できるサービスを提供しています。しかも、情報掲載から影

響までを定量的かつ定性的に分析・評価して、情報の価値測定・効果測定を行なうところが画期的です。

　あなたとしては、ネット情報の急増に対応してネット上に現れるすべての情報を捕まえ、分析・吟味して、問題があれば瞬時に対応する心構えを持ちましょう。

▶ **ネットのリスクマネジメント** ◀

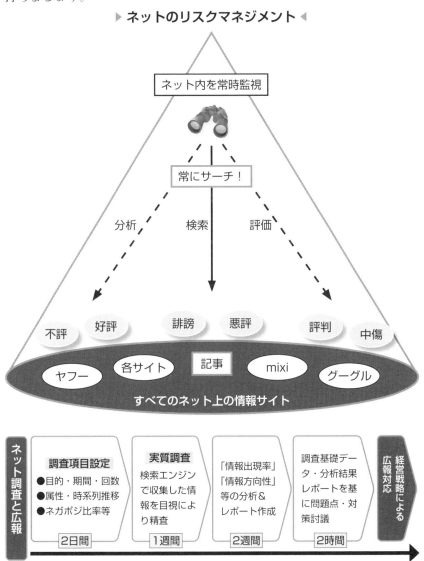

数値で示せない功績に使命感を!

無から有を生む創造的実行・事態好転・危機未然回避を心がけよう。

　ビジネスである以上、広報活動の成果を数値化できるに越したことはありませんが、広告と異なり、記者の判断、客観的視点や事実あるいはその時々の相対的な情勢によって意図通りにいかないのが常です。大手企業の例を見てみましょう。

　日立製作所は、個人に「アクションKPI」の策定を求めています。例えば、新しいWebメディアにアクセスして記事を出すなど、広告換算値などでは測定できない日々の頑張りをどう評価に反映するかが狙いです。KPIは部会などでオープンに議論をしますが、広報部や会社の目標にアラインさせることが大前提です。

　ソニーは、目標を数値では設定しないものの、記事の質と本数の両面について、自社の同種の発表案件や過去の同イベントとの比較を行うことで、効果測定を行っています。時には、メディアモニタリングツールを活用し、自社内での比較だけではなく、他社の露出量や記事のトーンを確認。さらには、自社の記事に対する反応をSNSでもモニタリングするなど、様々な視点からの効果測定に取り組んでいます。

　資生堂は、主要メディアへの掲載件数をテーマごとに「傾向値として」把握。過去を分析し過ぎても意味はない。ニュース確認と記者とのコミュニケーションを通じて、報道の流れを掴むことを大切にしています。

　旭化成は、メディアへのインプットとそのアウトプットやメディアとの良好な関係構築を重視し、メディアへの発表件数や取材件数、結果として広告換算数値と記事掲載件数を主要事業区分別に半年ごとにチェックしています。それは広報活動の指標として傾向を把握するためで、業績評価等には結びつけていません。

　サントリーは、広告換算だけに頼らず、件数だけではなく記事掲載に至る"プロセス"や記事の"論調"も重視。部員の評価ではどのテーマにどんなデータを提供し誰が取材にあたったのか、フォローはどうだったのかなど、仕事のプロセス、判断が最適だったかも重要視しています。

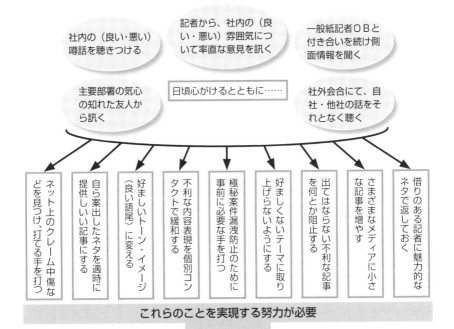

▶ 数値に表れない広報の成果とそのためのアクション ◀

社内の（良い・悪い）噂話を聴きつける

記者から、社内の（良い・悪い）雰囲気について率直な意見を訊く

一般紙記者OBと付き合いを続け側面情報を聞く

主要部署の気心の知れた友人から訊く

日頃心がけるとともに……

社外会合にて、自社・他社の話をそれとなく聴く

- ネット上のクレーム中傷などを見つけ、打てる手を打つ
- 自ら案出したネタを適時に提供しいい記事にする
- 好ましいトーン・イメージ（良い語尾）に変える
- 不利な内容表現を個別コンタクトで緩和する
- 極秘案件漏洩防止のために事前に必要な手を打つ
- 好ましくないテーマに取り上げられないようにする
- 出てはならない不利な記事を何とか阻止する
- さまざまなメディアに小さな記事を増やす
- 借りのある記者に魅力的なネタで返しておく

これらのことを実現する努力が必要

そのための具体的なアクション

- 社外の（旬の）話題や社内の問題への感度を高めておく
- 適切な記者へのアプローチを生む常日頃の人脈作り
- 早期アクションにつながる常日頃の問題意識と情報への感性
- 予期せぬときにやって来る（トップからの）「耳打ち」に注意

　あなたは、数値に表せない役割に誇りを抱き、独自・独特・独創（3独）の仕事を心がけてください。独創性を生かし自分しかできない役割を担うのです。そのために、自らの発想と行動力でテーマの案出から記事露出まで取り仕切って無から有を生み出し、情報を鋭く察知し、表面化を回避または発生を防止する……、これらの価値は計り知れないものです。

　時に孤独なる自らを「真砂なす数なき星の其の中に吾に向ひて光る星あり」（正岡子規）と、誰かが見てくれているという確信が勇気の源になるでしょう。たとえ、悪い記事が出たとしても"すべて私の責任です"との覚悟が必要です。その自負心が企業を救うのです。

報道の効果は、計り知れない

外部への影響以上に、社員への影響も。

　広報活動の効果あるいは評価を短絡的に捉えるべきではなく、経営そのものとして、継続的永続的な観点から考えるべきです。広報活動の効果を測る場合には、外部への影響と内部への影響に分けて考えるとよくわかります。

◇ 外部への影響

　1つの報道は、遠くも近くも膨大な人に知らせる力があり、多くの人々の耳目にも達するのですが、"良くも悪くも"であることを忘れてはなりません。偉業の大きさにより影響は拡大します。「記者の最大の情報源は他の記事（報道）」ですので、ある報道は他の記者にとって「切り口・テーマ」のヒントになり、また報道された企業は「取材候補企業」となって取材申し込みが増えるのです。"善い"報道であれば、小さな記事・ニュースでも大切です。報道によりビジネスチャンスが向こうからやってきて、潜在顧客層の拡大に着実につながります。

　また、知名度やブランドイメージが上がれば信用が付きます。記事＝勲章＝信用です。善い報道は、周りの人に誇りや自信を与えます。有名ブランドは万人に好まれ、求人採用への効果は計り知れません。報道はライバル他社にインパクトを与える一方で、「戦略を教えている」ことを、広報のプロたる者は、肝に銘じておかなければなりません。

◇ 内部への影響

　広報の真の効果は、実は社内への好影響にあります。自分にたとえてみましょう。自分が心に決めたことや約束事をきちんと公言するならば、自分はそれに向かって精進し、約束を守ろうとします。同様に会社として適切に公言する会社は、それを守ろうとします。記事は社会に認知された証。報道されることによって認められれば、社内は1人ひとりの社員に社会的責任への自覚が醸成されて自律心が生まれ、帰属意識が芽生えてモチ

ベーションが向上します。さらに、取引先や協力会社、それに家族まで喜び、社内が活性化することは明らかです。あなたには広報担当として経営者とともに自社のイメージを少しでも高める重要な義務・使命があるのです。

▶ 広報・PRがもたらす対外的・社内的影響 ◀

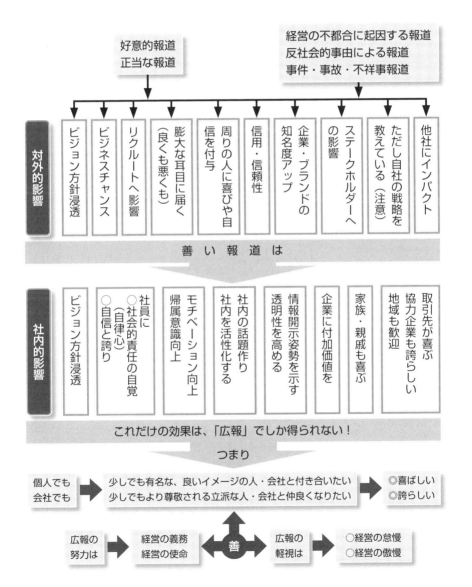

	記者会見・面談応対時の
	正しい立ち方・座り方・歩き方・お辞儀の仕方の秘訣

真っ直ぐな立ち方	1．**立てる**：顎（あご）を立て、首筋・背筋・腰を立てると身が立てる
	2．**壁に立つ**：壁にかかと・尻・後頭部をつけるとすくっと立てる
	3．**操り人形**：頭の天辺（てっぺん）を糸で上に吊られた感じになると立てる
	4．**竹筒法**：頭の天辺から尾骶骨（びていこつ）まで直径10cmの竹筒を真っ直ぐ刺す。天から清廉な空気が竹筒を降りスーと抜けるイメージで
	5．**胸襟を開く**：両肩を"少し"後ろに引くと自信があり堂々と見える。両肩が前に落ちると卑屈に見え、引き過ぎると威張って見える
	6．**両手は真下に**：体側に沿う。両肘の少しのゆとりが大きく見せる
	7．**【悪い例】**背筋が曲り、顎が突き出て頼りなく卑屈に見える

座り方	1．**竹筒法で立ちそのまま着席し正対する**：確固たる姿勢になり、自信と信頼を与える。後ろにもたれると威張る感じになる
	2．**両膝**：男性は拳（こぶし）2つくらい開ける。女性は"二度座り"して揃える
	3．**書類を読む**：竹筒のまま前傾し、両手で書類を持つ
	4．**目を見る**：鼻の辺りを漠然と見ると穏やかに目を見ている感じに！

歩き方	1．竹筒法で真直ぐ正しく立ち**"胸から"**歩くと美しい
	2．**目線を変える**：ビジョンや戦略表明は遠望し、新商品発表などは少し近くを眺め。お詫びは数m先を視る
	3．**歩き方を変える**：送りたいメッセージによって
	① **堂々とした印象**：大股でゆったりと……アダージョで
	② **落ち着いた印象**：落ち着いて冷静に……アンダンテで
	③ **颯爽とした印象**：やや快足で闊歩し……アレグレットで
	④ **軽やかな印象**：小股で快速軽やかに……アレグロで

お辞儀の仕方	1．**竹筒法で前傾**：腰から折る！ 首を曲げず背筋を伸ばし斜め前方を見る
	2．**"角度"で調節**：儀礼的意味と気持の深さを！
	① **目礼**　　　　：5〜10度……目を伏せる程度
	② **会釈**　　　　：15〜30度……軽いお辞儀
	③ **普通のお辞儀**：45〜60度……幅広く
	④ **最敬礼**　　　：80〜90度……深いお詫び。不祥事など
	3．相手に正対し顔を見て一礼、顔を起こし再度見て、次の動作に移る。すると、メリハリが利き、丁寧に見える
	4．顔を起こすときに、"ゆっくり"起こすと丁寧な感じになる

第 7 章

事件・事故・不祥事への
リスクマネジメント

企業にとっての危機と対応

不祥事を起こした後の対応こそ見られている。

　企業の危機にはどんなものがあるのでしょうか？　下記は、会社で起こり得る危機を項目別に列挙したものです。企業危機にも大小いろいろあり、その要因もさまざまです。自分の身辺や仕事の近辺に起こり得る危機を常に予測するように心がけ、危機の素を感じ取らなければなりません。

■**日々の経営**：トップ・役員の言動、広報発言、最前線社員の言動
■**経営上の不安情報**：業績悪化、倒産、M＆A、敵対的買収
■**不祥事**：役員・社員の違法行為、インサイダー取引、脱税、粉飾決算
■**欠陥商品**：商品クレーム、設計ミス、異物混入
■**企業の過失**：環境汚染、食中毒、製造者責任
■**人事・労務上のトラブル**：リストラ、人事異動、セクハラ、過労死
■**天災**：地震・異常気象、風水害　　　　　　　　　　　その他

　熟慮すれば、このような危機の中で、人智の及ばないものはないといってもよいでしょう。実際、地震でも、耐震偽装事件のように人災があり、洪水での手抜き工事による堤防決壊も人災なのです。詐欺に遭うのも、自らの慾によるものでもあり、役員・社員の不祥事は人災そのものです。

　あなたがたとえ新任でも、「危機は人災なり」と認識しておくとその対応に間違いがありません。そこで、長期的に見た最上の危機対応とは、善なる会社になること、そして、いかに善なる人物・社員を育てるかにかかっており、その根本を直視しつつ危機対応を行なうことが大切です。

　これから共に学ぶ危機への備えや対応は、人間教育がその根幹です。不祥事を起こした会社のトップが「コンプライアンスを遵守して……」という謝罪の言葉は「人間教育をして、自分共々真人間になります！」という不退転の決意の表明であって然るべきです。

　危機が起きて悪い報道によって信用が失墜。その結果、顧客の喪失が始まり、経営に重大な影響を及ぼし、時には会社存続の危機にも陥る例は、特に近年枚挙に暇がありません。

　危機勃発時の一斉発表（記者会見）とは、過ちを犯した人（企業）がそ

の原因や自分の立場などを世間に表明する場であり、どんな人物（企業）かを公にすることです。それにより世間の人々は、その企業の誠実さや反省の度合、そして将来への展望を判断するのです。

▶ 危機項目・要因・影響と広報 ◀

危機項目	危機を招く要因	危機の局面
日々の経営 日々の対応	トップ・役員の言動そのものが危機 広報発言。最前線社員の言動が危機	経営に関する回答結果に説明責任あり 広報も同様・社員の言動で信用が上下
欠陥商品	設計ミス・破損・不当表示・健康障害 量目不足・異物混入・クレーム	消費者問題化・行政処分・ＰＬ訴訟 社会からの批判・第三者の不法介入
欠陥サービス	金額ミス・対応の悪さ・説明不適切 差別的対応・クレーム	消費者問題化・訴訟 第三者の不法介入
人事・労務上 のトラブル	リストラ・査定・人事異動・左遷 人権差別・解雇・セクハラ・パワハラ 万引き等	内部告発・経営批判・訴訟 団体抗議・デモ行動
企業の過失 環境公害	環境汚染・有害物質流出・食中毒 製造物責任・火災・爆発・工場内事故・ 知的所有権侵害・契約不履行・コンピュータ事故・クレーム隠し	役員の責任・訴訟・被災者や被害者への補償・地域住民の苦情 経営批判・工場操業中止
経営上の 不祥事	役員の不祥事・スキャンダル 役員の違法行為・犯罪・経営陣の内紛・ 後継者問題・贈収賄	内部告発・トップ交代・責任者処分 経営陣批判
企業の犯罪	違法行為（独禁法・不正競争防止法、 下請法、証券取引法、会社法他）・イ ンサイダー取引・脱税・粉飾決算・書 類改竄	訴訟・行政処分・刑事処分・内部告発 経営批判・代表訴訟・デモ行為 不買運動・トップ交代・役員処分
企業脅迫 企業への犯行	毒物混入・誘拐・強盗・ハイジャック 機密情報漏洩・総会屋等のゆすり	売上げ（シェア）激減 取引の減少・営業中止・噂の流布
経営上 不安情報	倒産・敵対的買収・株買占め・経営不 安説・風説の流布・マスコミの誤報	株価急落・経営者批判・内部告発 経営陣不安定・ネットで流布
天災 不可抗力事故	地震・異常気象・風水害・落雷 社員が航空機墜落・交通事故に遭った	営業中止・雇用問題 売上減少

マスメディア報道 × ネットメディア報道
不誠実な対応が助長

悪い報道の増大 ➡ 信用の失墜 ➡ 顧客の喪失 ➡ 経営への重大な影響

2 危機発生から回復までのシナリオ

危機発生後は回復線フローを想定し好転の手を打つ。

「人も歩けば車に当たる」、一度危機が発生すれば一挙にダメージを受けますが、対応策が適切であれば徐々に回復します。しかし、金銭的な損失は一定期間で目に見えるものですが、ブランド価値や信用・信頼はそれ以上に失墜してしまうものなのです。その後、対応措置を講じても徐々にしか回復しません。ブランド価値や信用・信頼の回復は、業績回復よりかなり遅れると悲観的に想定し、打つ手を甘くせず、相次いで"好転の手"を打たなければいけません。

▶ 危機の具体的な損害の内容 ◀

6か条 危機対応力不足 →
①経営陣全社員の危機意識・道徳観の低さ
②危機対応準備不足・コンプライアンス意識の欠如
③経営陣・危機対策本部の初期対応能力不足
④情報収集体制の不備、能力の不足
⑤判断能力の欠如、決断の致命的遅れ
⑥広報体制の不備、能力不足による訂正報道、誤報

危機勃発

コスト的影響・ダメージ		バリュー的影響・ダメージ
◆消費者問題化 ◆顧客の喪失 ◆売上下落 ◆営業停止 ◆刑事処分・行政処分 ◆株価下落 ◆株式公開停止 ◆マーケットシェア縮小 ◆株主代表訴訟	見える ✕ 見えない	●マスコミからの批判 ●信用失墜・信頼性喪失 ●経営陣批判・派閥争い ●内部告発 ●社内モラールダウン ●第三者の介入・圧力 ●風評被害・噂・口コミ ●ブランドイメージダウン ●不買運動活発化拡大化 ●人材流出
自力回復＋他力本願		他力本願＋自力回復
短期復興可＆長期化の恐れ		復興長期化・回復遅れ

適切な危機対応により短期間復興＋好転

それにより、対応の不手際・悪さに起因する不要な心配・不信・イメージダウンを防ぎ、メディアや社会が企業に抱きやすい疑念・不安を好転（払拭）させます。むしろ見えない損害に気づき、先手を打って事態を着実に好転させていく……、このような一連の流れを司ることが実践的な"ＢＣＰ（Business Continuity Planning：事業継続計画）"なのです。

▶ 危機発生後の業績・イメージダウンと対応後の回復線フロー ◀

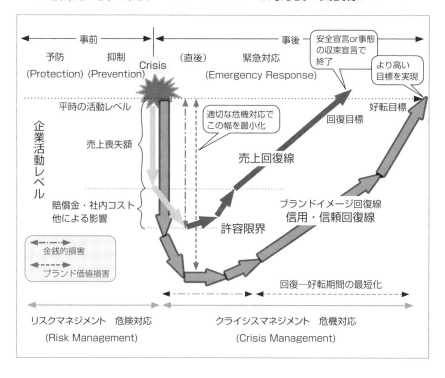

▶ 危機回復プロセスフロー ◀

| 直後の金銭的・ブランド的損害の最小化 | 回復に転じる期間の最短化 | 回復基調から好転に転じる期間の最短化 | 好転後の業績&ブランド回復の最大化 |

危機への事前対応

とんでもない危機をも予測し、起きたときのための体制作りをしておく。

　私たちは、気温相応の服を持ち、雨天用に傘を備えます。また、年に1度定期健診を受け、身体各部の健康状態を数値で把握し、早めに予防・治療し、健康増進のために食物に留意し、体操したり走ったりして身体を鍛えています。それでも、怪我をしたり、病気になったりします。その場合、直ちに「掛かりつけ医」に相談し、適切な治療を受けて悪化を防ぎます。各部の異常を迅速に察知できれば適切に判断し対応できるのです。

　会社も、これと同じことをすべきです。それが「事前対応」です。常に、人の健康には血液・神経の滞りのない交通が必要なように、会社も円滑な情報交通が必要です。トップの指令が緩めば、情報交通が妨げられ、問題が起きやすくなり、また組織の感度が鈍り、多様な危機への対応が覚束なくなります。そうならないためには、次の事前対応が必要です。

　①**緊急連絡網**：危機発生時の連絡ルートと休日・夜間を含む連絡先リストには、経営幹部や関係会社幹部も含み、社外は自治体や保健所、学校等の他、重要な顧客や取引先も忘れてはなりません。顧客は営業、取引先は購買、地域社会は総務と、担当部署が漏れなく担当します。

　②**危機への予測と対策**：この予測の多さに比例して事前対応の充実度は決まります。"質問予測力"を駆使し「まさか！」より「ひょっとしたら」と、（3回繰り返し）予測し対策を講じておきます。

　③**危機対応マニュアル**：この作成を通じて、危機時の各部の役割も明確にします。危機の定義・用語の統一、危機のウエイト付けに加えて決裁連絡ルートやルール、危険物の取扱方法なども記述します。情報交通の渋滞や隠蔽を防ぎ、適切かつタイムリーに実行できる「情報公開ルール（発表方法）」も明記します。しかし、「マニュアルはマニュアルに過ぎない」ので、ルールに則りつつもあくまで臨機応変の対応が不可欠。そこで、各部でリスクを洗い出し、各部の代表で構成する「プロジェクトチーム」でマニュアルを作成すれば、社内綱紀粛正や危機意識高揚も狙えます。

　④**予防投資・最新ＩＴ・ＡＩ装備**：危機察知・未然防止に有用な最新ソ

フト＆ハードを導入。特にネット情報の監視も重要です。情報漏洩事件・事故は起きたときのダメージは計り知れません。

⑤**防災訓練とメディアトレーニング**：より複雑な会社組織を診断し、危機発生時の訓練も必要です。幹部にはメディアトレーニングも！

⑥**常に更新を怠らない**：人も組織も環境も経年変化し、また高度化します。多種多様な変化に適切に対応するため、決めたことを"常に更新"することを忘れてはなりません。癒着しやすい部署の定期人事異動や組織変更など、社員に出来心を起こさせない仕組み作りも企業の責務です。

そこで、真の事前対応とは、記者対応の小手先のレッスンではなく、立派な社員・会社になろうと日々皆が努力し、危機が起こらない・起こさない組織風土を築くことです。最後は「人」が防ぐ以外にはないのです。そのために「安全対策委員会」のような組織の結成も必要でしょう。

情報への感性を研磨し、組織の活性化を図り、何が起きても、言うべきことは社内外に適正に伝達・公表する仕組みを作ること、それが「善なる行ない」であり、危機への最大の事前対応なのです。

▶ 危機への事前対応と更新を怠らないためのルール ◀

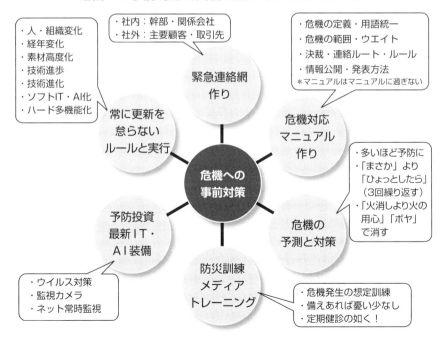

危機を最小限で乗り切る「7つの直」

メディアは顧客代表。"率直・素直"が被害を最小限に抑える。

危機には、「7つの直」の実践が最小限に乗り切るキーワードです。

①トップへ「直報」：まず上司やトップに直報します。重要人物には必ず、複数のルートから情報を上げて抜けを無くす！

②現場に「直行」：責任者が直ちに現場に"行き"、必要な対応を"行なう"。広報が現場のトップに協力して率先して事態を仕切ります。

③事態を「直視」：現場で「対策本部」等を設け、事態を直視し隠蔽や改竄などが起こらないようにします。逃げずに受けて立つ。すべての情報を「情報マスター」に記録していきます。

④互いに「直言」：公式見解をまとめるため、お互いに「直言」し合う。トップに阿る内向き企業には"直言しない・できない社員とそうさせない風土"が蔓延しているので直言の勇気と誇りが必要です。「情報マスター」の情報を確認したり、時系列に並べたりして「ポジションペーパー（PP）」にまとめます。

⑤衆知で「直作」：「PP」を原資データとして「公式見解」と「想定問答集（Q＆A）」を作成してトップ関係者の承認を得ます。これを基に"社内外発信""問い合わせ回答"といった対応を行なうのです。

⑥内外に「直報」：まず、その危機で最も影響を受ける人、たとえば、営業から顧客へなどのように当該部署から"直ちに"直報する。社内にも最も問い合わせが入りそうな部署には真っ先に直報します。そして"公式にメディアを通じて社会に直報"すべきときに、ニュースリリースとして「一斉発表」したり、それを基に「問い合わせ対応」します。常に情報を公開する姿勢を貫き「発言を一つに、一人に、一元化」して"言われなくても記者会見"するなど、"先手を打ち"混乱を防ぐことが大切です。

⑦「率直・素直」になれ：①～⑥の円滑な実践には、日頃の「率直・素直」な風土・社風が不可決です。なぜなら、情報の重要性の理解の仕方も社員によって異なり、問題の核心に近ければ近いほど、保身が頭をよぎり情報の伝達を遅らせたり、オブラートで包んだりするからです。

刻一刻の状況を最も知りたがっている人たちは、実はメディアではなく読者・視聴者＝企業の顧客であり、多くの社会の人たちであることを片時も忘れてはなりません。そこで、上記プロセスで、顧客・社会の代表者であるメディアの協力を得て、いち早く事実や現状を一挙に伝えるのです。

　広報担当者のあなたが行なうべきことは、危機発生時の自社ウェブサイトの活用です。顧客や社会の人々に企業として知らせるべき、知ってほしい危機の内容や程度を組織の意志で、公式に積極的に開示する最も良い手段は自社ウェブサイトです。メディアへの発表との兼ね合いも考慮しつつ、トップの方針に沿って、適切に開示することは広報の大切な役割です。

▶ 危機が起きたら「7つの直」がキーワード ◀

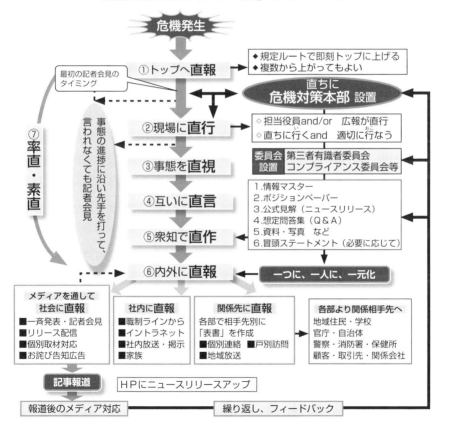

5 危機別対応フローチャート

危機の露呈の仕方を捉えて、的確な対応を戦略的に行なう。

危機は多様ですが、大きく分けて次の３つがあります。

1. **経営上の危機**：予算の未達・業績悪化やM＆Aなど経営活動における、公表内容や数字そのものが危機であり、ネット時代ゆえに経営陣・社員の言行そのものが、常に危機にさらされています。

2. **事件・事故・不祥事**：いつでも起きる恐れがあります。

3. **不可抗力の危機**：航空機事故から地震や風水害などの天災まで多種多様です。

また、危機の露呈の仕方には、次の３つのパターンがあります。

①組織ルートや通報制度・内部告発等により社内で先に発覚する場合

積極的・自発的に「直視」「直言」し合い、公式見解とＱ＆Ａを「直作」し、緊急に一斉発表するか、個別取材で対応するかを決めて実行します。関係者に緘口令（かんこうれい）を敷き、問い合わせ対応を決めておく。発表は、記者会見か、資料（ニュースリリース）配布で様子見かを決める。個別取材対応となれば公式見解とＱ＆Ａに沿って全員が対応するのです。

②内部告発や情報漏洩などにより社外で先に発覚する場合

"寝耳に水"での記者からの問い合わせに対しては、まず"否定"が原則で、"調べるので後ほど連絡します"と返答して時間を稼ぎます。事実なら、企業としては、公式発表に持ち込みたい！　しかし、記者が確信情報（特ダネ）を掴んでいれば、きちんと取材に応じて、むしろ曲解・誤解のない露出のほうがいいという判断もあることを覚えておいてください。そうすれば、記者にとって意図したスクープ記事となり、その後に緊急発表して、少しでも企業側に望ましい表現の記事となる可能性もあります。

③①で調査している間に、②の問い合わせがくる場合

基本的には、②の対応と同じで、常に記者がどの程度情報を掴んでいるかを把握し、先手を打って善処してください。

いずれの場合も、重要度によって「緊急危機対策本部」を立ち上げます。広報担当のあなたは、会社としての対応決定に際し、現状を整理して、まず「いかに善であるべきか？＝To be good！」、つまり当該危機に対する基本姿勢を決める段取りを行なってください。そうすれば、「いかに善を行なうべきか？＝To do good！」と対応方法が自ずと決まるでしょう。

▶ 危機別広報対応フローチャート ◀

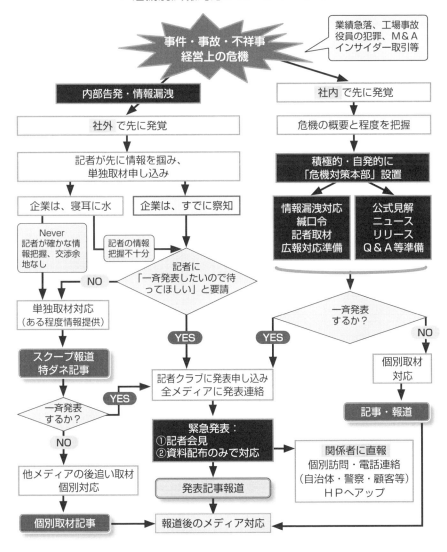

「危機対策本部」を設置して即刻始動せよ

情報に対する感性を研ぎ澄まし、一元管理して善処しよう。

　地震や風水害などの自然災害に起因する危機や防ぎようのない天災、航空機事故などの不可抗力の事故に巻き込まれた場合は、その事象が誰の目にも明らかなので、その危機や事故そのものに関する問題はありません。しかし、その後の企業への被害や経営活動への影響に関しては、顧客をはじめとしてステークホルダーや地域社会の人々も大いに関心があるところです。特に、死傷者が出た場合には、社会問題に発展します。

　そうした危機や事故が発生した場合、まず「危機対策本部」か「危機対策プロジェクトチーム」を立ち上げ、その後は以下の「プロセスフロー」に従って対策を行なうと抜けなく万全に進めることができます。

　①「情報マスター」を作る：刻々入ってくる情報を白板や模造紙に手書きしたり、ポストイットに書いて貼り付けたりして確認済情報も未確認情報もすべて「情報マスター」に集めます。あなたは情報収集にあたり、「人によって情報は均一ではない」（223ページ参照）ことに留意してください。

　②「ポジションペーパー」にまとめる：並行して、判明している事実を漏れなく記述し、未確認情報は「調査中」と記載し、確認後、整理・分析して時系列的に「ポジションペーパー（ＰＰ）」にまとめ、現状をつぶさに把握します。内部用ＰＰには詳細な情報を記載しますが、一斉発表の場合にニュースリリースに添付する資料は時系列の記述が主です。

　ＰＰ作成の目的は、緊急事態に対する社内の認識を高め、あらゆる情報開示を統一することにより、不要・無用な誤解・憶測を防いだり、関係者全員の目的意識を共有して意志を統一したりすることです。それによって、情報の受発信の一元化が図られ、透明性・情報開示体制を堅持できます。ＰＰは危機対応する「ベースキャンプ（最前線情報基地）」なのです。

　ＰＰ作成にあたっては、対外的に表明できる情報は、基本的に網羅すること。できるだけ多くリストアップし、漏れを無くすことが重要です。

③「公式見解」を策定し、「ニュースリリース」と「Ｑ＆Ａ」を作る：自社としていかに善く対処すべきか、ビジョンに沿っていかにあるべきか？　つまり「To be good」をベースに、現時点での「公式見解」をニュースリリースの形で作成します。それと同時に、あらゆる質問・疑問点を想定して「Ｑ＆Ａ」を作成し、この時点で、そのＱ＆Ａをいつ、どのように公表すべきかを検討することになります。

④当面の公表の要否と時機・方法を決める：まず公表の要否判断が重要。それには警察等関係当局・自治体の意向も考慮します。“公表”となれば、そのタイミングと方法、つまり一斉発表か、個別取材に応じるのかを決定します。早め早めに先手を打っての公表が基本！　一斉発表の場合、直ちに記者会見を行なうか、あるいは、とりあえず公式に表明した証として、緊急に事態を知らせるためにニュースリリースを配布して当面、個別に対応するかを決める。そして、後者の場合、きちんと体制を整えてから、記者会見し詳細な内容を発表する方法が順当です。

⑤記者会見では「冒頭ステートメント」をまとめる：ニュースリリースのリード部分をベースとして、会見の最初に「会社の誠意ある姿勢」を開陳するためのステートメント（声明文）を準備することをお勧めします。基本的に起こしたことに対する“お詫び”の表明が大切です。

⑥できれば「ネガティブリスト」も準備する：Ｑ＆Ａのうち、“訊かれたら答えてもいい項目”については心配ないのですが、“当面は絶対に答えてはいけない項目”だけを取り出して「ネガティブリスト」として、スポークスパーソンに渡しておくことは、実践的にとても有用です。つまり、「今はまだ言うべきでない項目」を明確に把握し、いかに答えるかをきちんと理解・納得しておくことが広報担当として準備すべき仕事です。

⑦社内の各部署から関係者にも直報する：メディアを通じて社会に知らせると同時に、社内の各部署からも公式見解をもとに、それぞれのステークホルダーに並行して直接通知することが大切です。むしろ政府や自治体当局や重要顧客には、メディアへの発表前にも発表内容の緊急性や重要度に応じて、内々に直報しておく必要あり！　私が、“公表＝メディア対応だけ”との誤りを正すべく、「まず作成するのは“公式見解”」とし、メディア向けのニュースリリースとしない理由がおわかりでしょう。

これら一連のプロセスは、「To do good！＝いかに善く行なうべきか！」の実践なのです。ニュースリリースや記者会見などで使用する文言や微妙な表現方法に関しては"リーガルチェック"、つまり弁護士の意見を尊重すること！

　あなたとしては、情報に対する感性を研磨する気持ちで日々変化する状況の把握に努めてください。そして、何らかの報道がなされたら、フォロー取材に応じたり、その後の事態の変化や進展に伴って、フィードバックしたりして、常に次の公表の内容とタイミングを検討し、先手を打って、言われなくとも一斉発表（記者会見あるいは資料配布）や個別取材によって、会社としての状況を公表していかなければならず、心休まる間もなく忙しい日々が続くでしょう。

▶ **情報への感性を磨け** ◀

しまった！		よかった！
まさか		ひょっとしたら
そんなばかな		そんなところまで
大したことはない		大変なことになる
何とかなる		何とかする
よくあること		あってはならないこと
いやいや、まだまだ		いや、もう、すぐに

中央：■「危ない」感性を研磨せよ　■社会の見えないものを見よ　■顧客の声なき声を知り覚せよ

▶ **「危機対策本部」で検討すべき重要事項** ◀

会見開催検討を要する危機
記者会見＋ニュースリリース配布

①死傷者を出す重大な事態
　（遺族への謝罪、当面の対策、責任表明）
②社会的関心の高い訴訟・スキャンダル
　（企業としての姿勢を表明）
③過失・違法行為等不祥事
　（社会へ謝罪＆社会的責任、再発防止策）
④重大な欠陥・不良商品・リコール
　（消費者への謝罪・原因・当面の対策）
⑤工場事故・火災・環境汚染
　（地域住民への注意喚起・謝罪・対策）
⑥社員が国内外での重大な事故に巻き込まれた場合（社員の安否・被害の範囲・今後の見通し）

登壇者
・司会（広報責任者）
・発表（責任）者（社長・役員等代表者）
・同席者＝1〜3名（状況に応じて）
記者会見開催検討

意義
①顧客や社会にいち早く・速やかに現状と対策を報せる
②社会的責任の自発的表明
③情報公開に積極的である企業の姿勢を自ら率先して示す
④社内幹部が統一した情報や見解を発信できる
⑤一元的に伝達することによって情報の混乱・悪い風評を防止できる
⑥同時に社員にも現状を把握させ、危機意識の共有化・事態好転への結束を図る

危機発生―発表プロセスの全貌

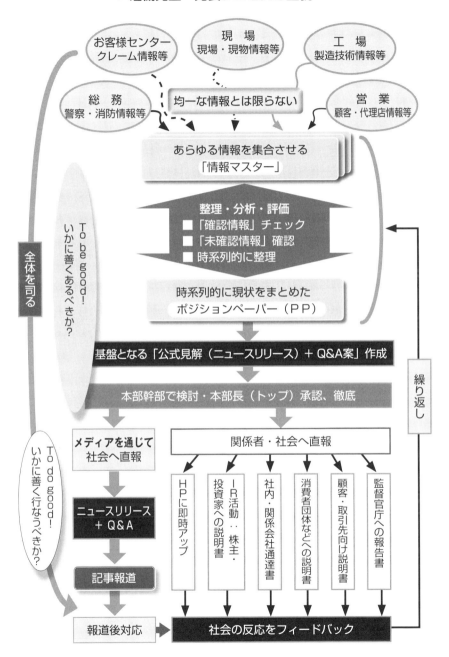

なぜ記者会見を行なうのか？
どんな場合に行なうか？

いつ誰が発表するかで、経営の姿勢が問われる。

　事件や事故、不祥事などの危機が発生した場合、状況によっては記者会見を開かなければいけないケースが出てきます。ここでは、記者会見を開かなければならない理由と状況について紹介しましょう。

❖ 記者会見を開かなければならない３つの理由
　まず、記者会見を開く理由としては、次の３つがあります。
① 顧客・社会にいち早く現状と対策を報せる説明責任・義務がある
　事件・事故・不祥事が起きたとき、その事態の推移を最も早く・正確に知らせるべき人、知るべき人、知りたがっている人はメディアではありません。あくまで最も現場に近い人であり、顧客など最も影響を受ける、あるいは受けそうな人たちです。たとえば、火事なら隣人！
② 社会的責任を自発的に表明する
　企業が存続するためには、人が必要です。顧客も従業員も、また場所も必要なのです。"企業は社会の幸せのためにある"のですから、自らの社会的存在を自覚して、その責任を"自発的に"表明するべきです。
③ 組織の姿勢を積極的に示す（公式見解の一元化が必要）
　発生した危機に対して、企業としてどんな姿勢であるべきか（＝To be good）を"積極的に"示す必要があります。社員の危機意識を高める。

❖ 記者会見の開催を決断する７つの状況
　次に、記者会見を決断する状況は、以下の７つに分けられます。
① 上記理由で、会社として公式に記者会見すべきと判断した場合：
　これが最も正当。重大な社員の不祥事や死傷者を伴う事故等
② 顧客や消費者に緊急の注意喚起が必要な場合：
　火事、ガス漏れ、顧客情報の流出等
③ 誤った風評が流れ公式に釈明しなければ世論をミスリードする恐れがある場合：炎上している案件・誤ったスキャンダル等

④社会的関心の高い問題が発覚した場合：環境汚染・リコール等
⑤官公庁等当局からの指導を受けた場合：重大な人身事件や事故等
⑥記者クラブ幹事社や複数のメディアから会見開催要求があった場合
⑦情報漏洩や内部告発により、あるメディアに大きなスクープ記事が出て、会見をやらざるを得ない状況：役員不祥事・重大な隠蔽等

◇ トップが記者会見に出たがらない理由

不祥事が発生した企業の記者会見を見て、「なぜ、社長が出てないんだろう？」という疑問を持つことがあると思います。「発表者の役職によって、その案件に対する企業の姿勢がわかる」のです。企業のトップが記者会見に出たがらない理由は次の6つです。

①記者会見の本来の意義・目的の軽視・無理解

記者会見を"メディアに言う"ことと間違えている。記者会見は、ステークホルダーおよび国民への説明責任と義務を果たすために、"メディアを通して社会に報告"するのです。取締役義務違反！　覚悟不足！

②メディアを敵視

メディアなしに説明責任は果たせないのに、"知らせる協力者"と見ていない。刻々と変化する事態に関して、同じ情報を同じときに（一挙に）、多くの人々に知らせるにはメディア（同時大量伝達の手段）なしには不可能であることを理解していないトップが多い！　メディアが有する社会や企業の「批評・批判・非難・監視」の役割を尊重すべし！

▶ 会社法上、取締役に課せられた3つの義務と1つの責任 ◀

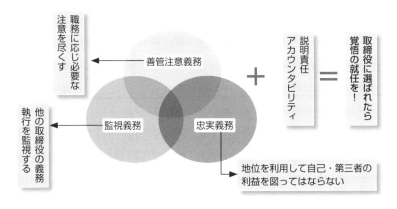

職務に応じ必要な注意を尽くす
善管注意義務

他の取締役の義務執行を監視する
監視義務

忠実義務
地位を利用して自己・第三者の利益を図ってはならない

説明責任アカウンタビリティ

＋

＝

取締役に選ばれたら覚悟の就任を！

③案件の軽視

　案件の重大性を軽視し、「この程度の問題に社長は出なくていい」という自分本位の常識と世間の常識との乖離に気づかない、気づこうとしない。

④責任の回避

　記者に「責任」を問われたくない。「辞任」のような言葉を言いたくない。

⑤公式見解を作れない

　情報のばらつき・遅れ・不正確で公式見解がまとまらないので、会見で何を言ってよいかわからない。どうしたらいいか社内が右往左往している。

⑥部下の（過剰）配慮

　"トップは会見ＯＫ"とその気になっているものの、部下（たち）が忖度から"殿の出番はまだ早い！"と留めているケース。時に正解もありますが、往々にして"保身"による場合が多く、想定外の事態悪化に慌ててさらに時機を逸し、大問題化する恐れ大！

　なお、危機発生時の記者会見だけではなく、トップの意思決定を左右する要因を下の図にまとめたので、参考にしてください。

▶ トップの意思決定を左右する７つの要因 ◀

❖ 情報は均一ではない！　下から上がる情報には認識の差がある

　広報の仕事は、"見えない情報を見ること"ですので、あなたには関係各部署から情報収集に努めるとともに、その集まるタイミングや情報の品質が均一になるように配慮する大切な役目があります。

　また、抜けている情報、確認しておいたほうがいい追加情報など他の人が気づき難い点への気配りも必要です。しかし、情報といっても、各部署から均一な情報が、同じタイミングで集まってくれるとは限りません。なぜなら、情報を出す人の認識やスピード感覚が異なるからです。219ページに示した危機発生―発表プロセスの図において、各部署からの情報ルートの線が変な曲線になっているのはそのせいです。

　このように情報が均一にならない理由は次の通りです。

　①**スピードの差**："すぐ"と言っても、人によって速さ・早さの感覚に差があり、その差が情報を上げるスピードの差になり、遅延してきます。

　②**認識の差**："重大・重要"と言っても、その認識には差がある。

　③**情報品質の劣化と隠蔽**：保身の程度により情報をオブラートで包み始めます。問題の核心に近くなればなるほど、保身が頭をよぎり、情報を上げるスピードが遅くなり、情報の品質が劣化します。つまり、周りを気にし過ぎる、見て見ぬ振りをするなど、自分に降りかかる火の粉を少なくしたいと思うために、劣化→隠蔽につながりやすいのです。

　④**情報操作**：誰でも"保身"に敏感なものです。特に、出世意欲の高いエリートなどは、情報を上げるスピードを意識的に遅らせ、品質を意図的に劣化させようとしがちです。

　⑤**社内風土・階層バリア**：職制通りにしか情報が上がらない・自由に上げられない、という暗黙のルールがあったり、率直・素直でなく、直言しない・できない雰囲気がある場合は当然、情報が滞ります。

　情報とは"情けに報いる"ことですが、"自分への情け"をかけ過ぎる保身の人が出てくるのはやむを得ないことです。あなたには広報担当者として、"人情の機微"を解する適性がありますが、加えて"情報品質"の差異やその色合いを識別する"情報の機微"への理解も深めましょう。

　なお、記者会見・面談応対時の正しい立ち方・座り方・歩き方・お辞儀の仕方の秘訣は、204ページを参照してください。

公式見解＝ニュースリリース作成

公式見解に基づいて個々に対応する。リハーサルも忘れずに。

ポジションペーパー（ＰＰ）を元に公式見解をまとめてニュースリリースを作成し、それに基づいて個々に対応します。危機発生後、組織としての見解が明確になり、とるべき姿勢が決定すれば、どんな危機であろうと社内外に対してどの部署からも一本化した回答が可能になるのです。

ニュースリリースの作成方法は、第２章で説明した通りですが、危機においては、①「現状把握」、②「原因究明」、③「当面の対策」、④「今後の見通し」は必ず網羅しておく必要があります。さらに「被害の範囲・程度」「被害者への補償」「責任の所在」などについてもわかり次第公表するのです。それらは、案件の軽重（例：死亡したのか外傷なのか）によって変わってきます。もちろん、危機が発生したら、まず責任の所在とは別に、起こったこと、起こしたことに対する"お詫び"の姿勢が大切です。

その際、具体的な対応の仕方や文章・数字表現などについて、どれも微妙なニュアンスまで気を配る必要があるので、タイミングを逸することなく、弁護士、公認会計士や広報コンサルタント等専門家の指導やアドバイスを受けることを推奨します。

「時として外見は実体とおよそかけ離れているもの。世間はいつでも上面の飾りに欺かれる」（シェイクスピア『ヴェニスの商人』）とメディアは、常に疑いの目で迫ってきますので、特に言葉の選び方と語尾の表現には深慮遠謀が必要です。

さらに、新任広報担当のあなたにはまだ進言の機会はないでしょうが、発表者を慎重に選び、できるだけ上位者にその役割を担ってもらうべきです。なぜなら、「発表者の役職によりその案件に対する企業の姿勢がわかる」からです。記者会見を行なう場合は、発表者や同席者は必ずニュースリリースとＱ＆Ａに基づき「リハーサル」を行なうことが大切です。

広報担当は、どんな危機においても「公式見解」（ニュースリリース）および「Q&A」作成の中心となり、現場（現業部門）―トップの橋渡しや調整役・統括者の役割を果たす重要な役割を担うことになります。

▶ 準備資料 ◀

資　料	内　容
会見出席者名	会見者の氏名・役職と席順を図示（「ネームプレート」を立てる）
冒頭ステートメント	司会の紹介後、会見趣旨を簡潔に表明（必要に応じて）
ニュースリリース	会社の姿勢を示す公式見解＋現状および今後の見通しなど
事態推移表	PPから抜粋。リリースに入れてもよい
添付資料	会社概要・業界全般の動向・商品の特徴・バックデータ・図面・写真・模型・現場地図（①全体図・レイアウト、②クローズアップ図、③ピンポイント図）　など

▶ ニュースリリースの例 ◀

No.XX（通し番号）　　　　　　　　　20XX 年X月 X日　X時X分現在

報道関係各位

　　　　　　　　　　　　　　　　　　　　　　　　○○○株式会社

スプレー爆発による死亡事故について

　本日15時10分頃、横浜市赤葉区■■青金マンションにおいて当社製スプレーが爆発し、女児1人が重傷を負い、17時30分□□病院にて死亡されました。亡くなられた方とご家族の皆様には心より哀悼の意を表します。

　このような事故を起こしたことに対しまして、深くお詫び申し上げます。

　現時点の状況につきまして、下記の通りご報告致します。

【現状の把握】　過去の経緯。事実確認。被害の現時点での状況。

【危険の程度】　危険性がどの程度あるか？　危機の継続性と拡大可能性

【被害者の属性】　わかる範囲で。個人情報に注意

【被害の範囲・程度】　死傷者数、物品破損数、被害面積など

【原因の究明】　現時点での判明点。防げなかった理由。不確かな回答に注意

【当面の対策】　直ちにとれるアクションを3～5項目表明することが重要。即刻対策を実施しなければ社会を再発の危険に晒すことになる

【再発防止策】　原因究明に伴い、長期的な対策を表明・実施する

【被害者への補償】　言及可能であれば速やかに表明

【責任の所在】　原因が未判明時点では明言は控えてもよい。速やかに表明する

【責任者の処分】　責任の所在表明後速やかに。その程度に経営姿勢が露呈する

【経営への影響】　納期・生産・顧客の喪失、業績・株価下落など

【今後の方針・見通し】　経営（者）の姿勢、意志、あり方・ビジョンの表明

危機収束時への配慮

危機への対応は企業の姿勢を示すチャンスでもある。

　危機対応の収束段階では、早急に再発防止策の具体的な施策に着手し、1日も早い業績回復に向け全社一丸となって取り組みます。失墜した信頼・信用を取り戻すために、起きたこと・起こしたことに対し、いかに適切な"好転の手"を相次いで実行していくか、に最善を尽くすことです。

　広報担当として、あなたがまず考えるべきは、自社ウェブサイトへのタイムリーなアップです。企業（経営者）としての「謝罪の表明」ですから、トップの意向をもとに、弁護士の助言も反映し、1つひとつの文言に細心の注意を払って広報案を作成し、トップの承認を得てからアップします。謝罪の意味から、重要性によっては「記者会見」を行なう選択肢もあります。その場合、発表者の役職によって、会社の姿勢が問われることは言うまでもありません。

　並行して、危機の軽重や影響度の大小によって「お詫び広告」を主要紙、地方紙あるいは関係業界専門紙に掲載します。また、ネットニュースなどへの掲載によって若年層へも広く知らせる配慮も必要です。

　次に、危機をもたらした「原因究明の結果」を明らかにすると同時に、明確な「再発防止策」を表明し、直ちに実施して、顧客や社会に与えた不安・心配・不信を払拭し、業績を好転させていく必要があります。

　それは、顧客や社会の大きな関心事です。もし、"構造的""組織ぐるみ"との疑念を持たれていれば、その疑念を晴らすためにも、「再発防止策」を工程表で見える化し、着実に実施している姿を見せるのです。

　「被害者への補償」は、方針だけでも明確にすべきテーマですが、そうなると「経営への影響」に関するメディアの関心は自然と高くなります。きちんと公表する姿勢が信頼回復の最短の道です。

　「責任の所在」や「責任者の処分」も最終段階で決定し、公表しましょう。さらに、「再発防止策」による"業績の好転"以上に、社会の注目は、どのように"信頼・信用＆ブランド力の回復＝好転"を図っていくかです。それを「今後の方針」に具体的に明記します。どんな施策を講じるの

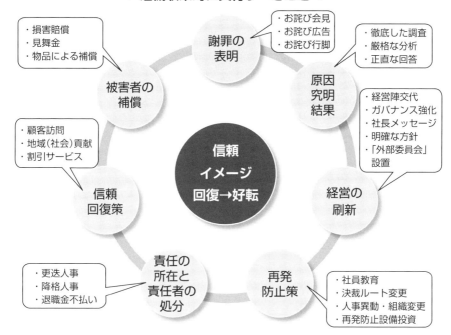

▶ 危機収束時に実行すべきこと ◀

信頼 イメージ 回復→好転

謝罪の表明
・お詫び会見
・お詫び広告
・お詫び行脚

原因究明結果
・徹底した調査
・厳格な分析
・正直な回答

被害者の補償
・損害賠償
・見舞金
・物品による補償

経営の刷新
・経営陣交代
・ガバナンス強化
・社長メッセージ
・明確な方針
・「外部委員会」設置

信頼回復策
・顧客訪問
・地域(社会)貢献
・割引サービス

再発防止策
・社員教育
・決裁ルート変更
・人事異動・組織変更
・再発防止設備投資

責任の所在と責任者の処分
・更迭人事
・降格人事
・退職金不払い

かは企業のあり方を如実に示すものですから、将来の命運を分けることにもなります。あなたは、自分が過ちを犯したとき、「自分としていかに処すべきか？」を考えるはずです。常に会社と自分とを重ねて、正しい善なる人物の行なうべき言行に従うよう心がけましょう。

◇ 危機に臨むマスコミ対応の心得

　トップの分身である広報担当のあなたは、"危機は人災であり、日々の対応が危機対応である"ことを肝に銘じて、率先して問題の解決に当たることです。トップの言動は常に危機と隣り合わせであり、危機の源泉です。いろいろな問い合わせへの回答も小さな危機の契機ですが、いつか企業を揺るがすような危機に発展する恐れもあるのです。

　広報はトップと相談して、常に率先し、いかなる事態も「受けて立ち、逃げない」姿勢を堅持する必要があります。決して、何かを隠しているというような印象を与えず、先手を打って言われる前に記者会見をアレンジするなど、全体を「統率」しなければなりません。

記者からどんなに厳しい言葉を浴びせられたり、激しい態度をとられても、批判・批評・監視の役割があると理解し、公平に接し、公明正大で誠実な対応に徹しなければいけません。相手によって態度を変える人物が信頼される理由はなく、断固たる言動・確固たる態度で接するべきで、たとえば新聞社の社会部と経済部で対応を変えるなどはあり得ません。

　企業とメディアと顧客は一直線であり、記者の背後にいる多くの人たちの存在を忘れてはなりません。メディア（記者）の協力なくして、刻々の情報を一度に的確に知らせることができるはずはなく、そうした姿勢が会社のピンチを救うのです。

　記者の顧客である読者・視聴者はとにかくせっかちなので、記者対応にはスピードが必要です。遅ければ後手を踏んでしまいます。顧客・社会の「代表者」と見なして記者に接し、断固責任を果たす姿勢が一貫していれば、記者との間に信頼関係が築かれ、味方になってくれるでしょう。

　あなたは、企業のスポークスパーソン（代弁者）です。何事も率先し、言動に細心の注意を払い、自己の尊厳を崩さず相手によって態度を変えずに誠実に応対することに尽きます。

▶ ピンチをチャンスに変える危機対応時の基本姿勢 ◀

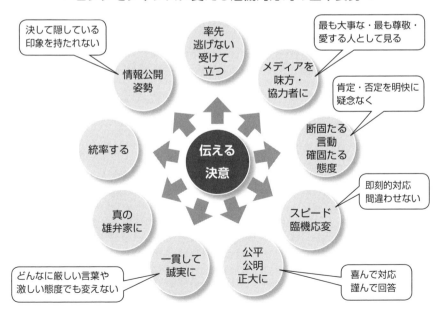

予期せぬ報道への対応

予期せぬ報道にこそ落ち着いて、すばやく対応する。

　ある日の早朝5時に起床し、全国紙のC紙を開くと、一面トップに「Y社百万件の個人情報漏洩」という仰天スクープ記事が目に飛び込んできました。あなたはY社の広報担当です。さあ、どうしますか？

　早速、「7つの直」の実践です。早朝といえども直ちに、上司の担当役員と社長に「直報」。同時に、公式見解とQ＆Aの作成のために必要な人にも「直報」し、8時半に「緊急対策会議」を招集します。

　メディアからの問い合わせはすべて広報が受け持ちますが、顧客や取引先・警察等からの問い合わせは各部署での対応となるので、まず、次の5つのうち、どの対応を行なうかを決定します。

　その対応は、①**全面肯定**（この通り）、②**大筋肯定**（ほぼこの通り）、③**大筋否定**（ほぼ間違い）、④**全面否定**（全くの間違い、根も葉もない）、⑤**現在調査中のため判明次第連絡**です。

　並行して、「情報マスター」→「ポジションペーパー（ＰＰ）」→「公式見解とQ＆Aの作成」→承認→各部署への徹底、というように進めます。一方で、メディア対応に関して、一斉発表（記者会見か、資料配布だけか）するか、個別対応するかをトップの方針で決めます。

　一斉発表（記者会見）の場合、9時頃に時間と場所を連絡し、その月の「幹事会社」に緊急発表を申し込みます。通常は2日前ですが緊急と認められれば、当日発表も可能です。「概ね1時間で発表」との規定があります。ただし、夕刊の締切が13時半であることと、テレビの昼のニュースの取材時間を考慮すると、11時頃までに会見を行なうほうがいいでしょう。また、各部署を通じて関係者にも直報することと、自社ウェブサイトへのアップも忘れてはいけません。

　あなたは、多岐の業務をトップと調整しながら、必要事項を遅滞なく決定に導き、各部署への徹底を実施するのです。予期せぬ記事へ遭遇し、臨機応変に対応した経験は自信となります。広報の実力は厳しい局面での一連の行動や考え方に如実に現れるものです。「深沈厚重は第一等の資質で

ある」（呂新吾『呻吟語』）ので、いかなる事態に陥っても、落ち着いて深みのある人物を目指したいものです。

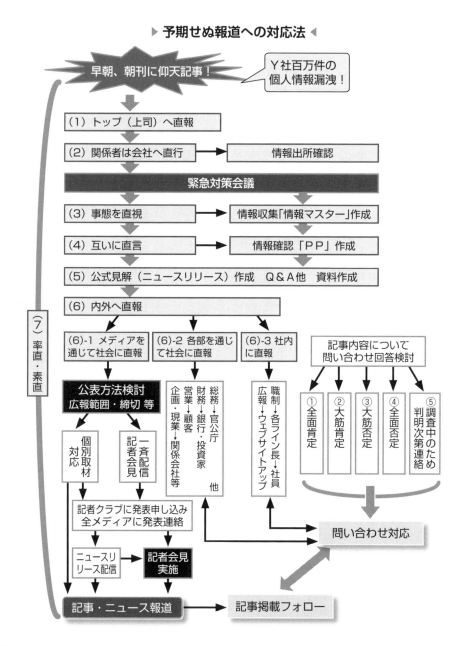

▶ 予期せぬ報道への対応法 ◀

早朝、朝刊に仰天記事！

Y社百万件の
個人情報漏洩！

（1）トップ（上司）へ直報

（2）関係者は会社へ直行 → 情報出所確認

緊急対策会議

（3）事態を直視 → 情報収集「情報マスター」作成

（4）互いに直言 → 情報確認「ＰＰ」作成

（5）公式見解（ニュースリリース）作成　Ｑ＆Ａ他　資料作成

（6）内外へ直報

（7）率直・素直

（6）-1 メディアを
通じて社会に直報

（6）-2 各部を通じ
て社会に直報

（6）-3 社内
に直報

記事内容について
問い合わせ回答検討

公表方法検討
広報範囲・締切 等

個別取材対応

一斉配信記者会見

企画・現業・関係会社等
営業・顧客
財務・銀行・投資家
総務・官公庁
他

職制→各ライン長→社員
広報→ウェブサイトアップ

① 全面肯定
② 大筋肯定
③ 大筋否定
④ 全面否定
⑤ 調査中のため判明次第連絡

記者クラブに発表申し込み
全メディアに発表連絡

ニュースリリース配信 → **記者会見実施**

問い合わせ対応

記事・ニュース報道 → 記事掲載フォロー

最新のデジタルリスク対策

目に見えない情報を常に監視して先手を打とう。

ソーシャル・メディア時代の今日、日本人の7割以上がSNSを利用し、誰でも・いつでも・どこででも情報の受発信が可能です。それに伴い、ネット炎上の発生件数は年間千件以上で毎年増加するなど、SNS利用者による"事故"が頻発し、規模・業種を問わず、デジタルのリスクマネジメント、つまり「デジタルリスク対策」の必要性が高まっています。

新たな脅威として、職場での悪ふざけの様子をスマートフォンで撮影し、SNSに投稿して炎上する「バイトテロ」のような炎上の他、風評被害、情報漏洩、薬機法や景品表示法に係る違反行為などがあります。

日本企業の情報漏洩などの経済的被害は、「不正な情報持ち出し」「管理ミス」など、約87%が内部から発生し、ウェブ上の炎上要因もその72%が内部要因と言われています。また、クリティカルな機密情報が内部から漏洩するケースも増えています。そうした機密情報をネット上に書かれると、その拡散は防ぎようがありません。特に、善意を含めて景品表示法などの法令に触れることや、製品に関する悪い情報をネガティブキャンペーン的に書き込まれるケースもあります。

そこで、次のようなことを実施する「オンラインレピュテーション調

▶ ネット上の典型的拡散プロセス ◀

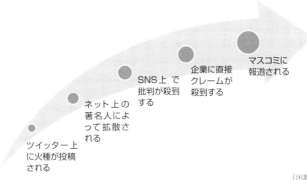

ツイッター上に火種が投稿される

ネット上の著名人によって拡散される

SNS上で批判が殺到する

企業に直接クレームが殺到する

マスコミに報道される

(出典：㈱エルテス)

査」も進められています。

- ・企業や商品・サービスのネット上の情報を収集分析しレポートする
- ・競合比較を通じたマーケティング分析や海外での情報漏洩や事件・事故情報調査も行なう

　会社としてはＳＮＳのリスクマネジメントに、どの程度コストをかけるかが問題となります。

　㈱エルテスは、「健全にテクノロジーが発展する豊かなデジタル社会を守り、デジタル社会にとってなくてはならない存在になること」をビジョンに掲げ、インターネットやSNS、テレワークなどの普及で進化し続けるデジタル社会に潜む新たなリスクから企業を守るソリューションを提供しています。

　拡散性の高いSNS上におけるリスクを早期に検知する、Webリスクモニタリングは24時間365日、AIと人の目でWeb上の投稿を監視するサービスです。また、炎上リスクの発見時には、論調把握を行ない、初期対応も支援します。その他、リスク対応の経験から培った炎上時のクライシスコンサルティングサービスや、炎上防止のための従業員向けのSNSリスク研修、起用タレントの炎上リスクの調査レポートサービスなど、のべ1,000社以上のリスク対策支援実績を有します。

　損害保険ジャパン㈱は、2017年にエルテスと提携し、「ネット炎上対応費用保険」を日本で初めて提供しました。炎上の拡散防止やメディア対応費用を補償する他、従業員の不祥事やキュレーション（まとめ）サイトも対象になります。

　シエンプレ㈱は、2008年の会社設立以降、累計で取引実績6,000社超、対策サイト20万サイト以上の実績を誇り、上場企業、官公庁から中小企業まで、業種・業界を問わず幅広くサービスを提供しています。デジタル（インターネット）を起点とする炎上に関して、平常時の予防・監視・対策、炎上が発生した際の対応から回復時までの対応を一貫して行なうことができるのがシエンプレの強みです。また、SNS、クチコミサイトに表れるユーザーの不満・要望の声を独自ツール（モニタリングDX）にて収集・分析をして、業務改善などに活用が可能なネット上でのクレーム対応代行

なども行なっています。

デジタルデータは、外部へ持ち出しやすく情報漏洩リスクが増大しています。一般的な対策として、個人ＰＣやＵＳＢの持ち込み・使用禁止や業務上不要な情報へのアクセス禁止等を講じても情報は"人間が介在"する限り、漏洩の恐れがあります。

その予防措置の１つとして「ログ管理ソフト」の導入があります。ＰＣ画面を丸ごと記録することで、"いつ""誰が""何をしているのか""どのように使用したか"を正確に把握でき、不正アクセス、情報漏洩、インサイダー取引、粉飾決算、セクハラなどの事件が起こった場合には、すべて追跡調査でき、不正防止、予防法務に絶大な効果を発揮するのです。

インフォサイエンス㈱が2001年に開発した統合ログ管理システム「Logstorage」は、増え続けるログ管理負荷の軽減、ログ管理の属人化の排除、ログの適切な可視化など、ログ管理に関するさまざまな課題を解決する、17年連続で法人導入数シェアNo.1のソフトです。「溜めるだけのログ」から「活かすログ」へ発想を転換し、ログの活用を図りましょう。

広報担当のあなたは、サービス導入の有無にかかわらず、常にデジタルリスクの発生を念頭において、悪い情報は小さな情報でも感性鋭く察知する監視役を努めましょう。万が一、何かのリスク発生を掴んだ場合には、「予期せぬ報道対応」と同じプロセスで、案件の軽重に応じて、直ちに会社としての姿勢を固めて、適切な広報対応を先導しましょう。

▶ 企業におけるリスクモニタリングの実施プロセスフロー ◀

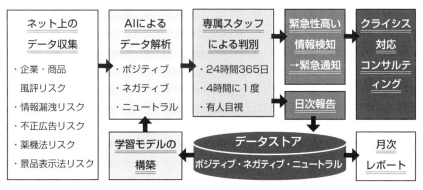

(出典：㈱エルテス資料を筆者編集)

広報・PRを担当するあなたへ

◇ 広報のポジションから学ぼう

　広報軽視の会社が衰退への確かな道程をたどるのを知る優れた経営者は、広報に第一級の人材を投入します。あなたもその1人！　将来を託され、命運を担う第一級の人材なのです。まずは、その誇りと自負心・自律心を胸に秘めてください。

　広報ほど、人間としての向上を直に学べる仕事はありません。広報を適切に全うすれば、他では得難い体験を通じてビジネス人としての正しい素養を着実に身につけ、人間としての真の教養を高めることができるので、会社のどの部署でも務まるでしょう。あなたは広報を全うするために、次のような学びのポイントを念頭に日々の仕事に邁進してください。

(1)会社のこと、業界のことがよ〜くわかる

　御用聞きに徹し社内記者になり、さまざまな会議に参加し学べます。

(2)社内人脈を築ける：キーパーソンから学ぶ

　各部門のキーになる人とは、役職が上とは限りません。どんな人がいいのかといえば、会社の将来に希望を持ちつつ、憂いと危機感をも抱いている人でしょう。それは向上への並々ならぬ意欲・情熱の別な現われです。裏話もこっそり教えてくれる柔軟な人や理に適わないことには地位を問わず率直に進言する人が望ましい。役職を越えて、共に成長できる若手とも親しくなりたいものです。なお、広報に協力しない人、つまり情報の重要性がわからない人は……何も心配はいりません。早晩いなくなるでしょう！

　これからより充実した広報業務の遂行にあたっては、社内にどのくらい人脈を持っているかが、仕事の精度とその内容の厚みに大きく影響を及ぼします。将来、経営の根幹を担っていく気概と実力を兼ね備えた優れた人物からは、学ぶことも多いものです。あなたは社内の中枢にいるキーになる人やいろいろな部署で活躍している人たちに積極的に接触して、当面の

課題や先行きの見通しに関する重要情報を得るように努めましょう。

⑶社内上層部から学ぶ

　社長や各役員に何かのきっかけをつかみ、進んで面談の機会を作りましょう。他の部門の役員や、主要な役職の人にも、何かテーマがあるときはもとより、テーマを見出して会えるチャンスを逃さないこと。話ができる、会える1つひとつのチャンスを活かすのです。これは広報という常に会社を代表して公式に発言すべき全社的で、かつ機能横断的業務の担当だからこそ、でき得ることです。

⑷優れた人から学ぶ

　社内外を問わず、人物識見に優れた幹部や先輩には自ら接触のチャンスを増やし、何かと教えを請うことです。それはゴマすりではありません。指導を仰ぐ姿勢です。そのように接していると、"熱意ある向上心の強い若者だ"と、将来を嘱望されることになります。意欲のない人間には覇気も情熱も欠けるものです。自分の為すべきこと、成したいことを達成し、大義やビジョン実現へのロマンを抱くリーダーは、ロマンを共有し、自分の意図を叶えてくれそうな部下を必要とします。上層部になればなるほど1人でできる仕事はありません。そのためにも、多くの支持者が必要なのです。

　そんな人物から、厳しくも温かい指導も仰げることになります。上の人に引き立てられる人物は、大成の可能性が大いにあります。

⑸社内パワーバランスを学ぶ

　これがわかるようになるまでは、数年かかるかも知れませんが、最終的に、どの部署のどの部長、あるいは課長がその部を取り仕切っているか、若手でも誰が部長や課長の信任を得て将来性があるのかなどもわかってきます。そんな人たちはラインの中枢を歩く人物です。今後の人脈リストに加えておきましょう。

⑹締切で仕事をする：相手の優先順位で納期前に渡す

　記者は原稿を書くのが仕事。自社の原稿を望む広報の仕事は、"記者に

（自社のみならず顧客や社会にとって）いい仕事をしていただく仕事”です。日々多くの取材や原稿執筆を義務づけられる記者は、“締切”に追われ、“過忙”な人です。

　そこで、広報も締切で仕事をする。つまり、問い合わせや頼まれものには、“いつまでに？”と訊く習慣をつけるのです。記者は急ぐ場合でも遠慮してか、期限をすぐ言わない傾向があるので、こちらからそれを訊く配慮が喜ばれるのです。大事なのは、それを“守る”こと。もし遅れそうなら、いつ頃になるかを早めに伝えること。“いつまでに？”は、どんな仕事にも通じる、仕事の要諦です。

⑺社外視点での観方を学ぶ

　組織の中枢である、企画、総務、人事などはどうしても会社を守り、組織風土や伝統を守る意識が強く“内向き”になるのは立場上やむを得ません。工場や技術部門も同様です。もし、それにだけ従うと、「社内の常識が社外の非常識」になるのです。

　そこで、広報担当者は、いつも外に軸足を置き、外から会社・組織を監視・評価する強い意欲と意識を忘れないことです。その際、社外対社内＝７：３、場合によっては８：２で考え、６：４で言動するよう努めてください。それによって、物事を常に客観視する訓練ができ、その後の成長に大きく役立つことでしょう。

⑻「質問予測力」を研磨し、人心の機微を学ぶ

　近年、“質問力”の大切さが強調されていますが、こと広報に必要なのは、実は“質問予測力”です。なぜなら、質問力は自分の立場でいいのですが、質問予測力は相手の立場で考える必要があるからです。

　質問されることを予測するためには、テーマに応じて、相手の立場や状況、考えの程度等を 慮 る必要があります。孔子の訓える「恕」、つまり思いやりであり、人の心の機微に触れることなのです。

　「人間は気高くあれ、情け深くやさしくあれ！」とゲーテが訓えるように、自己の尊厳を崩さず、自分を大切にする人が相手を本当に大切にし、質問予測力に長ずることになります。

⑼評価能力・批評能力が向上する

上記⑺の「社外7〜8」の観点から社内を批判したり、常に第三者の視点でヒトやモノを評価することを習慣づけることによって、意識的にその能力を高めることができます。いろいろな人・事の改善点をできるだけ多く見出せる人は、それだけ成長する可能性が高いのです。

⑽グローバルな観点から大局を観る感覚が養える

会社全体・業界・社会とのバランスを意識したグローバルな観点から物・事を俯瞰する習慣がつき、高度な次元での判断ができるようになります。

⑾情報察知力による危機対応力と物事に善処する能力が養成できる

情報への感性鋭く真意を素早く解し、本筋大局を把握し、危機をいち早く察知し、困難な局面も自己の尊厳を崩さず善処する危機対応力を鍛錬できます。

⑿真の教養を磨ける

教養とは単なる物知りでも程度の高い教育でもなく「真の教養とは、いかなる条件の中にあっても自己の尊厳を崩さず、相手の立場を理解してこれに善処し得る能力である」（近藤信緒〔池田敏子〕『人に好かれる法』〔山見博康監修の巻頭〕）ことを実践修養できます。

⒀広報卓越者を目指そう

「卓越者とは、自分自身に正面から向き合い、人間は所詮欠如体でしかないことを深く自覚して、より高次の人格を目指して日々精進する人間のことである。それはまさに、組織と個人の両人格のより高次の統合を目指して日々精進する『あなた』だ！」と、生命論パラダイムに準拠して独自の経営哲学を論じる花村邦昭氏（㈱日本総合研究所元会長・現特別顧問、大妻学院顧問・前理事長）は"自ら奮起せよ"と叱咤激励されています。

役職や年齢を問わず、誰にでもなることができ、これから広報の仕事をマスターしていくあなたも当然、広報の達人になり、そして卓越者になることができるのです。逆に言えば、卓越者になろうと努力すれば仕事もスムーズに進むでしょう。

これまで学んだことは、実は、きわめて原則的なことの積み重ねです。その広報の基本をまずしっかり身につけることが卓越者への最も近道です。常に誠実に、至誠を貫き、広報の王道を凛々と歩くのです。

◇記者に喜ばれる広報９か条

　あなたは、記者との良好な関係性を築く必要があります。そのためのポイントとして、記者が望む広報担当者の条件を８つ紹介しましょう。

⑴立場を理解している

　記者は、日々絶体的な"締切"に追われつつ、"抜いた・抜かれた"のライバルとの競争に晒されているので、常に過忙でいつもせっかちです。夜討ち・朝駆けもやむなし、広報担当者に激しい言葉を浴びせたり、厳しい態度で取材に臨むこともあります。

　それは実は、記者の、社会の公器、顧客の代弁者としての批判・批評・評価・監視の役割がさせること！　そんな記者の立場に配慮しつつ対応する人は記者に信頼されます。

⑵切り口・テーマを示唆する──社内記者になり「御用聞き」をする

　記者は、常に次の記事に役立つ「切り口・テーマ」や「取材候補先」を探しています。そこで、折に触れてそんなヒントを囁く広報担当者をいつも大切に思い、信頼してくれるものです。

⑶すぐ調べ、データベースになる

　情報収集をネット検索だけに頼る記者はいません。業界のこと、技術のことなどを社内で御用聞きをしてすぐ調べる、先取りして調べ提供してくれる……、いわばデータベースとなるような広報担当者は重用されます。

⑷業界の旬な話題・トレンド情報を先取りする

　特に一般紙の記者は、１年半から２年前後と異動が早く、実は業界のことをあまり知らない素人も多いので、その点を考慮し、旬な話題や業界のトレンドをじっくり丁寧に話してくれる広報担当者は歓迎されます。記者の「誤解は当然。理解は偶然！」と心得ておきましょう。

⑸面談のアレンジを増やし、万全に実行する

　「何でもニュースリリース！」的な素人広報とは一線を画し、常に多様なテーマで、多彩な人物との面談をアレンジする広報担当者は少ないだけに殊の外重宝されます。個々の面談においても、記者が知りたい情報満載の資料も万全、どんな質問・疑問にも即座に正確に答えられる同席者もいて、しかも豊富な情報が待っている。そのような準備万端な広報担当者は、どんな記者からも好まれ頼られます。

⑹時に特ダネを忘れない

　「ニュースリリースが大嫌い！」というジャーナリストの本分を理解し、「Only you情報＝特ダネ」を時にこっそり提供する広報担当者と記者は深く長い付き合いになるでしょう。

⑺間違わせない

　間違いやすい漢字・英語にルビを振り、複雑な仕組みや数字はしっかり記述し、語尾の表現は何度も確認しメールやFAXを送るなどの配慮を心がけ、豊富なデータを正確に提供する広報担当者は愛されます。

⑻直言の士たれ！

　「直言も"時には"辞さぬ誇りと勇気を持ち、"言うべきことを、言うべき人に、言うべきときに、断固言う"べし」を一貫して実行する広報担当者は誰にも長く信頼されます。記者の時々の理不尽な要求、意図的な傍若無人たる態度にも、自己の尊厳を崩さず、相手の立場を慮りつつ断固直言する広報担当者は稀なだけに時空を越えて大事にされるでしょう。

⑼王道を"凛々と"歩け達人よ　目指すはビジョンに志なり！

　これを心奥深く、心肝にしかと銘じ、如何なる事態においても自己の尊厳と高雅な誇りを抱き善処の気概あれば、揺ぎない確たる信頼が築けます。

　さあ、これから上記9か条を実践するのは誰でしょうか？
　それは、"あなた"です！

おわりに

　本書の思想は「広報は、ビジョンを目指して、会社を内外への情報交通により、善の心で司り、真人間を育て、より善い真の会社にし、それによって永続的に敬愛される会社にする」ということです。

　私は、広報の心得・目的・本質を次のように捉えています。

①広報の心得：『自分と会社を常に一致』させる！
　　→広報活動が自分のことになる。
②広報の目的：『喜び・誇り・自律心』を与える！
　　→周りの人皆が向上する。
③広報の本質：『真人間』になる営みを継続する！
　　→永続的に敬愛される人・企業になる。

　「真の会社」とは「真人間」を目指す道でもあります。

　「私の言動が＿＿＿＿＿＿です」に、自社名を "凛然として"、記すことのできる人物（＝自分が会社を代表している誇り・自尊心と自律心を抱く社員）が会社を真の繁栄に導くのです。"我が足跡を残さん" との強い自負心を抱く社員を1人でも多く育てること。それが、時代を超越して、いかなる状況においても自己の尊厳を崩さず、より "剛なるも柔" の組織へと導き、名声を得て永続的に敬愛される企業の条件でありましょう。

▶ 真人間とは ◀

　真人間十五か条

一　善を求める
二　大志を目指す
三　大義を為す
四　小悪を直ちに咎め、断固直言する
五　高邁なる品性を身に付ける
六　言行が一致一貫する
七　情熱と向上の心を抱く
八　創造を歓び、確固たる業績を遺す
九　倫理を守り、徳を高める
十　真の教養を磨く
十一　自己の尊厳を崩さず、相手を理解し善処する
十二　地球を護り、社会へ貢献する
十三　周りの人々に喜びと誇り、自信と自律心を与える
十四　尊敬が集まり、名声を得て、末永く敬愛される
十五　人々を幸せに導く

（山見博康作）

「**思想家とは、人類の蒙を拓き、その前進を促す者**」（ショウペンハウエル『読書について』）ゆえ、私もささやかながら一介の「広報思想家」として、広報の本質を学びたい向上心高き志士のために、企業価値協会主催『広報PR実践会』会長として、メディア訪問による経済部長との「ケーススタディゼミ」や「危機管理相談会」等を毎月開催。この7月上梓の『危機管理広報大全』の出版記念会を11月15日夕に開き、広報×メディア交流を図るなど、1人でも多く我が思想の理解者増を願っています。

　本書の巻末付録用に新任広報担当者へのアドバイスを頂いた主要メディアおよび官公庁・団体・企業の皆様および広報担当者を支援する広報・PR会社の皆様に深く感謝の意を表します。各分野の第一線でご活躍中の方々の忠言励言1つひとつが、味わい深き珠玉のお言葉です。読者諸賢は、さらなる使命感の高まりと力強い勇気の漲りを覚え、「広報の達人」から「広報の卓越者」へと飛翔していくことができるでしょう。

　執筆の機会を頂いた日本実業出版社の皆様には心より感謝致します。格調高い「基本」シリーズの一角を担っての重版は実に名誉なことです。

　本書には私の精神のエキスが濃縮されています。読者それぞれが本書を多様に利活用され、「善」なる仕事を通じて、自らのビジョンの実現、企業の繁栄、社会への貢献を促進されるよう切に期待致します。より多くの読者が広報の基本的な業務内容について一層の理解を深め、日々の業務や生き方のヒントになり、緩む心の痛棒に、軋轢に苦しむ時の安らぎにもなれば私の心は豊かで、朗かです。次の典雅な詩を心奥に抱きながら……。

「春風（の和やかさ）を以て人に接し、
　秋霜（のするどさ）を以て自ら粛む」　　　　　（佐藤一斎『言志四録』）
「寒さにふるえた者ほど太陽を暖かく感じ、
　人生の悩みをくぐった者ほど生命の尊さを知る」

（ホイットマン、米国詩人）
「身はたとひ武蔵の野辺に朽ちぬとも
　留め置かまし大和魂」　　　　　　　　　　　（吉田松陰『留魂録』）

第6刷重版の喜びと感謝を込めて　令和6（2024）年7月
　　　　　　　　　山見博康（広報・危機管理コンサルタント）

I	新規性 斬新性	1	新しい 新商品、新技術、新店舗、新規事業、新給与制度、新しい経営手法	2	最も 最大、最小、最高、最低、最も美しい、最も醜い、最古、最新、最難関	3	初めて 日本初上陸、地域初出店、この夏初モノ、本邦初公開、20代初	4	一番 何でも一番、何かで一番、どこかで一番 ベスト3でもOK
II	意外性 希少性	5	驚く・画期的 アイデア新商品、お化け野菜、画期的成長、仰天の人生、驚愕の……	6	珍しい かつてない珍しい、他にはない、珍味、とても稀な、めったにない1つ	7	独自ネーミング 新ジャンルの、新商品の、新役職の、初めてのイベントの、命名権募集	8	募集 商品名、イベント名、キャッチフレーズ、川柳、ロゴ、写真、絵画、詩歌
III	特異性 唯一性	9	三独 独自：オンリーワン 独特：ユニーク 独創：オリジナル	10	革命的・革新的 革命的技術開発、革新的デザイン、○○革命、革新の○○制度	11	究極ターゲット 年収2千万円富裕層へ、社会人1年生対象、30代シングルマザー	12	USP & UDP 特長・差別点 他社との差異、他商品との差異、自社の既存商品との差異
IV	人間性 ドラマ性	13	人 80歳で大学卒、珍しい趣味を持つ、カリスマ社員、ヒット商品開発社員、仕事以外で意外な趣味を持つ、業界の牽引役となる	14	物語・ストーリー 情熱、逆境、奮闘、挫折から復活、チームワークの賜物、涙の出会い、苦難のエピソード、どん底・悲哀・苦しみをバネに喜び・感激……	15	イベント 記念キャンペーン、展示会、見学会、スポーツ活動、プレスツアー、セミナー、周年記念行事	16	感動モノ 感動award、心温まる、爽やかな、心が豊かになる、ビックリするような、涙を誘う、同情する、心が動く、気持ちが和む
V	社会性 時代性	17	世相・トレンド これからどうなる？ 近未来予想 何が流行りそうか？ これから何が話題になりそうか？ 何がトレンドに？	18	時流・流行り 時流に乗っている、流行りの、今話題の、ブームになっている、時流に反して、時代に逆行する	19	旬 今旬の、今話題の人、季節限定の、世界のトピックス、社会の旬、諸記念日の旬、国や地方の行事	20	自社の記念日（を創る） 設立記念日、創業記念日、業界初の○○記念日、初めて〜した日、何か画期的な日
VI	記録性 実績性	21	指標になる 無事故○○日達成、標準の3倍伸び率、権威ある機関の検査データ、官公庁の調査・統計	22	実績・記録 ギネスに載るような記録、最高の売上高伸び率、新手法での資金調達、過去最高利益率、○○3連覇、○○記録保持者	23	番付・ランキング 自社の業界・商品に関連するテーマの番付・ランキング発表、初めてのランキング、ニッチだが興味あるランキング	24	調査・アンケート 面白い調査結果、役に立つアンケート結果、実態を表す独自の調査結果、旬の話題に結びつく独自のアンケート結果
VII	実利性 お得性	25	顧客の実利 得する、当たる、役立つ、○○記念セール、特別割引、特別サービス販売、大バーゲン、福袋	26	プレゼント 自社イベントやキャンペーンでのプレゼント、他社イベントへの協賛、新聞・雑誌のプレゼントコーナー	27	度肝抜く金額数量 50円バーガー、100万円ディナー、5億円王冠、1千万円宇宙旅行、1円入札、何でも100円	28	リスクリバーサル 購入商品に満足しなければ全額返金、セミナーに不満なら全額返金、30日間無償保証、代金後払い
VIII	経営性 国際性	29	コラボ 上記キーワードとの組み合わせ、国際的、大企業との結びつき、ペット、自然、エコ、環境、子供、学生、シニア、ベンチャー	30	社会貢献 CSRに関する話題、老人ホーム慰問、社員のボランティア活動、地域住民との交流、地域命名権の導入、SDGs関連は旬のテーマにもなる	31	人事 珍しい人事（老舗企業で20代役員・90歳超の新人）、面白い給与制度、ユニークな福利厚生制度、働き方改革	32	経営 新中長期経営計画の画期的経営手法、M＆A、業界に先駆けた新時代のマーケティング手法、珍しい新規事業、特許

企業要望	→	①人手不足　②アイデア不足　③戦略アドバイス　④ネット活用 ⑤発信増　⑥記事増　⑦イメージ向上　⑧効果的IR　⑨記者人脈

広報コンサルティング会社・ＰＲ会社は何を提供できるか？

▼変化に応じた適切な方法を臨機応変に提案実施する

▼異分野・異業界での多くの経験・ノウハウから状況に応じて企業戦略に沿った広報活動を支援する

▼多様なメディア（記者）人脈を駆使し、ネタの価値に応じた広報的アドバイスをタイムリーに行なう

▼第三者の視点で専門的戦略的アドバイスを提供する

▼状況に応じ適切なリハーサルやメディア・トレーニングを臨機応変に提供する

▼企業のマンパワーを補助し、要望に応じた専門スタッフを提供する

▼広報体制構築に向け、経営幹部や社員の啓発、広報担当の実務指導を行なう

▼ウェブを利用したより効果的・効率的な独自のPR手法を提案する。特にブログなどインフルエンサー活用PRにも最新の方法を提供できる

「情報司り力」	→	知名度向上・ブランド価値向上

フィーに関する基本的な考え

基本的な フィーの構成	基本構成：人件費＋販売管理および一般管理費＋会社利益 人件費：ＰＲスタッフフィー＝人件費（年収÷12）のＸ倍
リテイナー フィーの見積り	「業務項目別の１か月当たり標準作業予測時間数× 　　　　　スタッフ別１時間当たりフィー」の合算見積り （当初基本金額を決め、実績時間数により変動）
リテイナーフィーに含まれない活動実費	通信連絡費・コピー費・交通費・アルバイト雇用費・出張費（旅費・宿泊費・出張手当）・翻訳・通訳費・保険関連費・冊子等諸制作費・発表会・展示会等諸イベント費

広報コンサルティング会社ＰＲ会社選定プロセス

具体的な問題点・目的の把握 → 数社検討 →

- 目的遂行能力は十分か？
- 他業界での幅広い知見が生かせるか？
- 第三者視点の経営アドバイスは可能か？
- メディア・トレーニングの実力は？
- ウェブ利用最先端PR法の提案は？
- 担当する人物の資質・実力・相性は？

→ 比較検討のポイント
- 期待業務達成度合・創造的業務遂行等
- 担当する陣容および人の素養・相性
- 率直厳格なアドバイス・具申姿勢

→ 決定

巻末付録 ● トップー記者面談立ち合い時の心得12か条 """""""""

①万端の準備 → 質問予測力を駆使して、Q＆Aを万全に作成する。回答を補充するため、万端の資料を用意し、質問に対する的確な回答や興味ある情報の提供ができる専門家の同席をアレンジする

②円滑な導入 → 両者紹介、面談趣旨を確認したり、四方山話やトピックス的な話をしながら、両者の心理的な緊張が和らぐ雰囲気、和気あいあいの場作りを意識して、タイミング良く本題へ導く

③質問の牽制 → 変な質問、困った質問、傍若無人な質問、微妙な質問（トップ人事・進行中の重要事項等）を牽制。回答に困る質問には直ちに介入し、「それは私から後ほど」と言うなど、うまく引き取る

④回答の補助 → 面談者が回答に詰まったら助け舟を出す。トップ人事など微妙な質問は引き取る。「次はＸ副社長か？」「後継はどんな人物か？」等はトップがさらっと受け流せるようだといいが、「その辺は後で話しましょう」などと臨機応変に切り抜ける

⑤話題の増加 → 話題が途切れ一瞬沈黙が続いたり、実のない話になる場合には、新たなテーマのきっかけとなるような話題を提供する。そのために日頃、ネタをポケットに忍ばせておく

⑥咄嗟の介入 → 言うべき重要なことを忘れていたら「社長、例の件はこの辺で？」などと誘い水を出す。未だオープン前のテーマに触れようとしたら、即座に「社長、その件はまだ少し先の話ですので、時期が来たら私から話しておきます」と咄嗟にCut-in！　話の進行を遮る

⑦閑話の誘導 → ホールインワンなどハプニング的な話題や、海外旅行での面白い出来事などを事前に尋ねておき、「この前のハプニングの話をしたらどうですか？」とか、記者に「実は先日、社長にちょっとしたエピソードがありましてね」などと話題を振り向ける

⑧誤答の回避 → 「あの件、どうなったか」や「正確には、あの事業部の売上はいくらだったか？」などと聞かれたら、適切に答え間違いを避ける。曖昧な数字や名前などは社内確認後、早急に連絡

⑨情報の収集 → いろいろなやり取りを通じて、記者から自社の良い・悪い評判や噂、自社の商品・サービスの評価・批判、業界や他社情報等々をうまく引き出すよう促す

⑩質疑の確認 → メモをとり、後で確認する。「言った・言わない」を防ぎ、誤解・曲解を避ける。必要において、他の幹部に配布し情報共有を図る

⑪全体を司会 → 全体の雰囲気をリードし、終了まで会全体を司る。多彩豊潤な情報提供により記者の興味を引き出し、惹きつけ、斬新なテーマや切り口への発想を促し、記事化への意欲湧出を図る。最終的に原稿作成を決心してもらうよう最善を尽す。目配り、気配り、足配り！

⑫露出へ配慮 → 記者の記事化への興味をさらに高めるため、追加の情報提供を申し出る。①追加資料、②担当役員や専門家など当事者との追加面談のアレンジ、③工場など現場視察を提案し、実行する。豊潤な滋養たっぷりの"情熱費"を使って顧客・社会を喜ばせる「共創の作品」完成へ！

244

	電通PR コンサルティング	共同 ピーアール	プラップ ジャパン	サニーサイド アップグループ	ベクトル
設立	1961年	1964年	1970年	1985年	1993年
代表者	山口恭正	石栗正崇	鈴木勇夫	次原悦子	西江肇司
資本金	4,000万円	5億4,789万円	4億7,078万円	5億4,776万円	30億3,800万円
従業員	280名 （2024年1月現在）	337名 （2023年12月末時点）	339名 （2023年8月末連結）	347名 （グループ連結、2023年6月末時点）	1,603名 （グループ従業員数連結：2024年2月28日現在）
連結売上高	105億6,563万円 （2023年度）	68億9,500万円 （2023年12月期）	66億3,500万円 （2023年8月期連結）	約189億円 （2023年6月期）	592億1,000万円 （2024年2月期）
特徴	企業経営や広報の専門家（大学教授・研究者など）と連携して、企業の広報戦略・体制などについて調査・分析・研究を行なう社内シンクタンク「企業広報戦略研究所」を持つ	2005年に業界で初めて株式上場。広報活動の基本は"メディアとの良好な関係づくり"という考えで「メディアリレーションズ」を商標登録している	SNS施策から危機管理広報までコミュニケーション活動を包括的にサポートするコミュニケーションコンサルティング・グループ。海外事業、デジタル領域に注力	2018年12月東証一部指定替え。2020年1月ホールディング経営体制に移行	2024年2月期に過去最高の売上高を達成。アジアNo.1／世界6位のPR会社。50社以上の子会社が提供するサービスを駆使し、統合的なPRを行う
ビジョン	レピュテーション・マネジメント力で社会的合意を形成し、クライアントと共に、新たな社会的価値や仕組みを創るソーシャル・イノベーションの実現に貢献していく	価値あるコンテンツを最も多く創る『New'S design compan』へ（効果最大化に応え価値あるニュースを創り、ステークホルダーと共に"デジタルで未来をdesignする")	「あらゆる関係性を良好にする」というミッションを軸にビジネスの領域を広げ、次の時代でも最も信頼されるコミュニケーション・コンサルティングカンパニーとして新しい価値を提供し社会に貢献する	"たのしいさわぎをおこしたい"をスローガンに、PRノウハウを活かした総合的なマーケティング・コミュニケーション支援を提供し、世の中にムーブメントを作り続ける	いいモノを世の中に広め人々を幸せに
海外展開	Dentsu Creative PR各社のほか、MSLGROUPと連携。独立系エージェンシーとのネットワークも含めて世界各国でサービスを提供	海外大手PR会社6社と提携。約80か国1,400名が加盟する世界的PRネットワーク『GlobalCom PR Network』の一員としてアジア、北米等5大陸100か国へサービスを提供	日本・中国・シンガポールにグループ会社を有する。3拠点を連携し、訪日外国人の観光プロモーションや日系企業の海外進出時のPRやマーケティングの支援実績が豊富。多言語対応可	日本初上陸のコンテンツを多く手がけるほか、世界各国13社のPR会社とのエージェンシーネットワークを生かしたPRサービスを提供	香港、台湾、韓国などアジアを中心に9か国13拠点で事業を展開

（2024年6月現在）

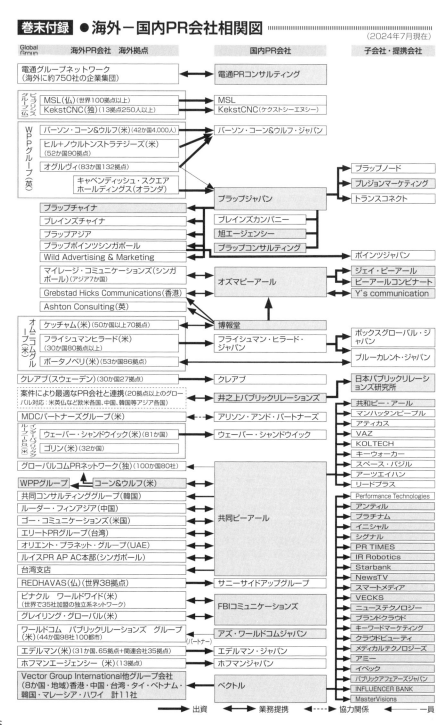

巻末付録 ● 海外－国内PR会社相関図

（2024年7月現在）

巻末付録 ●記事・報道の二次利用（引用・転載）許諾申請方法一覧 ⁗⁗⁗

1．二次利用したい場合は、当該メディアのウェブサイト上の記事利用申請
　要領に基づいて、1件ごとに許諾を得る必要がある。有料にて二次利用可。
　1用途1回限り。

2．無断利用は「著作権法違反」。第三者の著作権やプライバシーの権利侵
　害に要注意。

3．申し込みは①著作物利用申込書、②記事コピー、③利用方法の3点をF
　ＡＸかメールか郵送が一般的。要確認。

4．金額は、著作物、利用したい大きさ、配布コピー部数等に応じて媒体に
　よって異なるので確認要。

5．利用の場合、①出所（媒体名と掲載日付など）明示、②記事・写真・図版
　等の改変不可、③ウェブサイト掲載期間は最長1年（延長可、事前相談要）。

6．記事利用以外に写真・図版貸出・利用や社内クリッピング配布も許諾要。

（首都圏の場合。2024年7月現在）

	著作物名	担当部署名	TEL／FAX／Email
全国紙系	読売新聞、YOMIURI ONLINE 週刊読売 他	読売新聞社 メディア事業局知的財産担当	03-6739-6961　　03-3216-8980 t-chizai06@yomiuri.com
	朝日新聞、週刊朝日、AERA 朝日新聞デジタル他	朝日新聞社 法人営業部 知財事業チーム	03-5541-8939　　03-5541-8140 kiji@asahi.com
	毎日新聞、エコノミスト・サンデー毎日、毎日ニュースサイト 他	毎日新聞社　知的財産ビジネス室（毎日フォトバンク）	03-3212-0291　　03-5223-8334 photobank@mainichi.co.jp
	日本経済新聞、日経産業新聞 MJ、日経ヴェリタス、電子版他	日本経済新聞社　法務室記事利用・リプリントサービス担当	03-5696-8531　　03-5696-8534 reprint@nikkei.co.jp
	産経新聞 ビジネスアイ、サンケイスポーツ	産経新聞東京本社 知的財産管理センター	03-3243-8480　　03-3270-9071 t-kijishiyo@sankei.co.jp
	産経ニュース オンラインサイト	産経デジタル 総務部	03-3275-8632　　03-3275-8862 digital.info@sankei.co.jp
	日刊工業新聞	編集局調査管理部	03-5644-7104　　03-5644-7029 ─
ブロック紙	北海道新聞	デジタルメディア部著作権担当	011-210-5804　　011-210-5665 Db55@hokkaido-np.co.jp
	中日新聞	知的財産課	052-201-8811（代）052-221-0896
	東京新聞	知的財産課	03-6910-2080　　03-3595-6901 t-copy@chunichi.co.jp
	西日本新聞	データベース資料室 著作権担当	092-711-5166　　092-711-5277 chosakuken@nishinippon-np.jp
ビジネス誌	日経ＢＰ社発行誌（日経ビジネス・日経トップリーダー他）	ライツセンター 著作権窓口	03-6811-8348　　050-3153-7345 cr8348@nikkeibp.co.jp
	週刊ダイヤモンド	「週刊ダイヤモンド」編集部	03-5778-7214　　03-5778-6614
	週刊東洋経済	編集部	03-3246-5481　　03-3270-0159
	プレジデント	編集部	03-3237-3737　　03-3237-3747
	財界	編集部	03-3581-6773　　03-3581-6777
	経済界	編集部	03-6441-3742　　03-5561-8667

（2024年7月現在）

ネットワーク / テレビ局		NNN：ニッポン・ニュース・ネットワーク NNS：ニッポン・テレビジョン・ネットワーク・システム		ANN：オールニッポン・ニュース・ネットワーク		JNN：ジャパン・ニュース・ネットワーク		FNS：フジ・ネットワーク・システム FNN：フジ・ニュース・ネットワーク		TXNネットワーク	
キー局		日本テレビ=NTV		テレビ朝日=EX		TBSテレビ=TBS		フジテレビジョン=CX		テレビ東京=TX	
ネットワーク局	①	STV	札幌テレビ	HTB	北海道テレビ	HBC	北海道放送	UHB	北海道文化放送	TVh	テレビ北海道
	②	RAB	青森放送	ABA	青森朝日放送	ATV	青森テレビ	MIT	岩手めんこいテレビ	TX	テレビ東京
	③	TVI	テレビ岩手	IAT	岩手朝日テレビ	IBC	IBC岩手放送	OX	仙台放送	TVA	テレビ愛知
	④	MMT	ミヤギテレビ	KHB	東日本放送	TBC	東北放送	AKT	秋田テレビ	TVO	テレビ大阪
	⑤	ABS	秋田放送	AAB	秋田朝日放送	TUY	テレビユー山形	SAY	さくらんぼテレビ	TSC	テレビせとうち
	⑥	YBC	山形放送	YTS	山形テレビ	TUF	テレビユー福島	FTV	福島テレビ	TVQ	TVQ九州放送
	⑦	FCT	福島中央テレビ	KFB	福島放送	TBS	TBSテレビ	CX	フジテレビジョン		
	⑧	NTV	日本テレビ	EX	テレビ朝日	UTY	テレビ山梨	NST	新潟総合テレビ		
	⑨	TeNY	テレビ新潟	UX	新潟テレビ21	BSN	新潟放送	NBS	長野放送		
	⑩	TSB	テレビ信州	abn	長野朝日放送	SBC	信越放送	SUT	テレビ静岡		
	⑪	YBS	山梨放送	SATV	静岡朝日テレビ	TUT	チューリップテレビ	BBT	富山テレビ放送		
	⑫	SDT	静岡第一テレビ	HAB	北陸朝日放送	MRO	北陸放送	ITC	石川テレビ放送		
	⑬	KNB	北日本放送	FBC	福井放送	SBS	静岡放送	FTB	福井テレビジョン		
	⑭	KTY	テレビ金沢	NBN	名古屋テレビ	CBC	CBCテレビ	THK	東海テレビ放送		
	⑮	FBC	福井放送	ABC	朝日放送テレビ	MBS	毎日放送	KTV	関西テレビ放送		
	⑯	CTV	中京テレビ	HOME	広島ホームテレビ	RSK	山陽放送	TSK	山陰中央テレビ		
	⑰	YTV	読売テレビ	yab	山口朝日放送	RCC	中国放送	OHK	岡山放送		
	⑱	NKT	日本海テレビ	KSB	瀬戸内海放送	BSS	山陰放送	TSS	テレビ新広島		
	⑲	HTV	広島テレビ	eat	愛媛朝日テレビ	TYS	テレビ山口	EBC	テレビ愛媛		
	⑳	KRY	山口放送	KBC	九州朝日放送	itv	あいテレビ	KSS	高知さんさんテレビ		
	㉑	JRT	四国放送	NCC	長崎文化放送	KUTV	テレビ高知	TNC	テレビ西日本		
	㉒	RNC	西日本放送	KAB	熊本朝日放送	RKB	RKB毎日放送	STS	サガテレビ		
	㉓	RNB	南海放送	OAB	大分朝日放送	NBC	長崎放送	KTN	テレビ長崎		
	㉔	RKC	高知放送	UMK	テレビ宮崎＊	RKK	熊本放送	TKU	テレビ熊本		
	㉕	FBS	福岡放送	KKB	鹿児島放送	OBS	大分放送	TOS	テレビ大分＊		
	㉖	NIB	長崎国際テレビ	QAB	琉球朝日放送	MRT	宮崎放送	UMK	テレビ宮崎＊		
	㉗	KKT	くまもと県民テレビ			MBC	南日本放送	KTS	鹿児島テレビ		
	㉘	TOS	テレビ大分＊			RBC	琉球放送	OTV	沖縄テレビ		
	㉙	UMK	テレビ宮崎＊								
	㉚	KYT	鹿児島読売テレビ								

＊はクロスネット局（2つ以上のキー局の番組を放送している局）

● 「ニュースリリース」有料配信会社のサービス比較

(2024年7月現在)

「@Press」 ソーシャルワイヤー㈱　TEL：03-5363-4870　https://www.atpress.ne.jp/service

配信可能媒体数と特長	価格設定と特長	サービス概要・差別点
配信可能媒体数：8,500 掲載保証メディア ：最大75	1配信：30,000円～ すべてのプランに、校正・配信リスト作成・FAX配信が含まれている。 リピート配信やSNSへの拡散オプションがプラン内に含まれるものもあり。 1年間利用できる複数枚チケットの購入で割引あり。 この他、海外向け配信サービスや翻訳オプションもある。	国内No.1の10,000リスト、8,500メディアに配信。原稿校正から配信先選定までのすべてをプロが実施・サポートするため、「取材」や「記事」に結びつく確率が圧倒的に高い。全リリースにプロの担当がつくため初心者でも安心。希望に応じてタイトル・見出し等の提案も可能。マスメディアで受信希望が多いFAXでも配信。無料広報セミナーも定期開催中。

「共同通信ＰＲワイヤー」 ㈱共同通信ピー・アール・ワイヤー　TEL：03-6252-6040　https://kyodonewsprwire.jp/

配信可能媒体数と特長	価格設定と特長	サービス概要・差別点
国内：2,500媒体4,000か所のメディアをテーマ・ジャンル・エリアごとに159カテゴリの配信先リストに分類。全メディアに受信承諾を得ている。 国内提携サイト：全71サイト。 海外：約400種類の配信先回線。海外の通信社と提携。	国内配信：新規限定の年3回9万円～年定額90万円など。全国17都市の商工会議所など「中小企業支援パートナー」を通じた利用は1回38,000円。 海外配信：約400種の配信先リストから選択可能。全米4,330媒体へ基本配信料152,700円～多数のプラン。	共同通信社グループとして2001年設立。159配信先カテゴリから上限10まで選択でき、1回あたり平均1,500か所程度に配信可能。記事向けの一斉配信をあわせて、ニュースサイト中心の提携サイトにリリース原文を転載するほか、国内2,000サイトを対象としたモニタリングを基本サービスとして提供。官公庁や地方自治体、学校法人など公的機関の利用も多い。

「valuepress」 ㈱バリュープレス　https://www.value-press.com/

配信可能媒体数と特長	価格設定と特長	サービス概要・差別点
11,000件のメディアリストから最大1,000人の記者にプレスリリースを配信。媒体の希望するジャンルとキーワードを反映した配信システム。希望媒体に電話フォローを行なう。	スタンダード：30日間配信無制限3.5万円。 ビジネス：30日間配信無制限7万円。指定媒体へ電話フォローとレポート提出も含まれる。スポット配信のプランも有り。	累計利用者76,400件超（2024年5月現在）。 ウェブクリッピングなどの効果測定機能が充実。配信無制限プランは原稿作成代も料金に含まれる。

「PR TIMES」 ㈱PR TIMES　TEL：03-6625-4876　https://prtimes.co.jp/service/

配信可能媒体数と特長	価格設定（税込）と特長	サービス概要・差別点
配信先メディア：約10,600 媒体300件まで自由に選定し配信が可能。 全国紙Webサイト等含むパートナーメディア250超の媒体と提携しプレスリリース掲載。 情報収集のための会員登録記者・編集者26,000名超。	従量課金プラン：1配信3.3万円 月間契約プラン：月額8.8万円 半年間契約プラン：月額8.25万円 年間契約プラン：月額7.7万円 ・最大300メディアへの配信　・月間閲覧数8千9百万PV超「PR TIMES」への掲載　・パートナーメディア20媒体以上への掲載　・登録記者2万6千人超への配信　・合計ファン数58万超の公式SNSへの投稿　・閲覧数やヒートマップなどの分析データの閲覧	利用企業数9万4千社突破、上場企業57％超が利用。配信数は月間3万4千件超。累計100万件超。メディアは情報源として活用。生活者はタイムリーな企業ニュースとして閲覧・シェア。画像、動画、GIFアニメーション等のコンテンツとして楽しめる表現機能が充実。プレスキット機能でメディアコミュニケーションを円滑に。広報PRの勉強会や交流会を定期開催し担当者のPR成功を支援。

ビジネスワイヤ・ジャパン㈱　TEL：03-4577-4637　https://www.businesswire.com/

配信可能媒体数と特長	価格設定と特長	サービス概要・差別点
国・地域別配信に、200を超える業種・業界リストから適切なカテゴリを追加することで、リリース内容に沿ったオーディエンスへのリーチが可能。	配信先地域・国や業種によって異なり、リリースの長さに応じた従量課金制。全米向け102,300円～、アジア太平洋向け296,450円～など多数のプランを用意。料金内に主要言語への翻訳と、配信後レポートを含む。複数回のお得なパッケージも提案可能。	国内にニュースルームを持つ唯一の直営グローバルニュースワイヤとして、配信前アドバイスから効果検証までトータルケア。翻訳つきの広範な配信から専門業界へのターゲット配信など、希望に合った経験を提案。10年以上の豊富な経験を持つニュースルームチームが、グローバル配信をサポート。入稿・配信は24時間対応で、タイムリーなリリース配信が可能。

（2024年1月現在）

「@クリッピング」　ソーシャルワイヤー㈱　TEL：03-5363-4878　https://www.atclipping.jp/

モニタリングの範囲と特長	価格設定と特長	サービス概要・差別点
ウェブメディア4,200以上。キュレーションメディアにも。業界一。新聞雑誌は2,000以上カバー、口コミ・SNS調査についてもご相談ください。	ウェブ：月額基本料2万5,000円～。新聞・雑誌：月額基本料1万4,000円～。口コミ・SNS：月額基本調査料2万8,000円～。	ウェブ：前日記事を毎朝7時半頃に報告。Excelやグラフでも表示・ダウンロード可。ノイズの発生案は0.05%以下。新聞・雑誌：プロスタッフ調査、実記事を発送。Excel閲覧可。

㈱ジャパン通信社　TEL:03-5550-3752　http://www.japan-tsushin.co.jp/

モニタリングの範囲と特長	価格設定と特長	サービス概要・差別点
約7,000以上の新聞・雑誌、ウェブメディアを目視で調査。あいまいな抽出条件にも対応出来るすべて正社員のプロの調査チームで対応	新聞・雑誌：1.8万円／月。ウェブニュース：1.5万円／1週間、3万円／月。速報サービス：新聞5千円／日、ウェブ：1万円／日。ブログ：3万円／1期間。海外プレス：1.5万円／月。海外ウェブ：10万円／週、20万円／月。広告換算：500円／1記事。見積り無料。	新聞・雑誌：正社員のプロ調査員が目視調査。抽象的な抽出条件も問題なく対応。ウェブ：5千サイトから検索。目視チェックし毎朝報告。ウェブ広告換算では業界標準ロジック構築。早朝報告対応。即時・休日対応可。海外：提携のクリッピング会社から200カ国を対象に調査可能。

㈱デスクワン　TEL:03-3813-7661　http://www.deskone.co.jp/

モニタリングの範囲と特長	価格設定と特長	サービス概要・差別点
早朝クリッピングの魁として37年。主要企業が利用。最多の約50紙をカバー。主要雑誌は発売日当日朝に。地方紙も業界最速。	最低利用価格は月額8万円から。事前見積り定額制。平均利用価格は月額25万円前後。記事の増減は料金内対応のため、予算化が容易。	紙面を直接切り抜き、原紙をバイク便などで配達（午前7時～9時に配達）。あいまい検索対応・検索内容の随時変更可。納品は個客仕様：記事をA4台紙に貼付・記事を優先順にレイアウト・記事インデックスの作成等。

㈱内外切抜通信社　TEL:03-3208-5134　https://www.naigaipc.co.jp/

モニタリングの範囲と特長	価格設定と特長	サービス概要・差別点
新聞・雑誌 約2000媒体、WEBニュース約5000サイトを調査。X（旧Twitter）、InstagramなどSNSも調査・広告換算が可能。過去調査、テレビ調査、海外メディア調査も対応可。	新聞・雑誌：2万円／月～。ウェブニュース：1万5千円/月～、X（旧Twitter）：2万円/週～、など。広告換算、論調分析、目的に合わせたレポートのカスタマイズにも対応。	1939年創業の最古。新聞・雑誌は全て目視調査。WEBニュースも機械と人のハイブリッドで目視確認。機械検索では難しい細かな検索条件が可能。記事内容を加味した広告換算で高い信頼。AI研究も手掛ける。

㈱ニホンモニター　TEL:03-3578-6850

モニタリングの範囲と特長	価格設定と特長	サービス概要・差別点
全国の地上波テレビ、ウェブニュース約4,000サイト、主要紙、SNS、AbemaTV等動画ニュース、CATVも一部対応。	在京キー局のモニタリング調査：20,000円/1週間～。TVパブリシティ検索サービス「エヌケン」：15,000円/1か月～。全国テレビモニタリング網を確立。地域のCSR活動など細かい露出確認可。	毎日の放送・掲載結果をエクセルにまとめてレポート。速報や広告換算も対応可。夜勤・週末も交代勤務によりスタッフが常駐。リスク発生時など、営業時間外の速報レポートも実績多数。

㈱PTP　TEL:03-5465-1626　http://www.ptp.co.jp/

モニタリングの範囲と特長	価格設定と特長	サービス概要・差別点
テレビクリッピング業界No.1のSPIDER PRO。導入実績500社以上。企業広報部他、官公庁、地方自治体も利用。最大3か月テレビ地上波の番組とCM映像を検索・モニタリング可能。BSも対応。	基本サービス月額6万円で映像の検索と視聴が可能で視聴や検索量に制限なし。ハイビジョン録画で映像画質もきれいなので報告や保存用には最適。テレワークにも完全対応。テレワークオプション月額2万円。	会社や自宅などPCやスマホがあれば、どこからでも、テレビのパブリシティ検索が可能。検索だけでなく、映像の視聴と共有がディスクなしで行なえる。メールでの通知設定で日々のチェック作業も簡単に省力化。

●企業・団体・官公庁の広報アドバイス一覧

【企業】

（所属・役職：2024年7月現在）

Apple Japan, Inc　広報部長　竹林　賢（たけばやし　たかし）氏

ネット時代の広報の役割	適切なタイミングで正しいニュースを伝えることが一層重要になって来ています。企業のブランドイメージを毀損させない、社員のモチベーションを下げない、ひいては株価にも悪影響を及ぼさないためにも、情報を発信する企業のスポークスパーソンたる広報の役割は今後ますます重要度を増していきます。
新任広報担当者に望むこと	「かならずブレイクする」というビジョンを描き続ける。一番大事なのは、自社製品に対する愛情と自信です。記者・編集者の方に愛情を持って製品の良さを伝え続けることが、のちの大ブレイクにつながっていくものです。

石坂産業（株）　執行役員　経営企画室室長　熊谷　豊（くまがい　ゆたか）氏

危機管理に関する基本的な考え方	事前に事業に影響を及ぼす「危機」について定義し、以下の危機対応マニュアルを作成しておく。①夜間・休日の障害者対応、②火災発生、③地震発生、④風雨対応、⑤大雪発令時対応、⑥停電時対応、⑦大規模セキュリティ障害、⑧パンデミック対応、⑨施設内社員事故発生、⑩お客様事故発生
危機における望ましい広報担当者のあり方	「危機対応」に関し、ステークホルダーやメディアにどのような情報を流すべきか、事前に検討しフレームワークを作成する。取材対象先を明確にしておくことも重要。

Uber Japan（株）　コミュニケーションディレクター　今井久美子（いまい　くみこ）氏

新時代における広報の役割・あり方	自らのミッションを定義し、多様なメディアや進化するツールを使いこなすだけでなく、AIが代替できない人との関係や経験に基づいた価値ある露出を積み重ねることです。これがこれからの企業のコミュニケーション戦略において、重要な役割を果たすと考えます。
新任広報担当者に望むこと	広報の業務の中で、自分が誰よりも詳しいと言えるような専門分野を持つことをお勧めします。その専門分野を軸にスキルと経験を磨くことで、コミュニケーションのプロフェッショナルとしての基盤が築かれ、将来に役立つと考えます。

ＡＧＣ（株）　広報・ＩＲ部　広報担当部長　小田健一（おだ　けんいち）氏

新任広報担当者に望むこと	自社について、社内で一番詳しい人になる。これに尽きます。
プレスリリース作成の留意点	Factだけでなく、その事業や製品のStoryを語ることを心がけましょう。読まれるStoryを語るためには、常に世の潮流・流行を意識しましょう。そのために、幅広いメディアに目を通すことをお勧めします（できればWebではなく紙で）。

（株）オーダースーツSADA　代表取締役社長　佐田展隆（さだ　のぶたか）氏

ネット時代の広報の役割	企業は社会から愛されないと、買ってもらえない時代なので、社会からどのように見えるかが広報の役割。社会に愛されるために企業あり方や姿勢をしっかり伝えることを広報に期待している。そんな情報発信の組み立てを図って欲しい。
新任広報担当者に望むこと	メディアに取り上げられることは、社内の雰囲気を変える力、社風さえ変えさせる力あり。メディアにでると社員満足度に繋がる。そこでメディアに魅力的なニュースリリースを作成し、小さくとも一つでも多くいい記事を出して欲しい。

オリンパス（株）　広報課長　小林　司（こばやし　つかさ）氏

危機発生後のメディア対応で重視している点	メディアと対面による積極的なコミュニケーションを行う。その際、基本姿勢である「逃げない、嘘をつかない、隠さない」を貫くことを重要視している。
危機における望ましい広報担当者のあり方	基本姿勢である「逃げない、嘘をつかない、隠さない」を貫く。メディアの質問の意図、記事にしたいポイントを予測しながらコミュニケーションを行い、ネガティブな記事を最小限に留める。

鹿島建設（株）　広報室長　田辺義晴（たなべ　よしはる）氏

ネット時代における広報の役割	時代が変われども、広報の役割は「企業と社会の接点である」という本質は変わらない。ITの進化で社会生活が変化する中、SNSやAIをはじめ広報メディアやツールは多様になり、時流に合致する接点を見極めスピーディに対応することが求められる。
新任広報担当者に望むこと	誠実であること。誠意を持って仕事に取り組むこと。責任感を強く持つこと。世間の視点で考えること。本質を見抜く力をつけること。良い文章を多く読むこと。広く世事に興味を持つこと。芸術に触れ、五感を磨くこと。

川崎重工業（株）　執行役員　コーポレートコミュニケーション統括部長　鳥居　敬（とりい　たかし）氏

ニュースリリースやQ＆A等作成の留意点	プレスリリースは誰にでもわかる内容になるよう努めるとともに、簡潔な表現で誤解を与えないよう留意する。また必要に応じて写真、図などの補足資料も準備する。
危機における望ましい広報担当者のあり方	危機時には冷静な判断を求められ、楽観せず最悪の事態を頭に描いて行動することが重要である。当該事案の迅速な情報収集に努める一方で、社外から入手した情報を社内に展開していく役割を担うことが必要である。

菊屋浦上商事（株）　代表取締役社長　浦上裕生（うらかみ　ひろお）氏

新時代における広報の役割・あり方	SNS等で情報をバズらせることも大事。情報の出所（ソース）を意識して、定期的に検索される有益な情報と話題を提供する。最先端の技術を磨くよりも定期的な発信がどの時代にでも必ず活きる。当社は「左利きグッズ」をキーワードに、年2回ある特定記念日に向けて情報提供することで大きな話題に繋げている。
新任広報担当者に望むこと	自社がアピールしていきたい内容とマッチする媒体を学ぶこと。広報とは「自社のファン」になってもらう活動です。相思相愛な関係とするため新しい目線を持つ、あなたならではの工夫と勇気を組み入れて下さい！　果敢にチャレンジを続けよう！　社会課題に向けた前向きな行動なら良し。

キヤノン（株）　執行役員　広報・IRセンター所長　藤森寛朋（ふじもり　ひろとも）氏

危機対応に関する基本的な考え方	「クライシスマネジメント」と「リスクマネジメント」の2つの側面を踏まえて危機管理体制を構築することが必要で、特に「クライシスマネジメント」では、危機管理体制の構築、経営層を中心とした危機管理トレーニングなど、危機発生時に瞬時に、同時に、適切に対応できる体制の構築を重視。
危機発生後のメディア対応で重視している点	基本的には「発生した事実を、可能な限り早く、正確に、公正に」伝えることが極めて重要。危機発生時においては、情報の一元管理を含め、適切なメディア対応が行える体制を準備。広報部門が中心となり、24時間・365日対応できるよう準備。

京セラ（株）　メディアリレーション部　責任者　杉内伸路（すぎうち　しんじ）氏

新時代における広報の役割・あり方	情報の発信や収集をコントロールし、ブランド認知の向上や良好な事業環境への貢献など広報の大きなミッションは変わらない。しかし、SNSの台頭や生成AIなどの新しいテクノロジーの出現などメディア環境が大きく変化し、情報の信頼性にも一層のリテラシーが求められる時代において、従来の手法に固執せずに、時代の変化に合わせ、新しい広報のあり方を変化させ続ける必要がある。
新任広報担当者に望むこと	謙虚で素直であることをベースにして、自社のことを、わかりやすく編集して、情報発信できる能力を磨いてほしい。また、外部から見えている自社の姿を常に想像する「客観性」も必要。人と会って、デジタル化される前の情報を収集できるフットワークやコミュニケーション能力も求められる。

キリンホールディングス（株）　執行役員　コーポレートコミュニケーション部長　佐々木直美（ささき　なおみ）氏

危機発生後のメディア対応で重視している点	初動対応の徹底と発表後の継続発信。早急に危機（リスク）事件の全容を把握し、事件拡大の余地があるかどうか予測。可能な限り原因究明を急ぐと同時に、再発防止策の策定と早期の会見準備。その後は進捗についての発表を継続する。
危機における望ましい広報担当者のあり方	・消費者の安全・安心を確保することを最優先に考え行動する。 ・事実をもれなく情報収集し、社外に正確に伝える役割を徹底する。どんな状況でもメディアからの問い合わせに対応する態勢で臨む。

KDDI（株）　広報部長　名古路太一郎（なこじ　たいちろう）氏

新時代における広報の役割・あり方	情報接触手段・デジタルメディアの影響拡大・情報流通の変化など、広報を取り巻く環境は大きく変化していますが、「企業と社会をつなぐ」広報の役割は変わりません。幅広い情報収集と機敏な先読みで環境の変化に対応し、企業と社会の信頼関係を構築していくことが重要です。
新任広報担当者に望むこと	広報部員の目指す姿は「社内外から信頼される情報連携のリーダー」と考えています。情報に対する感度を高く持ち、常に謙虚かつ利他の心で、広聴活動と情報発信に取り組むことを期待しています。

（株）クボタ　理事　秘書広報部長　習田勝之（しゅった　かつゆき）氏

新時代における広報の役割・あり方	自社の視点ではなく、客観的に自社を見つめ、企業の良心や社会に開かれた窓として、しっかりと説明責任を果たす誠実さと胆力、バランス感覚が求められる。
プレスリリース作成の留意点	企業視点ではなく、社会が必要としている情報を、必要な内容と量を盛り込み、必要なタイミングで迅速に開示できるかどうかがポイントととなる。また、危機管理対応時には、プレスリリースやQ＆A作成に掛けられる時間に余裕を生むためにも如何に早く「危機の予測・予知」ができるかが重要である。

（株）神戸製鋼所　総務・ＣＳＲ部　秘書広報グループ長　高久真也（たかく　しんや）氏

ネット時代の広報の役割	多様化するメディアを通して、その先にいる様々なステークホルダーに訴求していかなければならない時代、「どのステークホルダーに」、「どのようなメディアを通じて」情報発信をしていくかが重要になる。これからは一方的な情報発信に留まらず、双方向の持続的なコミュニケーションを行うことで、企業の持続的成長へ貢献していく。
新任広報担当者に望むこと	言っていいこと、言ってはいけないこと、言うべきことの判断を間違えないこと。その判断基準は関係部署との間で同意を取ったものとする。メディアに伝えたいことをきちんと主張をし、どこまでであれば話してよいかの基準を明確にする。

小林製薬（株）　ＣＦＯユニット　広報・ＩＲ部長　富山有子（とみやま　ゆうこ）氏

プレスリリースやQ＆A等作成の留意点	①メディア＝社会的に重要なニュース価値は何かという視点を常に念頭に置き、想定される質問を準備。 ②関係部署で事実確認し、社会的要請に応えられるレベルの回答を準備。 ③記者の方々の後ろにいらっしゃる一般の方々が理解できるわかりやすい表現を意識。
危機における望ましい広報担当者のあり方	迅速かつ誠実な対応を心がける。細部に至るまで経営陣と協議した上で、会社の見解をわかりやすく伝え、決して自身の主観を入れない。

（株）コロワイド　マーケティング統括部 統括部長兼PR室長　山崎政彦（やまざき　まさひこ）氏

危機管理に関する基本的な考え方	危機発生は、日頃から経営全般がしっかりマネジメントできているかの試験紙の結果だ。危機の芽は、社内の常識と社外の常識のギャップから生まれる。このギャップを先取りして日常的に潰しておくことが、結果的に最大のリスクマネジメントになる。
新任広報担当者に望むこと	勉強・勉強！　学生時代の勉強は人生の基盤づくりの勉強であり、広報パーソンとして社会の本質を見抜き、自分の会社を"企業市民"として社会に根付かせるために、本物の勉強が重要。歴史・哲学・科学を含む幅広い教養で知識武装すればするほど、広報パーソンとして会社をリードし、将来の経営幹部として無二の存在になり得る。

（株）サイバーエージェント　全社広報室　室長　上村嗣美（うえむら　つぐみ）氏

新時代における広報の役割・あり方	スマホやSNSの浸透により企業はガラス張りの状態ともいえる中、スピーディーかつ透明性の高いコミュニケーションが求められている。企業と社会のコミュニケーションハブとなる広報は、時流や社会の文脈、様々なステークホルダーを理解し最適なコミュニケーションをとることで企業の価値向上につなげる役割を担っている。
新任広報担当者に望むこと	企業・消費者・メディアにとって三方良しになるPRを実現するため、企業・商品の理解、消費者ニーズへの想像、メディア特性の理解を深め、洞察力を磨くこと。

サントリーホールディングス（株）　執行役員　広報部長　加藤　裕（かとう　ひろし）氏

危機発生後のメディア対応で重視している点	何よりもスピードと正確さ。仮に発表時点で確認できない内容については、確認でき次第、連絡させていただくことをお伝えし、誤った情報や憶測が含まれる情報が拡散しないようにすることが重要。
危機における望ましい広報担当者のあり方	会社の代表として信頼される言動。お客様をはじめ、社員、取引先などすべてのステークホルダーのことを考えて、正しい情報を伝えることが重要。

（株）資生堂　グローバル広報部　グループマネージャー　小原恵美子（おはら　えみこ）氏

危機発生後のメディア対応で重視している点	正確かつ迅速な情報収集、適時開示を旨に、誠実な対応を重視する。平時に計画していた発信案件を停止、延期し、社会に広く影響を与える案件への対応を最優先にするなど、情勢を見極めた対応を即座に図る。
危機における望ましい広報担当のあり方	平常時と変わらず記者、メディアに対し誠実に接することが大前提。冷静にわかりやすく伝えるコミュニケーション力とスピード感、そして最後まで責任を持ち対応する力が必要な資質と捉えている。

（株）島津製作所　コーポレート・コミュニケーション部長　榎本晋虎（えのもと　しんこ）氏

新任広報担当者に望むこと	①日ごろから社内や世の中の動きに興味関心をもっておく。 ②記事の読み手、視聴者、閲覧者が何を知りたいかを意識して情報発信する。 ③社内や社外で積極的に人脈を作る。
プレスリリース作成の留意点	①新商品や新技術について何が新しいのか、可能な限り定量的に記載する。 ②社内だけでしか通用しない表現や専門家でないと理解できない内容は避ける。 ③できるだけ少ない文字数で簡潔に伝える。

進和建設工業（株）　代表取締役会長　西田芳明（にしだ　よしあき）氏
　　　　　　　　　　代表取締役社長　西田泰久（にしだ　やすひさ）氏

新任広報担当者に望むこと	まずは、常に同業・異業の様々な会社の取り組みにアンテナをたてて、情報収集をすることが必要です。また、その集めた情報と自社を客観的に見る視点を持つことも重要です。さらに、社内外の様々な人と円滑なコミュニケーションを図り、柔軟な対応ができることも求められます。
プレスリリース作成の留意点	プレスリリースの中で伝えることが、メディアが本当に伝えたいことになっているかと常に意識することが重要だと思います。そこにしかないこと・いままで誰も気づかなかったことが記事になります。

（株）JTB　広報室長　臼井麻理（うすい　まり）氏

危機発生時における対応の基本方針	情報を迅速に正確に把握すること。旅行事故の場合は第１報から少しずつ情報が入ってくるため、情報整理力が肝になる。刻々と変化する状況に対応。基本方針は「逃げない、隠さない、嘘をつかない」。記者の向こう側にいる社会・お客様に向けて伝えるつもりで対応する。苦しくても一方的に話を打ち切る姿勢は致命的。
新任広報担当者に望むこと	広報は企業の顔と呼ばれる。「最も自社について詳しい人物になる」ことを目標に。会社と社会の橋渡し役として、広報の視点に加え、経営者の視点も必要。トレンドには敏感に、アップデートすべき価値観は何かを考える。社外人脈作りと社内情報を効率よく集めるインナーコミュニケーションを活性化させることも大切なポイント。

ジョンソン・エンド・ジョンソン（株）　メディカル カンパニー　コミュニケーション＆パブリックアフェアーズ ディレクター　渡辺奈々美（わたなべ　ななみ）氏

新時代における広報の役割・あり方	環境が大きく変わり続ける現代においては、社会が直面する複雑な課題を解決し、よりよい方向に向かっていくうえで企業が果たす役割は益々大きくなると感じています。その中で、企業が人や社会にどのような価値を届けているか、社員自身があらためて認識するとともに対外ステークホルダーに伝え、目指すことの実現に向けて"よい変化"をもたらすことが重要であり、その核を担うのが広報の役割です。
新任広報担当者に望むこと	何のために行うのかという目的を常に意識する。自身が身を置く組織や業界の外も含めた社会の視点を持ち続ける。広報の業務の幅を狭め過ぎずに広い視野をもってさまざまなステークホルダーと連携しながら目的の達成を目指すことが大切です。

スターツケアサービス(株)　経営企画室　取締役　下城守二(しもじょう　もりじ)氏

新任広報担当者に望むこと	撮影モデルに現場の施設職員や利用者を採用し、日々のケアの様子や笑顔での触れ合いが広報として企業のプラス効果になることを伝え、モチベーションにつなげてもらうようにしている。現場を巻き込んだ企画を立て社外にも広報していく。
ニュースリリース作成の留意点	何が新しく、何が特徴的な情報なのかを精査し、タイムリーに配信する。特筆すべき内容が現場における日常の出来事の中にあり、幼老複合施設内での園児と高齢者の関わりや地域の小学校で公開事業を実施するなど、利用者や職員の声を拾い現場の臨場感を伝えていく。

住友化学(株)　コーポレートコミュニケーション部　元担当部長　中島順一(なかじま　じゅんいち)氏

ネット時代の新任広報担当者に望むこと	社内外をつなぐ窓口として広報の役割は不変。いかなる時も、誠実に、正しく、適切なタイミングで情報発信を心掛ける。常にその業務をする理由を考え、実行する全てに根拠を持つ。それら一つ一つ積み重ねことが、非常時の対応の指針になる。接する人や業務に興味を持つことで、相手のとの距離は縮まり、知識の浸透もより深くなる。
危機への備え・危機発生時の対応	想定してないことはすぐに対応できない。起こる可能性があれば常に準備を怠らない。会社とは社会に認められて存在が許されている。不測の事態にはとにかく真摯に対応する。

住友商事(株)　広報部長　長澤修一(ながさわ　しゅういち)氏

新時代における広報の役割・あり方	企業におけるコーポレート・コミュニケーションの重要性は一層高まっており、それを掌る広報の役割も、メディアを通して案件を打ち出すだけでなく、経営戦略をストーリーとしてステークホルダーへ伝えていくことが必要。また、社会との結節点として、発信と広聴の双方向のコミュニケーションにて、企業価値向上を図ることが求められる。
新任広報担当者に望むこと	逃げず・隠さず・嘘をつかないことで社内外の信頼を獲得し、頼りにされる広報パーソンを目指し、社会に寄り添う存在となることを期待する。

住友ファーマ(株)　コーポレートコミュニケーション部　広報・IRグループマネージャー
鎌野公洋(かまの　きみひろ)氏

新任広報担当者に望むこと	自社の事業、世の中のトレンドなど幅広く知識や情報を吸収し、どのような話題でも対応できるようになることが望ましい。情報を提供してもらえるよう、多くの従業員とコミュニケーションを取り、信頼関係を築き、その関係を強化していくことも大事。
危機発生時の対応	不祥事や大規模災害発生などを想定した模擬会見や模擬訓練などを通じた危機への備えが重要である。定期的に緊急時の広報対応の手順を見直すことも必要。危機発生時には、正しい情報の入手、情報収集・情報発信の窓口の一本化、最悪の事態を予測しての行動、迅速な初期対応などが重要である。

(株)正興電機製作所　CSR・内部統制・コンプライアンス担当取締役　田中　勉(たなか　つとむ)氏

新時代における広報の役割・あり方	非常時に備えた事前のマニュアルの整備が重要。危機発生時の対応力は情報収集のスピードと臨機応変な判断力にかかっている。社内外の情報収集力を高め、危機においては制約の中で迅速な判断と行動ができるよう日頃から備えておきたい。
プレスリリース作成の留意点	最近は多様な情報伝達手段が出てきて情報の受け手も多様化しており、予想を超えた反響が広がるリスクがある。広い視野から萎縮することなく、正確な情報に基づき的確に表現することがより一層肝要である。また、業界や社内特有の専門用語は避け不要な誤解を招かないようにすべきである。

セコム(株)　コーポレート広報部長　井踏博明(いぶみ　ひろあき)氏

危機発生時における対応	危機発生時、自社に都合の良い解釈で解決を図ろうとすれば、逆に事態を悪化させることにもなりかねない。社外の視点に立って、企業として十分な説明責任を果たせているか、誠意ある対応が取れているかを冷静に判断する必要がある。
新任広報担当者に望むこと	広報は自社だけでなく、社会全体の流れにも目を向けることが必要。今どういった情報が世の中で求められ、自社でどういった情報発信が可能かを戦略的に考える。社内外にアンテナを張り、情報収集する努力を怠らない。広報は社内外の様々な人と関わり合うので、常に"謙虚さ"を忘れず、誠実である事が大切である。

(株)セブン＆アイ・ホールディングス　秘書室長　兼広報センター　シニアオフィサー　松本　稔氏

新時代における広報の役割・あり方	社会が複雑化し、より不確実性が高まる経営環境おいて、社会と企業との窓である広報にはマルチステークホルダーの発想・視点が求められる。経営と一体となり、変化し続ける社会と企業との間にあるギャップを埋め（守り）、社会課題解決や新たな価値提供における協調・共創のハブ（攻め）の役割も求められる。
新任広報担当者に望むこと	思慮深さと、社会（お客様）と経営の両面から広い視野を持ち続けること。既存の手法や価値観に拘泥せず、常に社会の変化を捉え新たな発想で取り組むこと。広報でのキャリアを通じて構想力と想像力、それを実現するための行動力、胆力を磨いていってもらいたい。

全日本空輸(株)　広報部　担当部長　黒木隆志(くろき　たかし)氏

ネット時代の新任広報担当者に望むこと	ネットユーザーの感覚でスピードを意識した広報対応と発信し続ける粘り強さが必要。広い視野と好奇心を持ち、情報に対し貪欲であること。記者の視点を理解するため、自分に関係の薄い業界にも常に興味を持ち、自社に置き換え、自社への影響を常に想像する癖をつける。社内外で積極的に雑談に参加する。
危機発生時の対応	正確な情報を迅速に提供する。そのためにケーススタディやテンプレートづくり、組織全体の訓練を定期的に行っておく。普段からメディアと誠実に向き合い、会社のことを正確に理解してもらうためのコミュニケーションを重ねておく。

ダイキン工業(株)　コーポレートコミュニケーション室長　細見基志(ほそみ　もとし)氏

新時代における広報の役割・あり方	世の中の人々に、いかに共感を得られるメッセージを練り上げ発信し、ファンになってもらえるか――その橋渡し役としての広報の役割は、不変ではないでしょうか。常に片足を社外に置いて、社外の目から自身の企業を見る力と行動力、そして社内を動かせるトップとの信頼関係が、広報（攻めと守り）の存在意義だと思います。
新任広報担当者に望むこと	私の長年の経験から、人脈づくりこそ、広報の最大の財産と言えます。広報を取りまく関係者は、オープンマインドで、互いの悩みと情報を共有できる仲間です。求めれば求めるほど、動けば動くほど、手ごたえがあり世界が広がります。

(株)タイトー　総務管理本部　本部長　児玉晃一(こだま　こういち)氏

ネット時代の広報の役割	ネット上の情報がアルゴリズム／AIで各個人の趣向に合わせた情報が集まってくる「フィルターバブル」の中で(1)既存ファンを更にファンにさせる施策、(2)興味ない方にどう情報を届けるかの観点で、マス媒体向け広報から、誰に、何を、いかに、なぜ伝達するかの戦略が大事。
新任広報担当者に望むこと	自分自身がフィルターバブルに包まれ、エコーチェンバー効果によって、考え方が偏ってないか、自分とは違うコミュニティの人にも情報を届ける仕事なので、留意してほしい。そして、一見関係の無い、興味がない情報であっても、自分／会社にどのような影響があるのか、と常に考える癖をつけ、社内外の色々な情報を取集してほしい。

大日本印刷(株)　コーポレートコミュニケーション本部　理事　田村高顕(たむら　たかあき)氏

新任広報担当者に望むこと	コミュニケーションの手段が多様化するなか、企業広報には一層の「ステークホルダーとの双方向の対話」が求められている。人々の多様性を尊重し、個々のニーズや課題を把握して、迅速・的確・誠実な対応が企業価値の向上につながる。視野を広く、視座を高く、視線を未来に向けて、挑戦を続けていくよう期待しています。
危機発生時の対応	「変動要素としてのリスク」を常に関係者と的確に把握・分析しておく。環境・社会・経済の変化に加え、不測の事態が生じた場合でも、企業広報の対応次第で、「クライシス（危機）」を招くのではなく、「チャンス」に転換することができます。平時から備えるとともに、緊急時の逃げない・虚偽のない・真摯な対応が大切です。

大和証券グループ本社　広報部長　松下かおり氏

ネット時代の広報の役割	情報が氾濫する中、信頼できるメディアの重要性が増しています。正確で誠実な情報発信が求められる時代です。自社のHPやSNSを使い、お客様と直接つながり、営業員とのリアルなコミュニケーションを組み合わせることで信頼を得ることが大切です。自社ツールでの情報発信力強化も広報の重要な役割です。
危機発生時における対応	経営・社内関連部署との連携スピードが重要です。そのためには平常時からのコミュニケーションやメディアとの信頼関係作りが大切です。自社の対応スタンスやフローも定期的にチェックしましょう。

大和ハウス工業(株)　上席執行役員　広報企画室長　中尾剛文(なかお　たかふみ)氏

危機発生後のメディア対応で重視していること	4つのS、すなわち、①誠実な対応（逃げない、隠さない、嘘を言わない）、②正確な対応（ミスリードしない）、③スピードある対応（メディアの締め切り時間に配慮）、④社会の視点に立った社内調整・情報開示が大切だと考えます。
危機における望ましい広報担当のあり方	企業市民として、倫理的・道義的責任を念頭に行動することが基本。トップや担当部門が社内の論理のみに陥らないよう社会と自社を俯瞰した見解に基づき意見具申・社内調整し、メディアや社会に対し、適切な情報をタイムリーな発信が理想。

(株)髙島屋　広報・IR室次長　桑原俊尚(くわはら　としなお)氏

ネット時代の広報の役割	時代を問わず、「社内と社外の結節点」としての機能を果たす。結節点としての「感度」を日々磨くことで、「対応力」を身につけ、スピード感のあるPRを行うとともに複雑化するリスクにも対応していく。情報量が膨大かつ拡散スピードが速くなる今だからこそ、常に「ブレない姿勢」で、社外視点と公平性を持つ。
新任広報担当者に望むこと	自社だけでなく、業界や街など広く情報収集し「あの会社のあの人に聞くと面白い情報を持っている」と思ってもらえることが大切。メディアとの信頼関係を積み重ね、ブームや社会現象を作りだすことも可能。広報活動に正解や型はない。自分自身のやり方を見つけ、組織や社会に影響を与えるよう目指して下さい。

(株)Cheer Blossom　代表取締役　兼　(一社)Next Big Pivot　代表理事　梶川三枝(かじかわ　みえ)氏

新時代における広報の役割・あり方	社会課題解決が事業の根幹となる時代において、広報は企業がその社会的責任を果たすためのツールとして、その成果が信頼と事業成長につながる重要な役割を担っていると思います。
新任広報担当者に望むこと	危機対応が必要になった時、他社の動向を見回さなくてもよいよう、日頃から自社CSR活動を通して社会課題にアンテナを張り、自社の存在意義と合致した立ち位置を常にとれるように準備しておきましょう。

(株)ディー・エヌ・エー　広報部長　金子哲宏　(かねこ　てつひろ)氏

ニュースリリース作成の留意点	読者が知りたいこと、関心が高いことを正確に、端的にわかりやすく、必要十分な内容で作成する。一番伝えたいことをタイトルに。最初の段落に結論を書く。1枚目に確実に伝えたい内容を盛り込む。読まなくても一目で伝わるビジュアル（画像、イラスト、図など）に。専門用語を極力使わない（使ったら必ず注釈を）など。
新任広報担当者に望むこと	自社（歴史、文化、制度、経営陣、社員など）をよく理解し、ゴールに向かい自分自身ができること、すべきこと、得意なことが何かよく考え、行動する。広報でもそれ以外でも会社に貢献できることを全てやるマインド、行動力が大切。直接関係のない情報から意識せずとも仕事に結びつけられる発想力を身につけてほしい。

(株)帝国ホテル　ホテル事業統括部広報課長　池本知恵紀(いけもと　ちえき)氏

ネット時代の広報の役割	広報の「基本」は変わらない。企業の姿を曇りなく伝えること、社会の声を聴き取ること、内外をつなぐ窓としての役割は不変。ネット時代のツールの変化や環境変化に適応し続ける。広聴機能・ソーシャルリスニングのありかたや、情報の洪水の中で、いかに「人」に届けるという事を意識して役割に向き合っていくことが大切。
新任広報担当者に望むこと	発信に加え「聴く力」も意識する。好奇心とリスペクトを持って良き聴き手になることが「気づき」をもたらし、より良い発信に繋がる好循環が生まれる。自社のモノサシは必ずしも社外で通用しない。ニュートラルな視点をもつバランス感覚を大切に！

帝人(株)　コーポレートコミュニケーション部　広報グループ長　本多信之(ほんだ　のぶゆき)氏

新任広報担当者に望むこと	「会社が言いたい」「こう書かれたい」ことが、必ずしも「世間の関心事」でないことを念頭に情報発信する。専門的な「自社○○」の訴求ではなく、社会の関心事に触れる話題提供に繋がるフックを見つけ出せるよう、日頃から社会動向に感度を働かせる。この「こじつけ力」を磨くために、記者との交流を深め、その生態を把握し、求められる情報・関心事を正しくタイムリーに汲み取るトレーニングを重ねることが肝要。
ネット時代の広報の役割	マスメディアに加えウェブメディアも発信対象になり締切り・字数制約の概念を変えた対応が必要。速報性重視の日刊報道に拘らない「読み物的」なまとめ／特集・企画記事の増加への対応が求められる。ネット時代で無数のウェブメディア・自社HPはじめ自社メディアも駆使した双方向コミュニケーション基盤としての役割が増えよう。

東京ガス(株)　広報部　報道グループ　報道担当副部長　小吹和也(こぶき　かずや)氏

危機発生後のメディア対応で重視している点	誠実かつ真摯に向き合う。事実や原因について正確な情報を伝えるとともに実効性のある再発防止策や責任を明確にする。可能な限り迅速かつ適切に情報開示する。社会・お客さまの目線を大切にして対応する。
危機における望ましい広報担当のあり方	社会課題や企業広報等に関する情報の受発信を的確に行える。平時からリスクの把握に努め、危機発生を想定した事前準備を行える。有事の際に、情報を正確に捉え、経営・現場レベル双方と連携を密にし的確な広報対応を実施できる。

東京中小企業投資育成(株)　総務企画部　次長　庄川和宏(しょうかわ　かずひろ)氏

危機管理に関する基本的な考え方	危機発生時はどうしてもその場その場の対応に追われてしまうので、事前の準備が肝要。危機発生時は、現場に最新の情報が集まるはずなので、能動的に現場を回って情報を集め、それを元に分析、対応へとつなげていく。
危機における望ましい広報担当のあり方	スピード感をもって、誠実な対応を心掛けることに尽きるのではないでしょうか。愚直に社内外から情報を集め、整理・分析し、その時点で最良と思われる表現で丁寧に発信していく。言うは易く行うは難しだが、基本に忠実に、冷静に対応したい。

(株)東芝　コーポレートコミュニケーション部　メディアコミュニケーション室室長　原 みどり氏

ニュースリリース作成の留意点	『なになぜ100回』。「何のために」「何故今なのか」「何故必要なのか」「込めたい会社の意思は何か」といった「なになぜ」をひたすら繰り返す。ビッグピクチャーとその中での位置づけが浮かび上がり、本質が見えてくる。見えたものを言語化したら、「この一文／表現は何のために書くのか／何故必要なのか」を自問自答。不要な文章／表現は削除し、本質がきちんと伝わる文章を目指す。
危機発生時の対応	出発は常に『事実』から。何も足さない。何も引かない。迷った時は事実に立ち戻る。スタッフ部門の中で唯一、外との接点があるのが広報。社内の論理を排除し、事実をベースに、常識と世論を踏まえ、公表タイミング、公表内容を検討する。

東邦ガス(株)　広報部　報道グループ　マネジャー　山田康志(やまだ　やすし)氏

ネット時代の広報の役割	膨大な情報を収集、整理、分析して、社会の変化を捉えた発信を通じて、ステークホルダーからいかに共感を得られるかがより一層求められる。ネットやソーシャルメディアの影響力が時に大きく、特徴を適切に認識して、様々な事態に備えたリスク管理も重要。
危機発生時の対応	危機を未然に防ぐ「リスクマネジメント」と危機発生に対処する「クライシスマネジメント」の役割。リスクは多様化、巨大化、複雑化の中、平常時からリスクを洗い出し、顕在化させないこと。危機発生時は、損害拡大の防止および世間からの信頼回復の観点からスピーディかつ誠実な対応を実現すべきと考えている。

東レ(株)　広報室長　松村俊紀(まつむら としき)氏

新時代における広報の役割・あり方	広報とは経営の機能の一部であり、企業が社会の一員として正しく存在するための社外との接点であるとの役割を意識すること。そして経営層とは、企業にとっての良い情報だけでなく、時には耳の痛い内容もいち早く報告し、それを当然のこととして受け入れられるような関係を構築すること。
新任広報担当者に望むこと	自社のことを発信するだけでなく、常に社会の目を意識し、どう見られているかを経営層に知らせることも広報の重要な役目と認識した日々のコミュニケーションに努めてもらいたい。特に広報対応の初動は、目の前の案件だけでなく、企業の将来にも大きく関わる可能性があることを強く認識すべきである。

(株)トプコン　経営推進本部　広報・IR部　主査　中村孝明(なかむら　たかあき)氏

ネット時代の広報の役割	デジタルメディアの活用により、情報の迅速な配信と、ステークホルダーとの双方向コミュニケーションを促進して、企業や組織のメッセージを効果的に伝え、ブランドイメージを確立し、信頼を構築する。危機管理では、インターネットの速報性を利用して透明性を保ちつつ、ブランドの維持に努めることが重要な役割です。
新任広報担当者に望むこと	会社を取り巻く情報に敏感であり、ステークホルダーとの信頼と共感を築くためのストーリー性あるブランドコミュニケーションや双方向の対話を戦略的に展開するスキルを期待します。危機管理対応では、冷静かつ迅速な対応により組織の信頼を守る能力が求められる。

トリンプ・インターナショナル・ジャパン(株)　マーケティング ジャパン　コーポレート&ブランドPRマネージャー　坂田修子(さかた　しゅうこ)氏

ネット時代の広報の役割	ネット、AIなど技術革新が進めど、広報の基本はコミュニケーションだと思います。常に人の話しや物事を聞く耳を持ち、そしてそれを伝えるスキルが問われる。大切なことを伝え、知るためにはまだまだ温度が感じられる直接の会話が大切で、コミュニケーションのスペシャリストであるべき広報こそ、それを率先して行うことが必要です。
新任広報担当者に望むこと	企業の顔となって外に出て行く広報は華やかと思われがちですが、実際は社内調整や下準備など、細かい作業の積み重ねなしには成り立たない職務。その過程で社内外の関係者とのコミュニケーションが重要。メールは最低のコミュニケーションツールで必ず直接温度を伴う言葉で伝えましょう。社内で培われた対人スキルは必ず対外的なスキルにつながる。挨拶をきちんとする基本的コミュニケーションまでもしっかりこなすこと。

日本航空(株)　広報部長　沼畑康夫(ぬまはた　やすお)氏

危機発生後のメディア対応で重視している点	危機対応時には、適切な情報収集と管理情報開示を行ない誠実で迅速かつ的確な危機管理対応をとることで社会からのレビュテーションの低下を極小化することを意識して取り組んでいます。
危機における望ましい広報担当のあり方	情報の取り扱いが重要であり、関係先と密に連携して正確な情報収集を行うと共に、管理を適切に行ないながらタイミングを逃さずに情報開示する事が求められます。そのために常日頃から「誠実で迅速な対応」を意識して広報対応することが必要です。

日本生命保険相互会社　広報部　広報課長　丹羽晶彦(にわ　あきひこ)氏

新任広報担当者に望むこと	最も大切なことは「信頼」。情報という目に見えないモノを取り扱い、社内だけでなく社外との関わりも強い職務なので、責任感や誠実さという人間性が重要な要素となる。メディアとの関係も社内でのコミュニケーションも人対人に帰結する。公平な取材対応や熱心な情報収集などを通じて、広報マンとしての信頼を磨くことが大事。
危機発生時の対応	基本は、社会の受け止めや社会からの映り方に対し真摯に対応すること。企業は、法的責任だけでなく社会的責任も意識した行動をとるべき。広報もその精神に基づいた対応が重要。その実現のため迅速・正確な情報収集、社内調整、誠実な情報開示といった広報スキルを磨くことも危機に備える上で大事な要素である。

日本通運(株)　広報部次長　山本 修(やまもと　おさむ)氏

危機発生後のメディア対応で重視している点	・必要な情報を広報部門が個別に収集するのではなく、すべての情報が集まる対策本部を通じて整理・確認された情報に基づき、対応する。
危機における望ましい広報担当のあり方	・常に最悪の事態、展開を想定して、準備しておく。 ・取材依頼に対しては、その可否も含めて、誠実に対応する。

日本ハム(株)　広報IR部　部長　松田知也(まつだ　かずや)氏

危機発生後のメディア対応で重視している点	◆メディア対応の原則 ①経営陣が顔になる　②言えること・言えないことを整理する　③3悪（取材拒否・ノーコメント・嘘憶測の発言）をしない ◆記者会見で顕示・説明すべきこと 1）①謝罪　②事実・経緯の説明　③対応（応急・その後） 2）①原因再発防止策　②責任・処分
危機における望ましい広報担当のあり方	①被害者を含め不安に思っている方に寄り添う、思いを至らせる ②解決に向けた姿勢を見せる ③正しい情報を得られるように日頃から社内外との関係性を磨く

(株)日本ヴューテック　代表取締役　松波 登(まつなみ　のぼる)氏
(株)日本エレクトライク　代表取締役会長　松波 登氏、取締役社長　松波太郎(まつなみ　たろう)氏

ネット時代の新任広報担当者に望むこと	発信方法は多様化しているが、長期的観点に立ち、環境やエネルギー問題対応等社会的大義を掲げて広報活動を地道に行うことが大切。ネット時代故有名になればなる程、色んなリスクも増大していることを肝に銘じておきましょう。
ニュースリリース作成の留意点	何を伝えたいのかをまず明確にして、その特徴のみならず差別点を箇条書きにすること。その際数字を使って具体的に記述することが大切。タイトルは、一目で判るように、内容を端的に表す言葉や数字を使うのがポイント。

日本マクドナルド(株)　元コミュニケーション&CR本部広報部　アドバイザー	
	蟹谷賢次(かにや　けんじ)氏
危機発生後のメディア対応で重視している点	様々な事象に対して速やかに情報交換ができるよう、予め各メディアの担当記者様と広報担当者の連絡網を構築しておくことが大切と考えます。
危機における望ましい広報担当のあり方	1．お客様視点、2．正確な情報収集、3．スピードの3つが大切なファクター例と考えます。お客様視点での行動指針をもとに、速やかにコミュニケーションプランを作り、マネジメントを含む危機管理チームに提案、必要に応じて議論し、リーダーシップを以て速やかに行動を起こせる広報ご担当者は素晴らしいと思います。

(有)ネイキッドコーポレーション　代表取締役　山下裕隆(やました　ひろたか)氏	
新任広報担当者に望むこと	メディアが報道したいことは何か、常にアンテナを立てる。メディアは最先端の情報、ユニークな情報、社会に役立つ情報を求めている。ニーズに合った切り口で自社商品・サービスの情報を提供すれば、取り上げられる確率が高まります。
ニュースリリース作成の留意点	自社商品・サービスを「最新の社会問題の解消に役立ちたいという志と想いの結晶」と位置づけ、メディアに関心を抱いてもらえるように紹介。写真、数字を小見出しや箇条書きで、わかりやすさ、読みやすさ、記事の書きやすさに留意する。

(株)能作　経営企画室　室長　内山美百季(うちやま　みゆき)氏	
新時代における広報の役割・あり方	情報が溢れ、SNSを介して誰もがジャーナリストとなり得る時代。彼らを味方にし、五感で感じ取れるもの全てをメディアと位置づけて活用することで企業・ブランド価値を高めるという手法が、新時代の広報のあり方だと考える。「物事や想いはなかなか伝わらないから、伝わるまで伝える」という信念で、伝えることをあきらめない。広報とは共感を生む伝え方によって「人の心を動かすこと」である。
新任広報担当者に望むこと	いかなる発信も、その目的、望む結果を明確にした上で最適な手法を絞り出すという作業を怠らない。広い視野で物事の本質を捉え、想像力と創造力を養い続ける。

野村ホールディングス(株)　グループ広報部長　田淵聡一朗(たぶち　そういちろう)氏	
新時代における広報の役割・あり方	情報発信のスタイルや情報源が多様化する中、広報はステークホルダーの視点で会社情報を精査し、最適なチャネルを見極め、一貫性のある情報開示を担う。会社経営の重要な機能として、これまで以上に社内外のエンゲージメントの中心的な役割を担うことが期待され、高い専門性が求められるコーポレート・ファンクションだ。
新任広報担当者に望むこと	広報は、会社のレピュテーションを高め、危機管理においても重要な役割を担う。経営の一翼だという自負と責任感が求められる、やりがいある仕事。経営目線を持ちつつ、時流や世論にも向き合うバランス感覚を持ち、新しいことを学び、挑戦して欲しい。

パイオニア(株)　コーポレートコミュニケーション部　部長　角谷朗子(かくたに　あきこ)氏	
新時代における広報の役割・あり方	広報をとりまく環境は大きく変化し、企業の存在意義の示し方をより問われるようになっています。情報が溢れる中、自社が社会にどのように貢献しようとしているかを地道にコミュニケーションすることで"良い露出"を積み上げ、企業価値向上につなげていきたいと思っています。
新任広報担当者に望むこと	自社についてはもちろん、他社、業界、社会で何が起こっているのか、常にアンテナを張り、引き出しをたくさん持つことが大事。1つのネタも視点を変えて二度三度、展開性・連続性を意識すると良いと思います。

(株)パーソナル・グラス・アイックス　取締役・銀座店店長　宮田ちひろ氏	
新時代における広報の役割・あり方	ネットの普及でより身近なツールを選択できる新時代。蒔いた情報源が共有され、浸透するまでの間に、情報自体にどう展開してもらうかを見据えた発信が求められる。来店前や商品自体に触れる前に、企業やブランドイメージへの信頼・安心・好みまでも担える。新しいネタやストーリーから共感を得ることが期待できる。
新任広報担当者に望むこと	情報を受け取る側とのコミュニケーションを交えた広報が求められる。対話をし、悩みや要望、意見を取り入れた情報発信することで、企業イメージの信頼・透明性を高めることを考えながらアンテナを貼り、情報収集に勤しんでほしい。

(株)VALCREATION　代表取締役　藤村雄志(ふじむら　ゆうじ)氏

ネット時代の広報の役割	いつでもすぐに調べられる時代ゆえ、自社のHPを常に最新の状態に保つ。最新ニュースの更新は抜かりなく。SNSの普及に伴い、視覚的情報への重要性が高まっているため、イメージが湧きやすい写真なども積極的に掲載すると良い。
新任広報担当者に望むこと	会社を代表している誇りを持つ。誰よりも会社のことを知り、会社を好きになり、より良くするためにどうすれば良いかを常に考える姿勢が重要。社会の動向に常に目を配る必要があるため、好奇心を失わずに自ら探求していく人間力が求められる。「なぜ広報を行うのか」という"本質"を腹落ちさせてぶれずに行うよう期待する。

東日本高速道路(株)　広報・CSR部　広報課長　中込博之(なかごみ　ひろゆき)氏

新時代における広報の役割・あり方	TVをメインとしていた時代と違い、SNSが発達した現在では、お客さまが関心のあるジャンルや使っているコンテンツが様々である。自分たちがPRしたい内容について、どんなお客さまに届けたいのかお具体的に想像して、そのお客さまに届けることにフォーカスすること。
新任広報担当者に望むこと	広報担当者は、片足を社内に、もう片足を社外に置いている気持ちで！社内では社外の立場に立って調整し、社外には会社を代表して接していくことが必要。どちらかに偏るのではなく両方バランスを取ることが大切だと思う。

東日本旅客鉄道(株)　前広報部　課長　橋本英樹(はしもと　ひでき)氏

新任広報担当者に望むこと	「企業価値を高める」「会社を守る」ことが重要であり、マスコミや社会に自社を理解してもらい、ファンになってもらう。自社や業界・メディアに関する基本的な知識が必要。物事を見たり、考えたりするときは、必ず社外と社内の両方、かつ中心よりやや外寄りに軸足を置く。判断基準は「社会常識」に照らし合わせて考える。
危機発生時の対応	常に「最悪」の場合を考え、「大したことはない」と思うのは厳禁！社内で起きたことがすぐに広報に伝わる仕組みを作っておく。個人でも情報が発信できる時代になり、良悪の情報がすぐに拡散する。今起きていることをリアルタイムで発信されることから、いつでも、どこでも、記者やカメラマンがいる想定で、先手で対応を。

(株)VIDA Corporation　代表取締役社長　杉本　大(すぎもと　だい)氏

新任広報担当者に望むこと	自社に精通することは当然だが、顧客が属する多様な業態や多彩な業種に精通する。社外の立ち位置で社内を俯瞰し、社内が社外の非常識に陥らないよう直言する。直接マスメディアを通して伝える広報に、作品を顧客がインスタグラム（写真）やYouTube（映像）を通じて発信、多くの人達に拡散するネットならでは間接的手法も学んで欲しい。
ネット時代の広報の役割	優れた作品としてメディア露出を図ることで顧客に喜んで頂き、再び顧客になって頂く。メディア露出による知名度アップは、第三者評価故に信用信頼が向上、顧客に安心・安全を与える。空間価値創造により社会問題を解決するビジョンの浸透を図りたい。

(株)日立製作所　グローバルブランドコミュニケーション本部副本部長
兼コーポレート広報部長　森田将孝(もりた　まさたか)氏

危機発生後のメディア対応で重視している点	社内の関連部署と速やかに連携し、適時適切に回答。事実を正確に伝えるため、不明点は「分からない」と正確に回答し、推測に基づく発言は行わない。
危機における望ましい広報担当者のあり方	危機対応を一言で表すと「会社を守る」に尽きる。最前線に立つのが広報であり、広報担当者の真価が問われる。危機が大きくなればなるほど、迅速な判断を求められる局面が続くことになり、最後までやり通す胆力とリーダーシップが不可欠。焦らずに一つひとつ事象の確認を行い、社内外のステークホルダーを意識して、真摯に粘り強く対応することが重要。

(株)ファーストリテイリング　社長室部長　徐　暎喜(そ　よんひ)氏

ネット時代の広報の役割と新任広報担当者に望むこと	スピードを重視しつつも、正しい情報発信が求められる。デジタルだけに頼りすぎず、アナログなコミュニケーションも大切。メディアを通じて世の中に会社の情報が知れ渡ると思うと、一つ一つの行動に慎重になりがちだが、萎縮せず先輩や上司にアドバイスをもらいながら、どんどんチャレンジする。大変さを通じて自身の成長を実感していただきたい。
危機発生時の対応	危機が起きた情報を受身で待つのではなく、常に社内にアンテナを張り、情報を自らキャッチすることが重要。また、危機発生時には、迅速に対応しつつも、一歩立ち止まって「本当にこの対応が最善策か？」と考えるようにしている。

(株)ふくや　網の目コミュニケーション室　松本由起子(まつもと　ゆきこ)氏	
新時代における広報の役割・あり方	時代とともに広報ツールが変わっても、社内外のファンを増やすことが広報の大切な役割と心得ています。会社の歴史、会社・経営の「今」の思いや考え方を知ることが広報としてのあり方のヒントだと考えます。
プレスリリース作成の留意点	情報を届けたい相手にどんな行動を起こしてほしいのかをイメージしながら、必要な情報をわかりやすい表現で織り込み、興味をひく言葉、キーワードでポイントを押さえる。レイアウトを意識し、視覚にも効果的に訴えることのできる写真や画像を配置。

富士フイルムホールディングス(株)　コーポレートコミュニケーション部　マネージャー 伊藤瑞姫(いとう　みずき)氏	
時代の広報の役割	広報の役割は企業の考えや目指す姿を社内外の全てのステークホルダーに正しく分かりやすく伝え、企業価値を高めることである。IoTやAI技術の発展や経済活動のグローバル化に伴い、社会やステークホルダーからの要望は多様化する。より一層の丁寧かつ双方向なコミュニケーションが求められる。
新任広報担当者に望むこと	コミュニケーション能力(相手が分かる言葉で説明、短時間で欲しい情報を得る等)を磨く。最も伝えたいことを簡潔に効果的に「キーメッセージ」にまとめる練習をする。情報を部分的に捉えず全社視点で考え本質を捉える。学びと実践のサイクルを回すことが成長につながる。常に会社代表の意識を持つ。

㈱ブリヂストン　元広報部広報第1課長　谷口雅司(たにぐち　まさし)氏	
ネット時代の広報の役割と新任広報担当者に望むこと	ネット上に玉石混合の大量の情報が流れ、企業からの情報発信はターゲットに届きづらくなる中、ターゲットを絞った努力・工夫・準備で、届けたい人に情報を届けるという広報の役割はますます重要。企業存続を左右しうる広報は経営に重要な位置づけにある。誇りをもって会社の「顔」としてのプロ意識をもって活躍してほしい。自社に対する熱い想いを持ちながら、自社のことを客観的に見られる視点も忘れない。
ニュースリリース作成の留意点	企業として伝えたい言葉を、伝わる言葉に変換する。自分が記者や編集者だったらどう理解するかを想像しながら、第三者的な視点に立って、「伝えたいことが伝わる内容かどうか」「取材したい、記事にしたいと思ってもらえる内容かどうか」を検証する。

(株)ベティスミス　代表取締役社長　大島康弘(おおしま　やすひろ)氏	
新任広報担当者に望むこと	会社の取り組みを広く知ってもらう為に、自社の歴史、取り巻く社会、業界の歴史を学び、今の取り組みがどの様な役割を果たしているか理解する事。その取り組みが、なぜ必要になり、会社として取り組み、社会の役に立っているかを考える。発表後の市場の反応を振り返り、フィードバックして次につなげるまでを仕事として欲しい。
プレスリリース作成の留意点	会社としての取り組みを知らせる、同じ事でも表現の仕方、使う写真、配列、で随分と印象が変わる。受け取った相手が、興味をもってくれて、こんな問い合わせが来るんじゃ無いか？などイメージをめぐらせながら、何度も推敲する事が必要。

(株)ベネッセホールディングス　執行役員　COO　コーポレートコミュニケーション本部長 増本勝彦(ますもと　かつひこ)氏	
ニュースリリースやQ&A等作成の留意点	まずは事実確認。正しい情報をワンストップで迅速に集約・分析する。基本スタンスを定め　発信がどう受け止められ、どんな状況を作り出すかを想定して作成する。
危機における望ましい広報担当のあり方	リスク対応においても、①事実の適切な理解・分析、②次の展開を予測、③メッセージの届け先の明確化、④適切な方法、言葉で発信等、通常の広報業務と同じリテラシーが必要。場当たり的ではなく、構造的に物事を捉えた行動が大切。

(株)ポーラ・オルビスホールディングス　執行役員　広報・IR・CSR・サステナビリティ推進担当 橋　直孝(はし　なおたか)氏	
ネット時代の広報の役割と新任広報担当者に望むこと	迅速かつ正確な発信と、自社情報だけでなく社会課題や背景に配慮し、多様な人々が受け取ることを想定した客観的視点が必要。コミュニケーション能力に長けている事は大前提。自社の置かれた状況認識や、社内外の基本情報を全て知り尽くすために勉強し、誰より知的好奇心を持ち実行に移すことが必要です。
危機発生時の対応	(備え)メディア記者との良好な関係の構築。経営陣との日ごろの関係性および距離感。危機の予兆を探り摘み取る。リスクシミュレーションと模擬実践トレーニング。危機発生時を想定したアクションプラン(行程管理)の明示。(発生時)誠実な対応、迅速な初動、的確なマスコミ対応、事実に基づく情報発信。

北陸電力(株) 執行役員 地域共創部長 谷内 望(たにうち のぞむ)氏	
新任広報担当者に望むこと	あらゆるジャンルの知識を幅広く吸収して、雑談力を磨く。自分の知識の引き出しを多く持つことで、どのような相手とも円滑なコミュニケーションがとれる。全知全能を目指すのは不可能。「知っていること」と「知らないこと」を明確に分け「知らないこと」は誰に聞けば分かるかさえ把握しておく。相手よりも知識量で優位に立ち、落ち着いて対応できる。
ニュースリリース作成の留意点	自社にとっては大事でも、記者からすれば、数多く送られてくるリリースの一つ。一読しただけで全体像を掴んでいただけるよう、訴求したい内容をシンプルかつ明確に記載すべき、冒頭にポイントを記載するのも一手。アウトプットをイメージして、必要と思われる情報をリリースに織り込み無駄な問い合わせを減らすこと。

(株)ミクシィ 広報IR部 マネージャー 德田匡志(とくだ まさし)氏	
新任広報担当者に望むこと	全社的・経営的な視点・思考を持つと共に、客観性・第三者視点を持つことが重要です。自らの身体の半身それぞれが、企業または社会に属しているイメージを持つ。
インターナルコミュニケーションについて	自らが広報を手がける製品やサービスを心から好きになることが最も重要です。企業内だからといって、ただ何もしなくても情報が集まってくるという思い込みは避けるべきです。自ら社内に対して貪欲に情報を得ようとする積極性が必要です。

ミス・パリ・グループ メディアマーケティングディレクター 堀田理子(ほりた みちこ)氏	
新時代における広報の役割・あり方	デジタル化が進む現代、広報はSNSやオンラインメディアを駆使し、迅速かつ効果的に情報を伝えることが求められます。最新トレンドを把握し、柔軟に対応し、ブランド価値を高める戦略的思考とクリエイティブな発想が重要です。
新任広報担当者に望むこと	自社のサービスについて誰よりも詳しい知識を持ち、多くの人と積極的にコミュニケーションを取ることが求められます。社内外でブランドのファンを作り、会社を愛してもらう活動を推進してください。時代の流れを読み、人々が求める情報を迅速に把握し、自社のサービスに結びつけ、ストーリー性のあるニュースとして発信する努力が必要です。

(株)みずほフィナンシャルグループ 広報室担当次長 野澤隆広(のざわ たかひろ)氏	
新任広報担当者に望むこと	マスコミと恒常的に接点を有する唯一のセクションで、社外の情報を貪欲に吸収するだけではなく、世の中から組織がどのように見られているか耳を傾けて社内に還元する。内向きになりがちな組織の中で外部の意見は極めて重要。多様な意見の正確なフィードバックは組織の成長に資するとの信念をもって取り組んでいきましょう。
危機発生時の対応	「迅速性」「正確性」「誠実性」「公平性」の4つが基本方針となる。広報内の発信情報の統一を行う。マスコミ対応も、「おそらく」「私見だが」「〜だろう」といった曖昧な情報の伝達は厳禁。分からない・知らないことについてはしっかりとその旨を伝えるとともに、事実確認できた内容について適切なタイミングで正確に伝えることがポイント。

三井化学(株) コーポレートコミュニケーション部 広報グループリーダー 多田祐美(ただ ゆうみ)氏	
危機管理に関する基本的な考え方	危機発生時の対応には、迅速・正確な情報の掌握及び伝達が不可欠です。そのため、全社の規則により、各組織の長は危機につながる恐れのある事象に関する情報、マイナス情報を積極的に聴取し、マイナス情報を伝えてくれた者には感謝の意を表すよう定めています。
危機における望ましい広報担当者のあり方	逃げの姿勢ではなく積極的に事実を発信するという態度で臨み、嘘はもちろん、自己弁護やごまかしを言わないことが基本的な心構えと考えています。起こった事態に対し誠実に対応すれば、メディアにもその姿勢は伝わります。

三井物産(株) 広報部報道室長 川村和久(かわむら かずひさ)氏	
ニュースリリースやQ&A等作成の留意点	わかりやすく、責任の所在が明確で、楽観にすがらないが原則。Q&A作成ポリシーを定義し、開示ラインを決めて想定外のQにも備えます。危機の本質の「解毒」とその後の「再生」を意識し、相手はあくまでメディアの向こう側の「社会」であることに留意します。
危機における望ましい広報担当者のあり方	「築城3年落城3日」というように、対応を誤れば会社存続の危機につながり得る重要任務であり、事実を正しく把握し、相手に伝わる言葉で対応する。想像力を発揮して「鳥の目」「虫の目」「魚の目」で事態収拾にあたることが必要です。

三菱重工業(株)　グループ戦略推進室　広報部長　渡邉啓介(わたなべ けいすけ)氏	
ネット時代の広報の役割	Web、SNS等、デジタルツールは、その拡散性から、広報戦略上の効率的ツールとレピュテーション・リスクの脅威という二面性がある。これらツールを有効活用しつつ、リスクヘッジしていくことが広報の重要な役割。新興デジタルメディアやAI等、今後のトレンドも有効に活用しつつ、ヘッジすべきポイントを形式知化することが必要。
新任広報担当者に望むこと	広報部員は社内外からその専門性を要求される一方、幅広い知識、経験に立脚した臨機応変な対処という両極が求められる。常にアンテナを高くし、何事にも興味をもって社内外の動静を把握する感性と広報固有の必要な基礎知識、メディア対応や広告等企業広報の高度化に向けた先行事例等を深く学んで身につける勤勉性を磨いてほしい。

三菱商事(株)　広報部長　岡本卓馬(おかもと　たくま)氏	
ネット時代の新任広報担当者に望むこと	速報性と拡散性に優れたインターネットやSNSの普及により、迅速な情報発信と事実確認が求められる。普段から情報収集のアンテナを高く持ち、広い視野で物事を俯瞰し、自分なりの意見をもつ癖をつけると共に、あらゆる情報が飛び交う中で「真贋」を見極める眼を養ってほしい。
危機発生時の対応	平常時からの危機管理体制の整備、研修実施等により危機を未然に防止することが重要。SNS関連リスクは日頃からモニタリング体制を整備。危機発生時には適切な初期対応とコミュニケーションの徹底が不可欠。正確かつ迅速な情報開示と誠意ある対応を通じ、会社としての信用やダメージの損失の最小化に努める。

三菱地所(株)　広報部専任部長　長谷川　真(はせがわ　まこと)氏	
危機発生後のメディア対応で重視している点	ファクト確認を迅速に行い、刻々と変わる状況下でも、各時点において、公表できること、確認中であることを明確にして対応する。また、対応方針を社内で調整する上では、社内の論理ではなく、メディアの先にいる社会からの見え方を強く意識して調整をリードすることが肝要と考える。この点もリモート時代においても変わらない。
危機における望ましい広報担当者のあり方	求められるのは、社内外への毅然とした態度・対応。2. の内容とも重複するが、危機対応時において、時に意見が相反する社内を調整する上でも、調整完了後にメディア対応をする上でも、常に毅然と行動できる広報担当者こそが望ましい。

メルセデス・ベンツ日本(同)　社長室　企業広報課　奥　香純(おく　かすみ)氏	
ネット時代の広報の役割	いつでも・どこでも・誰でも、簡単に情報が手に入り、あふれかえっている時代だからこそ、報道関係者の皆様の"目にとまる"ニュースづくり、情報配信の工夫をし、もっと取材したいと思っていただいた際に"迅速に"必要情報を提供する。そのためにも、日頃から自社製品・活動をしっかりと把握するように心がけています。
新任広報担当者に望むこと	どんな時も"迅速・丁寧・誠実"の報道対応基本姿勢を忘れず相手の立場に立って対応する。初めて自分の担当したリリースが取り上げられた時の喜びはひとしお！

森ビル(株)　特任執行役員　兼　広報室長　野村秀樹(のむら　ひでき)氏	
ネット時代の広報の役割と新任広報担当者に望むこと	コミュニケーションの手段が変化しても、"社会との対話"という広報の本質は決して変わらない。あらゆる手段で社会と丁寧に対話しながら、企業の存在意義やその取組みの社会的意義への正しい理解、共感を獲得する、企業並びに社会の持続的な成長・発展に資すること。コミュニケーションを武器に「新しい未来」を切り拓いていくことに広報の大切な役割がある。コミュニケーションのプロとして、「人間力」の向上を図りたい。
危機発生時の対応	逃げない、隠さない、嘘をつかない。企業の倫理ではなく社会の倫理で、誠実に社会と向き合う。

(株)安川電機　上席執行役員　コーポレートブランディング本部長兼広報・IR部長　林田　歩(はやしだ　あゆみ)氏	
新時代における広報の役割・あり方	この20年で、広報イコール報道対応というだけでなく、企業から求められる役割は大きく変わりました。具体的には従業員には経営理念や経営方針の理解・実践を促すことで「腹落ちして行動につなげる」、お客さま・投資家・学生からは認知・信頼を向上させることで「選ばれる」活動が求められるようになりました。社内／グループ内外をつないで企業価値そしてコーポレートブランドそのものを向上させるドライバーとしての広報の役割は今後もますます重要になっていきます。

(株)ヤナセ　理事　広報秘書室　室長　福城和也(ふくしろ　かずや)氏

新時代における広報の役割・あり方	これまで以上に企業の説明責任が求められる社会にあって、広報はその懸け橋となる大切な役割です。どちらにも阿らないバランス感覚のある人材が求められます。
新任広報担当者に望むこと	自社のことだけでなく業界全体の動向や展望を語ることの出来る広報担当者を目指して欲しいと思います。記者が取材のプロである以上、広報担当者も産業・業界のプロでありたいものです。

ヤフー(株)　広報室シニアスタッフ　宮下健太郎(みやした　けんたろう)氏

新任広報担当者に望むこと	あらゆる媒体を研究する（新聞を毎日読むことから始める）。記者との接点を増やす。自身の強みを持つ。インフルエンサーに詳しい、テレビプロモートが得意、記者や業界関係者の知り合いが多い、イベントの現場でテキパキ動けるなど、広報業務の中で、他者よりも自分が秀でていると思える「強み」を持ってください。
ニュースリリース作成の留意点	「ニュースバリューを見つける」日頃行っている情報収集から、いま世の中で話題になっていることや時流を読み、発信する内容のニュースバリューを見極める。大切なことは、発信する内容の「わかりやすさ」。メディアの先にいる読者を想像して、「何の」情報を届けたいのかを「わかりやすく」伝える。

ヤマト運輸(株)　コーポレートコミュニケーション部長　細谷祥久(ほそたに　よしひさ)氏

新時代における広報の役割・あり方	「サステナビリティ」が世界共通の合言葉になった。「情報」を取り巻くパラダイムシフトが一段と進行している。企業・団体の広報は、従前のマスメディア向けにとどまらない、インタラクティブなコミュニケーションの先導役として、よりダイナミックなパフォーマンスが求められている。
新任広報担当者に望むこと	経営や事業の「ストーリー」を描写し、自らの言葉で伝えていくこと。その背景にある、人（社員）や文化の「ヒストリー」を思い、自らの言葉に込めていくこと。この循環を楽しい！と感じるミッションに浸りながら、自らの人間力を磨いてほしい。

(同)ユー・エス・ジェイ　広報室長　高橋丈太(たかはし　じょうた)氏

ネット時代の広報の役割と新任広報担当者に望むこと	PR・パブリシティの領域であるShared MediaでのPRの有効性を発揮し続けていかなければ、広報は単なる経営を代弁するだけの立場に成り下がる。メディアの流行は若い人の感覚に頼る部分が大きいので、チーム内でしっかり意見が言えるようにトレンドを追ってほしい。どのメディアでも大事なのはコンテンツ、キメのポーズの絵作りとか刺さるストーリーについて日頃から研究しておく。カメラマンの視点も重要。
危機発生時の対応	報道機関が一般人のツイートに着目していて、特に安全情報ではその真偽を確かめに来ることが頻発。降りかかる火の粉は払わねばならない。クライシスの発生からメディアの動き出しまでが早くなり、広報には常に迅速な対応が求められている。

(株)リクルートホールディングス　Japan Communicationマネージャー　兼
(株)リクルート　コーポレート広報部長　高野　梓(たかの　あずさ)氏

新任広報担当者に望むこと	広報に対する誇りと、好奇心を持ち続けて欲しい。社会と企業の間に立ち、メディアを通じた情報流通を生業とする広報の仕事は、時に意義ややりがいの迷子になるかもしれません。自分が会社の代表であり、事業活動の積み上げで築かれたレピュテーションを守る最後の砦なのだという自覚をぜひ持って欲しい。
ニュースリリース作成の留意点	ストーリーを乗せること。扱う案件やサービスの、自社・社会それぞれにおける本質的な意味合いや位置づけを理解した上で、より多くの方に共感していただけるような観点を盛り込んだストーリーを構築できるかどうかがポイント。

(株)ローソン　常務執行役員　コミュニケーション本部長兼広報部長　楯　美和子(たて　みわこ)氏

新任広報担当者に望むこと	メディアの方とお会いした時に「この広報に会って良かった」と思ってもらえるかが大切。自社や業界のことだけではなく、社会の動きや世論（人心）を知り、自分の「引き出し」を広げて、仕事だけに留まらない知識や教養を身につけることで、自身の人生も豊かなものにして下さい。
ネット時代の広報の役割	情報環境の変化への向き合いは、企業広報にとって避けられない課題。ネットで形成される世論は必ずしも理性や正義、法的な正しさが支持されるとは限らず、常識やルールではない「感情」で形成されていく。人間が本来もつ善さや悪さがより顕著に表れ、その中でいかに共感を得られる対応ができるかが求められる。

【団体】

学校リスクマネジメント推進機構　代表　宮下賢路（みやした　けんじ）氏

危機対応に関する基本的な考え方	危機対応の命運を分けるのは、事前にどれだけ方針や具体策を理解し、準備をしていたかどうか？に尽きます。危機発生時には当然集中して対応を行うのですが、日頃の参考資料のストックの多さが対応の速度や的確さを決定付けます。
危機発生後のメディア対応で重視している点	まずは誠実さが重要です。しかし、それを表現しなければなりません。何を話したか？も大切ですが、どのように話したのか？という事を重視すると良いと思います。

（一社）企業価値協会　代表理事　武井則夫（たけい　のりお）氏

ネット時代の広報の役割と新任広報担当者に望むこと	中小企業では、日々起きる事を「広く報せるニュース」としてキャッチするアンテナの感度が第一。会社や社員のSNSを常にチェック。発信を積み重ねる。日々の出来事を「ニュースにする」にはどう書き、どのメディアから伝えるか？書き出し、キャッチコピーを毎日頭の中で書き続ければ伝達上手になれる。
ニュースリリース作成の留意すべき点	伝えたいことを絞り込んで最初に伝えること。「見た瞬間に判断できる」よう端的な表現を心掛ける。0.1秒で「読んでみたい」と感じていただける書き出しに注力。メディアは社会の代表という視点で記事化するので、より多くの人々に関係する「社会性」の切り口を見つけて組み立てる。

（一社）グローバル・リーダーシップ・コーチング協会　名誉会長　藤井義彦氏

ネット時代の広報の役割	フラットなグローバルの社会の経営の中で企業人がどうあるべきかを問われています。国、企業、個人が各々、今一度自身のあり方（Being）を見つめ直すことが重要。
新任広報担当者に望むこと	多様性を理解する懐の深さとビジョンの広さ、相手を鼓舞して巻き込んでゆく本当の意味でのコミュニケーション能力、そして、高い倫理観がその基礎基盤として不可欠です。一人一人がリーダーという意識を持ち、自分自身に対するリーダーシップを発揮し、個人が最も輝く、生き生きとした企業の実現に貢献していくことです。

（一財）経済広報センター　常務理事・国内広報部長　佐桑　徹（さくわ　とおる）氏

新任広報担当者に望むこと	言語明快。明るい人柄。低姿勢。論理的だけど情に厚い。自社の考えを簡潔に説得力をもって分かりやすく話す。社会の関心を踏まえ、業界全体、日本経済における位置づけも語ることができる。そんな社内外の信頼が厚い広報パーソンになることが理想。それに一歩ずつでも近づこうとする努力が重要。
危機発生時の対応	緊急時記者会見は、論理的に正しいことを説明するだけで不十分。意識すべきは"社会の感情"である。社会が会見者の姿勢、態度から会社の反省度合いを読みとろうとしている。信頼して」もらえる対応をとる必要がある。

全国中小企業団体中央会　常務理事　及川　勝氏

ネット時代の新任広報担当者に望むこと	モバイルをもう一人の経営者としてもらいたい。そのため気づきがある。中小企業の現下の最大の経営問題は人手不足。企業価値のない企業に人は来ないと心得るべし。
危機発生時の対応	記事に当時の社内のコミュニケーション度が問われる。平時からの準備が大切である。中小企業には企業間連携に取り組むことが効果的であり、経済的である。

全国農業協同組合中央会（JA全中）　広報部　元広報課長　金原由孟（きんばら　よしたけ）氏

ネット時代の広報の役割	同じネットでも様々な媒体の特徴を理解し、それを踏まえたスタイルで情報発信することが重要。消費者の声や反応を迅速に分析して、広報活動や事業の改善を図り事業の持続性を確保する。
広報担当者に望むこと	事業概要と広報の基礎理論を習得し、記者とのコミュニケーションを図る。それを通じて、記者の先にいる消費者からの評価・イメージを常に意識するなど「外からの眼」の視点を持つ。まめに現場に顔を出し、気軽に話せる関係作りが情報入手に不可欠。

NPO法人地域総合スポーツ倶楽部・ピボットフット　理事長　桑田健秀(くわた　きよひで)氏

新時代における広報の役割・あり方	コロナ後、企業も一市民として社会貢献の役割が求められております。特に地域活動の一端を担うスポーツ団体は、その楽しさを広く伝搬することはもとより、活動理念を明確にし、社会課題解決に資することが期待されています。その意味で団体の考えや方針を積極的に広報していくことが重要です。
新任広報担当者に望むこと	広報人として基礎理論はもとより、団体の理念や方針を熟知し、常に現場の実態を把握し、良好な関係作りで情報を収集し地域住民ニーズにあった発信を行うことが重要です。

(一財)日本次世代企業普及機構　代表理事　岩元　翔(いわもと　しょう)氏

ネット時代の新任広報担当者に望むこと	メディア各社がどのような情報を押しているか、過去の報道でどこに重きを置いたかなどを分析し、各社に合わせた情報提供が必要になる。ただ目の前の情報を発信するのではなく、読み手にとってどの情報が必要かを精査し発信することが重要。
危機発生時の対応	発生時には、的確、迅速、誠実に対応していく。そのために、日頃から、発生時の社内体制を整備することが大切です。

(公財)日本手工芸作家連合会　会長　井上美沙子氏

新時代における広報の役割・あり方	手工芸の継承と文化を社会に浸透させることを目的とした公益財団法人なので、指導者の養成・教育、公募手工芸展を都美術館で開催し文部科学大臣賞や都議会議長賞などの数々の賞を授与し作家の意欲の継続に寄与する。広報は、美術館の展示・賞の授与、会員・会員以外の応募で互いに切磋琢磨する公募の特色に注視すること。最新のツールや情報収集に傾注し未来へ繋がる若者の関心を高めてほしい。
新任広報担当者に望むこと	近年の情報量増大とスピード激化に溺れず、広報の核は不変と自分の発信に留意する。人との交流が多様な価値観と客観性を滋養し、個性を発揮する機会を掴もう。伝統世界も常に進化してこそ持続と心得、感性を研ぎ澄まし挑戦する力を持とう。

ＮＰＯ法人日本バスケットボール振興会　理事長　渡邊　誠氏

新時代における広報の役割・あり方	業界の大手情報発信媒体が、取り上げないようなニッチな問題にフォーカスして取り組む。情報の受け手に考えて頂くような発信を心掛ける。
新任広報担当者に望むこと	業界の歴史を勉強し、精通しておくこと。

ニューマーケテイング協会　代表　古藤田邦彰(ことうだ　くにあき)氏

新時代における広報の役割・あり方	ネットやSNSの普及により広報のあり方が大きく変化している。広報の役割はメディアリレーションだけでなく、ソーシャルメディアの活用など多様性が求められる。メディアで取り上げれないような情報を、自社メディアで発信して行くことが重要。
新任広報担当者に望むこと	広報担当者はステークホルダーと常に良好な関係を築いていくことが大切。メディアを通じてプレスリリースを出すだけでなく、直接ステークホルダーにアプローチし、ひとりひとりの心のつながりを持つ努力をして欲しい。長期的には、ファン→ミューズ化に成功することが大事。

(一社)100年経営研究機構　代表理事　後藤俊夫氏

新時代における広報の役割・あり方	広報が企業価値を高め、ブランド力を高める時代です。自社が果たしてきた社会的役割を、歴史の中で確認、物語として可視化、顧客や地域社会と共有、これが広報の基盤！顧客・地域住民が知りたくなる情報の加工・表現・提供が成功のカギ！
新任広報担当者に望むこと	社長や創業家以上に会社の歴史を学んで、熱く語れる第一人者になろう！受身ではなく、自ら調べる気持ちがあれば、必ず発見があり、興奮が高まります。小さくても、自社にしかないエピソードがきっと見つかります。期待しています！

【官公庁・自治体】

外務省　邦人テロ対策室長　鴨下　誠（かもした　まこと）氏

日本企業の海外での危機に備えての基本的な考え方や必要な準備・心構え	基本的には、①リスクを発見・認識する、②影響を予測する、③対応を選択する・実行するという手順で対策を考えると効率的です。まずは現地の治安情勢等の必要な情報の収集が基本となります。ゴルゴマニュアルも御活用ください。https://www.anzen.mofa.go.jp/anzen_info/pdf/episode4.pdf
危機における望ましい広報担当者のあり方	危機への感度を高めるために、世界の様々な事象や情勢に目を向けることが重要です。既存の体制やマニュアルの見直し及び、整備したマニュアルに従った訓練や研修の実施等、マニュアルの精度と関係社員の対応能力の向上をお願いします。

金融庁　企画市場局企業開示課開示業務室長（元広報室長兼総括企画官）
齊藤貴文（さいとう　たかふみ）氏

危機発生後のメディア対応で重視している点	ワンボイスでのメディア対応のため、広報チームが率先。誤解を生じさせかねない報道が出た時こそ、組織としてワンボイスで対応できていたのか振り返るチャンス。
危機おける望ましい広報担当者のあり方	「出しゃばり」と言われるくらいの行動力が危機対応経験の貴重な広報チームによって発揮されることが重要。この観点から広報チームにインセンティブ付けが必要。

経済産業省　大臣官房広報室　元報道班長　斉藤大作（さいとう　だいさく）氏

ネット時代の広報の役割	速報性が重視され、かつ各情報の入手が容易になった今だからこそ、流す情報・流されている情報についてのチェック機能も新たに与えられた役割がある。フットワークの軽さ（やじ馬根性と言い換えも可能）、公平性が必要！
新任広報担当者に望むこと	愚直であろうとも、社内外・業界内外問わず、情報を貪欲に吸収して、身の丈を少しずつ伸ばしていくことが必要。1つひとつの作業を面倒くさがらないこと。自分の会社を好きになること。

国土交通省　大臣官房　元広報課長　渋谷和久（しぶや　かずひさ）氏

ネット時代の新任広報担当者に望むこと	何を伝えたいのかを考えて、双方の意思疎通を図る。ネットはその最適手段の一つ。常に現場感覚を鋭くし、生データを重視、最前線の人たちに情報への感性を高める。省の使命を完遂するプロになれ」の一言。私の言うプロとは、自ら問題意識を持ち、自ら考え、自ら問題解決しようとする人。目標を掲げ、困難に挑戦し、それを自ら打破する人間になることを期待する。
インターナルコミュニケーションについて	ミッションを末端まで浸透・理解させ、組織全体の広報マインドを高める。政策策定の前に、現場とのコミュニケーションズを図り、現場と語らい、現場の真の要望を掴むことが、国と地域の安全を守ることにつながる。

農林水産省　大臣官房　元情報評価課長　井上　明（いのうえ　あきら）氏

ネット時代の新任広報担当者に望むこと	国民の皆様方が知りたい情報や国民の皆様方に知ってもらいたい情報を正確にわかりやすく、かつ、迅速にお伝えすることが行政機関広報の基本。ネットの機能を有効活用し、行政機関への信頼を勝ち得たい。PCの普及にともない、机上だけで仕事する雰囲気に慣れると現実の世界から遠ざかってしまう。出来るだけ外の空気を吸い、仕事の中に取り入れるように心がけること。
インターナルコミュニケーションについて	「誠実な」対応が一番。業務を円滑に行うには、誠実な対応により、関係者の信頼を得る必要がある。また、行政機関広報の背後には、行政実態がある。この勉強を行うことも正確でわかりやすい広報には重要。

防衛省　大臣官房広報課長　安居院公仁（あぐいん　きみひと）氏

危機発生後のメディア対応で重視している点	例えば、大規模災害が発生した際には、SNSを活用し、部隊の活動状況、特に生活支援情報がタイムリーに被災者の方々に届くよう徹底している。
危機における望ましい広報担当者のあり方	国民が必要とする正確な情報を適切なタイミングで分かりやすく発信するため、俯瞰的な視野と柔軟性を持って、迅速かつ的確に対応できることが必要不可欠であると考えている。

島根県庁　政策企画局　元広聴広報課長　小畑芳夫（おばた　よしお）氏

ネット時代の広報の役割	ネットや通信端末の普及で、誰でもすぐに情報に接することができる。HPはアクセシビリティへの配慮が必要。広範な行政情報には、ネット利用者の自発的アクセスを期待しにくいものもある。そういう情報をどのように発信するか考える。
ネット時代の新任広報担当者に望むこと	SNSの登場など、広報の現場は常に移り変わっていく。新しいツールを用いた広報は、むしろ若手の方が発想しやすいこともあろうし、行政の考え方に染まっていない内の「感覚」は貴重。職場では臆せず発言を！

福岡県庁　総務部県民情報広報課　岩佐孝徳（いわさ　たかのり）氏

新任広報担当者に望むこと	自治体広報部門は、県政情報や県の魅力を、文字や写真などを活用し県民に分かりやすく発信すること。広報業務は訴求力、正確性、タイムリー性も問われる。日頃からアンテナを高く張り、組織内外の人とのコミュニケーションを良好にしておくと、良質な情報が集まりやすくなる。
危機発生時の対応	迅速な情報提供が重要。安全に関する情報や県の対策等を多様な手段を用いる。災害発生時には、情報へのアクセス利便性を考慮し、避難情報や各種支援情報等を県のHPで集約発信する。大規模災害はホームページを災害時モードに切り替え、重要な災害関連情報に限定した発信を行う。

岩手県花巻市役所　総合政策部　秘書政策課　主査　高橋高寛（たかはし　たかひろ）氏

ネット時代！ AI時代！地方自治体（組織）におけるこれからの広報の役割	広く情報を知らせるために、それぞれの特徴や利用者を把握することが大切です。プレスリリースはもとより、写真撮影、文章作成、HPの管理、ＳＮＳの活用など多岐に亘る。カメラやDTPの操作など専門的なスキルを身に着け、市内にアンテナを張り「面白そうなこと」「画になること」を拾えるようになってほしい。
ニュースリリース作成の留意点	多様な情報を扱っているので、お知らせなのか、取材に来てほしいのか、明確にしている。取材してほしい案件は写真を添付し、趣旨や特異点を明記して、メディアが画作りしやすくなるように工夫している。

【大学】

大妻女子大学　広報・入試センター　広報・募集グループ課長　今村　勉（いまむら　つとむ）氏

ネット時代の広報の役割と新任広報担当者に望むこと	SNSの普及により情報拡散のスピードが早まり、事実確認と正確な情報発信を瞬時にできることが必要。メールだけに頼らず会って話しを聞く。学内の情報を得ることも重要。日頃から教員や関係部署と積極的なコミュニケーションをとってほしい。
ニュースリリース作成の留意点	教育・研究活動、学生の取り組み、地域貢献、教育機関・地方公共団体・企業との連携などをわかりやすく伝えることを心がける。集めた情報の事実確認を必ず行うことと、配信する前に客観的な内容であるかを確認する。専門用語は解説を入れるなど、誰にでも理解してもらえるよう工夫する。

近畿大学　元広報室長　加藤公代（かとう　きみよ）氏

ネット時代の広報の役割と新任広報担当者に望むこと	ネットを利用した新しい情報共有など仕事の便利なやり方を身に着けることは重要。「slack」や「dropbox」など新しいビジネスツールを使いこなすことで、情報共有のスピード感を上げる。先輩・後輩問わず協力者を増やし、情報をもらえるようになることが一番。新人らしく、新しい仕事のスタイルや既存のスタッフが持ち合わせていなかったジャンルの情報に明るい人は存在感を出しやすいでしょう。
ニュースリリース作成の留意点	その話題がどう社会と関わっているか、成果として世間にどう受け止められるか、どんな記事になるのかをイメージできるものをリリースしている。配信先の記者クラブは内容に応じて変え、クラブ毎のルールや幹事社変更等の情報収集は必須。

大正大学　地域創生学部 教授（元追手門学院大学理事長室次長兼広報課長）　谷ノ内　識（たにのうち　さとし）氏

危機発生後のメディア対応で重視している点	▼事実関係の把握と迅速な開示。▼担当部署の一元化。▼憶測や公的機関に基づかない情報の流布のチェックと公式見解の準備。
危機における望ましい広報担当のあり方	▽客観的かつ俯瞰的に事象をとらえること。▽トップと連携し、必要な提案をできること。▽いつ発生しても良いように日ごろからシミュレーションを怠らないこと。

日本大学　法学部　元教授　湯淺正敏氏	
危機発生後のメディア対応で重視している点	ネット上での憶測や誤報が飛び交うこの時世では、初動ミスは致命的になる。社会の見方、メディアが求めていることを十分に把握し、それに応えられる解決策を見出す、スピードが重要になる。
危機における望ましい広報担当のあり方	社会的な文脈の中で、その企業の危機をどのように解釈し、信頼回復のため、解決策を見出してゆくのかを使命とする人材が適任となろう。各ステークホルダーに対して、真摯なアナウンスメントを発信し、大火にならずに火消し役に努めること。

【PR会社・コンサルティング会社】

(有)アークス　代表取締役　石原　智(いしはら　さとし)氏	
新任広報担当者に望むこと	広報パブリックリレーションズ担当は多様な視点を持つことが必要です。例えば下記の3つの「視点」を意識してはいかがでしょうか。 ①社会課題への視点+②社外からの視点+③経営者の視点
ニュースリリース作成の留意点	１．定型的な構成に沿って作成する（伝わりやすさ、作成の効率化のためにも）：簡潔な自社紹介⇒挑む社会課題⇒それへの自社のソリューション。 ２．重きを置く用途に合わせた表現や記載事項の調整：プレスリリースの用途は、パブリシティ、ネットでの拡散、マーケティングなど多様化している。

アガルタ(株)　代表取締役　アガタサトコ氏	
ネット時代の新任広報担当者に望むこと	広報のお仕事は体力勝負。この本を読んでも分かる通り、ある種「なんでも屋」的なスキルが求められます。ゆえに多忙で、目に見えない地道な努力がストレスになる事もあるでしょう。効率化の為に情報収集や文章作成は生成AIを活用して時短を図りましょう。トレンドを追う「敏感力」はもちろんの事、ストレスを軽減させる「鈍感力」も必要です。この２つを使い分ける事は人付き合いにも応用できます。誰かの笑顔をつくる事と共に、自分の健康をつくる事も大事なお仕事です。

(株)麻布コミュニケーションズ　代表取締役　若杉千穂(わかすぎ　ちほ)氏	
新任広報担当者に望むこと	広報の仕事は近道ができません。経験や知識を積み上げることで成果が出て成長スピードも加速します。一生もののスキルを積み上げていると思い焦らず進んで下さい。人との繋がりを大切に、情報に敏感に、でもうまくいかない時は鈍感に！
ニュースリリース作成の留意点	ニュースとは自社にとってのニュースではなく、今までや他との違い、今後どうなるのかなど、世の中にとってインパクトある関心事や変化のこと。客観的に見極めて自社や業界を知らない人でもわかりやすく事実をまとめる。きれいな文章を書かなければと思わず、ニュースを明確に、事実をわかりやすく簡潔に。

(株)アドバンブレス　取締役　広報PRソリューション部長　北村良輔(きたむら　りょうすけ)氏	
新時代における広報の役割・あり方	広報PRが果たしてきた従来の役割はさらなる進化を遂げ、世界規模でのSDGsの実践といったグローバルな課題に向かって、いかに企業価値を高めていくかが問われています。
新任広報担当者に望むこと	自社の位置付けや自社製品・サービスを、ユーザー企業・消費者・メディア等各々の立場から多面的に捉えることが必要です。経営・開発・営業・サポートなど社内の各部門との情報交流を絶えず心がけながら、消費者またはユーザー企業のどのようなニーズに応えて開発された製品やサービスであるかを把握しておくことをお勧めします。

(株)アネティ　ディレクター　八木澤忍(やぎさわ　しのぶ)氏	
新任広報担当者に望むこと	自社やクライアントの周辺情報だけでなく、幅広く情報を集めることを常に意識する。メディアから発信された情報だけでなく、SNS等の情報に関しても感度を高く維持することが大切。情報収集をする中で、「今、社会でどのような情報が求められているか」を見極め、自分たちが出したい情報が「社会に必要とされるもの」であるか、客観的な視点もつことも大切です。
ニュースリリース作成の留意点	毎日届く何百通ものリリースの中から興味を持ってもらうためにも、タイトルはできるだけ簡潔に、「その一文を見ただけで最低限理解できる」ことを心がけましょう。タイトルは、記者に読んでもらえるかどうかの重要な入り口です。

(株)イニシャル（ベクトルグループ）	代表取締役　藤原由唯（ふじわら　ゆい）氏
ネット時代の新任広報担当者に望むこと	SNSの存在感が増し、メディアだけでなく消費者ひとりひとりが発信者となった今、記憶に残るキーワード・興味を持つコンテンツ作りがより重要に。そのため、媒体研究はもちろんのこと、SNSごとの特性を理解すること、トレンドをいち早くキャッチアップすることが広報担当者には求められます。
ニュースリリース作成の留意点	タイトルはリリースの趣旨が伝わる完結さ、読み手を惹きつける魅力的なワーディングを意識する。本文はメインカットやグラフなどの画像や、客観的にクライアントの商品サービスの魅力が伝わるような数字を、効果的に活用する。他社との差別化ポイントやストーリー性を盛り込む。

(株)井之上パブリックリレーションズ	執行役員　アカウントサービス部　部長　塚田真己（つかだ　まき）氏
新時代における広報の役割・あり方	多様な意見を持つステークホルダーを調整し、所属組織が社会と最適な関係を構築するための施策をリードする戦略的な役割を担う。現在では変化するメディア環境をふまえた情報の収集・分析・発信力を身に付けることが不可欠です。
新任広報担当者に望むこと	所属する組織の商材・組織・キーパーソンなどを熟知しましょう。業界をはじめ経済・政治・テクノロジーといった社会的なトレンドを把握し、自社の立ち位置やポテンシャルをご自身で言語化してみましょう。何でも面白がって勉強する姿勢、正確で柔軟なコミュニケーション力、スピード感、コンスタントであることが重要です。

(株)エイレックス	代表取締役　江良俊郎（えら　としろう）氏
ネット時代の新任広報担当者に望むこと	ネット情報の影響でレピュテーションが大きく低下するケースも増加しているが、共感や信頼を築く広報の本質は不変。自社がどう見られているか、世論動向の変化などを正しく認識し、多様な考えや視点をフィードバックする広報機能もより大きい。増大する広報活動を経営機能の一環とし、いかに戦略的な展開を行うかが重要。
危機発生時の対応	①危機意識を高く持ち、その兆候を事前に察知し未然に防ぐ。②起こりうる危機に備え適切に整備しておく。③危機に巧く対応し被害を最小限にする。危機発生時には①迅速な対応、②積極的な情報開示姿勢、③生活者視点に立ったメッセージの3点が重要。平時から危機管理体制を整え、危機に強い組織作りに努める。

エデルマン・ジャパン(株)	代表取締役社長　メイゲン・バーストウ氏
新時代における広報の役割・あり方	従来型の情報源への信頼は低下し、AIの普及がこの傾向を更に加速させる状況下では、新たなチャネルやツールを活用する能力や、情報を分かりやすく正確に、説得力をもって伝えることが必要になる。
新任広報担当者に望むこと	絶えず新しい情報やトレンドを追求する好奇心と、人々のニーズや感情を理解し共感する能力が、効果的なコミュニケーションと信頼関係の構築に不可欠だと考える。

(株)オズマピーアール	コミュニケーション・プロデューサー　福田　敦氏
新時代における広報の役割・あり方	以前とは比較できないほど、コミュニケーション力が企業・団体に求められ、必然的に広報の重要性はますます高まっています。
新任広報担当者に望むこと	広報は企業・団体の「顔」です。その重要性や意義をしっかりと意識してください。

(株)KEE'S	代表取締役社長　野村絵理奈（のむら　えりな）氏
新任広報担当者に望むこと	会社の代表としてのPR力＝対人力（伝え方）×思考力（伝える内容）が重要。伝えたい内容が誰にでも理解できるようにロジカルな構成力、企業に価値を持ってもらえる信頼感あるプレゼン力をぜひ身に付けて頂きたいです。
ニュースリリース作成の留意点	社会性（客観）×独自性（主観）が重要。打ち出すサービスが時代の背景にどのように即しているか、必要とされているか。他社にはない、独自性を分かりやすく表すことが大切です。客観と主観のバランスを意識して作成されることを推奨します。

(合)kipples	代表　日比谷尚武（ひびや　なおたけ）氏
新時代における広報の役割・あり方	新産業創出や社会課題に取り込む挑戦者にとって、社会とのコミュニケーションは避けて通れません。「広報」は事業を進めるためのツールであり、戦略を支える哲学の基盤にもなり得ます。そのような気概を持って「広報」の概念を広め、有効活用されるよう働きかけていく　役割を肝に銘じるべきです。
新任広報担当者に望むこと	「広報」は奥深く幅広い領域です。ぜひその魅力を広く学んでいただきたいと共に、「広報バカ」にならぬよう、広報以外の領域にも広く興味を持ってください！

キャンドルウィック(株)　代表取締役社長　シルベスタ 典子氏

新時代における広報の役割・あり方	消費者がよりブランド理念や生産過程に目を向け、共感できる、支持できる、モノ、コトに投資する時代。だからこそ、広報が、一時の打ち上げ花火ではない、ブランドの価値を伝える持続可能なコミュニケーションをリードすることが求められます。
新任広報担当者に望むこと	自分がモノやサービスを選ぶ時、何がそのきっかけになっているか、モノやサービスに感動した時、何がその理由なのか、を常に考えていると、それが企画になることがPRの極意。毎日をPR視点で見つめてください。

共同ピーアール(株)　代表取締役　石栗正崇(いしぐり　まさたか)氏

新時代における広報の役割・あり方	『経営課題を解決する役割』その役割を果たしPR効果を最大化するために、価値あるニュースを創る力、モノ/コトを広く届ける力、プロセスの可視化（PDCA）、本質的な課題解決力が必要であると考えています。
新任広報担当者に望むこと	『"鳥の目"で全体を、"虫の目"で現状を、"魚の目"で世の中の変化をつかむ。』創業以来、弊社では日頃の広報活動においても、またニュース創りのメソッドとしても、上記の3つの視点を大切にするように心掛けています。

クロスメディア・コミュニケーションズ(株)　代表取締役　美奈子・ブレッドスミス氏

新時代における広報の役割・あり方	広報でもデータ活用は欠かせない。一方でデータ化された外部の反応や評価に惑わされないことも重要。企業が培ってきた価値は、評価の獲得のためでなく社会のあるべき姿を探求してきた結果、経営哲学が実践された結果である。変化の激しい時代こそ理念や誠意ある経営姿勢をありのまま伝えることも大切。
新任広報担当者に望むこと	広報担当者は組織に雇われている立場でありながら、その身の半分は組織の外にあり、公共善のために働く立場でもあると認識していただきたい。

(株)コミュニケーションデザイン　代表取締役社長　玉木 剛(たまき　つよし)氏

新任広報担当者に望むこと	「広報」は担当者の意識次第で、経営戦略に欠かせない重要なポジションになる。上層部や他部署から言われるがままにリリースを書くだけでは、その重要性は認識してもらえない。他部署と積極的にコミュニケーションを図り、情報を自ら取りに行き、広報が何を考えてどのような成果を出しているかを知ってもらう。始めは他社のケーススタディからPR戦略/戦術を学ぶことを勧めます。
ニュースリリース作成の留意点	マスメディアでリーチできない層にアプローチできるWebコンテンツやSNSを戦略に加える。SNSは自身でも使い、リテラシーを高め、SNSでウケるコンテンツを考案する。これらは拡散力もあり、広報がリードして危機管理体制を構築する。

(株)サニーサイドアップ　取締役　松本理永(まつもと　りえ)氏

新時代における広報の役割・あり方	生活者の意識が大きく変わり、メディアのあり方も変わって消費者が自ら情報を取得し発信できる時代となったことで広報/PRの可能性はさらに大きく広がっています。広報＝パブリックリレーションズと広義に捉え、社会との関わりを強く持ち続け、貢献を果たすことが重要です。
新任広報担当者に望むこと	発信していきたい物事と、社会との接着点がどこにあるのかを常に見極める力をつけることが大切です。情報を届けるべき相手は、自社商材のターゲットだけでなく、常にそれを包括する"社会"を意識してほしい。

(株)シシクリエイション　代表取締役　塚原芳子(つかはら　よしこ)氏

新時代における広報の役割・あり方	AIがライティング機能を代替する時代だからこそ、抗わず文明の進化を捉え柔軟に取り入れていくことは求められると思います。企業から情報発信できるツールも膨大に増えた中、戦略的に価値を創造するといった役割も求められています。
新任広報担当者に望むこと	提供するサービス、会社の発信の際はグローバル・日本全体の社会課題の何を解決するのか？を最初に問う姿勢をもって臨んで下さい。会社の独自性を訴求するあまり世の中の関心・トレンドから外れてしまうことは結果的にギャップを生んでしまいます。常に社会の課題への傾聴・背景の理解する姿勢を止めないでください。

（株）スパイスコミュニケーションズ　代表取締役　大石哲也氏

ネット時代の広報の役割と新任広報担当者に望むこと	ICT社会として、難易度の高いメディア環境の中でも、企業・組織の広報活動は、まさしく＜経営戦略と一体＞の従来のミッションは、なんら変わりはありませんが、情報の洪水を渡る＜情報のデザイン化＞が重要視される。広報部とは、会社における社外への発信と、社内への社会からの着信機能。新任の方々は、社会の今性、時代の空気を胸いっぱい吸ってほしい。
危機への備え・危機発生時の対応	平時のイシューリスクマネージメントと、クライシスマネージメントマニュアルの策定。レピュテーション向上への信頼回復。BADファーストの情報開示が基本。

（株）ディービーピーアール　代表取締役社長　堂森哲雄（どうもり　てつお）氏

新時代における広報の役割・あり方	メディア側と広報する側は、共同で「コンテンツ」を作っていくという合意を普遍のものとしていく。メディアの「報道してやろう」という意識も変わりつつ、広報も「メディアにひたすらお願いして報道してもらう」という姿勢からの脱却が求められます。
新任広報担当者に望むこと	横文字が幅を利かす今、誰よりも「日本語」に強くなって欲しい。「国語辞書」を常に手元に置き、必要な時確認すべし。さらに毎日どこかのページを開けば、「新しい日本語」に出会います。

（株）電通PRコンサルティング　コーポレートコミュニケーション戦略室　広報・シェアリング部　大熊武志氏

ネット時代の広報の役割と新任広報担当者に望むこと	情報流通構造が複雑化している今、PESO（Paid、Earned、Shared、Owned）Media全般で考える。問合せには相手の立場を理解し、情報発信の必要性や結果を考え対応する。社内では各部署の活動を把握し、インターナルコミュニケーションを良好にしておく。
危機への備え、危機発生時の対応	平常時にリアルな課題を設定し準備をする。会見やステートメントではできる限り情報を出し、不用意な発言で炎上を引き起こさない。人権に配慮した表現を心がける。危機発生時は、メディアや生活者、被害者家族など第三者視点で判断し、特に人命に関わる事象についてはスピードを重視する。

（株）トークス　業務推進第1部　部長　坂本正浩（さかもと　まさひろ）氏

ネット時代の広報の役割と新任広報担当者に望むこと	自社のメッセージを正しくターゲットに届ける役割は不変。ネットやソーシャルメディアは、ターゲットと意図通りに伝わらないリスクがあるため、Pros/Cons（賛否両論）を十分に検討した上で、慎重に活用する。記者との個別のコミュニケーションが正確でポジティブな伝達の基盤。好奇心とフットワークで、記者やインフルエンサーとの関係を築く。阿らず、人間対人間の関係性構築が重要。
ニュースリリース作成の留意点	関心を引くヘッドライン。グラフィックスの使用。記事作成に必要な情報を盛り込む（既存製品の発表も製品概要を入れる）。海外リリースの翻訳は、許される範囲で日本独自の視点・情報を加える。

中島PR　代表　中島史朗（なかしま　しろう）氏

ネット時代の新任広報担当者に望むこと	地方紙、業界・専門紙を大切にしてください。ヤフーニュースも主なネタ元は新聞。発行部数は減っても記事の正確性・信頼性は圧倒的です。新聞に取り上げられたことをホームページやSNSで拡散することがネット攻略の近道です（※著作権に注意）。
ニュースリリース作成の留意点	（WHAT／歓迎されるネタ）あなたの情報を記者が取材したくなる、世の中の役に立つ形にアレンジし（WHO／歓迎してくれる記者）あなたの情報に興味を持ちそうな記者を探し出し（WHEN／歓迎されるタイミング）記者が取材したくなるタイミングに向けて、配信してください（詳しくは、拙著『広告費ゼロ！プレスリリースを活用して勝手に売れていく必勝方程式』をご参照ください）。

（株）ニンニンドットコム　代表取締役　鈴木　忍（すずき　しのぶ）氏

ネット時代の新任広報担当者に望むこと	これからの経営に欠かせないメディアづくり、コミュニティづくり、ファンづくりの推進役になると期待します。SNSでの発信は、自社の内面を伝えることができるチャンス。大義名分と利他の精神を忘れずにきれいな心で情報を発信してほしい。
危機対応の留意点	会社は常に、公のもの、社会のもので、私有物ではありません。危機発生時には、自社が有利に働くようにと誤魔化したり、情報を隠蔽したり、嘘をついたりしてはいけません。誠実な心で、スピーディーに、正直に事象を説明し、真摯に謝罪することが重要。それらの対応の結果として、自社が有利に働くこともあるのです。

(株)ネットワークコミュニケーションズ　代表取締役　岡田直子氏

新任広報担当者に望むこと	情報に常に触れる。的確さとスピードの鍛錬。人として誠実な行動をする。信頼が命。社内でも全員の名前を把握するくらいの勢いでコミュニケーションをとり、自分に情報が集まるように情報に敏感になるといい。社内では社内記者のつもりで、社外には自分が会社の代表であるという意識で行動すると頼れる広報パーソンの礎を築けます。
ニュースリリース作成の留意点	「掴み」と「ファクト」と「ストーリー」を意識。日本語でも英語でも正しく書かれていること。読みたくなるかなあ……、記者が記事書きたいと思うかなあ・・・と何度も推敲。秘密保持の範囲で、仲間同士での読み合わせをすることも勧めます。

(株)ピー・アンド・アイ　代表取締役　曽根　進(そね　すすむ)氏

新任広報担当者に望むこと	広報は会社を俯瞰的に捉える部署です。メディアからの問合せに的確かつスピーディに対応するためにも自社や業界の足元についてしっかりと把握することです。
プレスリリース作成の留意点	記者のバックには読者がいることを忘れずに。伝えるべき事実を等身大で、わかりやすくが基本。

ビルコム(株)　取締役　メディアトレーニング　シニア　トレーナー　早川くらら(はやかわ　くらら)氏

ネット時代の新任広報担当者に望むこと	時流を捉え読み解く力を身につける。生活者の行動やインサイトは日々変化している。出会った人やメディアを通じて情報収集し、捉えた動きが社会的なものなのか、データを収集・分析し、社内外に説明できる力も重要。PRする事業や企業の一番のファンになることがPRのアウトプットを大きく左右することは変わりません。
ニュースリリース作成の留意点	日に数百のリリースの中からピックアップされるには、ニュースとなるための要素をタイトルや概要にちりばめることが重要。「国内初」という新規要素に加え、実績、時流、季節性、生活者にとっての実利や技術的な優位性などをフレームワーク化し、社内やクライアントと骨子を作る際の基礎とします。

(株)ブラップジャパン　取締役　メディアトレーニング シニアトレーナー　吉宮　拓(よしみや　たく)氏

新任広報担当者に望むこと	必要なスキルは「健全なる批判精神」と「愛嬌」。物事を反対から見る習慣は客観的思考を育む。自社を愛する一方で批判的な視点を持つことは説得力のあるコミュニケーションの礎になる。どんな相手とも分け隔てなく付き合い、情報交換できるスキルはいつでも社内外問わず情報が集まり、情報参謀として大きな武器になる。
ニュースリリース作成の留意点	①「一点突破」：情報過多は伝えるべきメッセージを霞ませる。必要なのは情報の量ではなく、一つに絞る勇気。②「ファクトベース」：記事は事実の積上げで成立。形容詞や修飾語は極力外し、数字を含む具体性ある情報で構成すべき。③「なぜ今このネタか」：記者が自問するこの言葉を反芻し、答えをリリースに盛り込む。

(有)プリズム　代表取締役　妹尾浩二(せのお　こうじ)氏

新任広報担当者に望むこと	Mailによるリリースの一斉送付など、デジタルを駆使した広報スタイルが主流となる中で、メディアの記者と直接コンタクトし、求められる情報をタイムリーに提供できる、そんな広報が望まれる。デジタルでの情報発信技術を磨くと同時に、記者とのリアルな人間関係の構築も広報の重要な使命である。
ニュースリリース作成の留意点	良いリリースの第一条件は、わかりやすいこと。業界用語や難解な技術用語の羅列は記者には理解されず取り上げられない。読者・視聴者の身になり、平易な表現に翻訳し、広く社会に役立つ製品との理解を促す努力が大事。語句や数字、人名の間違いがネット上で流れると訂正が効かないので、発信時に二重チェックが必要。

レイザー(株)　代表取締役　大杉春子(おおすぎ　はるこ)氏

新時代における広報の役割・あり方	新時代の広報の役割は、情報の伝達者から企業価値を戦略的に高める核心的役割へと進化しています。リスクを積極的に管理し、危機管理においても冷静かつ迅速に行動できるドライバーとしての能力が求められます。
新任広報担当者に望むこと	クリティカルな視点を持ち、組織のリスクを正確に評価し、それを広報戦略に活かす姿勢。広報の役割が多様化する中で、透明性を持ち、内外のステークホルダーとの信頼関係を築くこと。

● **メディア幹部の広報担当者へのアドバイス一覧**

　メディアは「第三者評価機関」ですから、あなたは広報担当者として、本質的に自画自賛である自社情報を"謙虚に"評価いただく姿勢を堅持します。一方で、記事は記者との「共創の作品」でもあるので、"遠慮なく"そして"率直に"情報提供する姿勢で臨みましょう。

　その際の心構えと具体的な方法について、主要メディアの第一線でご活躍中の幹部の方々から直接貴重なアドバイスをいただきました。

　何事も「人と人とのコミュニケーション」があらゆる源です。それぞれのご経験から滲み出た現場感覚的アドバイスは、必ずや業務遂行の具体的なヒントになることでしょう。

（所属・役職：2019年11月現在）

【新聞社（全国紙）】

社名／役職／氏名	読売新聞東京本社　元経済部長 増田雅己 氏
記者との付き合い方	他の取引関係と同様に、一番重要なのは信頼関係。話せないことは話せない、で結構だが、ウソやその場しのぎの言いつくろいは、記者に見破られる。
ニュースリリース作成の留意点	伝えたいことを明確に表現してほしい。ただ、記者が知りたいことと、広報マンが伝えたいことにキャップがあることも多い。その点も含め、完璧なリリースはあり得ないので、問い合わせに応じられる体制をしっかりとってほしい。リリースも含めて、情報発信の基本は、「対面、手渡し」が基本。
危機発生時の対応	自社に不利益なものも含めて、情報開示を徹底することだと思います。そうした姿勢が、メディアを味方につけることにつながる。

社名／役職／氏名	朝日新聞東京本社　経済部長 寺光太郎 氏
ネット時代の広報の役割と新任広報担当者に望むこと	いろいろな表現の仕方がありますが、記者とは「より良き社会」の実現のために奉仕する仕事だと考えています。では、企業の広報担当者の役割とは何でしょうか。一義的にはもちろん、「より良き会社」の実現に努めることだと思います。ではなぜ、より良き会社の実現のために汗をかくのかと言えば、それが、より良き社会の実現につながるから。気持ちを込めて、そう断言できる広報担当者を、記者会見でどんなに厳しいやり取りをしようとも、記者は信頼し、尊敬します。記者も広報担当者も、目指すべきものは、本来同じはずです。 オールドメディアが長期低落する一方で、ネットメディアが台頭しています。ライブ中継がテレビの特権だった時代は終わり、記者が小型の機材を持ち込んで、記者会見をインターネット上でライブ中継するケースも増えています。ＳＮＳの普及でニュースは猛烈な勢いで拡散していきます。いわゆる「炎上」も燎原の火のごとくです。こうした混沌とした時代の企業広報のあり方は舵取りがとても難しいと思います。一方で、私たち報道機関も、日々悩みながら、どう対応するべきかを模索しています。お互いに、より良き社会の実現のために、という「原点」を忘れることなく切磋琢磨できれば、きっと良い信頼関係を築くことができると確信しています。

社名／役職／氏名	毎日新聞社　経済部長 山本明彦 氏
ネット時代の新任広報担当者に望むこと	自社の経営方針、商品・サービスの特徴、強みを消費者目線、顧客目線で分析するよう心がけてください。多忙だとは思いますが、記者からの質問も「勉強する機会」と捉え、対応していただければ。

ニュースリリース作成の留意点	「読む立場」から文章やレイアウトを練ってください。私たち記者は「中学生でもわかる文章」を心がけています（なかなかうまくいきませんが）。リリースの前に、商品やサービスのポイントが何か、この表現でわかるのか、今一度推敲してみませんか。
危機発生時の対応	まずは広報主導で迅速な対応を。何がわかっていて何がわかっていないのかを整理し、広報がサポートしながらトップが話すよう努めてください。理由がなければ記者会見は荒れません。ネットで中継される失敗例を経営陣と共有するなど、普段から危機管理に備えることが不可欠です。

社名／役職／氏名	日本経済新聞社　元西部支社編集部長（元東京本社産業部次長） 新井　裕　氏
記者との付き合い方	企業と新聞社との単純な関係だけでは、記者とのコミュニケーションは成立しない。信頼関係を作ること。
ニュースリリース作成の留意点	事実関係を明確に。"提携"のリリースなら、どんな事業を、いつから、どんな協力関係でなどの事実関係が重要。加えて、事業の経緯や業界の背景等の資料が必要。ＦＡＸ、メール、郵送の順。記者は外出が多いため、緊急の場合、まずＦＡＸだと誰かの目に触れやすい。緊急でない場合、メールだと写真等のデータ管理がしやすいメリットあり。
危機発生時の対応	明らかにできることは、すべて明らかにする。体面を繕い情報を隠すと、後にその事実が明らかになればイメージはさらに悪化。

社名／役職／氏名	産経新聞社　業務企画統括兼資材部長（前経済本部長兼経済部長） 吉田憲司　氏
ネット時代の新任広報担当者に望むこと	最も大切なことは、記者と信頼関係を築くことだ。日頃から記者クラブなどに足を運び、人間関係を築いておくことが重要である。記者からの質問に迅速に対応できるように、自社のみならず業界全体のことを勉強しておくのはもちろんのこと、社内人脈を形成しておく必要がある。
ニュースリリース作成の留意点	専門用語はなるべく避け、わかりやすく書くことが重要だ。記者の目を惹くような見出しをつけることも大切だろう。記者の目に留まるかどうかは、この「見出し」によると言っても過言ではない。しかし、何より重要なことは記者個人と関係を築き、ＦＡＸではなく、記者個人に直接メールでリリースを配信することだ。
危機発生時の対応	企業にとっての「危機」は不祥事の発生だろう。その際は、逃げない、ウソをつかない、隠さないことが重要だ。この３つのうち１つが欠けても信頼を失う。大きな不祥事の記者会見には社長が出席することが重要だ。社長が欠席すると、逃げているとの印象を持たれかねない。また、不祥事記者会見では記者の質問が尽きるまで行なうことも大切だ。記者会見のやり方を失敗すると、企業は大きなダメージを受けることになる。危機への備えとしては、最悪のケースを想定し、日頃からシミュレーションを繰り返しておくことが必要だ。

【新聞社（ブロック紙）】

社名／役職／氏名	北海道新聞社　経済部長 鵺野隆治（ぬえの　たかはる）　氏
ネット時代の新任広報担当者に望むこと	相手の顔と名前を覚えることが最初の一歩。取材する側もされる側も、相手に敬意を払うことは忘れないようにしたい。
ニュースリリース作成の留意点	何が新しいのか、何がニュースなのかがわかりやすいこと。簡潔かつ具体的であること。主語と述語が明解な、わかりやすい日本語であること。「始める」「発売する」等の表現で済むところを「ローンチする」と発表されても、地方紙の読者には通じない。
危機発生時の対応	事実の速やかな把握が第一。公表すべき事案か否かを判断し、公表するなら、その時点でわかっていること、それに対する会社の具体的な対応を公表することが基本だと思います。事案の重さによって、経営トップが前面に出ることも必要です。いずれ

の場合も危機対応が後手に回っているとの印象を与えると傷口を広げてしまう。経営層が広報部門の重要性を認識し、広報部門の責任者が経営層と情報共有できていることが重要。

社名／役職／氏名	中日新聞東京本社（東京新聞）　経済部長 池田　実　氏
ネット時代の新任広報担当者に望むこと	記者にも言っているが、時代は大きく変化しているので、広い視野を持つよう心がけてほしい。そのうえで発信しようとしているニュースがどういう位置づけにあるかを考えてほしい。メディアも大きく変化しているので、そのメディアが何を目指そうとしているのか、何を重点的に取り組んでいるのかを理解して対応していただければ！
ニュースリリース作成の留意点	表題はわかりやすく簡潔に。最初の2、3行で、最大の特徴を。記者がリリース全文を読むとは限らないと思って作成してもらいたい。専門用語については、注釈などを。
危機発生時の対応	危機に際しては、トップの考えをいかに伝えていくかが大事。広報担当者としては、トップで自らが一番の広報マンだという意識を持ってもらえるかが勝負となる。また把握できたことをきちんと伝えること。隠していたと思われるような事態を招くことだけは避けたい。そうなると、悪循環に陥る。

社名／役職／氏名	中日新聞社　経済部長 山下雅弘　氏
ネット時代の新任広報担当者に望むこと	まずは自分の会社、自社の属する業界のこと（現状だけでなく、過去の歴史や経緯も含めて）をよく勉強してほしい。そうした面で深い知識を持つ広報担当者は信頼できるので、記者も何かと相談を持ちかけたい気持ちになる。もう1つ、取材には真摯に対応してほしい。言えないことは「言えない」、わからないことは「わからない」で構わない。ウソやごまかしによるその場しのぎは、やめてほしい。
ニュースリリース作成の留意点	日々、記者の手元に届くニュースリリースの数は非常に多い。基本事項と要点をわかりやすく、かつ簡潔に記した文書が望ましい。目立たせたいがための奇をてらった表現や見せ方は不要だが、リリース内容の持つ社会的意義の説明はほしい。業界内でしか通じない用語は、もちろん避けて。
危機発生時の対応	事実として確認できている情報と、把握し切れていない未確認情報をしっかりと分ける。そのうえで、確認できたものは、会社にとってマイナスであっても、隠さず迅速に公表することが大切。情報を隠そうとすればするほど、暴きたくなるのが記者の習性。その結果、隠していた事実が「さみだれ式」に表に出てくるという、最悪のパターンに陥っていく。

社名／役職／氏名	西日本新聞社　経済担当部長 曽山茂志（そやま しげし）　氏
ネット時代の広報の役割と新任広報担当者に望むこと	ネット時代になったとはいえ、新聞記者を軽んじるべからず。ネット上で流布される良質なニュースの多くは、新聞記者発。企業イメージを高めるためには、まず担当記者を味方につけよう。商品・サービスの広報だけでなく、自社の強み、経営方針にもしっかり通じておく。記者にとって、広報担当は取材窓口であるだけでなく、会社そのものであることを忘れないでほしい。
ニュースリリース作成の留意点	30秒で理解できるように工夫する。具体的には、見出し、総論で全体をわかりやすく説明する。必要に応じてイラストや図表も。必要に応じてFAXや電話、メールで念押しする。
危機発生時の対応	緊急時はまず、経営トップの記者会見をセットする。そのために、日頃から緊急時対応シミュレーションを取り入れるなど心構えを。会見は、効率的で明快な運営を心がける。不明な点は第三者委員会などを設けて、しっかり調べる姿勢を示す。とにかく、逃げるような姿勢が最悪。

【新聞社（地方紙）】

社名／役職／氏名	河北新報社　編集局次長兼報道部長兼デジタル推進室長 木村正祥（きむら まさよし）　氏
ネット時代の新任広報担当者に望むこと	株式市場を意識して午後3時解禁のリリースが多いが、同時刻のリリースが多いと埋もれてしまうことがある。発表時刻を工夫すべきだ。 記者は事前に関連情報と知識を仕込んで記者会見に臨むことが多いが、そうでないこともある。記者の背景には読者がいることを忘れてはならない。読者が常に物知りで、事情通であるはずがない。真っさらな人でも理解できるよう目線を下げることが必要だ。上から目線の対応は企業イメージを低下させることを肝に銘じてほしい。
ニュースリリース作成の留意点	新商品、新技術の特性や利点を強調するだけにとどまらず、開発に至った端緒や経緯、背景、苦労話なども明らかにしてほしい。こうした情報があれば、記事に厚みができ、必然的に扱いが大きくなる。場合によっては、開発に携わった社員の人モノ、インサイドストーリーが出来上がることもある。広報担当者は記事の仕上がりをイメージすることが大切だ。
危機発生時の対応	迅速さに尽きる。第1報を可能な限り早く出し、情報が更新され次第、第2報以下を即座に出すことが基本だ。広報要員は普段より多く配置し、情報の共有を徹底することも言わずもがなだが、重要だ。ワンストップで対応してほしいが、分からないことをあいまいなまま回答することはミスリードにつながる。権限を持つ上位者と検討したうえで回答するなど責任ある対応を求めたい。

社名／役職／氏名	新潟日報社　報道部　経済担当デスク 武田雅裕　氏
ネット時代の新任広報担当者に望むこと	これはニュースになり得る新製品や情報だと思ったら、まずは遠慮せず新聞社に連絡をしてみてほしい。必ずしも記事になるとは限らないところもあるが、接点を作ることが重要だ。社会的価値のある情報や、世間の耳目を集めそうな出来事であれば、メディア側から取材をお願いすることになる。そして、常に新しいニュースのチェックを。今何が話題になっているかを意識した発信は、情報のアピール度が高くなる。
ニュースリリース作成の留意点	情報を詰め込みすぎないこと。アピールしたい点を簡潔に列挙しているリリースは、受け取る側も読み込みやすい。またリリースしたら終わりではなく、メディア側からの問い合わせに対応できるような体制も整えていただければ。
危機発生時の対応	速やかな発信が第一。危機発生時は、情報収集を優先させるあまり、発信が遅くなりがち。その時点でわかっていることをまず開示し、新たに判明したことがあれば追加して公開していく。大概、情報公開が遅いほど「対応が後手に回った」などと後の批判につながってしまう。情報の修正があった場合は、訂正発表も忘れずに。

社名／役職／氏名	京都新聞社　報道部　記者 柿木拓洋（かきのき たくひろ）　氏
新任広報担当者に望むこと	ネット時代だからこそ、必要な情報やPRなどは検索すれば見つかる。提供したい情報の意義づけや相対化を心がければ、ニュースとして拡がりが出やすく、記者も扱いやすい。会社視点を少し離れ、社会や消費者がどんなことに関心があるか、どうすれば取り上げてもらいやすいかを考え、記者に提案してみるのも一案。「提案型広報」として自社のPRにとどまらず、社会的意義や潮流を捉える力が今後求められると思う。
ニュースリリース作成の留意点	発表内容を相対化し、特徴づける習慣をつけること。長い文章は読まれない。タイトルで簡潔に表現し、明快に説明する。
危機発生時の対応	危機には大きく災害や事故の場合と社内不祥事があるが、いずれも速やかに開示し、できる限りの情報を明らかにするスタンスが肝要。隠すとその後の傷が大きくなる。

社名／役職／氏名	神戸新聞社　経済部長 宮田一裕　氏
新任広報担当者に望むこと	企業の対外的な窓口として、社の特徴をわかりやすく伝えることとともに危機管理が重要。情報発信した内容が社会にどのように受け止められるか、の視点が大事だろう。

ニュースリリース作成の留意点	Ａ４サイズ１枚に収められるようにポイントを絞り込む。社会にどのようなインパクトを与えるものなのかを社内用語ではなく、わかりやすく記す。
危機発生時の対応	社内外での不断の情報収集。危機発生時にはトップが説明責任を果たすべき。

社名／役職／氏名	山陽新聞社　経済部長 金居幹雄（かない もとお）　氏
新任広報担当者に望むこと	社内外でのネットワーク、情報収集能力の強化。顔の見える広報であってほしい。広報とマスコミの担当者がお互いに顔と名前がわかり、意思疎通できる関係を築いておくといい。記者は出稿後も掲載するタイミングで上司から内容などを再確認されることが多い。職場や勤務時間外でも連絡を取れる体制を作っておくことも考えてもらいたい。発表のタイミングは企業側の都合ではあるが、マスコミ側も同じで取材後の掲載や放送の日時は新聞、テレビ、ラジオなど媒体ごとに違うことを知っておいてほしい。
ニュースリリース作成の留意点	常にわかりやすく。自己陶酔型に陥らず、広報する案件が社会的にどのような意義があるのか、第三者の視点を持って伝えてほしい。盛り込む情報は根拠のあるデータを使うことが望ましい。各社で利用できる写真、動画なども準備しておくと、取り上げる機会が増える。その際、コマーシャル色は排除してもらいたい。
危機発生時の対応	正確な情報の把握とスピードが欠かせないのは言うまでもない。事業継続計画（ＢＣＰ）が策定されていればいいが、ない場合は広報部門だけでもどうすべきか、部署内、経営陣と意思疎通を図っておかなければならない。緊急時に正確な情報を得ることは困難だが、定期的に現在わかっていることを伝える姿勢が大事。公表した情報に間違いや齟齬があれば早急に訂正することも必要だ。

社名／役職／氏名	愛媛新聞社　報道部長 山本　良（やまもと りょう）　氏
ネット時代の新任広報担当者に望むこと	伝えたい情報だけでなく、メディアが何に関心を持っているかを常に考えながら広報対応していただければと思います。時に都合の悪いことを書かれたとしても、メディアをいたずらに敵視せず、社会の関心がどこにあるのか、を知る一助と考えてもらえればと思います。メディアと取材対象者の関係は「密着すれども癒着せず」が基本ですので、その点もご理解ください。
ニュースリリース作成の留意点	日々、さまざまな企業が大量のニュースリリースを発信する中、製品情報を記したニュースリリースを一方的にメディアに送付するだけでは、見落とされる可能性もあります。中身がもちろん重要ですが、新製品を実際に見聞きできる場をセッティングすれば、記者も製品の特長をより理解でき、記事に取り上げやすくなります。また、専門用語の多用は避けたほうが迅速に記事化できると考えます。
危機発生時の対応	企業にとって都合の悪い情報であればあるほど公表をためらいがちですが、包み隠さず迅速に公表することが、短期的にはダメージをもたらすとしても、痛みをそれほど長引かせず、長期的に見れば企業に対する社会の信頼感、ひいては企業価値を高めることにつながります。普段からその意識を社内に醸成しておくことが求められます。

【産業経済紙】

社名／役職／氏名	日刊工業新聞社　中小企業部長 川瀬　治（かわせ おさむ）　氏
ネット時代の新任広報担当者に望むこと	記者のバックには読者がいることを常に意識し信頼関係を築いてください。媒体によって対応を変えず、記者個人の資質を見極めて、情報を発信。ある程度信頼関係を築くことができれば、問い合わせに応じるだけではなく、記者がほしいと思われる情報を積極的に提供することが重要となります。こうしたことの積み重ねが人脈形成につながると思います。
ニュースリリース作成の留意点	５Ｗ１Ｈを盛り込んだ簡潔でポイントを捉えた文章。製品名などの固有名詞や具体的な数字などを記載。写真もメールなどで提供できるようにします。必ず、広報担当者

	の連絡先を入れるようにしてください。
危機発生時の対応	危機対応として、万が一事故が発生した場合、トップや役員など責任ある立場の方が会見に出るのが重要です。メディア対応を担当者任せにはしないでください。トップと広報責任者・担当者が直接、連絡できる体制を敷きます。情報は隠さず、一遍に出すことが重要。マイナス情報が五月雨式に流れるとメディアの印象は良くありません。

【専門紙】

社名／役職／氏名	化学工業日報社　取締役　編集本部長兼編集局長 佐藤　豊　氏
ネット時代の新任広報担当者に望むこと	ネット時代は、SNSの普及などにより社会と企業とのつながり方が変化しているとはいえ、広報の目的そのものは変わらない。企業とは結局、顧客を創造する組織であり、広報の活動も顧客を創造するためのマーケティングとイノベーションが真の目的であるはず。したがって、企業の外、つまり広く社会に目を向け、市場、社会の変化を察知し、「時代」を認識する感覚が重要である。そのうえで、自社の企業文化を大切にしつつも、時代認識と自社とのズレをよく察知し、顧客創造につながる自己変革を促すこと。それができるのが広報である。
ニュースリリース作成の留意点	何がニュースなのか、何が「特筆すべきこと」なのか、焦点をはっきりさせてほしい。
危機発生時の対応	危機においては、自社に対し厳しい報道が先行し、トップが感情的になったり、広報を叱責したりするようなことが起こりがち。危機が発生したときこそ、経営トップと広報が心を1つにして対処できることが重要と思われる。

社名／役職／氏名	日刊建設通信新聞社　常務取締役　コミュニケーション・デザイン局長 服部清二　氏
ネット時代の新任広報担当者に望むこと	広報は自社の「すべて」を知っておく必要があります。その歴史、現在置かれている自社の立場（業界内順位など）、業界動向と自社の経営方針、実際に取り組んでいるビジネス、これから取り組もうとしているビジネスなど幅広い知識です。自社が何をしているか知り、トップが何を考えているかを学んでください。「広報」は金食い虫ではなく、最も優れた「営業」だと考えてください。一方で、記者とのコミュニケーションを通して、外から見た自社のイメージ等を知ることができます。自分のものと違っていたら、それがなぜそうなったか考えてみるのも面白いと思います。
ニュースリリース作成の留意点	今、なぜこの発表が必要なのかを明確にし、必要なことを最小限にしてまとめる。逆に言えば、余分な情報は入れない。問い合わせ対応の備え、発信後に連絡が取れるようにしておく。
危機発生時の対応	危機への備えで、最も必要なのは「常に備えておく」ことをトップに知らしめること。そのため、トップには口を酸っぱくして（たとえ嫌がられようとも）、危機対応の重要性を言い続ける。トップが逃げるのは最悪です。むしろ、率先して情報発信するように仕向けるのが広報の役割です。

社名／役職／氏名	日刊自動車新聞社　編集局長 小室祥子　氏
ネット時代の新任広報担当者に望むこと	広報担当者は企業をPRするだけでなく、企業と外部をつなぐ存在です。そのためには自分の会社を客観的に見ることも必要です。記者が最も信頼する広報担当者は、会社を熟知し、業界動向にも精通している担当者です。社内の情報ネットワークをどれだけ持っているのかも広報の力量を左右します。しかし、新任であっても、問い合わせに真摯に対応してくれる広報担当者には誠意を感じ、信頼感が生まれます。その場で回答できることが理想ですが、わからなければ調べ、できるだけ早く回答することが大切です。記者の立場を理解し、取材に協力することにより、信頼関係で結ばれた良好な関係を築くことができると思います。
ニュースリリース作成の留意点	何がニュースなのかを冒頭に書いてほしいと思います。前置きが長いと、どこにニュースが書いてあるのかを探さなければなりません。記者は時間に追われているので、リ

リースはできるだけ簡潔かつ必要十分な情報が入っていることが理想です。新聞の原稿は見出しをとりやすいよう大事なこと（具体的なニュース）を最初に書き、解説は後段に書かれています。リリースも、そのような構成になっていると記事化しやすいと思います。またリリースを発表したら、問い合わせの電話には必ず出られる態勢をとっておくことが必要です。

危機発生時の対応	できるだけ迅速に、情報を社内外に発信することが大切です。危機の形態にもいろいろありますが、不祥事の場合、問題を社内で認識してから外部に開示するまでに時間がかかるほど、世間から「この会社は隠ぺい体質なのではないか」という疑念を持たれます。危機発生時の初動の重要性を、経営陣にも常日頃から認識してもらうことが必要だと思います。

社名／役職／氏名	鉄鋼新聞社　常務取締役　編集局長 一柳朋紀(いちやなぎ ともき) 氏
ネット時代の新任広報担当者に望むこと	他の取引先と同様、広報担当者と記者との信頼関係が第一になります。常に、数字の裏づけを持って問い合わせに答えることが重要だと考えます。あいまいな回答やウソ・ごまかしは勉強している記者に見破られてしまいます。記者を自社の味方にするのが、世の中に自社ファンを広げることにつながります。自社の良い情報だけを並べるのはどうかと思いますが、根拠のある強みについては、自信を持って発信していただきたいと思います。
ニュースリリース作成の留意点	言えることと言えないことを、明確にしていただきたい。また、今回のニュースリリースの内容が、どれほどすごいことなのか、それほどでもないなら、どういう意味合い・価値があるのか。対比できる過去のデータや（わかる範囲内で結構ですから）他事例などを交えて情報提供していただけると、記者が正しく理解し、正しく世の中に伝えることにつながります。
危機発生時の対応	情報開示を徹底することが、記者や世間に対しての信頼を獲得し、危機を乗り越える力になると考えます。経営トップが自ら記者会見などに臨み、何を考え、どうやって危機を乗り越えようとしているのかを誠実に表明すべきです。繕った情報のみを出していると、そうではない事実が明らかになったときにダメージが非常に大きく、広報部門としてそれは避けるべきです。

社名／役職／氏名	日本食糧新聞社　取締役　編集本部長 川崎博之　氏
ネット時代の新任広報担当者に望むこと	自社の基本姿勢を社会に知らせる役割を担うという点では変わらない。正確に伝えるためには媒体特性をよく理解し、記者との信頼関係の構築が、さらに重要な意味を持ってくる。前任者の良い点を積極的に取り入れて、自分なりの記者とのコミュニケーションの取り方を確立することを期待します。
ニュースリリース作成の留意点	そのニュースリリースをなぜ、発信するのかということを、ニュースリリース作成者がしっかりと理解して、背景説明を書き加えたニュースリリースはメディア側からは歓迎される。
危機発生時の対応	誠実であることが求められる。その時点で知り得ていること、知り得ていないことをしっかりと把握し問い合わせに対して、正確に答えることが重要。必要に応じて記者会見を開き、責任を負う立場の人物が説明して問い合わせに応じる場を設けることが肝要。

社名／役職／氏名	日本農業新聞社　ニュースセンター部長 岡田健治　氏
ネット時代の新任広報担当者に望むこと	企業（組織）が伝えたいことと、記者の側の興味がズレていることはよくあることです。資料を配布するだけでは、このズレが埋まらず、記事にはなりません。記者の関心を知るコミュニケーションができるかどうかが大事だと思います。
ニュースリリース作成の留意点	受け取る側からすると、情報が多すぎると、せっかくのリリースが埋もれてしまう恐れがあります。優れた点は他と比べてどこなのか、誰にどう役立つのかなどを具体的、明確に説明しているリリースには目が向きます。

危機発生時の対応	その時点で答えられることを素早く、できる限り公表することが大事です。対応が後手に回ると隠ぺいしているように受け取られ、企業（組織）イメージがさらに傷つきます。

社名／役職／氏名	物流ニッポン新聞社　編集部担当 山上隼人　氏
ネット時代の新任広報担当者に望むこと	ニュースリリースや記者招待イベントの際、あまり自社のPRに偏りすぎないようにすべきです。記者は公正中立な記事を書く役割です。宣伝色が強すぎると、記事に取り上げにくくなります。また、記事が出る前に原稿のチェックを求めるのは、やめるべきです。どんな記事が出るのか不安だったり、厳しいことを書かれたら困るのはわかりますが、これでは公正中立な報道ができません。その代わり、記者が間違えたら厳しく指摘してください。記者と対等であればこそ、より良い関係が築けます。
ニュースリリース作成の留意点	できるだけ未来の情報を盛り込むことです。記者は常に新しい情報を求めています。「〜した」という過去形より、「〜する」といった未来形のほうが興味を持ちます。写真、グラフといったグッズがあるだけで伝わりやすくなります。また、イメージを伝えるうえで数字は雄弁です。「生産量1000万トン」といった指標があると、規模感が格段にわかりやすくなります。ただ、単なる数字ではなく、「従来比30％増」のような比較できる数値がないと、どのくらいすごいニュースなのかがわかりません。両方とも重要な要素ですが、増減率のほうが重視されます。
危機発生時の対応	危機発生の際は、まとまってから情報を出すのではなく、逐一発表してください。情報開示に積極的な印象が持たれ、メディアは注目します。望ましくないのは、都合の悪い情報を出さないことです。隠していたと受け取られますし、メディアに暴かれてからではダメージが拡大します。自衛手段としても、情報は積極的に開示すべきです。

【通信社】

社名／役職／氏名	共同通信社　経済部長 高橋直人　氏
ネット時代の新任広報担当者に望むこと	時代の変化は、ますます激しくなっていきます。その時代のトレンドの最先端にいるのが、皆さんです。ぜひ、最新の情報を発信してください。トレンドの方向性を見極めるためには、業界のみならず国内情勢、世界情勢を貪欲に勉強し、歴史的な観点からも現代という時代の鳥瞰図を持っておくことが必要になります。コミュニケーションの手段は多様になっていますが、やはり仕事を面白くするには記者と直に会い話をすることが一番の近道ではないかと思います。がんばってください。
ニュースリリース作成の留意点	生産者、販売者の視点ではなく、消費者の視点に立ってニュースリリースを書くことが大事です。そう考えれば、自ずと業界用語や専門用語を使わないわかりやすいリリースを心がけるようになるはずです。いくら力んでみても、業界の専門家にしかわからないリリースは、当然ですが記者にも敬遠されます。
危機発生時の対応	できるだけ迅速にトップ自らが記者会見をし、丁寧な説明を行なうことが最も望ましい対応です。対応が遅れれば遅れるほど、失地回復が困難になります。誠心誠意、意を尽くして説明することが大事です。吉本興業の宮迫博之さん、田村亮さんの記者会見の姿勢がお手本です。岡本昭彦社長の会見はやってはいけない記者会見の見本です。

社名／役職／氏名	時事通信社　経済部長 樋口卓也　氏
ネット時代の新任広報担当者に望むこと	新聞記事をよく読むことでしょうか。ニュースリリースのどの部分が記事になるのか、記者の関心はどこにあるのかがよくわかると思います。あとは、記者に対する誠実な対応をお願いします。我々も正確かつ公正で迅速な報道に努めます。
ニュースリリース作成の留意点	わかりやすいことに尽きます。枚数が多くなるのは仕方ありませんが、1枚目に記事に盛り込むべき重要なファクトが記載されていると、正確な理解につながります。
危機発生時の対応	不祥事あるいは問題を把握したら、できるだけ早く開示すべきだと思います。社内調査は身内に甘くなりがちです。第三者による原因究明と再発防止策の提言が信頼回復のためには必要です。

【テレビ（キー局）】

社名／役職／氏名	日本テレビ放送網　経済部長 藤井 潤 氏
ネット時代の新任広報担当者に望むこと	広報担当の方からは「なかなかメディアに取り上げてもらえない」という愚痴をよく聞くが、逆に記者は「これでは取り上げにくい」という愚痴をこぼしている。報道機関が求めているのは「ニュース」であり、伝えたくなる「ストーリー」がそこに見いだせるかどうかである。そして、しっかり取材されたニュースやストーリーは、CMを遙かにしのぐ熱量と情報量をもって報じられるため、CMの何倍も訴求していく。そのために、まずはぜひ、記者と信頼できる関係を築いていただきたい。
ニュースリリース作成の留意点	あくまで我々は報道機関ゆえ、商品PR、企業PRをそのまま受け入れられないのは自明の理である。どんなに立派な社会貢献、CSR活動であっても、容易にPRであると見透かされるものはなかなか取り上げられない。いかに、そこにニュース性、伝えたくなるストーリー性を見いだせるかがポイントだと思う。
危機発生時の対応	企業や政治家の不祥事対応を長年見てきたが、信頼を取り戻すべく、いかに「誠意」を示せるかに尽きる。トップが出てきてお詫びすることが「誠意」ではない。「誠意」とは速やかに対応することであり、あらゆる疑念に的確に答えられること、そしてわかっていること、わからないことを包み隠さず明確にすることである。

社名／役職／氏名	ＴＢＳテレビ　経済部長 竹内紀一郎 氏
ネット時代の新任広報担当者に望むこと	特別なことはないと思う。取材には迅速に丁寧に率直に対応する。記者との人間関係を構築すること。また「自社のアピール」にとどまらず、同じ業界全体の中での立ち位置、強みと弱み、業界内の噂話など何でも共有できると、記者にとっても勉強になりありがたい。記者が新任広報を育て、広報が新米記者を育てる、ウィンウィンの関係が望ましいと思う。
ニュースリリース作成の留意点	ポイントを絞って「何が新しいのか」「何が面白いのか」「どこに、どんなニュース性があるのか」を簡潔にわかりやすく書く。専門用語を廃し、テレビなので「どのような映像が撮れるのか」も書き込んでいただけると助かる。
危機発生時の対応	事態を早急に正確に把握し、直ちにメディアに発表すること。まず広報担当者が迅速に発表し、可能な限り早くトップによるカメラ付きの記者会見を開く。虚偽の情報提供や隠蔽は後に傷を深くするだけ。初動対応が命と考える。

社名／役職／氏名	フジテレビジョン　取材センター経済部　元部長職 金井隆典 氏
記者との付き合い方	「駆け引き」などはせず、実直に向き合ってください。取材する側は広報担当者が信頼に足る人物かどうかを見る。広報はテクニックだ、といった人とは仕事上とはいえ、付き合いたくない。誠実な対応をすれば、企業への信頼も高まる。
望ましいニュースリリースと送付法	何が新しいことなのか、今話題となっている事象にどんな関連があるのか、といったことが端的にわかること。日々膨大な資料が届くので簡潔なものが望ましい。どんなインパクトある映像が撮影できるかがわかるようにすると取り組みやすい。ＦＡＸかメールで。
危機発生時の対応	とにかく速やかに対応すること。会見を開いて真摯に対応すること。その会見も一部のマスコミに知らせるのではなく、あらゆる社に伝えること。

社名／役職／氏名	テレビ朝日　ニュース情報センター経済部　元経済担当部長 名村晃一 氏
記者との付き合い方	リアルタイムに会社の情報を発信し、積極的に顧客、市場と向き合う。 腰が引けていてはダメ。絶対に逃げないこと。素早く。根気強く。人間らしく。 経済は人間の営みそのもの。紋切り型ではなく、人間臭い付き合いを。
望ましいニュースリリースと送付法	簡潔、明瞭。かつ詳細。①ＦＡＸ、②メール、③郵送。 コメント：時と場合、内容によって順位は変わる。

危機発生時の対応	誠意を持って対応する。

社名／役職／ 氏名	テレビ東京　経済ニュースセンター　元ＷＢＳプロデューサー 小沢武史 氏
記者との付き合い方	正確な情報をより早く提供する必要性が一段と高まっている。自社をどれだけ客観視できるか。「自社の発表（情報）の価値をどう見るか？」を意識し、把握することが大事。
望ましいニュースリリースと送付法	要点を簡潔にすべき。詳しい内容は別途資料にしたうえで、必ず記者、ディレクターとコンタクトして、思いを直接話すこと。①メール、②ＦＡＸ、③郵送。メール、ＦＡＸ、郵送いずれも届いたことを電話で確認すること。大量に届くので。
危機発生時の対応	隠すことが、後になって問題を大きくする例は、枚挙にいとまがない。誠実に迅速に、が大事。

【テレビ（地方局）】

社名／役職／ 氏名	テレビ北海道　報道部長 広岡雅晴 氏
ネット時代の新任広報担当者に望むこと	誰でも発信できて情報量が飛躍的に増えている時代、玉石混交の情報の海のなかで埋没しないための工夫が必要。誰に届けたいのか、受け手の身になって、受け手の目線で発信する情報を厳選する。 情報量が多すぎると届かない、ターゲットに応じた媒体を意識すべき。
ニュースリリース作成の留意点	1日にメール、ＦＡＸによる企業からのリリースなどで数十通の情報が寄せられます。それをニュースとしてまとめるデスクや番組プロデューサーが個別に判断していくのですが、多くの人は数秒で要、不要を判断しています。難しい言葉は「刺さらない」です。タイトル、見出しが面白そうか判断し、面白そうと思ったら、そのあとの中身を読んでいく。横文字が多いのもわかりづらいと思います。たとえば「……の悩みをソリューションする……システムを○日にローンチします」と言われても、事実はわかるけど刺さってきません。テレビ記者としては、映像が想像できる＝「画になるか？」がわかるリリースは取り上げやすいですね。
危機発生時の対応	多くの記者が過去の取材経験で感じていると思いますが、不祥事を起こした企業は、問題の全体像の把握が遅いのと、会見などでの発表も情報が小出しになって傷口を広げているケースが多いと思います。その結果、社会的な反響も大きくなって、刑事事件になってしまったりすることもありますよね。トップが早急に全体像を把握し、一度の会見、リリースで完結することが大事なのではないでしょうか。

社名／役職／ 氏名	中京テレビ放送　報道局次長兼報道部長 髙木一郎 氏
ネット時代の新任広報担当者に望むこと	特に、若い人はテレビよりネットの時代だが、広報の役割は不変。自社のことを話す前に、ライバル他社を含め、まず業界全体の現状や展望を把握する。その背景があって、開発した自社の商品・サービスがいかに世の中に役立つかをsimpleに表現し、社会に広報する姿勢が大切。
新任広報担当者に望むこと	専門的な言葉は消費者目線でわかりやすい言葉に置き換える……テレビは "こんな映像が撮れる" と "電話でお母さんに説明するように" 思いやりを持って！ 「発表する日時」の1週間ほど前ですと、リサーチや事前取材の時間ができるので企画ニュースにしやすい。当日は早いほど、夕方のニュースで長く放送できる可能性が出てきます。
ニュースリリース作成の留意点	その商品をなぜ開発したのか？　きっかけは何か？　どう展開して、どんな消費者に何をもたらそうとしているのか？　業界全体の現状（ライバル社の動向も含め）、時代背景、世相など、客観的データに基づいた情報と共に記載されていると、ニュースにしやすい。「世界初」「業界初」とのうたい文句には、放送責任上、それが本当なのか？　一から裏取りしなければなりません。業界団体からの適正な「お墨付き」が記載されていると効率良く作業が進みます。興味をひく映像素材は「わかりやすいニュース」につながります。

社名／役職／ 氏名	RNC西日本放送　報道制作部長 吉田　剛(よしだ つよし)　氏
ネット時代の新任広報 担当者に望むこと	誤った情報が拡散しないよう、チェック体制の強化・対応なども重要に。
ニュースリリース作成 の留意点	コンパクトに（できればＡ４サイズ１枚〜２枚）わかりやすく（図、写真、データなど を利用）が重要。５Ｗ１Ｈはもちろん、どれくらい珍しいかなどリードにも反映できる トピックスや専門用語の注釈などがあれば、メディアにとってよりありがたいです。
危機発生時の対応	マスコミ対応の窓口がばらばらで、会見セットなどが遅れることが問題になるケースが 多い。情報の多少にかかわらず、広報担当部署がまとめてマスコミ対応にあたるとと もに、事案によっては、記者クラブなどを通して、速やかに記者会見をセットし、可 能な範囲で情報公開したり、できない理由も説明していただきたい。

社名／役職／ 氏名	福岡放送　報道部長 手嶋一雄　氏
ネット時代の広報の役 割と新任広報担当者に 望むこと	個人がＳＮＳを通じて発信することが当たり前になっているなかで、企業や団体から のメッセージの発信を主に担い、対外的な窓口となる広報に求められる役割やスキル は大きくなってきています。取材する記者にとっても多くの場合、広報の対応がその企 業のイメージに直結します。取材記者は常に締切に追われていることが多く、粗雑な 対応でご迷惑かけることもあるかと思いますが、可能な限り丁寧な対応を心がけてい ただきたい。
ニュースリリース作成 の留意点	リリースには日時とともに、どのような内容が、どういう狙いで行なわれるのかを明示 していただければと思います。何が新しくて、どのような点で、そのイベント（リリー ス内容）を取材する必要性があるのか？　などがあると、目に留まりやすい。当日取 材後に改めて問い合わせしたいときの連絡先が明記されているとありがたい。
危機発生時の対応	「危機」が発生しているときは、双方が忙しい場合に違いないと思うので、電話対応 だけではなく速やかに会見などを設定していただきたい。とはいえ、初期段階では（取 材する場所にもよりますが）、メディアも電話対応などが主になると思うので、お忙し い中ではありますが、丁寧に対応していただくと非常にありがたいです。

【ビジネス誌】

社名／役職／ 氏名	日経ＢＰ社　「日経ビジネス」元編集長 寺山正一　氏
記者との付き合い方	ネットでは伝えられない生きた言葉を、ネットでは伝わらない熱意を持って、生身の人 間である記者に伝える。生きた言葉で熱意を伝えられる場は多い。記事一本一本の 「損得勘定」ではなく、平素から意見や哲学を交換する努力を重ねる。
望ましいニュースリリ ースと送付法	目を惹く見出しと簡潔でわかりやすい本文、詳細な参考データの３本柱を揃える。メー ル、ＦＡＸ、郵送の順。郵送は時間のロス。メールは速報性＋記録性が高く、執 筆中に参照でき便利。緊急は個人メールより部署ＦＡＸで。
危機発生時の対応	正確に状況を把握し、全体像を整理、素早い提供が最良。平素から担当記者と意思 疎通し、自社の考え方の理解を促す努力を続ける、隠蔽が最大のリスク。

社名／役職／ 氏名	毎日新聞出版　「エコノミスト」編集長 藤枝克治　氏
ネット時代の新任広報 担当者に望むこと	ネット媒体やフリージャーナリストを含めてメディア間で差別せず、常に公平な対応を 心がけてほしい。広報と宣伝の違いを認識して、社会に対する窓口として客観的な視 点を忘れないでほしい。
ニュースリリース作成 の留意点	業界関係者以外の素人にもわかりやすい言葉で書くこと。
危機発生時の対応	広報がトップに意見を言える体制になっているかが重要。

社名／役職／氏名	東洋経済新報社　「週刊東洋経済」元編集長 鈴木雅幸　氏
記者との付き合い方	取材の意図やアウトプットを踏まえ、取材前後で記者ときちんとコミュニケーションする。取材対象に代わって広報が答えるのは、インタビュー時に取材対象者は答えられないとのマイナス印象。飲食が広報の仕事と考えているなら大間違い。
望ましいニュースリリースと送付法	最近メールでのリリース送付が多いが、送りっぱなしで、その後記者に何もフォローしないケースがある。これは、明らかにおかしい。勝手に文章を送っているだけで、記者の意識には届かない。ＦＡＸ、メール、郵送どれでも構わないが、電話等でフォローがなければ仕事をしたとは言えない。
危機発生時の対応	速やかにトップの会見を開く。対応を逡巡するとマーケットでの評価もどんどん落ちていく。

社名／役職／氏名	ダイヤモンド社　「週刊ダイヤモンド」元編集長 鎌塚正良　氏
記者との付き合い方	まずは記者の言い分をよく聞き、取材を断る場合は合理的な理由を明確にする。いきなり取材依頼書を要求するようなことはしない。
ニュースリリース作成の留意点	記者の問題意識を喚起する内容にすること。意外性のある数字やデータの裏づけがあると効果的。記者の取材意欲も高まる。送付法は記者に確実に届く方法で。
危機発生時の対応	全容を解明してからまとめて伝えるのではなく、具体的な情報の1つひとつをいち早く開示することを最優先する。特に「安全」が絡むような場合は、真っ先に注意を喚起することがメディアや消費者から評価される。

社名／役職／氏名	プレジデント社　取締役　編集本部長兼ブランド事業本部長 （前「プレジデント」編集長）　鈴木勝彦　氏
ネット時代の新任広報担当者に望むこと	広報担当者は常に経営情報に目を配り、社内外のさまざまな声に耳を傾ける必要があります。そのためには、常日頃から経営陣、社内のキーマン、メディア関係者と交流を深め、パイプを太くしておかなければなりません。そして、どこに、どのようなメッセージを、どのようなタイミングで発信すれば、最も効果的に世の中に伝わるか判断でき、それを実施できなければなりません。
ニュースリリース作成の留意点	各メディアの特性に合わせたニュースリリースが望ましい。雑誌であれば、たとえばビジネス誌とモノマガジン、女性誌では、各誌、ニュースの取り上げ方が違うので、読者にどんな価値をもたらすのか、ポイントを簡潔にまとめます。文章を簡潔にわかりやすくまとめるには、キーワードをどのように盛り込むかが重要。キーワードはニュースリリースで伝えたいことの本質をひと言で語るものであり、言葉選びは簡単ではない。ちょっとしたニュアンスの違いで伝わり方が変わる。伝わるリリースの第一は、読む相手の気持ちに立って書かれています。
危機発生時の対応	自社にとって都合の悪い事案が起こったときも、積極的に情報開示し、コミュニケーションを断ってはなりません。また、そのようなときに対応が感情的にならないように注意するべきです。情報開示や記者会見では往々にして、自己弁護、自己主張に終始しがちですが、相手がどのような感情を抱くかという見る側の視点を忘れずに対応すべきです。

【オンラインメディア】

社名／役職／氏名	ダイヤモンド社　ダイヤモンド編集部　副編集長（デジタル統括） 鈴木崇久（すずき たかひさ）　氏
ネット時代の新任広報担当者に望むこと	広報とは社内と世の中の結節点となる仕事だと思うので、半分は社内の人間でありながら、もう半分は社外の人間としての視点を持つことができるといいのではないか。世の中のニーズや流れを汲み取って、社内では気づいていない自社の価値を掘り出したり、社内が出したがらない情報でも社会的な意義などを考えて出すべきものは出したり、といった広報担当者の立ち回りが、中長期的な企業価値を高めていくことにつながるのではないかと思います。

ニュースリリース作成の留意点	公開情報となった時点でニュースバリューはなくなるため、リリースのネタだけで記事を書くことは基本的にありません。こちらが追いかけているテーマと合致した場合は、特集や記事の構成要素に加えさせていただきたいと思うことがあるので、取材をしたら面白い話が聞けそうだと思える客観的なデータ・独自性・競争優位性などが盛り込まれているとありがたいです。
危機発生時の対応	ウソをつかずに正直に正確な情報を発信するということが基本ではないかと思います。加えて、企業の社会的責任として、どのような人・企業に影響が及ぶ可能性があるのか、それに対してどのような対応が考えられるのか、などという情報発信も迅速に行なうべきではないかと考えます。

社名／役職／氏名	プレジデント社　プレジデントオンライン編集部　編集長 星野貴彦　氏
ネット時代の新任広報担当者に望むこと	1つの対応で企業の評価があっという間に変わってしまう時代です。ますます役割が重くなっています。会社が外からどう見えるか。すべては広報担当者の手腕にかかっています。トップが何を考えているのか。どんな社風なのか。お客にどんな価値を提供できているのか。あらかじめ整理しておいてください。価値のない企業はそのうち淘汰されます。価値のある企業は必ずメディアに取り上げられて伸びていきます。広報の巧拙は、ご自身が自社をどこまで理解できているかにかかってくるので、ぜひ社内のネットワークを広げてください。
ニュースリリース作成の留意点	事実が詰まっていて、「5W1H」が押さえられたリリースだと助かります。その企業の「身の丈」にあった広報が弐番です。リリースで大言壮語をうたい、運よくメディアで大きく取り上げられたとしても、あとで苦しむのはその企業です。リリースで「点を稼ごう」とするのではなく、適切なタイミングでステークホルダーに知らせていく、という姿勢が基本です。
危機発生時の対応	NGは情報を隠すこと。情報を小出しにすること。不確実な情報を出すこと。メディアによって対応を変えること。オープンでフェアであることが何より重要です。

社名／役職／氏名	BuzzFeed Japan（株）　オリジナル部門　オリジナル編集長 伊藤大地　氏
ネット時代の新任広報担当者に望むこと	個人でさえもネットを通じて直接、生活者に情報提供できる時代、すべてに直接つながり、発信する存在として、そのメッセージや伝え方を研ぎ澄ましていくことが求められます。メディアは読者のために発信し働いています。メディアに接触し、取り上げるように働きかける際は「うちの会社が……」「御社の媒体にとっても……」などと企業やメディアを主語に語るのではなく、「読者さんにとって有益な情報ですよ」と、主語を読者に変えてみてください。
ニュースリリース作成の留意点	「誰に」「何を伝え」「どういう行動を起こしてほしいのか」。この3つがあいまいになったまま、発信されているものが多い。直接、生活者にSNSで拡散されたいのか、メディアに記事を書いてほしいのか。社内の各部署の調整の結果ではなく、誰向けに情報を発信するのか。それを意識するだけでも、「誰の関心もひかない」リリースは、少なくなるのではないでしょうか。
危機発生時の対応	ソーシャルメディアにより一瞬で拡散し、多くのコピーが作成される今、一度出してしまったミスをなかったことにすることはできません。危機発生時に大切なのは、「誰のせいか」という犯人探しや、「いかになかったことにするか」という隠蔽工作ではなく、「現状を認め」「謝罪すべきことは謝罪し」「わからないことについてはわかり次第伝える」という透明性ではないでしょうか。

【業界紙・専門紙（誌）】

業種	媒体名	発行部数（万部）	社名・本社住所	東京代表TEL/FAX/Email	大阪代表TEL/FAX/Email	名古屋代表TEL/FAX/Email	福岡代表TEL/FAX/Email
鉄鋼・金属	鉄鋼新聞	－	㈱鉄鋼新聞社 〒101-0051 千代田区神田神保町1-101	03-5259-5203 03-5259-5209 info@japanmetaldaily.com	06-6445-6935 06-6445-6938	052-735-6556 052-735-6557	092-451-3321 092-451-3387
	日刊産業新聞	－	㈱産業新聞社 〒104-0033 中央区新川1-16-14-7F	03-5566-8770 03-5566-8185 sangyo@sangyo.co.jp	06-7733-7001 06-7733-7070 —	052-331-3371 052-331-3374 —	092-472-3887 092-472-3888
	日本金属通信	2	㈱日本金属通信社 〒550-0002 大阪市西区江戸堀1-19-23	03-6222-0331 03-6222-7226 —	06-6443-6891 06-6441-1990 press@nikkintsu.co.jp	—	—
	軽金属工業新聞		軽金属工業新聞社 〒104-0032 中央区八丁堀4-12-7	03-3552-6801 03-3552-6803			
エネルギー	ぜんせき	2	全国石油商業組合連合会 全国石油業共済協同組合連合会 〒100-0014 千代田区永田町2-17-14	03-3593-5751 03-5511-8829	06-6362-2915	052-322-1550	092-282-0932
	プロパン新聞	2	産業報道出版㈱ 〒104-0045 中央区築地3-7-4 トーソービル	03-3541-4181 03-3541-5838 info@lpg-sanpo.co.jp	06-6531-3621 06-6531-3630	052-735-0484 052-735-0577	—
	日刊油業報知新聞	2	㈱油業報知新聞社 〒104-0033 中央区新川2-6-8	03-3551-9201 03-3551-9210 yugyou@f2.dion.ne.jp	06-6443-0061 06-6443-0062 yug-osaka@y6.dion.me.jp	052-766-3280 052-621-5674 ndk04375@nifty.com	092-292-8234 092-651-8782
	プロパン・ブタンニュース	3	㈱石油化学新聞社 〒101-0032 千代田区岩本町2-4-10	03-5833-8840 03-5833-8841 lpg@sekiyukagaku.co.jp	06-6231-8036 06-6231-8039 lpg@sekiyukagaku.co.jp	052-566-2290 052-566-2291 lpg@sekiyukagaku.co.jp	092-271-2708 092-271-2878 lpg@sekiyukagaku.co.jp
	プロパン産業新聞	2	㈱石油産業新聞社 〒114-0024 北区西大原1-4-10	03-3918-0606 03-3918-0601 HPより	06-6364-2497 06-6364-2498	052-452-1206 052-452-0334	—
	原子力産業新聞（ウェブ）	－	(一社)日本原子力産業協会 〒102-0084 千代田区二番町11-19-5F	03-6256-9311 03-6912-7110 shinbun@jaif.or.jp	06-6441-3682 06-6441-3681 shinbun@jaif.or.jp	—	—
電気・電波	電波新聞	30	㈱電波新聞社 〒141-8715 品川区東五反田1-11-15	03-3445-6114 03-3443-5626	06-6203-3361 06-6227-5153	052-753-3461 052-753-3462	092-431-7411 092-431-7417
	ハイテクノロジー	29	㈱電波新聞社 〒141-8715 品川区東五反田1-11-15	03-3445-6114 03-3443-5626	06-6203-3361 06-6227-5153	052-753-3461 052-753-3462	092-431-7411 092-431-7417
	電波タイムス	8	㈱電波タイムス社 〒150-0001 渋谷区渋谷東2-20-13-201	03-5774-9005 03-5774-9006	080-4248-1916 06-7632-4472	052-951-0899 052-951-0899	—
	電気新聞	8	(一社)日本電気協会新聞部 〒100-0006 千代田区有楽町1-7-1	03-3211-1551 03-3287-2445 HPより	06-6444-4301 06-6445-0923	052-202-0550 052-202-0570	092-741-8821 092-741-2024
	電経新聞	1	㈱電経新聞社 〒160-0023 新宿区西新宿7-18-12	03-5937-5480 03-5937-5476 info@denkeishinbun.co.jp	—	—	—
機械機器・生産財	新製品情報(月刊)	3	㈱日刊工業コミュニケーションズ 〒103-0013 中央区日本橋人形町1-11-2	03-5614-3080 03-5614-3011 HPより	—	—	—

業種	媒体名	発行部数(万部)	社名・本社住所	東京代表TEL/FAX/Email	大阪代表TEL/FAX/Email	名古屋代表TEL/FAX/Email	福岡代表TEL/FAX/Email
機械・機器・生産財	メカトロニクス（月刊）	4	Gichoビジネスコミュニケーション㈱ 〒101-0035 千代田区神田紺屋町13	03-5209-1201 03-5209-1204 info@gicho.com	— —	052-253-6500 052-253-6501 info@gicho.com	—
	実装技術（月刊）	2					
	Industrial Card（月刊）	3	DMカードジャパン㈱ 〒112-0014 文京区関口1-10-2	03-5206-1391 03-5206-2931 info@dmcj.co.jp	—	—	—
	Product Navi（月刊）	5	㈱インコム 〒112-0014 文京区関口1-23-6	03-3260-7871 03-3260-7833 edit@incom.co.jp	—	—	—
	EDN Japan（月刊）(Web)	—	㈱アイティメディア 〒102-0094 千代田区紀尾井町3-12	03-5210-5011 HPより	—	—	—
IT	週刊BCN	2	㈱BCN 〒101-0047 千代田区内神田2-12-5	03-3254-7801 03-3254-7802 info@bcn.co.jp	—	—	—
建設・建築	日刊建設工業新聞	33	㈱日刊建設工業新聞社 〒105-0021 港区東新橋2-2-10	03-3433-7161 03-3433-1042 mail-ed@decn.co.jp	06-6942-2601 06-6941-6091 mail-ed@decn.co.jp	052-961-2631 052-961-2635 mail-ed@decn.co.jp	092-741-4605 092-741-1732 mail-ed@decn.co.jp
	日刊建設通信新聞	45	㈱日刊建設通信新聞社 〒101-0054 千代田区神田錦町3-13-7	03-3259-8721 03-3259-8729 henshu@kensetsunews.com	06-6944-9191 06-6944-9197 henshu@kensetsunews.com	052-962-6421 052-961-8822 henshu@kensetsunews.com	092-471-6118 092-471-6119 henshu@kensetsunews.com
	建通新聞	3	㈱建通新聞社 〒105-0004 港区新橋4-9-1-16F	03-5425-2070 03-5425-2075 tokyo@kentsu.co.jp	06-6201-3927 同左	052-523-2611 同左	054-288-8111 054-288-8110 同左
	Archcard(A) 意匠設計版	3	DMカードジャパン㈱ 〒112-0014 文京区関口1-10-2	03-5206-1391 03-5206-2931 info@dmcj.co.jp	—	—	—
	Archcard(B) 設備・構造設計・施工版	3					
住宅家具・インテリア	住宅新報	9	㈱住宅新報社 〒105-0001 港区虎ノ門3-11-15-3F	03-6403-7800 03-6403-7825 HPから送付	06-6202-8541 06-6202-8129	—	—
	日本住宅新聞（月3回）	5	㈱日本住宅新聞社 〒113-0022 文京区千駄木3-45-2-3F	03-3823-2511 03-3823-2566 HPから送付	—	—	—
	住宅産業新聞	3	㈱住宅産業新聞社 〒160-0022 新宿区新宿6-28-8	03-6233-9611 — housenews@housenews.jp	—	—	—
	家具新聞（年8回）(Web)	1	㈲家具新聞社 〒104-0033 中央区新川1-2-12-3F	03-6262-8330 03-6262-8334 kagu-news@seisaku-center.co.jp	—	—	—
	新建ハウジング（月3回）	2	新建新聞社 〒380-0836 長野県長野市南県町626-8	03-3556-5525 03-3556-5526 pr@s-housing.jp	026-234-1115 pr@s-housing.jp	—	—
住宅家具・インテリア	ホームリビング（月3回）	2	(株)アイク 〒111-0024 台東区今戸2-24-7	03-3872-8822 03-3872-8874 aik@homeliving.co.jp	—	—	—
	リフォーム産業新聞（週刊）	4	リフォーム産業新聞社 〒104-0061 中央区銀座8-12-15-7F	03-6260-4824 03-6260-6945 HPより	—	—	—

業種	媒体名	発行部数（万部）	社名・本社住所	東京代表TEL/FAX/Email	大阪代表TEL/FAX/Email	名古屋代表TEL/FAX/Email	福岡代表TEL/FAX/Email
化学・ゴム	化学工業日報	—	㈱化学工業日報社 〒103-8485 中央区日本橋浜町3-16-8	03-3663-7934 03-3663-2550 cd_desk@ chemicaldaily. co.jp	06-6232-0222 06-6232-0777 cd_desk@ chemicaldaily. co.jp	052-238-3553 052-262-5665 cd_desk@ chemicaldaily. co.jp	—
	石油化学新聞	1	㈱石油化学新聞社 〒101-0032 千代田区岩本町2-4-10	03-5833-8840 03-5833-8841 HPより	06-6231-8036 06-6231-8039 HPより	052-566-2290 052-566-2291	092-271-2708 092-271-2878
	重化学工業新報 石油化学新報	1 1	㈱重化学工業通信社 〒101-0041 千代田区神田須田町2-11	03-5207-3331 03-5207-3333 FAQ@jkn.co.jp	06-6346-9958 06-6346-9956 FAQ@jkn.co.jp	— —	—
	ゴム化学新聞	3	㈱ゴム化学新聞社 〒102-0073 千代田区九段北1-4-5	03-3263-0784 03-3263-0788 info@ gomukagaku. co.jp	— — —	— — —	—
	ゴム報知新聞	2	㈱ポスティコーポレーション 〒101-0031 千代田区東神田2-1-3	03-3851-5391 03-5820-3370 info@posty. co.jp	— — —	— — —	—
	タイヤ新報	2	㈱アールケイ通信社 〒105-0004 港区新橋5-14-3-8F	03-6402-7707 03-6402-7709 rktusin@rkt. co.jp	— — —	— — —	—
繊維・皮革・ファッション	繊研新聞	20	㈱繊研新聞社 〒103-0015 中央区日本橋箱崎町31-4	03-3664-2341 03-3665-0950 HPより	06-7639-0570 06-6266-2237 HPより	052-231-2600 052-231-5886 HPより	092-761-6131 092-761-6133 HPより
	繊維ニュース	6	ダイセン㈱ 〒101-0036 千代田区神田北乗物町11	03-5289-7003 03-5289-7233 webmaster@ sen-i-news.co.jp	06-6201-5012 06-6226-0106 webmaster@ sen-i-news.co.jp	052-451-3850 052-451-3855 webmaster@ sen-i-news.co.jp	—
	アパレル工業新聞 （月刊）	2	(株)アパレル工業新聞社 〒162-0822 新宿区下宮比町2-28-731	03-3513-7931 03-3513-7935 info@ apako-news. com	— — —	— — —	—
	WWD JAPAN （週刊）	6	(株)INFASパブリケーションズ 〒106-0032 港区六本木6-1-24-4F	03-5786-0621 03-5786-0629 press@ infaspub.co.jp	— — —	— — —	—
	メンズデイリー （月2回）	1	(株)繊維経済センター 〒541-0051 大阪市中央区備後町1-4-16	03-3263-7668 03-3263-7669 mens.d-tokyo@ ruby.bforth.com	06-6263-2993 06-6263-2998 mens.d-osaka@ ruby.bforth.com	— — —	—
	近代縫製新聞 （月刊）	2	(株)近代縫製新聞社 〒170-0004 豊島区北大塚1-3-10	03-3917-1579 03-3917-6929 kin-dai@gol.com	— — —	— — —	—
時計・貴金属・カメラ	時計美術宝飾新聞	2	㈱時計美術宝飾新聞社 〒110-0015 台東区東上野1-26-2-2F	03-3833-1886 03-3833-1717 fujii@pony.ocn. ne.jp	— — —	— — —	—
	時宝光学新聞 （月2回）	1	㈱時宝光学新聞社 〒110-0016 台東区台東4-27-5-503	03-3832-4336 03-3832-4337 info@jks-news. com	— — —	— — —	—
	時計工藝新聞	1	㈱時計工藝新聞 〒110-0015 台東区東上野3-15-14-3F	03-3501-9727 03-3501-9087 —	— — —	— — —	—
紙・文具	紙業タイムス （月2回）	1	㈱紙業タイムス社 〒103-0013 中央区日本橋人形町2-15-7	03-5651-7175 03-5651-7230 shigyo-times@ st-times.co.jp	06-6266-1130 06-6266-1131	— —	—
	日刊紙業通信	1	㈱日刊紙業通信社 〒417-0052 静岡県富士市中央1-1-1	03-6206-0991 03-6206-0992	06-6261-7467 06-6261-7469	052-452-1522 052-452-1523	090-3657-1023
	CLIPS （月2回）	1	紙製品新聞社 〒540-0012 大阪市中央区谷町5-6-12	— — —	06-6765-1881 06-6765-1880 clips@ ah.wakuwaku.com	— —	—

業種	媒体名	発行部数(万部)	社名・本社住所	東京代表TEL/FAX/Email	大阪代表TEL/FAX/Email	名古屋代表TEL/FAX/Email	福岡代表TEL/FAX/Email
環境	環境緑化新聞	4	㈱インタラクション 〒162-0825 新宿区神楽坂5-37-3F	03-3260-6732 03-3267-4842 info@interaction.co.jp	— — —	— — —	— — —
	環境新聞	8	㈱環境新聞社 〒160-0004 新宿区四谷3-1-3	03-3359-5371 03-3351-1939 info@kankyo-news.co.jp	06-6252-5895 06-6252-5896 —	— — —	— — —
	科学新聞	4	㈱科学新聞社 〒105-0013 港区浜松町1-2-13	03-3434-3741 03-3434-3745 edit@sci-news.co.jp	— — —	— — —	— — —
交通・車両	日刊自動車新聞	11	㈱日刊自動車新聞社 〒105-0012 港区芝大門1-10-11-3F	03-5777-2362 03-3432-2223 desk@njd.jp	06-6233-2900 06-6233-2904 kansai@njd.jp	052-973-3730 052-973-3735 tyubu@njd.jp	092-533-6030 092-533-6031 kyushu@njd.jp
	東京交通新聞	5	㈱東京交通新聞社 〒160-0022 新宿区新宿2-13-10	03-3352-2182 03-3352-2186 hon@toukou-np.co.jp	—	052-269-0341 052-269-0342 hon@toukou-np.co.jp	092-482-8048 092-482-8049 hon@toukou-np.co.jp
	交通毎日新聞	6	㈱交通毎日新聞社 〒113-0022 文京区千駄木3-45-2	03-5834-0667 03-5834-0688 soumu@koumai.co.jp	— — —	— — —	— — —
	交通新聞	8	㈱交通新聞社 〒101-0062 千代田区神田駿河台2-3-11	03-6831-6570 03-6831-6571 shnbun@kotsu.co.jp	06-6376-2505	052-581-5257	092-474-0181
	Car&レジャー	5	㈱カーアンドレジャーニュース 〒102-0083 千代田区麹町4-3	03-3263-7211 03-3263-9748 info@car-l.co.jp	— — —	— — —	— — —
	二輪車新聞	2	㈱二輪車新聞 〒105-0004 港区新橋6-7-1 川口ビル	03-3436-1311 03-3436-3359 tokyo@nirin.co.jp	06-6341-3997	—	—
運輸・輸送	物流ニッポン	16	㈱物流ニッポン新聞社 〒107-0052 港区赤坂3-9-16	03-6230-8050 03-6230-8051 tokyo@logistics.jp	06-6796-9566 06-6796-9568 osaka@logistics.jp	052-251-8301 052-251-8302 nagoya@logistics.jp	092-474-5858 092-474-8422 fukuoka@logistics.jp
	日本物流新聞	12	㈱日本物流新聞社 〒550-8660 大阪市西区立売堀2-3-16	03-6712-1391 03-6712-1398	06-6541-8048 06-6541-8056	— —	— —
	輸送経済	3	㈱輸送経済新聞社 〒104-0033 中央区新川2-22-4	03-3206-0711 03-3206-0714 press@yuso.co.jp	06-6449-5021 06-6449-5025 press@yuso.co.jp	052-451-7101 052-451-7102 press@yuso.co.jp	— — —
	日本海事新聞	—	㈱日本海事新聞社 〒105-0004 港区新橋5-15-5	03-3436-3221 03-3436-6553 tokyo@jmd.co.jp	06-6448-3691 06-6448-7749	052-766-5976 052-308-3361	—
	週刊WING	3	㈱航空新聞社 〒107-0052 港区赤坂4-8-6-3F	03-3796-6644 03-3796-6643 mail@jwing.net	— — —	— — —	— — —
林業	日刊木材新聞	4	㈱日刊木材新聞社 〒135-0041 江東区冬木23-4	03-3820-3500 03-3820-3519 info@n-mokuzai.com	06-6534-4300 06-6534-4331 info@n-mokuzai.com	052-251-2025 052-241-1160 info@n-mokuzai.com	096-352-1856 096-322-6005 info@n-mokuzai.com
農業	日本農業新聞	29	㈱日本農業新聞社 〒102-8409 千代田区一番町23-3	03-6281-5837 03-6281-5870 dokusya@agrinews.co.jp	06-6314-0025 06-6367-9562 dokusya-s@agrinews.co.jp	052-971-2020 052-971-2024 dokusya-s@agrinews.co.jp	092-761-6355 092-781-3818 dokusya-s@agrinews.co.jp
	材経新聞	—	(株)材経新聞社 〒460-0015 名古屋市中区大井町6-24-6F	03-5875-1201 03-5875-1202 Web01@rinkei.jp	06-6605-9165 06-6605-9166 同左	052-212-5688 052-212-5689 同左	082-285-9117 広島 同左
	全国農業新聞	10	全国農業会議所 〒102-0084 千代田区二番町9-8	03-6910-1137 03-6910-5170 henshu@nca.or.jp	06-6941-2701	052-962-3841	092-641-7590

業種	媒体名	発行部数（万部）	社名・本社住所	東京代表TEL/FAX/Email	大阪代表TEL/FAX/Email	名古屋代表TEL/FAX/Email	福岡代表TEL/FAX/Email
農業	農業共済新聞	9	全国農業共済協会 〒102-8411 千代田区一番町19	03-3263-6411 03-3221-7795 shinbun@nosai.or.jp	06-6941-8736 06-6941-8737 shinbun@nosai.or.jp	052-204-2411 — shinbun@nosai.or.jp	092-721-5521 — shinbun@nosai.or.jp
	農業協同組合新聞	20	（一社）農業協同組合 〒103-0013 中央区日本橋人形町3-1-15-4F	03-3639-1121 03-3639-1120 info@jacom.or.jp	— — —	— — —	— — —
	農機新聞	5	㈱新農林社 〒101-0054 千代田区神田錦町1-12-3	03-3291-3671 03-3291-5717 sinnorin@blue.ocn.ne.jp	06-6648-9861 06-6648-9862 shinnoos@gold.ocn.ne.jp	— — —	— — —
酪農・畜産・園芸	全酪新報	1	（一社）全国酪農協会 〒151-0053 渋谷区代々木1-37-20-1F	03-3370-7213 03-3370-3892 editor@rakunou.org	— — —	— — —	— — —
	花卉園芸新聞	1	㈱花卉園芸新聞社 〒464-0850 名古屋市千種区今池2-1-16-2F	03-5201-3787 03-5201-3712 kakiengei@minos.ocn.ne.jp	— — —	052-744-0733 052-744-0739 kakiengei@minos.ocn.ne.jp	— — —
	日刊酪農経済通信デイリーマン（月刊）		㈱酪農経済通信社 〒170-0004 豊島区北大塚2-15-9	03-3915-0281 03-5394-7135 raakkei@dailyman.co.jp	— — —	— — —	— — —
	食肉通信	3	㈱食肉通信社 〒550-0002 大阪市西区西本町3-1-48	03-3663-2011 03-3663-2015 mail@shokuniku.co.jp	06-6538-5505 06-6538-5510 mail@shokuniku.co.jp	— — —	092-271-7816 092-291-2995 mail@shokuniku.co.jp
水産	日刊水産経済新聞		㈱水産経済新聞社 〒106-0032 港区六本木2-1-13-3F	03-5544-9831 — suikei@nifty.com	06-6131-6021 06-6131-6022 suikei@nifty.com	— — —	— — —
	日刊水産タイムス 月刊水産タイムス	1 1	㈱水産タイムス社 〒108-0014 港区芝5-9-6	03-3456-1411 03-3456-1416 suisan@suisantimes.co.jp	— — —	— — —	— — —
飲食品	日本食糧新聞	10	㈱日本食糧新聞社 〒104-0032 中央区八丁堀2-14-4-7F	03-3537-1303 03-3537-1072 sokuho@nissyoku.co.jp	06-6314-4181 06-6367-8650	052-571-7318 052-571-7319	092-291-1790 092-281-2170
	食品産業新聞	—	㈱食品産業新聞社 〒110-0008 台東区東上野2-1-11	06-6231-6091 03-5830-1570 info@sanp.co.jp	06-6881-6851 06-6881-6859 info@sanp.co.jp	— — —	— — —
	酒販ニュース	2	㈱醸造産業新聞社 〒101-0044 千代田区鍛冶町2-5-5-5F	03-3257-6841 03-3257-4939 shuhan-news@jsnews.co.jp	06-6356-0325 06-6356-6909 shuhan-news@jsnews.co.jp	— — —	— — —
	帝飲食糧新聞	—	㈱帝国飲食料新聞社 〒530-0043 大阪市北区天満4-4-10	03-6268-9606 03-3263-6360 teiin-too@isis.ocn.ne.jp	06-6353-0841 06-6353-0842 teiin-too@isis.ocn.ne.jp	— — —	— — —
	食料醸界新聞	—	㈱食料醸界新聞社 〒541-0054 大阪市中央区南本町2-2-2-7F	03-3551-3119 03-3553-0964 y-kanda@syokuryo-jokai.jp	06-6252-3276 06-6252-3688 y-kanda@syokuryo-jokai.jp	— — —	— — —
	日本外食新聞	2	㈱外食産業新聞社 〒101-0038 千代田区神田美倉町10-2F28	03-5297-1601 03-5297-0551 henshubu@gaishoku.co.jp	— — —	— — —	— — —
	食糧タイムス	—	㈱食糧タイムス社 〒101-0033 千代田区神田岩本町2	03-5296-7171 03-5295-2041 shokutailo@yacht.ocn.ne.jp	— — —	— — —	— — —
	週刊製菓時報	1	週刊製菓時報㈱ 〒543-0062 大阪市天王寺区逢坂1-3-2	— —	06-6771-7093 06-6771-9435	— —	— —

業種	媒体名	発行部数(万部)	社名・本社住所	東京代表TEL/FAX/Email	大阪代表TEL/FAX/Email	名古屋代表TEL/FAX/Email	福岡代表TEL/FAX/Email
医学・薬学	Medical Tribune	8	㈱メディカルトリビューン 〒105-0001 港区虎ノ門3-8-21-7F	03-6841-4555 03-6841-4558 info@medical-tribune.co.jp	06-6223-0267 06-6229-3129 同左	— —	— —
	Drug topics（週刊） Drug Magazine（月刊）	7 7	㈱ドラッグマガジン 〒101-0021 千代田区外神田4-9-8	03-3525-8161 03-3525-8164	— —	— —	— —
	薬事日報	5	㈱薬事日報社 〒101-8648 千代田区神田和泉町1-10-2	03-3862-2141 03-3866-8408 henshu@yakuji.co.jp	06-6203-4191 06-6233-3681 henshu@yakuji.co.jp	— —	— —
	薬事ニュース	—	(株)薬事ニュース社 〒101-0064 千代田区神田猿楽町2-2-3	03-3295-5461 03-3293-8734	06-6231-7328 06-6231-7956	— —	— —
金融・証券・保険	金融経済新聞	2	㈱金融経済新聞社 〒104-0045 中央区築地7-12-14-3F	03-6264-0901 03-6264-0902 soumukyoku@kinkei-press.co.jp	06-6252-0946 —	052-218-5818 —	— —
	保険毎日新聞（Web）	—	㈱保険毎日新聞社 〒110-0016 台東区台東4-14-8	03-5816-2894 03-5816-2864 HPより	0723-65-6589 —	— —	— —
	株式新聞（Web）	—	ウエルスアドバイザー㈱ 〒106-0032 港区六本木1-6-1	03-6229-0810 03-3589-7963 wadr@wealthadvisor.co.jp	— —	— —	— —
	日本証券新聞	1	㈱日本証券新聞社 〒103-0025 中央区日本橋茅場町2-16-1	03-6661-9411 03-3661-0363 support-dg@nsjournal.jp	— —	— —	— —
観光・旅行	週刊トラベルジャーナル	1	㈱トラベルジャーナル 〒102-0082 千代田区一番町13-2-2F	03-6685-0013 03-6685-0029 tjdesk@tjnet.co.jp	06-6447-2305 06-6447-2306 tjdesk@tjnet.co.jp	052-581-3375 052-581-3411 tjdesk@tjnet.co.jp	092-715-5510 —
	週刊観光経済新聞	5	㈱観光経済新聞社 〒110-0008 台東区池之端2-7-17	03-3827-9800 03-3827-9730 info@kankokeizai.com	06-6131-6914 06-7502-5850 info@kankokeizai.com	— —	— —
	遊技通信（Web）	—	㈱遊技通信社 〒110-0015 台東区東上野5-1-8-5F	03-5830-6021 03-5830-6023 sudou@yugitsushin.jp	— —	— —	— —
	トラベルニュース（月2回） Webトラベル	2	㈱トラベルニュース社 〒541-0051 大阪市中央区備後町1-6-6-5F	03-6699-5494 03-6699-5544 —	06-4708-6668 06-4708-6938 info@travelnews.co.jp	— —	— —
	月刊WING TRAVEL（Web）	1	㈱航空新聞社 〒107-0052 港区元赤坂4-8-6	03-3796-6646 mail@jwing.net	— —	— —	— —
商業・流通	日本流通産業新聞	8	㈱日本流通産業新聞社 〒103-0026 中央区日本橋兜町11・11	03-3669-3421 03-3661-5509 news@nb-club.com	— —	— —	— —
	小売経済新聞（月3回）	6	㈱小売経済新聞社 〒170-0004 豊島区北大塚2-9-7-7F	03-5980-6151 03-3910-4330 henshu@kourikeizai.jp	— —	— —	— —
	電材流通新聞（週刊）	14	㈱電材流通新聞社 〒530-0041 大阪市北区天神橋5-8-12	03-3434-8878 03-3434-0346	06-6352-5841 06-6357-7748	— —	092-736-7661 092-736-7665
出版	The Bunka News	1	㈱文化通信社 〒101-0054 千代田区神田錦町3-7-2-3F	03-5217-7730 050-3488-1818 —	— —	— —	— —

【主要都市記者クラブ】

種別	記者クラブ名	記者クラブ住所 （資料送付先）	関連事業	加盟数/ 資料数	TEL/FAX
一般紙（東京・民間）	重工業研究会	〒103-0025 中央区日本橋茅場町3-2-10 鉄鋼会館内	鉄鋼・非鉄・化学・医薬品・鉄鋼関連エンジニアリング等	30社 30部	03-3669-4829 03-3664-2547
	東商クラブ	〒100-0005 千代田区丸の内3-2-3 丸の内二重橋ビル3F	百貨店・スーパー・飲料・カード・消費者金融	23社 24部	03-3283-7517 03-3214-5750
	エネルギー記者会	〒100-0004 千代田区大手町1-3-2 経団連会館18F	電気・ガス・石油 関連	23社 30部	03-5220-5650 03-3286-0862
	自動車産業記者会 （含む業界紙）	〒105-0012 港区芝大門1-1-30 日本自動車会館	自動車関係すべて（部品を含む）	29社 34部	03-5405-6141 03-5405-6142
	貿易記者会	〒107-6006 港区赤坂1-12-32 アーク森ビルジェット口	商社	23社 40部	03-3584-6545 03-3584-6547
	兜倶楽部	〒103-8224 中央区日本橋兜町2-1 日本証券取引所	上場企業、店頭企業もOK	22社 30部	03-3666-1900 ─
	レジャー記者クラブ	〒110-8601 台東区東上野5-1-5 日新上野ビル休暇村協会	レジャー関連	11社	03-3845-8651 03-3845-8658
	日本旅行記者クラブ	(kishaclub@qkamura.or.jpにメールしリリース+名簿入手)	旅行関連	9社 22名	
	経済団体連合会記者会	〒100-0004 千代田区大手町1-3-2 経団連会館	経団連関係および企業	35社 35部	03-6741-0211 03-6741-0212
	JSPO（日本スポーツ協会）記者クラブ JOC記者会 （含むスポーツ紙）	〒160-0013 新宿区霞ヶ丘4-2 Japan Sport Olympic Square (pressclub@japan-sports.or.jpからリリース自動配信)	スポーツ全般 レジャー・芸能	33社 ─	03-6910-5805
	日本外国特派員協会	〒100-0005 千代田区丸の内3-2-3 丸の内二重橋ビル5F	外国メディア・特派員・フリージャーナリスト	36社 10部	03-3211-3161 持参/郵送
一般紙（東京・官公庁）	文部科学記者会	〒100-8959 千代田区霞が関3-2-2 文部科学省12F	技術開発関連・学校・教育関連	20社 25部	03-5253-4111
	国土交通記者会	〒100-8918 千代田区霞が関2-1-3 国土交通省5F	建設・運輸・国土開発・航空・自動車・船舶	41社 ＋49社	03-5253-8111 03-3580-0064
	環境省記者クラブ （環境問題研究会）	〒100-8975 千代田区霞が関1-2-2 中央合同庁舎第5号館25F	環境関連	25社	03-3580-3174 ─
	農政クラブ	〒100-8950 千代田区霞が関1-2-1 農林水産省3F	食品・飲料他農林関係全般	24社	03-3591-6754
	厚生労働記者会	〒100-8916 千代田区霞が関1-2-2 中央合同庁舎第5号館9F	福祉・医療など	20社 20部	03-3595-2570 03-3503-4710
	経済産業記者会	〒100-8901 千代田区霞が関1-3-1 経済産業省10F	経済・産業関係全般	25社	03-3501-1621
	総務省記者クラブ	〒100-8926 千代田区霞が関2-1-2 総務省	情報通信等、総務省関係	30社 32部	03-3580-3174 03-3503-5223
	東京都庁記者クラブ	〒163-8001 新宿区西新宿2-8-1 都庁第1庁舎6F	東京都民に関するテーマ	20社 23部	03-5321-1111
	全国都道府県記者クラブ	〒102-0093 千代田区平河町2-6-3 都道府県会館	都道府県に関するテーマ	10社 10部	03-5212-9137 03-5210-2020
業界・専門紙（東京・民間）	鉄鋼研究会	〒103-0025 中央区日本橋茅場町3-2-10 鉄鋼会館4F	鉄鋼・鉄鋼関連製品・非鉄関連	4社	03-3669-4828 各社へ個別に
	機械振興会館記者クラブ	〒105-0011 港区芝公園3-5-8 機械振興会館内	機械・化学・電力・農機具・建機	23社 23部	03-3432-9403 03-3432-7960
	東京繊維記者会	〒103-0023 中央区日本橋本町1-7-8 東新ビル3F	繊維・アパレル関連	9社 ─	03-6262-2740 各社へ個別に
	化学工業記者会	化学工業日報社にメールで配信 cd_desk@chemicaldaily.co.jp	化学全般	2社 ─	03-3663-7934 各社へ個別に
	本町記者会	〒101-0032 千代田区岩本町2-3-8 神田Nビル内	医薬関係全般	8社 10部	03-6231-0609 03-5687-1705
	非鉄金属記者会	〒104-0061 中央区銀座4-2-15-7F （日本アルミニウム協会記者室）	非鉄全般	3社3部	03-3538-0603
	軽金属記者クラブ		アルミ関係	4社4部	

294

種別	記者クラブ名	記者クラブ住所 （資料送付先）	関連事業	加盟数/ 資料数	TEL/FAX
業界・専門紙（東京・官公庁）	環境記者会	〒100-8975 千代田区霞が関1-2-2 中央合同庁舎第5号館29F	環境関連全般	20社 20部	03-3502-6859 03-3506-8063
	国土交通省交通運輸記者会	〒100-8918 千代田区霞が関2-1-3 国土交通省5F	交通・運輸全般 （陸・海・空）	30社 10〜 30部	03-3504-2510 03-3504-1838
	国土交通省建設専門紙記者会	〒100-8918 千代田区霞が関2-1-3 国土交通省6F	建設全般	36社	03-3581-7567 03-3581-7826
	労政記者クラブ	〒100-8916 千代田区霞が関1-2-2 中央合同庁舎第5号館9F	人事労働関連全般	16社 20部	03-3507-8485 03-3502-0344
	厚生日比谷クラブ	〒100-8916 千代田区霞が関1-2-2 中央合同庁舎第5号館9F	製薬・病院・保険・公衆衛生・福祉	30社 35部	03-3595-2571 03-3592-0805
	科学記者会	〒100-8959 千代田区霞が関3-2-2文部科学省12F	科学技術・エネルギー・航空・原子力など種々の業種	15社	03-3593-0045 03-3593-7168
	農林記者会	〒100-8950 千代田区霞が関1-2-1 農林水産省3F	食品、飲料他農林関係全般	25社	03-3501-3865
一般紙（大阪）	大阪鉄鋼記者連絡会	直接各社にメール	鉄鋼・非鉄・金属・鉄鋼関連エンジニアリング他	—	—
	五月会（大阪エネルギー記者会）	〒530-8270 大阪市北区中之島3-6-16 関電内	電力・ガス・石油関連	20部 20部	070-8691-8437 —
	大阪機械記者クラブ	〒530-0047 大阪市北区西天満6-9-7 DKビル （okkr@luck.ocn.ne.jpにメール）	機械全般・通信・輸送用機器・精密機械など	24社 26部	06-6364-3641 06-6364-3643
	大阪証券記者クラブ	〒541-0041 大阪市中央区北浜1-8-16 大阪証券取引所内	上場企業全般	21社 22部	06-4706-0988 —
	大阪繊維記者クラブ	〒541-0051 大阪市中央区備後町3-4-9 綿業会館5F	繊維・アパレル全般	12社 12部	06-6231-8444 同上
	大阪商工記者会	〒540-0029 大阪市中央区本町橋2-5 マイドームおおさか5F	食品・スーパーなど流通・旅行・サービス他諸工業	30社 40部	06-6944-1804 06-6243-3610
	大阪建設記者クラブ	〒542-0081 大阪市中央区南船場4-4-3 心斎橋東急ビル4F 大阪住宅センター内	住宅・建設・土木全般	12社 13部	06-6253-0071 06-6253-0145
	大阪経済記者クラブ	〒540-0029 大阪市中央区本町橋2-8 大阪商工会議所4F	経済関係団体のみ	41社 30部	06-6944-6530 06-6944-6536
	関西レジャー記者クラブ	〒530-0001 大阪市北区梅田1-3-1 大阪駅前第一ビル8F 休暇村大阪センター内 （鉄鋼・産業新聞など各社に直接コンタクト）	レジャー関連	13社 13部	06-6343-2290 —
業界・専門紙（大阪）	鉄友クラブ	鉄鋼・産業新聞など各社に直接コンタクト	鉄鋼・鉄鋼関連製品・非鉄関連 他	4社 4部	鉄鋼・産業新聞など4紙各社
	道修町薬業記者クラブ	各社に直接コンタクト	医薬全般	4社 4部	

【道府県記者クラブ】

記者クラブ名	記者クラブ住所 （資料送付先）	都道府県	加盟数/ 資料数	TEL/FAX	メールアドレス
北海道経済記者クラブ	〒060-0001 札幌市中央区北1条西2丁目	北海道	22/23	011-251-1024 011-231-5591	申込不要
函館市政記者室	〒040-0036 函館市東雲町4-13	北海道	14/15	0138-21-3635 —	hakodate@city.hakodate. hokkaido.jp
釧路経済記者クラブ	〒085-0847 釧路市大町1-1-1	北海道	14/14	0154-41-4144 0154-41-4000	—
帯広経済記者クラブ	〒080-0013 帯広市西3条南9-1-1	北海道	13/15	0155-25-7121 —	info@occj.or.jp
青森県政記者室	〒030-0861 青森市長島1-1-1	青森	17/19	017-734-9173 017-776-1787	—
岩手県政記者クラブ	〒020-0023 盛岡市内丸10-1	岩手	18/19	019-624-3695 019-624-2881	

記者クラブ名	記者クラブ住所 （資料送付先）	都道府県	加盟数/ 資料数	TEL/FAX	メールアドレス
岩手経済記者クラブ	〒020-0022 盛岡市大通1-2-1-7F	岩手	17/17	019-626-8171 019-625-3937	幹事社：岩手日報
宮城県政記者会	〒980-8570 仙台市青葉区本町3-8-1	宮城	13/14	022-211-3920 －	
東北電力記者室 （企業向け）	〒980-8570 仙台市青葉区本町1-7-1	宮城	23/23	022-261-1685 022-215-7966	申込不要。郵送可
秋田県政記者会	〒010-0951 秋田市山王4-1-1	秋田	22/24	018-860-3600 －	joukai@pref.akita.lg.jp
山形県政記者室	〒990-0023 山形市松波2-8-1	山形	16/17	023-630-2960 023-634-2115	－
福島県政記者室	〒960-8065 福島市杉妻町2-16	福島	16/17	024-521-7012 －	申込不要
茨城県政記者クラブ	〒310-0852 水戸市笠原町978-6	茨城	18/33	029-301-6220 029-301-6329	－
栃木県政記者クラブ	〒320-0027 宇都宮市塙田1-1-20	栃木	18/19	028-623-2166 －	kouhou@pref.tochigi.lg.jp
群馬県庁刀水クラブ	〒371-0026 前橋市大手町1-1-1	群馬	18/19	027-226-4750 －	kouhouka@pref.gunma. lg.jp
埼玉県政記者室	〒330-0063 さいたま市浦和区高砂3-15-1	埼玉	17/18	048-830-7702 048-830-7701	－
神奈川県政記者クラブ	〒231-0021 横浜市中区日本大通1	神奈川	17/18	045-210-8560 －	
横浜経済記者クラブ	〒231-0023 横浜市中区山下町2-8 F	神奈川	14/15	045-671-7465 045-671-9020	－
川崎経済記者クラブ	〒210-0007 川崎市川崎区駅前本町11-2	神奈川	13/ 1部メール	044-211-4111 044-211-4118	kikaku@kawasaki-cci.or.jp
千葉県政記者室 千葉県庁民放記者クラブ	〒260-8667 千葉市中央区長洲1-9-1	千葉	13/15 5/5	043-223-4661 043-223-4618	
千葉経済記者会 （会員のみ発表可）	〒260-0015 千葉市中央区富士見 2-22-2-3F	千葉	12/13	043-441-8126 －	
山梨県政記者室	〒400-0031 甲府市丸の内1-6-1	山梨	14/20	055-223-1349 －	kazama-bkrci@pref. yamanashi.lg.jp
静岡県庁記者会	〒420-8601 静岡市葵区追手町9-6	静岡	15/22	054-221-2774 －	
浜松経済記者クラブ	〒432-8036 浜松市中区東伊場2-7-1	静岡	15/15	053-452-1111 －	
長野県庁会見場	〒381-0000 長野市大字南長野字幅下 692-2	長野	一/30	026-232-0111 026-235-7026	
愛知県政記者クラブ	〒460-8501 名古屋市中区三の丸3-1-2	愛知	18/25	052-961-2111 －	
名古屋経済記者クラブ	〒460-8422 名古屋市中区栄2-10-19-6 F	愛知	17/18	052-223-5650 052-221-8650	流通・IT等（製造業・工業 製品以外）
中部産業記者会 （経産クラブ）	〒460-8510名古屋市中区三 の丸2-5-2中部経済産業局内	愛知	21/21	052-951-2563 052-951-0592	製造業・工業製品等
名古屋証券記者クラブ	〒460-0008 名古屋市中区栄3-8-20	愛知	20/20	052-251-1844 052-261-4690	
豊橋経済記者クラブ	〒440-8508 豊橋市花田町石塚42-1	愛知	16/17	0532-53-7211 0532-53-7210	fukada@toyohashi-cci.or.jp
岐阜県政記者クラブ	〒500-8384 岐阜市藪田南2-1-1	岐阜	17/25	058-272-1117 －	
岐阜経済記者クラブ	〒500-8727 岐阜市神田町2-2	岐阜	17/20	058-264-2131 －	info@gcci.or.jp
新潟県政記者クラブ	〒950-8570 新潟市中央区新光町4-1	新潟	38/40	025-383-8451 025-383-8464	
新潟経済記者クラブ	〒951-8068 新潟市中央区上大川前通 7-1243	新潟	14/14	025-222-7608 －	office@niigata-cci.or.jp
富山経済記者クラブ	〒930-0083 富山市総曲輪2-1-3-2 F	富山	16/16	076-422-2695 076-493-1670	幹事社：北日本新聞 koryu@ccis-toyama.or.jp
金沢経済記者クラブ	〒920-0918 金沢市尾山町9-13	石川	17/18	076-232-3003 076-261-6500	
福井県政記者室	〒910-0005 福井市大手3-17-1	福井	15/18	0776-20-0223 0776-22-1004	
福井経済記者クラブ	〒910-0006 福井市中央1-9-29	福井	16/16	0776-23-3664 －	
三重県政記者クラブ	〒514-0006 津市広明町13	三重	19/27	059-224-3106 059-246-8139	koho@pref.mie.lg.jp

記者クラブ名	記者クラブ住所 （資料送付先）	都道府県	加盟数/ 資料数	TEL/FAX	メールアドレス
滋賀県政記者室	〒520-0044 大津市京町4-1-1	滋賀	13/25	077-528-3042 077-528-4803	koho@pref.shiga.lg.jp
京都府政記者室	〒602-8570　京都市上京区 下立売通新町西入ル藪の内町	京都	17/35	075-414-4080 075-414-4127	─
京都経済記者クラブ	〒604-0000　京都市中京区 烏丸通夷川上ル少将井町240	京都	17/19	075-341-9751 075-341-9793	─
堺市政記者クラブ	〒590-0078 堺市堺区南瓦町3-1	大阪	14/15	072-228-7402 072-238-4300	─
兵庫県政記者室	〒650-8567 神戸市中央区下山手通5-10-1	兵庫	18/25	078-362-3828 078-362-3903	─
神戸経済記者クラブ	〒650-0046 神戸市中央区港島中町6-1	兵庫	19/21	078-303-5813 078-303-2314	─
姫路経済記者クラブ	〒670-0932 姫路市下寺町43	兵庫	12/16	079-223-6550 ─	info@himeji-cci.or.jp
奈良県政記者クラブ	〒630-8213 奈良市登大路町30	奈良	15/18	0742-27-8325 ─	─
和歌山県政記者クラブ	〒640-8585 和歌山市小松原通1-1	和歌山	12/13	073-441-3930 073-422-4657	─
岡山県政記者室	〒700-0824 岡山市北区内山下2-4-6	岡山	16/25	086-223-1000 086-224-3246	─
岡山経済記者クラブ	〒700-0985 岡山市厚生町3-1-15	岡山	16/18	086-232-1919 086-221-1054	─
広島県政記者クラブ	〒730-0011 広島市中区基町10-52	広島	19/22	082-513-4460	申込不要：持参か郵送
広島経済記者クラブ	〒730-0011 広島市中区基町5-44	広島	18/18	082-222-6695 082-222-2580	hiroshima@hiroshimacci. or.jp
鳥取県政記者室	〒680-0011 鳥取市東町1-220	鳥取	15/16	0857-26-7700 0857-21-0434	kouhou@pref.tottori.lg.jp
島根県政記者室	〒690-0887 松江市殿町1	島根	16/18	0852-22-5465 0852-22-5466	kouhou@pref.shimane.lg.jp
山口県政記者クラブ 滝町クラブ	〒753-0071 山口市滝町1-1	山口	13/13	083-933-4765 083-933-2589	申込不要：持参か郵送
山口経済記者クラブ	〒753-0074 山口市中央4-5-16	山口	20/35	083-925-6720 083-924-9019	─
徳島県政記者室	〒770-0941 徳島市万代町1-1	徳島	13/25	088-621-2960 088-621-2823	hisyoka@pref.tokushima.jp
高松経済記者クラブ	〒760-0019 高松市サンポート3-33	香川	19/21	090-5913-6844	幹事社用携帯電話に申込
愛媛番町（県庁）記者ク ラブ	〒790-8570 松山市一番町4-4-2	愛媛	15/17	089-921-9556 089-921-1203	─
愛媛経済記者クラブ	〒790-8570 松山市一番町4-4-2	愛媛	15/17	089-921-9566 089-921-1203	─
高知県政記者室 高知経済記者クラブ	〒780-0850 高知県高知市丸ノ内1-2-20	高知	13/14	088-823-9046 088-872-5494	いずれも県庁広報広聴課に て受付
福岡県政記者クラブ	〒812-0045 福岡市博多区東公園7-7	福岡	17/20	092-643-3985 092-632-5331	─
福岡経済記者クラブ	〒812-8505 福岡市博多区博多駅前2-9-28	福岡	23/23	092-441-1110 092-474-3200	福岡商工会議所広報 に幹事社を訊く
福岡・金融証券記者クラ ブ	〒810-0001 福岡市中央区天神2-14-2	福岡	23/23		
佐賀県政記者室	〒840-0041 佐賀市城内1-1-59	佐賀	13/18	0952-25-7250 0952-25-7250	kouhou-kouchou@pref. saga.lg.jp
長崎県政記者室	〒850-0058 長崎市尾上町3-1	長崎	13/15	095-894-3721 095-828-7665	─
長崎経済記者クラブ	〒850-0031 長崎市桜町4-1	長崎	13/13	095-822-0111 095-822-0988	FAXは長崎新聞
熊本県政記者室	〒862-8570 熊本市中央区水前寺6-18-1	熊本	14/26	096-333-2028 096-386-2040	─
熊本経済記者クラブ	〒860-8585 熊本市西区春日2-10-1	熊本	14/15	096-353-6351 当該幹事社宛	合同調査監査官に 幹事社を訊く
大分県政記者室	〒870-8504 大分市大手町3-1-1	大分	13/14	097-506-2172	─
宮崎県政記者クラブ	〒880-0805 宮崎市橘通東2-10-1	宮崎	13/27	0985-26-7298 0985-32-3475	kohosenryaku@pref. miyazaki.lg.jp
鹿児島県政記者クラブ 「青潮会」	〒890-0064 鹿児島市鴨池新町10-1	鹿児島	22/24	099-286-2120 099-286-2119	kohoka@pref.kagoshima. lg.jp
沖縄県庁記者クラブ	〒900-0021 那覇市泉崎1-2-2	沖縄	25/30	098-866-2670 098-866-2467	─

【地方紙】

地域	新聞名	発行部数（万部）	本社住所	本社代表・編集 TEL /FAX /Email	東京代表TEL /FAX /Email	大阪代表TEL /FAX /Email	名古屋代表TEL /FAX /Email	近隣拠点TEL /FAX
北海道	釧路新聞	6	〒085-8650 釧路市黒金町7-3	0154-22-1111 / 0154-22-8021 / info@news-kushiro.co.jp	03-6278-8348 / — / —	— / — / —	— / — / —	— / —
	室蘭民報	7	〒051-8550 室蘭市本町1-3-16	0143-22-5121 / 0143-24-1337 / info@muromin.co.jp	03-5250-8920 / 03-5250-8923 / —	06-6364-5121 / — / —	—	011-241-2753 (札幌) / —
	十勝毎日新聞 (夕刊)	7	〒080-8688 帯広市東一条南8-2	0155-22-2121 / 0155-25-2700 / center@kachimai.co.jp	03-3544-1365 / 03-3544-1366 / —	—	—	011-261-2161 (札幌) / —
	苫小牧民報 (夕刊)	5	〒053-8611 苫小牧市若草町3-1-8	0144-32-5313 / 0144-32-8470 / henshu@tomamin.co.jp	03-5148-5475 / 同上 / —	—	—	011-811-8166 (札幌) / —
青森	東奥日報	20	〒030-0180 青森市第二問屋町3-1-89	017-739-1500 / 017-739-1141 / shakai@toonippo.co.jp	03-3573-0701 / 03-3573-0713 / —	06-6343-2366 / — / —	—	022-222-7718 (仙台) / —
	デーリー東北	9	〒031-8601 八戸市城下1-3-12	0178-44-5111 / 0178-45-5888 / kouhou@daily-tohoku.co.jp	03-3543-0248 / 03-3543-0263 / —	06-6344-1141 / — / —	—	022-214-1515 (仙台) / —
	陸奥新報	4	〒036-8356 弘前市下白銀町2-1	0172-34-3111 / 0172-35-8865 / box@mutusinpou.co.jp	03-3561-6733 / 03-3561-6734 / —	—	—	017-775-3441 (青森) / —
岩手	岩手日報	18	〒020-8622 盛岡市内丸3-7	019-654-1208 / 019-653-8206 / dokusha@iwate-np.co.jp	03-3541-4346 / — / —	06-6231-4301 / 06-6231-4302 / —	—	022-222-0672 (仙台) / —
	岩手日日新聞	6	〒021-8686 一関市南新町60	0191-26-4204 / 0191-26-5116 / iwanichi-support@iwanichi.co.jp	03-3524-8130 / 03-3524-8135 / —	—	—	022-267-2253 (仙台) / —
宮城	河北新報	38	〒980-8660 仙台市青葉区五橋1-2-28	022-211-1127 / 022-224-7947 / houdou@po.kahoku.co.jp	03-6435-9059 / 03-6435-9036 / —	06-6227-1051 / 06-6227-1060 / —	—	017-776-2654 (青森) / —
秋田	秋田魁新報	20	〒010-8601 秋田市山王臨海町1-1	018-888-1800 / 018-823-1780 / seikei@sakigake.jp	03-5511-8261 / 03-5511-8264 / —	06-6363-2328 / 06-6315-6157 / —	—	022-266-0121 (仙台) / —
	北羽新報	4	〒016-0891 能代市西通町3-2	0185-54-3150 / 0185-55-2039 / hokuupost@hokuu.jp	047-322-0500 / — / —	—	—	022-273-0955 (仙台) / —
山形	山形新聞	19	〒990-8550 山形市旅篭町2-5-12	023-622-5271 / — / info@yamagata-np.jp	03-3543-0821 / 03-5565-7675 / —	06-6136-6532 / 06-6136-6582 / —	—	022-263-3001 (仙台) / —
	荘内日報	2	〒997-0035 鶴岡市馬場町8-29	0235-22-1480 / 0235-22-1427 / mail@shonai-nippo.co.jp	—	—	—	0234-22-4244 (坂田) / —
福島	福島民報	22	〒960-8068 福島市太田町13-17	024-531-4122 / 024-533-4128 / houdou@fukushima-minpo.co.jp	03-6226-1001 / 03-5550-0100 / —	06-6345-6317 / 06-6457-3580 / —	—	022-225-5754 (仙台) / —
	福島民友	15	〒960-8063 福島市柳町4-29	024-523-1191 / 024-523-1657 / hodo@minyu-net.com	03-3563-5390 / 03-3563-5388 / —	06-6364-7785 / 06-6364-7786 / osaka@minyu.jp	—	022-225-5511 (仙台) / —
茨城	茨城新聞	12	〒310-0061 水戸市笠原町978-25	029-239-3001 / 029-301-0362 / soumu@ibaraki-np.co.jp	03-3552-0505 / 03-3552-0080 / —	06-6344-4605 / 06-6344-3901 / —	—	0294-22-4466 (日立) / —
栃木	下野新聞	28	〒320-0032 宇都宮市昭和1-8-11	028-625-1122 / 028-625-1750 / keizai@shimotsuke.co.jp	03-5501-0520 / 03-5512-0240 / —	06-6346-8690 / 06-6346-8692 / —	—	0266-80-1023 (真岡) / —
群馬	上毛新聞	26	〒371-8666 前橋市古市町1-50-21	027-254-9911 / 027-251-4334 / houdou@jomo-news.co.jp	03-5777-6677 / 03-3436-4343 / —	06-6441-1745 / 06-6441-1747 / —	—	027-362-4341 (高崎) / —
埼玉	埼玉新聞	7	〒331-8686 さいたま市北区吉野町2-282-3	048-795-9930 / 048-653-9020 / desk@saitama-np.co.jp	03-3543-3371 / 03-3543-3373 / —	—	—	048-521-0819 (熊谷) / —
千葉	千葉日報	13	〒260-0013 千葉市中央区中央4-14-10	043-222-9215 / 043-224-7001 / keizai@chibanippo.co.jp	03-3545-1261 (広告) / — / —	—	—	047-430-8868 (市川) / —

地域	新聞名	発行部数(一万部数)	本社住所	本社代表・編集TEL/FAX/Email	東京代表TEL/FAX/Email	大阪代表TEL/FAX/Email	名古屋代表TEL/FAX/Email	近隣拠点TEL/FAX
神奈川	神奈川新聞	14	〒231-8445 横浜市中区太田町2-23	045-227-0160 045-227-0155 keizai@kanagawa-np.co.jp	03-3544-2507 (広告) —	06-6136-3034 06-0136-3074 —	—	046-822-2020 (横須賀) —
山梨	山梨日日新聞	17	〒400-8515 甲府市北口2-6-10	055-231-3188 055-231-3161 HPより	03-3572-6031 03-3571-8239	06-6345-7980 06-6456-3107	—	054-221-0900 (静岡)
静岡	静岡新聞	50	〒422-8670 静岡市駿河区登呂3-1-1	054-272-6749 054-272-6747 keizaibu@shizuokaonline.com	03-3571-7231 03-3571-5918	—	—	053-455-3550 (浜松)
長野	信濃毎日新聞	40	〒380-0836 長野市南県町657	026-236-3155 026-236-3151 keizai@shinmai.co.jp	03-5521-3000 03-5521-3002	06-6345-2301 06-6345-2303	052-262-2521 052-264-9281	0266-52-0021 (諏訪)
	長野日報	6	〒392-8611 諏訪市高島3-1323-1	0266-52-2000 0266-58-5385 HPより	03-3571-2145 03-3571-7929	—	—	0266-72-3016 (伊那)
愛知	中部経済新聞	10	〒450-8561 名古屋市中村区名駅4-4-10	052-561-5212 052-561-5207 HPより	03-3572-3601 03-3572-3603	—	—	058-266-7576 (岐阜)
	東愛知新聞	5	〒441-8666 豊橋市新栄町鳥畷62	0532-32-3111 0532-32-3737 hensyu@higashiaichi.co.jp	—	—	—	0536-32-1601 (新城)
岐阜	岐阜新聞	14	〒500-8577 岐阜市今小町10	058-264-2137 058-265-2769 hiroba@gifu-np.co.jp	03-6278-8130 03-3545-8155 同左	06-6203-4336 06-6203-4337 同左	052-251-4711 052-261-5116 同左	0584-81-3330 (大垣)
新潟	新潟日報	39	〒950-8535 新潟市中央区万代3-3-1	025-385-7248 025-385-7305 dokusyainfo@niigata-nippo.co.jp-	03-5510-5511 03-5510-5519	06-6341-0761 06-6341-7761	—	0258-34-9600 (長岡)
富山	富山新聞	4	〒930-8520 富山市大手町5-1	076-491-8101 076-491-2511 hodo@toyama.hokkoku.co.jp	03-3541-7221 03-5565-1160	06-4796-0336 06-4796-0337	—	0766-23-2131 (高岡)
	北日本新聞	21	〒930-0094 富山市安住町2-14	076-445-3300 knps-hen@kitanippon.co.jp	03-3569-3811 03-3569-3822	06-6341-2785 06-6341-5326	—	076-263-0404 (金沢)
石川	北國新聞	28	〒920-8588 金沢市南町2-1	076-260-3529 076-260-3420 koho@hokkoku.co.jp	03-3541-7221 03-5565-1160	06-4796-0336 06-4796-0337	—	0776-23-3972 (福井)
	北陸中日新聞	8	〒920-0961 金沢市香林坊2-7-15	076-233-4613 076-265-7490 hokuchu@chunichi.co.jp	03-6910-2211 03-3595-6920	06-6346-1111 06-6346-5660	052-201-8811 052-201-4331	
福井	福井新聞	17	〒910-8552 福井市大和田町2-801	0776-57-5111 0776-57-5145 HPより	03-3571-2918 03-3574-8564	06-6345-8125 06-6345-8126-	—	076-221-4714 (金沢)
	日刊県民福井	3	〒910-0005 福井市大手3-1-8	0776-28-8611 0776-28-8616 henshu2@kenmin-fukui.co.jp	—	—	—	0778-22-5555 (丹南)
三重	伊勢新聞	10	〒514-0831 津市本町34-6	059-224-0005 059-226-4823 houdou@isenp.jp	03-5550-7911 03-3541-7947	06-6136-7136 06-6131-6199	052-252-0013 052-252-0014	059-374-2104 (鈴鹿)
滋賀	滋賀報知新聞	6	〒527-0015 東近江市中野町1005	0748-23-1111 0748-23-1115 info@shigahochi.co.jp	03-3552-0733	—	—	077-572-1111 (大津)
	報知写真新聞	2						
大阪	大阪日日新聞	1	〒531-0071 大阪市北区中津6-7-1	06-6454-1101 06-6454-1191 weekly@nnn.co.jp	—	—	—	—
京都	京都新聞	32	〒604-8577 京都市中京区烏丸通夷川上ル少将井町239	075-241-6119 075-252-5454 keizaibu@mb.kyoto-mp.co.jp	03-3572-5413 03-3575-9964 同左	06-6105-3000 06-6105-3005 同左	—	077-523-3131 (滋賀)
奈良	奈良新聞	10	〒630-8686 奈良市法華寺町2-4	0742-32-1000 0742-32-2772 edit@nara-np.co.jp	03-5565-0031 03-5565-0036 tokyo@nara-np.co.jp	06-6211-2797 06-6211-2827 osaka@nara-np.co.jp	—	0744-29-1144 (中浦和)
兵庫	神戸新聞	38	〒650-8571 神戸市中央区東川崎町1-5-7	078-362-7094 078-360-5571 keizai@kobe-np.co.jp	03-6457-9650 03-3591-0511 同左	06-6447-1835 06-6447-5281 同左	—	079-281-1125 (姫路)
和歌山	紀伊民報 (夕刊)	3	〒646-8660 田辺市秋津町100	0739-24-7171 0739-25-3094 kiinews-w@agara.co.jp	03-6228-4117 同左	—	—	073-428-7171 (和歌山)

地域	新聞名	発行部数(万部)	本社住所	本社代表・編集TEL /FAX /Email	東京代表TEL /FAX /Email	大阪代表TEL /FAX /Email	名古屋代表TEL /FAX /Email	近隣拠点TEL /FAX
和歌山	紀南新聞(夕刊)	2	〒647-0043 新宮市緑ヶ丘2-1-33	0735-22-2803 0735-23-1873 ksp@kinan-newspaper.co.jp	—	—	—	0735-52-8030 (勝浦)
岡山	山陽新聞	28	〒700-8634 岡山市柳町2-1-1	086-803-8039 086-803-8138 dokusha@sanyonews.jp	03-5521-6861 03-5521-6860 同左	06-6344-5733 06-6344-5734 同左	—	082-228-4125 (広島)
広島	中國新聞	54	〒730-8677 広島市中区土橋町7-1	082-236-2323 082-236-2321 houdou@chugoku-np.co.jp	03-3597-1611 03-3597-1615 同左	06-6453-2871 06-6453-2896 同左	—	086-222-1133 (岡山)
鳥取	日本海新聞	15	〒680-8688 鳥取市富安2-137	0857-21-2888 0857-21-2891 info@nnn.co.jp	03-5410-1871 03-5410-1874 tokyo@nnn.co.jp	06-6454-1101 06-6454-1400 osaka@nnn.co.jp	—	0858-26-8311 (倉吉)
島根	山陰中央新報	17	〒690-8668 松江市殿町383	0852-32-3440 0852-32-3520	03-3248-1890 —	06-6361-7187 06-6364-5328	—	082-246-9033 (広島)
	島根日日新聞(夕刊)	3	〒693-0001 出雲市今市町743-22	0853-23-6760 0853-24-3530 henshu@shimanenichinichi.co.jp	03-3705-9393 同左	—	—	—
山口	山口新聞	9	〒750-0066 下関市東大和町1-1-7	083-266-3211 083-266-5344 yedit@minato-yamaguchi.co.jp	03-6226-3720 03-6226-3724 ytokyo@minato-yamaguchi.co.jp	06-6469-7611 06-6469-7609 yosaka@minato-yamaguchi.co.jp	—	082-221-0076 (広島)
	宇部日報(夕刊)	5	〒755-8543 宇部市寿町2-3-17	0836-31-4343 0836-31-1648 info@ubenippo.co.jp	03-5148-2727 03-5148-2728	—	—	—
徳島	徳島新聞	17	〒770-0853 徳島市中徳島町2-5-2	088-655-7373 088-654-0164 houdou@shiku-np.co.jp	03-3573-2616 03-3573-2620 同左	06-6345-0316 06-6341-6025 同左	—	087-851-2644 (高松)
香川	四國新聞	16	〒760-8572 高松市中野町15-1	087-833-1118 087-833-8989 houdou@shikoku-np.co.jp	03-6738-1377 03-6738-1379 同左	06-6345-0241 同左	—	0877-22-2266 (丸亀)
愛媛	愛媛新聞	18	〒790-8511 松山市大手町1-12-1	089-935-2222 089-935-2215 shakai@ehime-np.co.jp	03-6435-7432 03-6435-7434 同左	06-6341-3611 06-6341-3615 同左	—	087-822-7775 (高松)
高知	高知新聞	14	〒780-0870 高知市本町3-2-15	088-825-4042 088-825-4046 houdou@kochinews.co.jp	03-3506-7261 03-3506-7283 同左	06-6342-9511 同左	—	087-821-7040 (高松)
佐賀	佐賀新聞	12	〒840-8585 佐賀市天神3-2-23	0952-28-2121 0952-29-5760 houdou@saga-s.co.jp	03-3545-1831 03-3546-1349 同左	06-6347-4618 06-6347-4620 同左	—	092-751-2648 (福岡) 092-751-2697
長崎	長崎新聞	16	〒852-8601 長崎市茂里町3-1	095-844-2111 — houdou@nagasaki-np.co.jp	03-3571-4727 03-3571-4524 同左	06-6341-2021 06-6341-2022 同左	—	092-713-1407 (福岡) 092-713-1408
熊本	熊本日日新聞	23	〒860-8506 熊本市世安町172	096-361-3161 096-366-1111 seikei3161@kumanichi.co.jp	03-3212-2941 03-3214-8085 同左	06-6203-7511 06-6203-7512 同左	—	092-771-7374 (福岡) 092-761-1192
大分	大分合同新聞	16	〒870-8605 大分市府内町3-9-15	097-538-9623 097-538-9674 keizai@oita-press.co.jp	03-6205-7881 03-6205-7882 同左	06-6363-2778 06-6363-2779 同左	—	092-741-7584 (福岡) 092-741-9107
宮崎	宮崎日日新聞	17	〒880-8570 宮崎市高千穂通1-1-33	0985-26-9306 0985-23-3916 keizai-1@the-miyanichi.co.jp	03-3543-3825 03-3546-1370 同左	06-6341-6900 06-6341-6996 同左	—	092-751-2851 (福岡) 092-724-0172
鹿児島	南日本新聞	24	〒890-8603 鹿児島市与次郎1-9-33	099-813-5124 099-256-1643 keizaibu@373news.com	03-3572-2241 03-3574-8577 同左	06-6343-0561 06-6343-0919 同左	—	092-712-6856 (福岡) 092-761-1580
	南海日日新聞	3	〒894-8601 奄美市名瀬長浜町10-3	0997-53-2121 0997-53-6636 nankainn@po.synapse.ne.jp	03-5565-3631 nankai-nns-tokyo@alpha.ocn.ne.jp	—	—	099-285-1257 (鹿児島)
沖縄	琉球新報	—	〒900-8525 那覇市泉崎1-10-3	098-865-5282 098-867-5607 keizai@ryukyushimpo.co.jp	03-6264-0981 03-6264-0982 同左	06-6346-5537 06-6346-5538 同左	—	092-761-4818 (福岡) 092-761-7301
	沖縄タイムス	14	〒900-8678 那覇市久茂地2-2-2	098-860-3551 098-860-3482 henshu@okinawatimes.co.jp	03-6264-7878 03-6226-1200 同左	06-6231-3151 06-6227-0769 同左	—	092-737-6623 (福岡) 092-734-5531

300

【全国版一般紙・通信社 本社・支局連絡先一覧】

新聞名	読売新聞		朝日新聞		毎日新聞	
	TEL	FAX	TEL	FAX	TEL	FAX
東京本社代表	03-3242-1111	―	03-3545-0131	―	03-3212-0321	―
大阪本社代表	06-6361-1111	―	06-6231-0131	―	06-6345-1551	―
名古屋本社代表	052-211-0080	―	052-231-8131	―	052-527-8000	―
福岡本社代表	092-715-4311	―	093-563-1131	―	093-541-3131	―
	編集関係		編集関係		編集関係	
東京	03-3217-8060	03-3217-1820	03-5541-8425	03-5541-8428	03-3212-0633	03-3212-4970
大阪	06-6366-1640	06-6361-0733	06-6201-8214	06-6228-6811	06-6345-1554	06-6345-0618
名古屋	052-211-1327	052-211-1369	052-231-8131	052-231-0391	052-527-8000	052-564-1313
福岡	092-715-5641	092-715-5509	093-563-1131	093-563-1173	093-541-3131	093-522-1721
北海道（札幌）	011-242-3111	011-222-0490	011-281-2131	011-221-4989	011-231-5623	011-222-1049
青森	017-773-2121	017-773-2125	017-775-2811	017-722-8461	017-722-2420	017-722-2455
岩手（盛岡）	019-653-1441	019-624-5410	019-624-2211	019-624-2229	019-652-3211	019-652-3219
宮城（仙台）	022-222-4121	022-222-8386	022-223-3116	022-223-3119	022-222-5972	022-222-6048
秋田	018-824-2211	018-824-2210	018-823-5121	018-862-3327	018-823-2181	018-823-2183
山形	023-624-2121	023-624-0730	023-622-4868	023-622-4871	023-622-4201	023-628-2011
福島（福島）	024-523-1204	024-523-1207	024-523-3571	024-521-0305	024-521-1233	024-525-2155
茨城	029-231-3311	029-231-3390	029-226-0131	029-226-5055	029-221-3161	029-232-0438
栃木（宇都宮）	028-638-4311	028-638-8300	028-622-1761	028-622-1764	028-622-4231	028-622-4233
群馬（前橋）	027-232-4311	027-232-2262	027-221-1101	027-223-1334	027-231-5666	027-231-5667
埼玉	048-822-0181	048-822-5238	048-832-7311	048-824-7952	048-829-2961	048-829-2964
千葉	043-225-2001	043-225-2190	043-223-1911	043-223-1931	043-247-0505	043-247-0508
神奈川（横浜）	045-201-7992	045-201-8341	045-681-6101	045-641-9696	045-211-2471	045-211-2475
新潟	025-233-5111	025-233-5211	025-266-2151	025-266-2155	025-222-1515	025-222-1517
富山	076-441-2888	076-441-2880	076-441-1671	076-441-1671	076-432-3311	076-442-1643
石川（金沢）	076-261-9131	076-231-5254	076-261-7575	076-261-7579	076-263-8811	076-231-7124
福井	0776-22-5220	0776-22-5222	0776-22-0910	0776-23-1523	0776-24-0074	0776-21-3160
山梨（甲府）	055-235-2222	055-228-6369	055-235-7000	055-237-4469	055-235-3322	055-235-3324
長野	026-234-4311	026-234-4341	026-223-7000	026-223-7331	026-234-2175	026-234-6450
岐阜	058-275-4166	058-276-9969	058-263-4125	058-262-6661	058-265-5533	058-262-5082
静岡	054-252-0171	054-252-0310	054-253-2101	054-253-2106	054-254-2671	054-254-2675
三重（津）	059-225-4321	059-223-0238	059-228-4141	059-224-4817	059-226-2211	059-225-7081
滋賀（大津）	077-522-6691	077-522-6693	077-524-6601	077-523-1156	077-524-6655	077-526-1504
京都	075-231-1111	075-241-4680	075-211-3351	075-211-8339	075-211-3151	075-241-2152
兵庫（神戸）	078-333-5115	078-333-5120	078-331-4144	078-331-4149	078-371-3221	078-371-7615
奈良	0742-34-1101	0742-34-1103	0742-36-6331	0742-36-2332	0742-34-1521	0742-34-5020
和歌山	073-422-1144	073-422-1146	073-422-2131	073-422-2133	073-431-1411	073-433-0650
鳥取	0857-22-2196	0857-27-8275	0857-23-3611	0857-26-6334	0857-23-5511	0857-23-0415
島根（松江）	0852-23-1411	0852-23-1413	0852-23-3330	0852-27-2308	0852-23-3121	0852-27-1548
岡山	086-224-3377	086-224-3370	086-225-4301	086-225-4306	086-231-2111	086-231-2129
広島	082-243-0101	082-243-0103	082-221-2311	082-223-7606	082-221-2181	082-223-5745
山口	083-922-1042	083-933-1103	083-922-0135	083-922-0210	083-922-5123	083-922-5126
徳島	088-622-3155	088-626-3544	088-622-6155	088-622-6157	088-625-3131	088-625-3197
香川（高松）	087-861-4350	087-862-8496	087-833-4141	087-831-5737	087-833-3131	087-833-3135
愛媛（松山）	089-933-4300	089-933-4302	089-941-0155	089-941-0125	089-941-2711	089-932-4568
高知	088-825-2220	088-825-2248	088-824-4306	088-824-2541	088-822-2211	088-875-0265
佐賀	0952-24-7141	0952-24-7144	0952-23-8146	0952-23-5902	0952-23-8108	0952-26-1284
長崎	095-823-0121	095-821-6733	095-822-1231	095-822-1137	095-824-0700	095-824-0644
熊本	096-363-1177	096-373-0252	096-352-4181	096-326-4170	096-325-4166	096-354-8603
大分	097-534-1621	097-538-8451	097-532-3191	097-534-4395	097-532-4131	097-532-4134
宮崎	0985-25-4254	0985-20-3467	0985-25-4191	0985-25-4193	0985-28-4131	0985-29-3978
鹿児島	099-222-7370	099-805-3333	099-222-3151	099-227-0424	099-223-7331	099-223-7332
沖縄（那覇）	098-867-2393	098-860-2724	098-867-1972	098-863-8545	098-867-2395	098-866-1213

新聞名	日本経済新聞		産経新聞	
	TEL	FAX	TEL	FAX
東京本社代表	03-3270-0251	—	03-3231-7111	—
大阪本社代表	06-7639-7111	—	06-5633-1221	—
名古屋本社代表	052-243-3321	—	052-582-6561	—
福岡本社代表	092-473-3341	—	092-741-7088	—
	編集関係		編集関係	
東京	03-6256-2084	03-6256-2910	03-3275-8738	03-3242-1763
大阪	06-7639-7111	—	06-6633-1221	06-6633-9738
名古屋	052-243-3321	—	052-582-6551	052-564-5616
福岡	092-473-3341	—	092-741-7088	092-726-2572
北海道（札幌）	011-281-3212	011-281-0656	011-241-3341	011-241-3343
青森	017-722-2343	017-777-3284	017-722-4371	017-732-3015
岩手（盛岡）	019-622-3012	019-653-1804	019-651-6333	019-629-1512
宮城（仙台）	022-222-5613	022-212-1175	022-221-3321	022-216-1747
秋田	018-823-5233		018-823-5454	018-888-1469
山形	023-622-2072	023-642-8854	023-623-0241	023-628-3018
福島（福島）	024-938-7770	024-991-5781	024-523-2387	02-525-2424
茨城	029-221-3283	029-221-8730	029-221-7158	029-222-2407
栃木（宇都宮）	028-622-1745	028-625-0071	028-621-3611	028-650-1559
群馬（前橋）	027-223-3111	027-223-3113	027-221-4455	027-220-1582
埼玉	048-822-2580	048-822-6761	048-829-2311	048-830-1091
千葉	043-227-4346	043-225-5662	043-225-2171	043-226-1782
神奈川（横浜）	045-201-2551	045-201-4857	045-681-0921	045-224-6856
新潟	025-222-7547	025-224-1163	025-285-2121	025-282-2152
富山	076-432-4463	076-433-8466	—	—
石川（金沢）	076-232-3311	076-260-3610	—	—
福井	0776-22-3490	0776-21-2377	0776-23-1221	0776-28-7374
山梨（甲府）	055-222-4668	055-226-6001	055-222-8808	055-220-6376
長野	026-232-2111	026-232-2041	026-223-1212	026-291-5318
岐阜	058-262-4847	058-266-6147	—	—
静岡	054-253-7191	054-252-4943	054-255-5026	054-205-0038
三重（津）	059-228-3365	059-226-2753	059-228-0381	059-221-1589
滋賀（大津）	077-522-4455	077-525-7843	077-522-6628	077-528-2311
京都	075-231-2617	075-253-2019	075-351-9145	075-341-6610
兵庫（神戸）	078-371-3581	078-371-6869	078-351-1771	078-361-3001
奈良	0742-23-8440	0742-23-8531	0742-26-6381	0742-27-2059
和歌山	073-423-1134	073-426-0714	073-422-1783	073-435-3018
鳥取	0857-22-2465		0857-22-4105	0857-37-1512
島根（松江）	0852-21-2198	0852-26-5720	0852-21-3169	0852-32-5318
岡山	086-225-2071	086-232-6231	086-222-6861	086-235-9351
広島	082-244-1155	082-246-1294	082-236-1557	082-250-0019
山口	083-922-1167	083-924-9290	083-234-7770	083-228-4855
徳島	088-652-2480	—	088-622-3181	088-656-8171
香川（高松）	087-831-3344	087-831-3383	087-851-3511	087-826-0703
愛媛（松山）	089-941-0349	089-932-2161	089-941-6680	089-921-0986
高知	088-872-2334	088-823-1448	088-822-9131	088-820-1593
佐賀	0952-23-4597	0952-29-6538	—	—
長崎	095-822-1707	095-827-3670	—	—
熊本	096-353-0800	—	—	—
大分	097-532-4932	097-538-0073	—	—
宮崎	0985-22-2754	0985-29-8398	—	—
鹿児島	099-222-2322	099-225-1540	—	—
沖縄（那覇）	098-862-0148	098-862-5995	098-861-6778	098-860-3070

新聞名	共同通信		時事通信		日刊工業新聞	
	TEL	FAX	TEL	FAX	TEL	FAX
東京本社代表	03-6252-8000	−	03-6800-1111	−	03-5644-7000	03-5644-7100
第一産業部 (機械・自動車・情報通信・エレクトロニクス等)	−	−	−	−	03-5644-7170	03-5644-7163
第二産業部 (素材・建設・ヘルスケア等)	−	−	−	−	03-5644-7126	03-5644-7162
中小企業部	−	−	−	−	03-5644-7028	03-5644-7088
経済部	03-6252-8116	03-6252-8752	03-3524-6286	03-3543-2138	03-5644-7193	03-5644-7161
東京	03-6252-8116	03-6252-8752	042-525-5022	042-525-5023	03-5644-7284	03-5644-7249
東京支社	−	−	−	−	03-5644-7286	03-5644-7249
さいたま総局	−	−	−	−	048-872-2281	048-872-2285
横浜総局	−	−	−	−	045-201-7421	045-201-7424
相模支局	−	−	−	−	042-703-3442	042-703-3443
北東京支局	−	−	−	−	03-5644-7283	03-5644-7119
東東京支局	−	−	−	−	03-5644-7139	03-5644-7119
南東京支局	−	−	−	−	03-3732-5451	03-3732-5453
西東京支局（立川）	−	−	−	−	042-524-5721	042-524-5722
大阪	06-6204-1458	06-6201-9110	06-6231-6340	06-6231-4223	06-6946-3321	06-6946-3329
東大阪支局	−	−	−	−	06-6730-3320	06-6730-3322
南大阪支局	−	−	−	−	072-221-0050	072-221-0051
名古屋	052-211-2812	052-201-3991	052-231-4619	052-231-4769	052-931-6151	052-931-6200
福岡	092-781-4241	092-713-8232	092-733-1567	092-715-5199	092-271-5711	092-271-5751
北海道（札幌）	011-231-0825	011-221-8898	011-241-2801	011-241-2862	011-596-9428	011-596-9429
青森	017-739-0111	017-739-0114	017-776-3155	017-776-7551	−	−
岩手（盛岡）	019-624-3531	019-651-1881	019-622-2442	019-622-2441	−	−
宮城（仙台）	022-266-4259	022-267-0088	022-223-2900	022-221-4003	022-225-8734	022-225-8736
秋田	018-862-4813	018-864-5792	018-823-6591	018-823-6592	−	−
山形	023-622-5344	023-631-3592	023-631-2157	023-641-4958	023-631-8932	023-631-8797
福島（福島）	024-523-3366	024-522-6190	024-531-8351	024-531-8353	024-573-6105	024-573-6106
茨城	029-301-1805	029-301-0335	029-221-3907	029-221-3276	029-221-6400	029-221-6416
栃木（宇都宮）	028-622-3420	028-621-1213	028-622-1731	028-622-1732	028-622-0307	028-622-0308
群馬（前橋）	027-251-5533	027-252-6659	027-231-1120	027-231-0013	027-223-3187	027-223-3188
埼玉	048-862-3116	048-861-6383	048-822-1525	048-822-1526	048-872-2281	048-872-2285
千葉	043-227-4466	043-222-1044	043-224-2011	043-222-5729	043-245-2711	043-245-2712
神奈川（横浜）	045-222-7844	045-222-7846	045-681-3025	045-6414152	045-201-7421	045-201-7424
新潟	025-255-1105	025-255-1165	025-246-8311	025-246-8325	025-265-2286	025-233-6127
富山	076-432-6901	076-433-8581	076-432-6754	076-432-6794	076-424-4277	076-424-4278
石川（金沢）	076-231-4450	076-224-1713	076-221-3171	076-221-3172	076-263-3311	076-263-3312
福井	0776-57-1040	−	0776-57-1640	0776-57-1642	0776-43-1385	0776-43-1386
山梨（甲府）	055-252-2511	055-253-7181	055-224-3121	055-224-3122	−	−
長野（長野）	026-232-2219	026-233-3112	026-232-3230	026-233-3112	026-219-3886	026-219-3897
長野（諏訪）	−	−	−	−	0266-53-0250	0266-53-4390
岐阜	058-262-0316	058-266-8036	058-262-9749	058-262-8930	058-201-2255	058-201-2256
静岡	054-286-1251	054-284-3959	054-252-1823	054-254-0371	054-255-0431	054-255-0433
三重（津）	059-226-2278	−	059-228-2853	059-228-0443	059-227-5261	059-227-5262
滋賀（大津）	077-522-3762	077-526-2377	077-522-3915	077-525-5867	−	−
京都	075-231-5361	075-231-5364	075-221-8445	075-222-0989	075-241-3828	075-241-3835
兵庫（神戸）	078-361-7922	078-361-7814	078-362-5606	078-362-5692	078-321-1731	078-321-1734
兵庫（姫路）	−	−	−	−	079-224-8208	079-224-8209
奈良	0742-26-0077	0742-27-5782	0742-22-4511	0742-23-1511	−	−
和歌山	073-428-2255	073-433-4310	073-422-5529	073-423-7759	−	−
鳥取	0857-22-4186	0857-23-3028	0857-22-2800	0857-22-2885	−	−
島根（松江）	0852-22-0101	0852-27-8148	0852-21-3594	0852-21-3110	−	−
岡山	086-803-8224	086-803-8227	086-222-7601	−	086-225-5705	086-225-5706
広島	082-293-0582	082-294-4322	082-221-9381	082-211-1286	082-511-7111	082-511-7117
山口	083-922-2458	083-923-9656	083-922-0787	083-922-0810	−	−
徳島	088-622-5155	088-654-5018	088-622-3166	088-622-3145	−	−
香川（高松）	087-835-2121	087-862-3665	087-821-6111	087-821-6112	087-821-3641	087-821-3615
愛媛（松山）	089-941-0128	−	089-921-6101	089-921-6102	089-943-0212	089-943-0213
高知	088-822-5515	088-873-0290	088-872-1717	088-875-1021	−	−
佐賀	0952-23-7138	0952-22-9279	0952-26-3434	0952-26-3435	0942-85-7230	0942-85-7231
長崎	095-844-6111	095-849-5407	095-822-5680	095-822-5681	−	−
熊本	096-361-3011	096-371-2630	096-325-5300	096-325-5306	−	−
大分	097-536-2656	097-533-1979	097-534-5500	097-534-5501	097-578-9195	097-578-9196
宮崎	0985-25-3522	0985-32-2966	0985-29-9111	0985-29-9112	−	−
鹿児島	099-256-1777	099-256-1766	099-226-0565	099-226-0566	−	−
沖縄（那覇）	098-862-2070	098-863-5231	098-867-1211	098-861-5112	−	−

【一般紙】

新聞社名	発行部数 (万部)		住所	TEL	FAX	メールアドレス
読売新聞	619	東京本社	〒100-8055 千代田区大手町1-7-1	03-3242-1111	―	―
		大阪本社	〒530-8551 大阪市北区野崎町5-9	06-6361-1111	―	―
		名古屋本社	〒460-8470 名古屋市中区栄1-17-6	052-211-0080	―	―
		西部本社	〒810-8581 福岡市中央区赤坂1-16-5	092-715-4311	―	―
朝日新聞	357	東京本社	〒104-8011 中央区築地5-3-2	03-3545-0131	―	―
		大阪本社	〒530-8211 大阪市北区中之島2-3-18	06-6231-0131	―	―
		名古屋本社	〒460-8488 名古屋市中区栄1-3-3	052-231-8131	―	―
		西部本社	〒803-8586 北九州市小倉北区室町1-1-1	093-563-1131	―	―
毎日新聞	163	本社	〒100-8051 千代田区一ツ橋1-1-1	03-3212-0321	03-3212-0635	―
		東京	〒100-8051 千代田区一ツ橋1-1-1	03-3212-0321	03-3212-0635	release@mainichi.co.jp
		大阪	〒530-8251 大阪市北区梅田3-4-5	06-6345-1551	06-6345-0618	o.keizai@mainichi.co.jp
		名古屋	〒450-8651 名古屋市中村区名駅4-7-1	052-527-8000	052-564-1313	news-c@mainichi.co.jp
		福岡	〒802-0081 北九州市小倉北区紺屋町13-1	093-541-3131	093-522-1721	release@mainichi.co.jp
日本経済 新聞	144	本社	〒100-8066 千代田区大手町1-3-7	03-3270-0251	03-5255-2633	―
		東京	〒100-8066 千代田区大手町1-3-7	03-6256-2084	03-6256-2910	―
		大阪	〒541-8515 大阪市中央区高麗橋1-4-2	06-7639-7111	―	―
		名古屋	〒460-8366 名古屋市中区栄4-16-33	052-243-3321	―	―
		福岡	〒812-8666 福岡市博多区博多駅南2-16-1	092-473-3341	―	―
産経新聞	92	本社	〒100-8077 東京都千代田区大手町1-7-2	03-3231-7111	―	―
		東京	〒100-8077 千代田区大手町1-7-2	03-3275-8747	03-5255-6634	shuto@sankei.co.jp
		大阪	〒556-8660 大阪市浪速区湊町2-1-57	06-6633-1221	06-6633-9738	osaka-soukyoku@sankei. co.jp
		名古屋	〒450-0003 名古屋市中村区名駅南2-14-19	052-582-6551	052-564-5616	―
		福岡	〒810-0004 福岡市中央区渡辺通5-23-83F	092-741-7088	092-726-2572	kyushu@sankei.co.jp

【通信社】

新聞社名		住所	TEL	FAX	メールアドレス
共同通信社	本社	〒105-7201 港区東新橋1-7-1 汐留メディアタワー	03-6252-8000	―	―
	東京	〒105-7201 港区東新橋1-7-1 汐留メディアタワー	03-6252-8116	03-6252-8752	―
	大阪	〒541-0043 大阪市中央区高麗橋1-4-2	06-6204-1458	06-6201-9110	―
	名古屋	〒460-0001 名古屋市中区三の丸1-6-1	052-211-2812	052-201-3991	―
	福岡	〒810-0001 福岡市中央区天神1-4-1	092-781-4241	092-713-8232	―
時事通信社	本社	〒104-8178 中央区銀座 5-15-8	03-6800-1111	―	―
	編集局	〒104-0061 中央区銀座 5-15-8	03-3524-6286	03-3543-2138	keizai-box@jiji.co.jp
	東京	〒190-0012 立川市曙町2-9-1-5F	042-525-5022	042-525-5023	―
	大阪	〒541-0051 大阪市中央区備後町4-1-3-6F	06-6231-6340	06-6231-4221	―
	名古屋	〒460-0003 名古屋市中区錦2-2-13-8F	052-231-4619	052-231-4769	―
	福岡	〒810-0001 福岡市中央区天神2-13-7-7F	092-733-1567	092-715-5199	―

【ブロック紙】

新聞社名	発行部数 (万部)		住所	TEL	FAX	メールアドレス
北海道新 聞	81	本社	〒060-8711 札幌市中央区大通西3-6	011-221-2111	―	―
		経済部	〒060-8711 札幌市中央区大通西3-6	011-210-5595	011-210-5596	―
		東京	〒105-8435 港区虎ノ門2-2-5-1F	03-6229-0470	―	―
		大阪	〒530-0001 大阪市北区梅田1-11-4-1000	06-6343-1834	―	―
河北新報	38	本社	〒980-8660 仙台市青葉区五橋1-2-28	022-211-1127	022-224-7947	―
		東京	〒105-0004 港区新橋5-13-1	03-6435-9059	03-6435-9036	―
		大阪	〒541-0041 大阪市中央区北浜2-1-23	06-6227-1051	06-6227-1060	―
中日新聞 東京新聞	180 38	本社	〒460-8511 名古屋市中区三の丸1-6-1	052-201-8811	―	―
		中日新聞経済部	〒460-8511 名古屋市中区三の丸1-6-1	052-231-1650	052-221-0913	keizai@chunichi.co.jp
		東京新聞経済部	〒100-8505 千代田区内幸町2-1-4	03-6910-2231	03-3503-7784	economy@tokyo-np.co.jp
		大阪	〒530-0003 大阪市北区堂島2-1-43	06-6346-1111	―	―
		名古屋	〒460-8511 名古屋市中区三の丸1-6-1	052-201-8811	―	―
中國新聞	50	本社	〒730-8677 広島市中区土橋町7-1	082-236-2323	082-236-2321	―
		東京	〒100-0011 千代田区内幸町2-2-1	03-3597-1611	03-3597-1615	―
		大阪	〒530-0003 大阪市北区堂島2-1-43	06-6453-2871	06-6453-2896	―
西日本新 聞	38	本社	〒810-8721 福岡市中央区天神1-4-1	092-711-5555	―	―
		経済部	〒810-8721 福岡市中央区天神1-4-1	092-711-5211	092-711-6249	―
		東京	〒100-0006 千代田区有楽町2-10-1-4F	03-3581-1202	03-3581-1208	―
		大阪	〒541-0041 大阪市中央区北浜3-1-21	06-6202-6351	―	―
		福岡	〒802-0005 北九州市小倉北区堺町1-2-16	093-482-2601	093-513-5413	―

【全国産業経済紙】

新聞社名	発行部数（万部）		住所	TEL	FAX	メールアドレス
日経MJ、日経ヴェリタス	－		日本経済新聞社に同じ	03-6256-2100	03-6256-2746	
日刊工業新聞	35	本社	〒103-8548　中央区日本橋小網町14-1	03-5644-7000	03-5644-7100	

【スポーツ紙】

新聞社名	発行部数（万部）		住所	TEL	FAX	メールアドレス
日刊スポーツ	162	本社	〒104-8055　中央区築地3-5-10	03-5550-8810	03-5550-8901	webmast@nikkansports.co.jp
		大阪	〒530-8334　大阪市北区中之島2-3-18	06-6229-7005	－	－
		名古屋	〒460-0008　名古屋市中区栄1-3-3	052-231-1180	052-231-2779	－
		福岡	〒812-8559　福岡市博多区博多駅前2-1-1	092-436-8711	092-436-8751	－
スポーツニッポン	166	本社	〒135-8517　江東区越中島2-1-30	03-3820-0649	03-3820-0612	－
		大阪	〒530-8278　大阪市北区梅田3-4-5	06-6346-8500	06-6346-8529	－
		名古屋	〒460-0002　名古屋市中区丸の内2-9-6	052-211-3305	052-211-3306	－
		福岡	〒810-0001　福岡市中央区天神1-16-1	092-781-0714	－	－
スポーツ報知	131	本社	〒130-8633　墨田区横網1-11-1	03-6831-3333	－	－
		大阪	〒531-8558　大阪市北区野崎町5-9	06-7732-2311	－	－
サンケイスポーツ	122	本社	〒100-8077　千代田区大手町1-7-2	03-3275-8819	03-3243-1630	shuto@sankei.co.jp
		大阪	〒556-8660　大阪市浪速区湊町2-1-57	06-6633-1221	06-6633-9738	osaka-soukyoku@sankei.co.jp
		名古屋	〒450-0003　名古屋市中村区名駅南2-14-19	052-582-6551	052-564-5616	－
		福岡	〒810-0004　福岡市中央区渡辺通5-23-8-3F	092-741-7088	092-726-2572	kyushu@sankei.co.jp
東京中日スポーツ	8	本社	〒100-8505　千代田区内幸町2-1-4	03-6910-2284	03-3595-6937	－
中日スポーツ	29	大阪	〒530-0003　大阪市北区堂島2-1-43	06-6346-1111	－	
		名古屋	〒460-8511　名古屋市中区三の丸1-6-1	052-201-8811	－	
東スポグループ 東京スポーツ	－	東京	〒135-8721　江東区越中島1-3-30	03-3820-0841	03-3820-0909	
東スポグループ 中京スポーツ	－	名古屋	〒462-0847　名古屋市北区金城4-3-19	052-982-1920	－	
東スポグループ 大阪スポーツ	－	大阪	〒590-0902　堺市堺区松屋大和川通3-132-3F	072-222-8821	－	
東スポグループ 九州スポーツ	－	福岡	〒810-000　福岡市中央区天神2-14-8	092-781-7401	－	
デイリースポーツ	－	本社	〒650-0044　神戸市中央区東川崎町1-5-7	078-362-7293	078-366-3647	
		東京	〒135-8566　江東区木場2-14-8	03-5646-5700	03-5641-5466	
道新スポーツ	Web	本社	〒060-0042　札幌市中央区大通西3丁目	011-241-1230	－	
西日本スポーツ	Web	本社	〒810-8721　福岡市中央区天神1－4－1	092-711-5555	－	

【夕刊紙】

新聞社名	発行部数（万部）		住所	TEL	FAX	メールアドレス
夕刊フジ	－	本社	〒100-8077　千代田区大手町1-7-2（産経本社内）	03-3275-8747	03-5255-6634	shuto@sankei.co.jp
日刊ゲンダイ	－	本社	〒104-8007　中央区新川1-3-17	03-5244-9613	03-5244-9625	

【英字新聞】

新聞社名		住所	TEL/FAX	メールアドレス
The Japan News	読売新聞社	〒100-8055千代田区大手町1-7-1	03-3242-1111	－
Asahi Weekly（英和、毎日曜）The NY Times International Weekly（毎日曜）	朝日新聞社	〒104-8041　中央区築地5-3-2	03-5540-7640	aw@asahi.com
MAINICHI WEEKLY　（毎土曜）	毎日新聞社	〒100-8051　千代田区一ツ橋1-1-1	03-3212-0321	weekly@mainichi.co.jp
The Japan TimesThe Japan Times alfa（毎金曜）	ジャパン・タイムス社	〒102-0094　千代田区紀尾井町3-12	050-3646-012303-6261-4154	hodobu@japantimes.co.jp
The New York Times International	ニューヨークタイムス東京支局	〒104-8041　中央区築地5-3-2	03-3545-094003-3545-1301	inoue@nytimes.com
The Washington Post	ワシントンポスト東京支局	〒107-0062 港区南青山3-1-30	03-5411-6031	－
The Wall Street Journal 電子版（日本語）	－	－	0121-779-868	service@wsj-asia.com

【主要ビジネス誌・週刊誌・月刊誌】

媒体名	発行部数（万部）	出版社名	住所	編集局等のTEL/FAX/Email	代表TEL	発売日
週刊ダイヤモンド	9	ダイヤモンド社	〒150-0001　渋谷区神宮前6-12-17	03-5778-721403-5778-6614press-do1@diamond.co.jp	03-5778-7200	毎週月曜
ダイヤモンドZAi	18			03-5778-724803-5464-0784zai@diamond.co.jp		毎月21日
週刊エコノミスト	4	毎日新聞出版	〒102-0074　千代田区九段南1-6-17-5F	03-6265-6743050-3730-6993eco-mail@mainichi.co.jp	03-6265-6731	毎週月曜

媒体名	発行部数(万部)	出版社名	住所	編集局等の TEL/FAX/Email	代表TEL	発売日
PRESIDENT	11	プレジデント社	〒102-8641 十代田区平河町2-16-1	00-0237-3737 03-3237-3747 pre-pr@president.co.jp	03-3237-3711	第2・第4 金曜
dancyu	12			03-3237-3720 03-3237-3350 dancyu.r@president.co.jp		毎週6日
週刊東洋経済	5	東洋経済新報社	〒103-8345 中央区日本橋本石町1-2-1	03-3246-5501 03-3270-0159	03-3246-5551	毎週月曜
日経ビジネス	15	日経BP社	〒105-8308 港区虎ノ門4-3-12	03-6811-8101 03-5421-9117〜8	03-6811-8100	毎週月曜
日経TRENDY	5			03-6811-8901 050-3153-7287 kouhou@nikkeibp.co.jp		毎月4日
日経トップリーダー	5			03-6811-8127 050-3153-7304 kouhou@nikkeibp.co.jp		毎月1日
経済界	5	経済界	〒107-0052 港区赤坂1-9-13-8F	03-6441-3746 03-5561-8668 info@keizaikai.co.jp	03-6441-3746	毎月22日
財界	5	財界研究所	〒107-0052 港区赤坂3−2−12-7F	03-5561-6168 03-5561-6169 info@zaikai.jp	03-5561-6168	隔週水曜
月刊THE21	6	PHP研究所	〒135-8137 江東区豊洲5-6-52	03-3520-9624 03-3520-9654 the21@php.co.jp	075-681-8818	毎月10日
月刊総務	2	月刊総務	〒101-0021 千代田区外神田6-11-14-305	03-5816-6031 03-5816-6032	03-5816-6031	毎月8日
NEW LEADER	−	はあと出版社	〒105-0013 港区浜松町2-2-6	03-3459-6557 03-3435-1780	−	毎月1日
月刊ビジネスサミット	−	インクグロウ社	〒103-0002 中央区日本橋馬喰町1-12-3-2F	03-6264-9555	−	毎月1日
ZAITEN	4	財界展望新社	〒101-0054 千代田区神田錦町2-9	03-3294-5658 03-3294-5677	03-3294-5651	毎月1日
宣伝会議	6	宣伝会議	〒107-8550 港区北青山3-11-13	03-3475-3030 03-3475-3075	03-3475-3010	毎月1日
広報会議	5					
Forbes Japan	8	リンクタイズ社	〒106-0044 港区東麻布1-9-15-2F	03-5568-0562 03-6435-9313 forbesjapan@linkties.com	050-1745-9033	毎月25日
サンデー毎日	7	毎日新聞出版	〒102-0074 千代田区九段南1-6-17-5F	03-6265-6741 050-3737-1178	03-3212-0321	毎週火曜
週刊現代	12	講談社	〒112-0013 文京区音羽2-12-21	03-5395-3438 03-3945-8403	03-3945-1111	毎週月曜
週刊ポスト	12	小学館	〒101-8001 千代田区一ツ橋2-3-1	03-3230-5211	03-3230-5211	毎週月曜
週刊文春	21	文藝春秋社	〒102-8008 千代田区紀尾井町3-23	03-3265-1211 03-3234-3964 −	03-3265-1211	毎週木曜
週刊新潮	12	新潮社	〒162-8711 新宿区矢来町71	03-3266-5311 03-3266-5622 shukan-d@shinchosha.co.jp	03-3266-5220	毎週木曜
週刊大衆	7	双葉社	〒162-0813 新宿区東五軒町3-28	03-5261-4818	03-5261-4818	毎週月曜
AERA	3	朝日新聞社	〒104-0045 中央区築地5-3-2	03-5541-8627 aera@asahi.com	03-545-0131	毎週月曜
女性自身	13	光文社	〒112-0013 文京区音羽1-16-6	03-5395-8240 03-3942-1110	03-5395-8146	毎週火曜
週刊女性	6	主婦と生活社	〒101-0031 中央区京橋3-5-7	03-3563-5130 03-5250-7080	03-3563-5130	毎週火曜
女性セブン	14	小学館	〒101-0003 千代田区一ツ橋2-4-6	03-3230-5585 −	03-3230-5211	毎週木曜
Hanako	8	マガジンハウス	〒104-0061 中央区銀座3-13-10	03-3545-7070 03-3545-7281	03-3545-7070	毎月28日
anan	14			03-3545-7050 03-3545-6347		毎週水曜
SPA!	2	扶桑社	〒105-8070 港区芝浦1-1-1-10F	03-6368-8875 HPより	03-6368-8875	毎週火曜
週刊PLYBOY	7	集英社	〒101-8050 千代田区一ツ橋2-5-10	03-3230-6371	03-3230-6371	毎週月曜
MORE	10					毎月28日
nonno	6			03-3230-6379		毎月20日
ニューズウィーク日本版	3	CCCメディアハウス	〒141-8205 品川区大崎3-1-1-7F	03-5436-5745 03-5436-5761	03-5436-5701	毎週火曜

【インターネットメディア・オンラインメディア】

種別	媒体名	運営会社名	TEL	FAX	メールアドレス	URL
総合	読売新聞オンライン	読売新聞社	03-3242-1111	03-3216-2327	press@yomiuri.com	https://www.yomiuri.co.jp/
	朝日新聞デジタル	朝日新聞社	03-5541-8902	03-5540-7646	asahicompr@asahi.com	https://www.asahi.com/
	withnews	朝日新聞社	03-5541-8435	03-3545-2019	withnews-pr@asahi.com	https://withnews.jp/
	朝日新聞GLOBE＋	朝日新聞社	－	－	右HPより問合せ	https://globe.asahi.com/
総合	日経電子版	日本経済新聞社			newsrelease@nikkei.co.jp	https://www.nikkei.com/
	NIKKEI ASIAN	日本経済新聞社	－	－		https://asia.nikkei.com/
	FINANCIAL TIMES	日本経済新聞社	0120-341-468	0120-593-146	subseasia@ft.com	https://www.ft.com/
	デジタル毎日	毎日新聞社	050-5833-9040	03-3215-0723	release@mainichi.co.jp	https://mainichi.jp/info/
	Sankei Biz	産経デジタル	03-3275-8632	03-3275-8862	digital.info@sankei.co.jp	http://www.sankeibiz.jp/
	zakzak					https://www.zakzak.co.jp/
	iza!					https://www.iza.ne.jp/
	iRONNA					https://ironna.jp/
	J－CASTニュース	㈱ジェイ・キャスト	03-3264-2591	03-5215-7091	pr_release@j-cast.com	https://www.j-cast.com/
	BuzzFeed Japan	BuzzFeed Japan㈱	03-6898-2120	－	japan-info@buzzfeed.com	https://www.buzzfeed.com/jp
	ハフポスト	ハフポスト社	－	－	news@huffingtonpost.jp	https://www.huffingtonpost.jp/news/
	日経ビジネス電子版	㈱日経BP	03-6811-8101	050-3153-7301	－	https://business.nikkei.com/
	日経xTECH	㈱日経BP	03-6811-8141	050-3153-7308	－	https://tech.nikkeibp.co.jp/
	日経XTREND	㈱日経BP	03-6811-8161	050-3153-7308	－	https://trend.nikkeibp.co.jp/
	日経Biz Target	㈱日経BP	03-6811-8101	03-5421-9118	－	https://biztarget.nikkeibp.co.jp/
	日経デジタルヘルス	㈱日経BP	03-6811-8141	050-3153-7308	－	https://www.nikkeibp.co.jp/ad/atcl/netmedia/NDH/
	日経ARIA	㈱日経BP	03-6811-8156	050-3153-7293	－	https://www.nikkeibp.co.jp/ad/atcl/netmedia/ARIA/
	日経DUAL	㈱日経BP	03-6811-8155	050-3153-7293	－	https://www.nikkeibp.co.jp/ad/atcl/netmedia/DUAL/
	日経doors	㈱日経BP	03-6811-8194	050-3153-7293	－	https://www.nikkeibp.co.jp/ad/atcl/netmedia/DRS/
	日経メディカル	㈱日経BP	03-6811-8388	050-3153-7297	－	https://www.nikkeibp.co.jp/ad/atcl/netmedia/NMO/
	東洋経済オンライン	東洋経済新報社	03-3246-5657	03-3242-4072	support@toyokeizai.net	https://toyokeizai.net/
	プレジデントオンライン	プレジデント社	03-3237-3726	03-3237-6696	news-pol@president.co.jp	https://president.jp/
	ダイヤモンドオンライン	ダイヤモンド社	03-5778-7230	－	press-dol@diamond.co.jp	https://diamond.jp/
	経済界オンライン	経済界	03-6411-3742	03-5561-8668	info@keizaikai.co.jp	https://www.keizaikai.co.jp/
	財界web	財界研究所	03-3581-6771	03-3581-6777	info@zaikai.jp	https://www.zaikai.jp
	Forbes Japan	リンクタイズ㈱	050-1745-9033	－	forbesjapan@linkties.com	https://forbesjapan.com/
	JB press	日本ビジネスプレスグループ	03-5577-4364	－	HPより	https://jbpress.ismedia.jp/
	マイナビニュース	㈱マイナビ	03-6267-4489	03-6267-4029	news-pr@mynavi.jp	https://news.mynavi.jp/
	BAMP	㈱CAMPFIRE	03-5468-7001	－		https://bamp.is/
ビジネス	NewsPicks	㈱ユーザベース	03-4533-1990	－	https://www.uzabase.com/contact/	https://newspicks.com/
	Bloomberg	ブルームバーグ・エル・ピー	03-3201-8900	03-3201-8951	tokyonews@bloomberg.com	https://www.bloomberg.co.jp/
	ウォール・ストリート・ジャーナル	Dow Jones&Company	0120-779-868	－	service@wsj-asia.com	https://jp.wsj.com/
	現代ビジネス	㈱講談社	03-5395-3961	－	HPより	https://gendai.ismedia.jp/
	ロイター	トムソン・ロイター	03-4563-2700	－	marketingjp@thomsonreuters.com	https://jp.reuters.com/
	BUSINESS INSIDER JAPAN	BUSINESS INSIDER JAPAN	03-5784-6702	03-5784-6722	bi_sns@mediagene.com	https://www.businessinsider.jp/
	AMP	㈱ブラーブメディア	03-6264-5286	03-6274-6057	info@blurbmedia.jp	https://amp.review/
	XD	㈱プレイド	03-4405-7597	－	press@exp-d.com	https://exp-d.com/
	ログミーbiz	ログミー㈱	03-6277-5188	－	https://logmi.co.jp/service/biz/contact/	https://logmi.jp/
	WorkMaster	㈱マッシュメディア	03-6455-5331	－	release@work-master.net	https://www.work-master.net/
	経営プロ	ProFuture㈱	03-3588-6711	03-3588-6712	contact@hrpro.co.jp	http://keiei.proweb.jp/
	BUSINESS LAWYERS	弁護士ドットコム㈱	03-5549-2261	－	bl-info@bengo4.com	https://business.bengo4.com/
	COIN POST	㈱Coin Post	03-6260-8377	－	info@coinpost.jp	https://coinpost.jp/
スタートアップ	起業サプリジャーナル	行政書士法人jinjer	－	－	HPより	https://kigyosapri.com/kigyo/note/
	Venture Navi	㈱ドリームインキュベーター	03-5532-3200	－	di.facebook@dreamincubator.co.jp	https://venturenavi.dreamincubator.co.jp/
	Techable	㈱マッシュメディア	－	－	release@techable.jp	https://techable.jp/
	THE BRIDGE	㈱PR TIMES	－	－	info@thebridge.jp	https://thebridge.jp/
	STARTUP DB	フォースタートアップス㈱	－	－	startupdb-contact@forstartups.com	https://startup-db.com/
	Startup Times	ディップ㈱	－	－	startup@dip-net.co.jp	https://startuptimes.jp/

種別	媒体名	運営会社名	TEL	FAX	メールアドレス	URL
総務・人事・リスク情報	somu-lier	ソニービズネットワークス㈱	03-6892-0222	―	HPより	https://www.somu-lier.jp/
	Smart HH mag	㈱SmartHR	―	―	HPより	https://mag.smarthr.jp/
	PR Table	㈱PR Table	03-6432-9749	―	info@pr-table.com	https://product.pr-table.com/
地方	colocal	㈱マガジンハウス	―	―	contact@colocal.jp	https://colocal.jp/
リスク情報	NewsDigest	㈱JX通信社	03-6380-9820	―		https://newsdigest.jp/
金融	ZUU ONLINE	㈱ZUU	―	―	post@zuuonline.com	https://zuuonline.com/
投資	日興FROGGY	SMBC日興証券㈱	―	―	HPより	https://froggy.smbcnikko.co.jp/
マーケティング	mercan	㈱メルカリ	050-5835-0776	―	info@mercari.com	https://mercan.mercari.com/
	DIGIDAY	㈱メディアジーン	03-5784-6702	03-5784-6722	digiday@mediagene.co.jp	https://digiday.jp/
広告	AdverTimes	㈱宣伝会議	03-3475-3010	―	pr@advertimes.com	https://www.advertimes.com
ファッション	WWD	㈱INFASパブリケーションズ	03-5786-0621	03-5786-0629	HPより	https://www.wwdjapan.com
	VOGUE	（同）コンデナスト・ジャパン	03-5085-9120	―	HPより	https://www.vogue.co.jp
	FASHION PRESS	㈱カーリン	―	―	info@fashion-press.net	https://www.fashion-press.net/
美容	LIPS	㈱AppBrew	―	―		https://lipscosme.com/
	@cosme	㈱アイスタイル	―	―	HPより	https://www.istyle.co.jp
	Beauty Tech.jp	㈱アイスタイル	―	―	i-beautytechjp-info@istyle.co.jp	https://beautytech.jp/
芸能	natalie	㈱ナターシャ	03-6367-2600	03-6367-2609	HPより	https://natalie.mu
食品	Qetic	Qetic㈱	03-5860-1898	―	press@qetic.jp	https://qetic.jp/
スポーツ	Sports Navi	ワイズ・スポーツ㈱	―	―		https://sports.yahoo.co.jp
	VICTORY	㈱VICTORY	―	―	press@victorysportsnews.jp	https://victorysportsnews.com/
	Sports Sponsorship Journal	㈱フラッグ	03-5774-6398	―	info@sports-sponsorship.jp	https://www.sports-sponsorship.jp/
AI	Ledge.ai	㈱レッジ	03-6431-8672	―		https://ledge.ai/
	AINOW	ディップ㈱	―	―	HPより	https://ainow.ai/
IT	ビジネス+IT	SBクリエイティブ㈱	―	―	HPより	https://www.sbbit.jp/
	IT mediaビジネスオンライン	アイティメディア㈱	03-6893-2245	―	mm-release@ml.itmedia.co.jp	https://www.itmedia.co.jp/business/
	CNET JAPAN	朝日インタラクティブ	03-3238-0700	―	tips-inq@aiasahi.jp	https://japan.cnet.com/
	ZDNet Japan	朝日インタラクティブ	03-3238-0703	03-3238-0712	tips-inq@aiasahi.jp	https://japan.zdnet.com/
	@IT	アイティメディア㈱	03-6893-2180	―	ait-release@ml.itmedia.co.jp	https://www.atmarkit.co.jp/
	TechWave	㈱テックウェーブ	03-6455-4516	―	info@techwave.jp	https://techwave.jp/
	Mogura　VR	㈱Mogura	―	―	HPより	https://www.moguravr.com/
	WIRED	（同）コンデナスト・ジャパン	03-5485-9120	―	―	https://wired.jp/
	TechCrunch Japan	TechCrunch Japan	―	―	tips@techcrunch.jp	https://jp.techcrunch.com/
	GIZMODE	㈱メディアジーン	03-5784-6702	03-5784-6722	HPより	https://www.gizmodo.jp/
	Qiita	Qiita	―	―	info@qiita.com	https://qiita.com/
	engadget日本版	Oath Japan㈱	―	―	egjp@teamaol.com	http://japanese.engadget.com/
	Impress Watch	㈱インプレス	03-6837-4600	03-6837-4601	watch-info@impress.co.jp	https://www.watch.impress.co.jp/
	VR Inside	㈱Timingood	―	―	HPより	https://vrinside.jp/
	RPA BANK	㈱セグメント	03-3560-6690	03-3560-0785	―	https://rpa-bank.com/
	ROBOT MEDIA	未来メディア	0800-0803720	―	―	https://robot.mirai-media.net/
その他	ASCII	㈱角川アスキー総合研究所	03-5216-8278	―	info@lab-kadokawa.com	https://ascii.jp/
	ライフハッカー	㈱メディアジーン	03-5784-6702	03-5784-6722	lifehacker@mediagene.co.jp	https://lifehacker.jp/
	アルムナビ	㈱ハッカズーク	―	―	contact@official-alumni.com	https://alumnavi.official-alumni.com/

【テレビ　キー局】

局名	略称	本社住所		本社代表TEL	経済部TEL	経済部FAX
日本放送協会	NHK	〒150-8001	渋谷区神南2-2-1	03-3465-1111	03-5455-3500	－
日本テレビ放送網	NTV	〒105-7444	港区東新橋1-6-1	03-6215-1111	03-6215-3516	03-6215-0041
TBSテレビ	TBS	〒107-0052	港区赤坂5-3-6	03-3746-1111	03-5571-3154	03-5571-2171
フジテレビジョン	CX	〒137-8088	港区台場2-4-8	03-5500-8888	03-5500-8554	－
テレビ朝日	EX	〒106-8001	港区六本木6-9-1	03-6406-1111	03-6406-1325	－
テレビ東京	TX	〒105-8012	港区虎ノ門4-3-12	03-5470-7777	03-3587-3258	－
東京メトロポリタンテレビ	MXTV	〒102-0083	千代田区麹町1-12	03-5276-0009	－	－

【テレビ　地方局】

地域	局名	略称系列	本社住所	本社代表TEL	本社報道局等 TEL/FAX	東京住所	東京代表TEL
北海道	日本放送協会	NHK	〒060-8703 札幌市中央区大通西1-1	011-232-4001	011-232-1111 011-231-4997	〒150-8001 渋谷区神南2-2-1	03-3465-1111
	札幌テレビ放送	STV (NTV)	〒060-8705 札幌市中央区北1条西8-1-1	011-241-1181	011-241-1181 011-271-7628	〒104-0061 中央区銀座5-15-8	03-3543-6011
	北海道放送	HBC (TBS)	〒060-8501 札幌市中央区北1条西5-2	011-232-5800	011-232-5800 011-241-5854	〒105-0004 港区新橋3-1-9	03-3508-3400
	北海道文化放送	UHB (CX)	〒060-8527 札幌市中央区北14-1-5	011-214-5200	011-214-5200 011-271-5497	〒104-0061 中央区銀座7-11-14	03-3571-6161
	北海道テレビ放送	HTB (EX)	〒062-8406 札幌市中央区北1条西1-6	011-233-6600	011-233-6600 011-233-6008	〒104-0045 中央区築地5-3-2	03-3543-0010
	テレビ北海道	TVH (TX)	〒060-5817 札幌市中央区大通東6-12-4	011-232-1117	011-232-7160 011-232-7173	〒105-0003 港区新橋1-18-12	03-3580-1170
青森	日本放送協会	NHK	〒030-8633 青森市松原2-1-1	017-774-5111	017-774-5111 017-774-2636	〒150-8001 渋谷区神南2-2-1	03-3465-1111
	青森放送	RAB (NTV)	〒030-0965 青森市松森1-8-1	017-743-1234	017-743-1234 017-743-2211	〒104-0061 中央区銀座7-10-6	03-3572-5321
	青森朝日放送	ABA (EX)	〒031-0181 青森市荒川柴田125-1	017-762-1111	017-762-1111 017-739-5992	〒104-0061 中央区築地2-12-10	03-3542-1351
	青森テレビ	ATV (TBS)	〒030-8686 青森市松森1-4-8	017-741-2234	017-741-2234 017-742-3636	〒104-0061 中央区銀座3-9-11	03-3543-6361
秋田	日本放送協会	NHK	〒010-8501 秋田市東通仲町4-2	018-825-8111	018-825-8111 018-864-0309	〒150-8001 渋谷区神南2-2-1	03-3465-1111
	秋田放送	ABS (NTV)	〒010-8611 秋田市山王7-9-42	018-824-8533	018-824-8533 018-824-8585	〒104-0061 中央区銀座7-16-7	03-3541-1276
	秋田テレビ	AKT (CX)	〒010-8668 秋田市八橋本町3-2-14	018-866-6121	018-866-6121 018-888-2252	〒104-0061 中央区銀座6-14-20	03-3544-1811
	秋田朝日放送	AAB (EX)	〒010-0941 秋田市川尻町字大川反 233-209	018-866-5111	018-866-5115 018-866-5146	〒105-0004 港区新橋5-9-1-3F	03-3459-1501
岩手	日本放送協会	NHK	〒020-8555 盛岡市上田4-1-3	019-626-8811	019-626-8811 019-624-2262	〒150-8001 渋谷区神南2-2-1	03-3465-1111
	テレビ岩手	TVI (NTV)	〒020-0023 盛岡市内丸2-10	019-624-1166	019-624-1166 019-654-5056	〒104-0061 中央区銀座5-15-1	03-3542-7711
	IBC岩手放送	IBC (TBS)	〒020-8566 盛岡市志家町6-1	019-623-3111	019-623-3111 019-623-1164	〒104-0061 中央区銀座5-14-10	03-5550-3631
	岩手めんこいテレビ	MIT (CX)	〒020-0866 盛岡市本宮5-2-25	019-656-3300	019-656-3300 019-659-3555	〒104-0061 中央区銀座7-16-14	03-3565-3300
	岩手朝日テレビ	IAT (EX)	〒020-0045 盛岡市盛岡駅西通 2-6-5	019-629-2525	019-629-2525 019-624-8821	〒104-0045 中央区築地 1-13-13	03-3541-2525
山形	日本放送協会	NHK	〒990-8575 山形市桜町2-50	023-625-9511	023-625-9511 023-625-9764	〒150-8001 渋谷区神南2-2-1	03-3465-1111
	山形放送	YBC (NTV)	〒990-8555 山形市旅籠町2-5-12	023-622-2020	023-622-6362 023-632-5942	〒104-0061 中央区銀座6-13-16	03-3543-0831
	テレビユー山形	TUY (TBS)	〒990-2446 山形市白山1-11-33	023-624-8111	023-624-8111 023-624-8372	〒104-0061 中央区銀座3-10-6	03-3248-1971

地域	局名	略称系列	本社住所	本社代表TEL	本社報道局等 TEL/FAX	東京住所	東京代表TEL
山形	さくらんぼテレビ	SAY (CX)	〒990-8539 山形市落合町85	023-635-2111	023-635-2111 023-628-3910	〒135-0064 江東区青海1-1-20	03-5500-0039
	山形テレビ	YTS (EX)	〒990-8511 山形市城西町5-4-1	023-645-1211	023-645-1211 023-644-2496	〒104-0061 中央区銀座6-14-20	03-3546-1300
宮城	日本放送協会	NHK	〒980-8435 仙台市青葉区本町2丁目20-1	022-211-1001	022-211-1001 022-211-1850	〒150-8001 渋谷区神南2-2-1	03-3465-1111
	宮城テレビ	MMT (NTV)	〒983-8611 仙台市宮城野区日の出町 1-5-33	022-236-3411	022-236-3411 022-236-3429	〒104-0045 中央区築地1-12-22	03-3543-7581
	東北放送	TBC (TBS)	〒980-8668 仙台市太白区八木山香澄町 26-1	022-229-1111	022-229-1111 022-229-1715	〒104-0061 中央区銀座5-15-1	03-3543-5621
	仙台放送	OX (CX)	〒980-0011 仙台市青葉区上杉5-8-33	022-267-1213	022-267-1213 022-227-0715	〒104-0061 中央区銀座5-14-1	03-3543-0631
	東日本放送	KHB (EX)	〒981-8511 仙台市青葉区双葉ケ丘2-9-1	022-276-8111	022-276-8111 022-276-8116	〒104-0061 中央区銀座5-13-3	03-3543-7511
福島	日本放送協会	NHK	〒960-8588 福島市早稲町1-2	024-526-4333	024-526-4333 －	〒150-8001 渋谷区神南2-2-1	03-3465-1111
	テレビユー福島	TUF (TBS)	〒960-8531 福島市西中央1-1	024-531-5111	024-531-5111 024-531-2237	〒104-0061 中央区銀座3-11-18	03-3545-8666
	福島テレビ	FTV (CX)	〒960-8508 福島市御山町2-5	024-536-8000	024-536-8000 024-536-8091	〒100-0006 千代田区有楽町1-12-1	03-3214-5511
	福島中央テレビ	FCT (NTV)	〒963-8533 郡山市池ノ台13-23	024-923-3300	024-923-3300 024-932-6615	〒104-0061 中央区銀座4-10-3	03-3543-3300
	福島放送	KFB (EX)	〒963-8535 郡山市桑野4-3-6	024-933-1111	024-933-1111 024-922-5306	〒104-0061 中央区銀座3-15-10	03-6278-7008
群馬	群馬テレビ	GTV (NTV)	〒371-0037 前橋市上小出町3-38-2	027-219-0001	027-219-0007 027-232-0197	〒103-0027 中央区日本橋2-3-21	03-3274-0888
栃木	とちぎテレビ	GYT	〒320-0032 宇都宮市昭和2-2-2	028-623-0031	028-623-0031 028-650-6731	〒100-0003 千代田区一ツ橋1-1-1	03-5293-8931
埼玉	テレビ埼玉	TVS (EX)	〒330-0061 さいたま市浦和区常盤6-36-4	048-824-3131	048-824-3131 048-824-3335	〒104-0061 中央区銀座8-9-16	03-3571-2538
千葉	千葉テレビ	CTC	〒260-0001 千葉市中央区都町1-1-25	043-231-3111	043-233-6681 043-231-4999	〒104-0061 中央区銀座5-1-15-1	03-3571-4288
神奈川	日本放送協会	NHK	〒231-8324 横浜市中区山下町281	045-212-2822	045-212-2822 －	〒150-8001 渋谷区神南2-2-1	03-3465-1111
	テレビ神奈川	TVK	〒231-0011 横浜市中区太田町2-23-1	045-663-2020	045-651-6266 045-641-1911	〒100-0011 千代田区内幸町1-3-3	03-3597-8718
静岡	日本放送協会	NHK	〒422-8787 静岡市駿河区八幡1-6-1	054-654-4000	054-654-4000 －	〒150-8001 渋谷区神南2-2-1	03-3465-1111
	静岡第一テレビ	SDT (NTV)	〒422-8560 静岡市駿河区中原563	054-283-8111	054-283-8111 054-283-6509	〒104-0061 中央区銀座5-9-1	03-3572-2101
	静岡放送	SBS (TBS)	〒422-8670 静岡市駿河区登呂3-1-1	054-284-8900	054-284-8900 054-284-9084	〒104-0061 中央区銀座8-3-7	03-3571-7231
	テレビ静岡	SUT (CX)	〒422-8525 静岡市駿河区栗原18-65	054-261-6111	054-261-6111 054-263-6111	〒104-0061 中央区銀座5-3-13	03-3575-5110
	静岡朝日テレビ	SATV (EX)	〒420-8567 静岡市葵区東町15	054-251-3300	054-251-3300 054-251-4120	〒104-0061 中央区銀座5-9-8	03-3573-2311
山梨	日本放送協会	NHK	〒400-8552 甲府市丸の内1-1-20	055-255-2148	055-255-2148 055-255-2126	〒150-8001 渋谷区神南2-2-1	03-3465-1111
	山梨放送	YBS (NTV)	〒400-8525 甲府市北口2-6-10	055-231-3000	055-231-3000 055-253-9194	〒104-0061 中央区銀座8-3-7	03-3572-3551
	テレビ山梨	UTY (TBS)	〒400-8570 甲府市湯田2-13-1	055-232-1111	055-232-1111 055-237-4423	〒104-0061 中央区銀座8-8-1	03-3572-2603
長野	日本放送協会	NHK	〒380-8502 長野市稲葉210-2	026-291-5200	026-291-5200 026-291-5285	〒150-8001 渋谷区神南2-2-1	03-3465-1111
	テレビ信州	TSB (NTV)	〒380-8555 長野市若里1-1-1	026-227-5511	026-227-5511 026-228-3358	〒104-0061 中央区銀座5-3-13	03-3573-6611

地域	局名	略称系列	本社住所	本社代表TEL	本社報道局等 TEL/FAX	東京住所	東京代表TEL
長野	信越放送	SBC (TBS)	〒380-8521 長野市問御所町1200	026-237-0500	026-237-0500 026-237-0585	〒104-0061 中央区銀座5-9-8	03-3573-5521
	長野放送	NBS (CX)	〒380-8633 長野市大字中御所字岡田131-7	026-227-3000	026-227-3000 026-228-5836	〒100-0011 千代田区内幸町2-2-1	03-3591-8080
	長野朝日放送	abn (EX)	〒380-8550 長野市栗田989-1	026-223-1000	026-223-1000 026-223-1033	〒104-0061 中央区銀座4-4-1	03-5524-5701
岐阜	日本放送協会	NHK	〒500-8554 岐阜市京町2-3	058-264-4611	058-264-4611 058-264-4634	〒150-8001 渋谷区神南2-2-1	03-3465-1111
	岐阜放送	GBS (独立局)	〒500-8588 岐阜市橋本町2-52-4F	058-264-1181	058-264-1181 058-264-2700	〒104-0061 中央区銀座7-13-8	03-6278-8130
新潟	日本放送協会	NHK	〒951-8508 新潟市中央区川岸町1-49	025-230-1616	025-230-1616 025-266-2155	〒150-8001 渋谷区神南2-2-1	03-3465-1111
	テレビ新潟	TeNY (NTV)	〒950-0965 新潟市中央区新光町1-11	025-283-1111	025-283-1111 025-283-8159	〒105-0004 港区新橋2-19-10	03-3573-0688
	新潟放送	BSN (TBS)	〒951-8655 新潟市中央区川岸町3-18	025-267-4111	025-267-4111 025-267-5810	〒104-0061 中央区銀座5-15-1	03-3543-5001
	新潟綜合テレビ	NST (CX)	〒950-8572 新潟市中央区八千代2-3-1	025-245-8181	025-245-8181 025-249-8881	〒104-0061 中央区銀座3-9-11	03-3544-5161
	新潟テレビ21	UX (EX)	〒951-8521 新潟市中央区下大川前通六ノ町2230-19	025-223-0021	025-223-0021 025-223-0194	〒104-0061 中央区銀座5-14-5	03-3545-0055
富山	日本放送協会	NHK	〒930-8502 富山市新総曲輪3-1	076-444-6600	076-444-6600 076-444-6639	〒150-8001 渋谷区神南2-2-1	03-3465-1111
	北日本放送	KNB (NTV)	〒930-8585 富山市牛島町10-18	076-432-5555	076-432-5555 076-433-8560	〒104-0061 中央区銀座8-11-1	03-3572-3361
	富山テレビ放送	BBT (CX)	〒939-8550 富山市新根塚町1-8-14	076-425-1111	076-425-1111 076-491-2663	〒104-0061 中央区銀座2-16-7	03-3543-0340
石川	日本放送協会	NHK	〒920-8644 金沢市広岡3丁目2-10	076-264-7001	076-264-7033 076-221-3888	〒150-8001 渋谷区神南2-2-1	03-3465-1111
	テレビ金沢	KTK (NTV)	〒920-0386 金沢市古府2-136	076-240-9023	076-240-9023 076-240-9060	〒104-0061 中央区銀座6-14-20	03-6226-2480
	北陸放送	MRO (TBS)	〒920-8560 金沢市本多町3-2-1	076-262-8111	076-262-8111 076-232-0043	〒104-0061 中央区銀座6-16-12	03-5565-1234
	石川テレビ放送	ITC (CX)	〒920-0388 金沢市観音堂町チ18	076-267-2141	076-267-2141 076-268-2228	〒104-0061 中央区銀座5-15-1	03-3543-5391
	北陸朝日放送	HAB (EX)	〒920-0393 金沢市松島1-32-2	076-269-8800	076-269-8800 076-269-8845	〒104-0045 中央区築地3-179	03-3545-8800
	チューリップテレビ	TUT (TBS)	〒933-0912 高岡市丸の内1-40	0766-26-6000	0766-26-6000 0766-26-4674	〒107-0052 港区赤坂3-2-6-6F	03-3505-8211
福井	日本放送協会	NHK	〒910-8680 福井市宝永3-3-5	0776-28-8850	0776-28-8850 —	〒150-8001 渋谷区神南2-2-1	03-3465-1111
	福井テレビ	FTB (CX)	〒918-8688 福井市問屋町3-410	0776-21-2233	0776-21-2233 0776-27-1534	〒104-0061 中央区銀座5-14-10	03-3543-7563
	福井放送	FBC (NTV)	〒910-8588 福井市大和田町2-510	0776-57-1000	0776-57-1000 0776-57-1932	〒104-0061 中央区銀座4-9-8	03-5550-6055
愛知	日本放送協会	NHK	〒461-0005 名古屋市東区東桜1-13-3	052-952-7000	052-952-7000 052-961-9256	〒150-8001 渋谷区神南2-2-1	03-3465-1111
	中京テレビ	CTV (NTV)	〒453-8704 名古屋市中村区平池町4-60-11	052-588-4600	052-582-4432 052-582-4445	〒100-0011 千代田区内幸町1-2-2	03-3502-8711
	中部日本放送	CBC (TBS)	〒460-8405 名古屋市中区新栄1-2-8	052-241-8111	052-241-8111 052-241-8252	〒102-0074 千代田区九段南1-6-17	03-5226-8911
	東海テレビ	THK (CX)	〒461-8501 名古屋市東区東桜1-14-27	052-951-2511	052-951-2511 052-971-8630	〒100-0011 千代田区内幸町2-1-4	03-3503-9327
	名古屋テレビ	NBN (EX)	〒460-8311 名古屋市中区橘2-10-1	052-331-8111	052-331-8111 052-331-5517	〒104-0061 中央区銀座5-9-8	03-3571-7181
	テレビ愛知	TVA (TX)	〒460-8325 名古屋市中区大須2-4-8	052-203-0250	052-203-0250 052-201-9265	〒100-0011 千代田区内幸町1-1-7	03-3595-3310

地域	局名	略称系列	本社住所	本社代表TEL	本社報道局等 TEL/FAX	東京住所	東京代表TEL
滋賀	日本放送協会	NHK	〒520-0806 大津市打出浜3-30	077-522-5101	077-522-5101 077-521-3089	〒150-8001 渋谷区神南2-2-1	03-3465-1111
	びわ湖放送	BBC (独立局)	〒520-8585 大津市鶴の里16-1	077-524-0151	077-524-0151 077-524-0155	〒104-0061 中央区銀座7-10-11	03-3572-7434
京都	日本放送協会	NHK	〒604-8515 京都市中京区烏丸通御池下る 虎屋町576	075-251-1111	075-251-1111 ―	〒150-8001 渋谷区神南2-2-1	03-3465-1111
	京都放送	KBS (独立局)	〒602-8588 京都市上京区烏丸通一条下ル 龍前町600-1	075-431-2160	075-431-2160 075-441-0360	〒104-0061 中央区銀座8-2-8	03-3572-9311
大阪	日本放送協会	NHK	〒540-8501 大阪市中央区大手前4-1-20	06-6941-0431	06-6941-0431 06-6942-6770	〒150-8001 渋谷区神南2-2-1	03-3465-1111
	読売テレビ	YTV (NTV)	〒540-8510 大阪市中央区城見2-2-33	06-6947-2111	06-6947-2500	〒105-7420 港区東新橋1-6-1	03-6253-7711
	毎日放送	MBS (TBS)	〒530-0013 大阪市北区茶屋町17-1	06-6359-1123	06-6359-1123 06-6359-3622	〒107-0052 港区赤坂5-3-1	03-5561-1200
	関西テレビ	KTV (CX)	〒530-8408 大阪市北区扇町2-1-7	06-6314-8888	06-6314-8888 06-6361-1234 news@ktv.co.jp	〒104-0061 中央区銀座5-15-8	03-3542-6255
	朝日放送	ABC (EX)	〒553-8503 大阪市福島区福島1-1-30	06-6458-5321	06-6453-1111	〒105-0013 港区浜松町2-3-1	03-6278-1521
	テレビ大阪	TVO (TX)	〒540-8519 大阪市中央区大手前1-2-18	06-6947-7777	06-6947-7777 06-6946-9796	〒104-0045 中央区築地1-13-14-6	03-3543-7777
兵庫	日本放送協会	NHK	〒650-8515 神戸市中央区中山手通2-24-7	078-252-5000	078-252-5000 078-252-5110	〒150-8001 渋谷区神南2-2-1	03-3465-1111
	サンテレビ	SUN (独立局)	〒650-8536 神戸市中央区港島中町6-9-1	078-303-3130	078-303-3130 078-303-3158	〒100-0011 千代田区内幸町2-2-1	03-3580-3003
奈良	日本放送協会	NHK	〒630-8540 奈良市鍋屋町27	0742-26-3411	0742-26-3411 0742-23-5411	〒150-8001 渋谷区神南2-2-1	03-3465-1111
	奈良テレビ	TVN (独立局)	〒630-8575 奈良市法蓮佐保山3-1-11	0742-24-2900	0742-24-2900 0742-24-2909	〒104-0061 中央区銀座5-13-2	03-3545-4785
和歌山	日本放送協会	NHK	〒640-8556 和歌山市吹上2-3-47	073-424-8111	073-424-8111 073-428-0785	〒150-8001 渋谷区神南2-2-1	03-3465-1111
	テレビ和歌山	WTV (独立局)	〒640-8533 和歌山市栄谷151	073-455-5711	073-455-5711 073-453-9543	〒104-0061 中央区銀座5-11-14	03-3546-8141
三重	日本放送協会	NHK	〒514-8531 津市丸之内養正町4-8	059-229-3000	059-229-3000	〒150-8001 渋谷区神南2-2-1	03-3465-1111
	三重テレビ	MTV (TX)	〒514-0063 津市渋見町693-1	059-226-1133	059-226-1133 059-228-9334	〒100-0011 千代田区内幸町2-1-4	03-3501-0763
広島	日本放送協会	NHK	〒730-8672 広島市中区大手町2-11-10	082-504-5111	082-504-5111 082-504-5286	〒150-8001 渋谷区神南2-2-1	03-3465-1111
	広島テレビ	HTV (NTV)	〒730-8575 広島市東区二葉の里3-5-4	082-207-0404	082-207-0404 082-567-7874	〒104-0061 中央区銀座5-8-20	03-3572-3581
	中国放送	RCC (TBS)	〒730-8504 広島市中区基町21-3	082-222-1155	082-222-1155 082-228-7699	〒104-0061 中央区銀座3-10-9	03-3541-1631
	テレビ新広島	TSS (CX)	〒734-8585 広島市南区出汐2-3-19	082-255-1111	082-256-2117 082-256-4532	〒104-0061 中央区銀座7-13-12	03-3543-7171
	広島ホームテレビ	HOME (EX)	〒730-8552 広島市中区白島北町19-2	082-221-7111	082-221-7111 082-227-4531	〒104-0061 中央区銀座5-6-2	03-3574-0071
岡山	日本放送協会	NHK	〒700-8621 岡山市北区駅元町15-1	086-214-4700	086-214-4700 086-214-4702	〒150-8001 渋谷区神南2-2-1	03-3465-1111
	山陽放送	RSK (TBS)	〒700-8580 岡山市北区丸の内2-1-3	086-225-5531	086-225-5741 086-223-3565	―	03-5565-0491
	岡山放送	OHK (CX)	〒700-8635 岡山市学南町3-2-1	086-252-3211	086-255-0038 086-941-0089	〒100-0006 千代田区有楽町1-9-1	03-6361-1888
	テレビせとうち	TSC (TX)	〒700-8677 岡山市柳町2-1-1	086-803-7000	086-803-7000 086-803-7015	〒104-0061 中央区銀座3-10-6	03-3544-0023

地域	局名	略称系列	本社住所	本社代表TEL	本社報道局等TEL/FAX	東京住所	東京代表TEL
山口	日本放送協会	NHK	〒753-8660 山口市中国町2-1	083-921-3737	083-921-3737 083-921-3731	〒150-8001 渋谷区神南2-2-1	03-3465-1111
	テレビ山口	TYS (TBS)	〒753-0292 山口市大内千坊6-7-1	083-901-3333	083-901-3333 083-901-3333	〒104-0061 中央区銀座3-15-10	03-5565-0063
	山口朝日放送	yab (EX)	〒753-8570 山口市中央3-5-25	083-933-1111	083-933-1111 083-933-1196	〒104-0061 中央区銀座5-14-1	03-5551-0055
	山口放送	KRY (NTV)	〒745-8686 周南市公園区	0834-32-1111	0834-32-1111 0834-32-1121	〒104-0061 中央区銀座5-3-13	03-3571-9966
鳥取	日本放送協会	NHK	〒680-8701 鳥取市寺町100	0857-29-9200	0857-29-9200 0857-29-9220	〒150-8001 渋谷区神南2-2-1	03-3465-1111
	山陰放送	BSS (TBS)	〒683-8670 米子市西福原1-1-71	0859-33-2111	0859-33-2111 0859-33-4130	〒104-0061 中央区銀座7-13-5	03-5550-1770
	日本海テレビ	NKT (NTV)	〒680-8572 鳥取市田園町4-360	0857-27-2111	0857-27-2111 0857-27-2191	〒100-0011 千代田区内幸町1-3-3	03-5157-2255
島根	日本放送協会	NHK	〒690-8601 松江市灘町1-21	0852-32-0700	0852-32-0700 0852-32-0739	〒150-8001 渋谷区神南2-2-1	03-3465-1111
	山陰中央テレビ	TSK (CX)	〒690-8666 松江市向島町140-1	0852-20-8888	0852-20-8888 0852-22-4490	〒104-0045 中央区築地4-1-1	03-3543-7901
香川	日本放送協会	NHK	〒760-8686 高松市錦町1-12-7	087-825-0151	087-825-0151 —	〒150-8001 渋谷区神南2-2-1	03-3465-1111
	RNC西日本放送	RNC (NTV)	〒760-8575 高松市丸の内8-15	087-826-7333	087-826-7001 087-821-2490	〒104-0061 中央区銀座7-14-13	03-3542-3900
	瀬戸内海放送	KSB (EX)	〒760-8581 高松市西宝町1-5-20	087-862-1111	087-862-1111 087-835-7605	〒100-0011 千代田区内幸町1-1-1	03-3580-2011
徳島	日本放送協会	NHK	〒770-8544 徳島市寺島本町東1-28	088-626-5970	088-626-5970	〒150-8001 渋谷区神南2-2-1	03-3465-1111
	四国放送	JRT (NTV)	〒770-0853 徳島市中徳島町2-5-2	088-655-7510	088-655-7510 088-625-5441	〒104-0061 中央区銀座8-14-5	03-5148-2010
高知	日本放送協会	NHK	〒780-8512 高知市本町3丁目3-12	088-823-2300	088-823-2300 088-825-2587	〒150-8001 渋谷区神南2-2-1	03-3465-1111
	高知放送	RKC (NTV)	〒780-0870 高知市本町3-2-15	088-822-2111	088-822-2111 088-824-7893	〒100-0011 千代田区内幸町2-2-1	03-6273-3110
	高知さんさんテレビ	KSS (CX)	〒780-0812 高知市若松町10-11	088-880-0033	088-880-0033 088-885-0621	〒135-0064 江東区青海1-1-20	03-5500-0033
	テレビ高知	KUTV (TBS)	〒780-8577 高知市北本町3-4-27	088-880-1111	088-880-1111 088-884-1843	〒104-0061 中央区銀座4-14-11	03-3543-6636
愛媛	日本放送協会	NHK	〒790-8501 松山市堀之内5番地	089-921-1111	089-921-1111 089-921-1104	〒150-8001 渋谷区神南2-2-1	03-3465-1111
	あいテレビ	itv (TBS)	〒790-8529 松山市竹原町1-5-25	089-921-2121	089-921-2121 089-921-5422	〒107-0052 港区赤坂2-13-5	089-921-2121 03-3582-2121
	テレビ愛媛	EBC (CX)	〒790-8537 松山市真砂町119	089-943-1111	089-943-1111 089-932-0951	〒104-0045 中央区築地4-1	03-3543-6281
	愛媛朝日テレビ	eat (EX)	〒790-0038 松山市和泉北1-14-11	089-946-4600	089-946-4600 089-946-9613	〒104-0061 中央区銀座4-14-11	03-6228-4605
	南海放送	RNB (NTV)	〒790-8510 松山市本町1-1-1	089-915-3333	089-915-3333 089-915-2371	〒105-7420 港区東新橋1-6-1	03-3571-7501
福岡	日本放送協会	NHK	〒810-0044 福岡市中央区六本松 1-1-10	092-724-2800	092-724-2800 092-771-8579	〒150-0041 渋谷区神南2-2-1	03-3465-1111
	福岡放送	FBS (NTV)	〒810-8655 福岡市中央区清川2-22-8	092-532-1111	092-532-3001 092-532-3091	〒104-0061 中央区銀座5-15-8	03-3524-8844
	RKB毎日放送	RKB (TBS)	〒814-8585 福岡市早良区百道浜2-3-8	092-852-6666	092-852-6666 092-844-8885	〒104-0061 中央区銀座5-11-4	03-3546-2501
	テレビ西日本	TNC (CX)	〒814-8555 福岡市早良区百道浜2-3-2	092-852-5555	092-852-5555 092-852-5611	〒104-0061 中央区銀座5-15-1	03-3542-5751
	九州朝日放送	KBC (EX)	〒810-8571 福岡市中央区長浜1-1-1	092-721-1234	092-721-1234 092-761-7613	〒104-8011 中央区築地5-3-2	03-5565-5901

地域	局名	略称系列	本社住所	本社代表TEL	本社報道局等 TEL/FAX	東京住所	東京代表TEL
福岡	TVQ九州放送	TVQ (TX)	〒012-8570 福岡市博多区住吉2-3-1	092-262-0077	092-262-0077 092-272-5905	〒105-0004 港区新橋2-5-5	03-3501-0019
長崎	日本放送協会	NHK	〒850-8603 長崎市坂坂町1-1	095-821-1115	095-821-1115 085-822-4914	〒150-8001 渋谷区神南2-2-1	03-3465-1111
	長崎国際テレビ	NIB (NTV)	〒850-0862 長崎市出島町11-1	095-820-3000	095-820-3000 095-820-3208	〒104-0061 中央区銀座2-11-15	03-6228-4600
	長崎放送	NBC (TBS)	〒850-8650 長崎市上町1-35	095-824-3111	095-824-3111 095-821-6599	〒104-0061 中央区銀座8-9-16	03-3572-4611
	テレビ長崎	KTN (CX)	〒850-0037 長崎市金屋町1-7	095-827-2111	095-827-2111 095-824-1099	〒104-0061 中央区銀座3-15-10	03-3543-4371
	長崎文化放送	NCC (EX)	〒852-8527 長崎市茂里町3-2	095-843-7000	095-843-7000 095-843-6756	〒104-0061 中央区銀座3-11-8	03-5565-5015
熊本	日本放送協会	NHK	〒860-8602 熊本市中央区花畑町5-1	096-326-8203	096-326-8203 096-359-6951	〒150-8001 渋谷区神南2-2-1	03-3465-1111
	熊本県民テレビ	KKT (NTV)	〒860-8504 熊本市中央区大江2-1-10	096-363-6111	096-363-6111 096-362-3232	〒104-0061 中央区銀座1-5-8	03-3564-1711
	熊本放送	RKK (TBS)	〒860-8611 熊本市山崎町30	096-328-5511	－ 096-328-5511	〒100-0006 千代田区有楽町1-10-1	03-5218-6211
	テレビ熊本	TKU (CX)	〒861-5592 熊本市北区徳王1-8-1	096-354-3411	096-354-3411 096-326-2654	〒104-0061 中央区銀座7-9-17	03-3569-3411
	熊本朝日放送	KAB (EX)	〒860-8516 熊本市二本木1-5-12	096-359-1111	096-359-1111 096-359-8281	〒104-0061 中央区銀座5-14-5	03-5565-9401
大分	日本放送協会	NHK	〒870-8660 大分市高砂町2-36	097-533-2800	097-533-2800 097-533-2855	〒150-8001 渋谷区神南2-2-1	03-3465-1111
	テレビ大分	TOS (NTV-C X)	〒870-8636 大分市春日浦843-25	097-532-9111	097-532-9111 097-537-7542	〒104-0061 中央区銀座5-15-8	03-3543-0921
	大分放送	OBS (TBS)	〒870-0938 大分県大分市今津留3-1-1	097-558-1111	097-558-1111 097-556-1611	〒104-0045 中央区築地4-7-1	03-3543-3421
	大分朝日放送	OAB (EX)	〒870-8524 大分県大分市新川西12	097-538-6111	097-538-6111 097-538-8506	〒104-0045 中央区築地5-3-2	03-3248-5511
佐賀	日本放送協会	NHK	〒840-8601 佐賀市城内2-15-8	0952-28-5000	0952-28-5000 0952-28-5035	〒150-8001 渋谷区神南2-2-1	03-3465-1111
	サガテレビ	STS (CX)	〒840-8558 佐賀県佐賀市城内1-6-10	0952-23-9111	0952-23-9111 0952-23-0030	〒104-0061 中央区銀座3-11-18	03-3543-2800
宮崎	日本放送協会	NHK	〒880-8633 宮崎市江平西2-2-15	0985-32-8111	0985-32-8111 0985-32-8139	〒150-8001 渋谷区神南2-2-1	03-3465-1111
	テレビ宮崎	UMK (EX)	〒880-8535 宮崎市祇園2-78	0985-31-5111	0985-31-5111 0985-31-5702	〒104-0061 中央区銀座8-8-5	03-3571-1573
	宮崎放送	MRT (TBS)	〒880-8639 宮崎市橘通西4-6-7	0985-25-3111	0985-25-3111 0985-26-5676	〒104-0061 中央区銀座6-4-1	03-6215-6161
鹿児島	日本放送協会	NHK	〒892-8603 鹿児島市本港新町4-6	099-805-7000	099-805-7000 099-805-7011	〒150-8001 渋谷区神南2-2-1	03-3465-1111
	鹿児島読売テレビ	KYT (NTV)	〒890-0062 鹿児島市与次郎1-9-34	099-285-5555	099-285-5555 099-285-5503	〒104-0061 中央区銀座3-11-18	03-5250-0311
	南日本放送	MBC (TBS)	〒890-8570 鹿児島市高麗町5-25	099-254-7111	099-254-7111 099-254-7117	〒104-0061 中央区銀座8-8-5	03-3571-0432
	鹿児島テレビ	KTS (CX)	〒890-8666 鹿児島市紫原6-15-8	099-258-1111	099-258-1111 099-284-1982	〒104-0061 中央区銀座4-9-5	03-5550-0055
	鹿児島放送	KKB (EX)	〒890-8571 鹿児島市与次郎2-5-12	050-3816-5111	－ 099-258-6617	〒104-0061 中央区銀座3-5-10	050-3816-5555
沖縄	日本放送協会	NHK	〒900-8535 那覇市おもろまち2-6-21	098-865-2222	098-865-2222 098-865-3605	〒150-8001 渋谷区神南2-2-1	03-3465-1111
	琉球放送	RBC (TBS)	〒900-8711 那覇市久茂地2-3-1	098-867-2151	098-860-2063 098-862-5047	〒104-0061 中央区銀座5-14-5	03-5551-0355
	沖縄テレビ	OTV (CX)	〒900-8588 那覇市久茂地 1-2-20	098-863-2111	098-869-4422 098-860-2646	〒104-0061 中央区銀座4-9-8	03-3543-8436
	琉球朝日放送	QAB (EX)	〒900-8510 那覇市久茂地2-3-1	098-860-1199	098-860-1984 098-861-1000	〒104-0061 中央区銀座5-14-5	03-3546-0956

	社名	連絡先	自社PR
総合PR	㈱麻布コミュニケーションズ	03-3475-0400	広報部立ち上げや担当者育成等、企業成長に不可欠なPR体制強化をサポート
	㈱井之上パブリックリレーションズ	03-5269-2301	戦略的コンサルテーションをもとにした総合PR会社
	㈱オズマピーアール	03-4531-0200	長年のメディア人脈とチーム対応力および個人力が強み
	共同ピーアール㈱	03-6260-4850	創業60年目の国内PR業界のリーディング・カンパニー
	㈱コミュニケーションデザイン	03-5545-1661	ブランディングや認知向上等、企業の多様なニーズに応えるPR戦略の立案を得意とする
	㈱コミュニケーションハウス	03-6868-5440	社歴20余年の中でさまざまな業態の広報活動を手掛けている
	㈱サン・クリエイティブ・パブリシティ	03-3545-0511	総合PR業務、「サンパブ懇話会」の定例開催が特長
	㈱ジャパネックス	03-3356-2380	「商品やサービスをターゲットに広く知ってもらうには?」に応えます
	㈱ジェーワン	03-3584-4981	保有する2万名超のマスコミデータおよびネットワークを活かし効果的なPRを実行
	㈱ジュンプロモーション	03-3402-5136	60年近くの経験知。企業・地方のブランド共感視点から、話題化戦略を支援
	㈱スパイスコミュニケーションズ	03-6230-0515	大変革の今、新しいコミュニケーションを創造します
	㈱電通PRコンサルティング	03-6216-8980	ソーシャル・イノベーションの実現に貢献する戦略コミュニケーションパートナー
	㈱トークス	03-3261-7715	国内外の企業などの広報業務全般をサポート
	トータルコミュニケーションズ㈱	03-3291-0099	クライアントと社会を結ぶ「コミュニケーションパートナー」として1973年に創業
	㈱ハニーコミュニケーションズ	03-6274-8323	PR戦略の立案や各種プロデュースに強み。広報業務全般をワンストップでサポート
	フライシュマン・ヒラード・ジャパン㈱	03-6204-4300	ステークホルダーとの戦略的な関係性を構築し、強かな企業の立ち位置をつくります
	㈱プラップジャパン	03-4580-9111	戦略的PRを実現できる多彩なサービスを提供します
	㈱フルハウス	03-5413-0388	PR、テレビパブリシティ、イベント、番組制作などをワンストップで対応します
	㈱ベクトル	03-5572-6080	アジア最大級の総合PR会社。主力PR事業を拡張しサステナブルな社会実現に貢献します
	㈱メディコ	03-3457-7571	報道論調分析による広報課題の抽出に特徴。また腕時計など高級商材のマーケティング・コミュニケーションに強み
	山見インテグレーター㈱	03-4360-5424	「山見博章」が直接支援。プロ集団ネットワークあり。セミナー・メディアトレーニングも喜ばれ好評
	㈱ユース・プランニング センター	03-3406-3411	フットワーク日本一のPR代理店
	ワールドピーアール㈱	03-3503-8441	一業種一社制の日本屈指のコンサルティング会社
特徴があり、得意分野が明確	アシュトン・コンサルティング・リミテッド	03-5425-7220	東京で活動する、グローバルなPRとIRのコンサルティング企業です
	アズ・ワールドコムジャパン㈱	03-5005-0281	世界100都市を結ぶ独立系PR会社のネットワークで海外PRを効率的に支援します
	㈱ウエ・コーポレーション	03-5786-0936	テレビ媒体を中心に、ニーズに適した仕掛けを構築。ウェブ領域まで拡げ、流行創造を図ります
	㈱エイレックス	03-3560-1855	豊富な経験の危機対応と企業広報実務。メディアトレーニングでも国内屈指の実績
	㈱エフビーアイ・コミュニケーションズ	03-5413-5161	PRとIRを両輪とし統合報告にも注力。多言語対応
	(有)オフィス・メイ（大阪）	06-6204-1500	大阪でPR一筋30年。水都大阪を盛り上げたい。鈴木美和子と一緒に突破口を開きましょう!
	㈱KEE'S	03-6721-9657	アナウンサー45名が企業価値向上の為のプレゼン、PR支援。創業20年、約800社の実績
	㈱グラムスリー	03-6402-0303	PR全般、販売実店舗運営に基づいたマーケティング戦略が得意
	㈱ココノッツ	03-5212-4888	医療・ヘルスケアの広報コンサルティングを専門とするPR会社です

	社名	連絡先	自社PR
特徴があり、得意分野が明確	㈱コスモ・ピーアール	03-5561-2911	ヘルスケアを得意とする戦略的コミュニケーションコンサル企業。バイリンガル対応可
	CogentPR（同）（コジェントピーアール）	03-6403-9078	SNSを活用した最新のPRマーケティングと従来のPR手法を効果的に提案・実践
	㈱ザックス	03-3403-1225	マーケティングPR会社として戦略、テレビ、ウェブ、イベント、デジタルに強みあり
	㈱ザ・パブリックアフェアーズ	03-3433-7061	時代の潮目が大きく変わるその変化を的確に捉え対応
	㈱サニーサイドアップ	03-6864-1234	PRを軸としたブランドコミュニケーション事業を展開。SDGs活動にも積極的に取り組み、常に話題を創る
	㈱サンユー・コミュニケーションズ	03-6262-6420	PRコンサルティング、パブリシティ、ツール制作まで
	㈱ジャパン・カウンセラーズ	03-3291-0118	課題解決にチャレンジするコミュニケーションコンサルタント
	㈱スプレ・エィディー	03-3560-8222	一般消費材PRに豊富な実績が多数あり、効果的なPRを提案します
	㈱トレイントラックス	03-5738-4177	PR活動のほか、マーケティング・コミュニケーション活動全般の支援が可能
	㈱ニンニンドットコム	03-5770-3690	経営理念や社長の挨拶文を作成、事業や企業を魅力的に表現
	㈱ネタもと	03-3401-7777	PRに不可欠な「メディアとの接点」「ノウハウ」「ヒト」を構築できるサービスを提供
	㈱ネットワークコミュニケーションズ	03-5830-8970	コーポレートPRを得意とする。コンテンツを発掘し、メディアに発信することに強み
	㈱パーク	03-3293-6108	「肉を切らせて骨を断つ」という姿勢がPRには必要です
	㈱ppc	03-6809-2690	自社PR：食品・ヘルス・地方に強み　PRエキスパートが集結
	ビルコム㈱	03-5413-2411	デジタル・データを活用した統合型コミュニケーションで事業に貢献するPRを実現します
	㈱フォワードコミュニケーションズ	03-5325-3299	ハイテクとプロフェッショナル業界に特化したPR会社です。製品や技術を発信します
	ブリッジ㈱	03-6327-0433	代表がプランタン銀座広報出身。話題づくりが得意で、メディアPRに特化しています
	ピーアールコンビナート㈱	03-3263-5621	社会的視点から企業の評判作りを仕掛けていきます
	㈱ピー・アンド・アイ	03-6260-9855	メディアとの密接な関係を生かし、企業広報を的確にサポートします
	㈱フリーマン	03-5280-1351	欧州を主とする日本酒の海外でのPR事業の他、講師マネジメント、海外レース事務局も展開中
	㈱ユニ・プランニング	03-5282-8651	独自の戦略性を追求し、誠実さと情熱で期待に応える
	レイザー㈱	03-5953-7008	危機管理広報を得意とする専門PR会社です
ある分野にかなり特化している	アガルタ㈱	03-6897-3645	わかりやすさをモットーに、動画・音楽・WEBで「伝えたい」をサポート
	Asli	03-6315-3348	女性向け消費財のPRや記者発表イベントに強み
	㈱アドバンプレス	03-5211-7080	御社独自の広報体制作りを支援。IT・電子分野に強い
	㈱アネティ	03-6421-7397	人材・教育・医療・福祉の4分野に強みを持つPR会社
	㈱アビアレップス	03-3225-0008	観光局、エアライン、ホテルなど観光専門のPR会社
	㈱インテグレートアズ	03-5547-4551	ヘルスケア・医歯薬領域に特化した広報PR戦略を提供
	キャンドルウィック㈱	03-6261-6050	美容・食・旅に特化。バイリンガルで外資ブランドのローカライゼーションに強み
	クロスメディア・コミュニケーションズ㈱	0422-72-0381	経営に寄与する戦略策定を軸に、SNS運用やインターナル・コミュニケーション等、幅広く実行を支援
	㈱Kプレス	03-5550-1818	女性スタッフが各得意分野を担当。美容・コスメ、食品、衣料、エンタメに特化

	社名	連絡先	自社PR
ある分野にかなり特化している	サポート㈱	050-1093-5056	特に女性の成長促進が得意! 丁寧なカウンセリングで店舗系に強み。自立成長を誠実サポート
	㈱CMC ヌーヴェル・ヴァーグ	03-5544-9126	美容・食品・ヘルスケアを得意とする創業33年の会社
	㈱杉山PR&プランニング	03-5468-7791	国内・外資問わず、ファッション、美容、トラベル等ライフスタイル分野での実績多数
	㈱TNC	03-6280-7193	海外70か国で暮らす日本人女性600名のネットワークで現地情報を収集・発信
	㈱日本パブリックリレーションズ研究所	03-5368-0911	公共性、国際性の高い案件に特化したPR専門家集団
	㈱バンブークリエイティヴ	03-6894-7597	PRコンサルタント協会（PRCA）の運営会社として広報・宣伝担当者のスキルアップを支援します
	ひとしずく㈱	045-900-8611	ソーシャルグッド専門のPRエージェンシー。非営利組織を中心に後方支援を行なう
	㈱ブランデックス・ジャパン	03-3564-2361	PRロジスティックス（広報支援）、編集業務が得意
	プランニング・ボート（大阪）	06-4391-7156	大学広報、食と農の分野など、社会課題に寄り添うPR案件を数多く手掛けています
	㈱プレッセ	03-6231-7501	美容業界特化型のPR代理店。強固なメディアリレーションが意義ある効果獲得の要
マーケティングに強い	㈱インテグレートコミュニケーションズ	03-5464-2046	マネジメント視点の提案型製品広報、企業広報。国内外の企業、自治体をサポート
	ウィタン アソシエイツ㈱	03-5544-8481	あっ! と言わせるアイデア力、インフルエンサー施策に強み
	㈱コムデックス	03-5771-3830	マーケティング領域を得意とするPR専門会社
	㈱ジェイアンドティプランニング	03-5768-7339	健康と食と美容の専門マーケティングPR会社
	㈱ネットショップスタジオ	03-5428-8624	メーカー向けECサイトの戦略立案および実行支援の会社が提供する売上につなげるPR代行
	㈱ハー・ストーリィ	03-5775-1581	女性に特化したマーケティング会社
	㈱マテリアル	03-5459-5490	PR発想でブランドビルディングを支援するトータルマーケティングエージェンシー
	㈲リリオ	03-6438-9195	ただ露出するだけでなく商品が動くPRを行ないます
地方に強い	㈱シシクリエイション	080-3750-3343	地方企業の志をドキュメンタリー映像で客観的に可視化する独自の手法で志士の躍動を推進します
	㈱ディービーピーアール（愛知）	052-950-7180	名古屋地区唯一の総合PR会社
	㈱テシアーズ（富山）	0766-25-7038	企業PR・企画中心、富山唯一のJR指定代理店
	中島PR（兵庫）	090-7552-1599	「世間善し」「買い手良し」「メディア好し」「売り手佳し」の「四方よし」で商品の出世を実現します
	伴ピーアール㈱（大阪）	06-6314-3772	地域密着型のPR会社です
	㈲プリズム（香川）	087-863-7090	四国で唯一のPR専門会社。四国発全国ブランドを支援
中小・ベンチャーに強い	㈲アークス	03-3376-5438	メディア経験者やSDGs専門家が御社のストーリーを発掘し社会的価値の発信、企業価値向上に貢献
	㈱アルサーブ	03-4405-8773	ICT新興分野等で成長期の企業の発展を成果獲得に直結する広報PRサービス提供で支援
	㈱Kiss and Cry	090-9821-1919	広報PR機能立ち上げ中の企業に対して、広報活動支援から戦略立案、人財育成まで行ないます
	㈲kipples	050-3703-0757	スタートアップ業界に明るく、BtoB系、VC支援実績多数あり
	㈱ピーアールセンター	03-5679-5202	中小・中堅の企業向けの戦略広報支援。共同記者発表、単独発表等で記事化支援
	㈱PRリンク（大阪）	06-4963-2650	中小企業を専門に、社会的価値向上による信頼、共感のブランドづくりをサポート
	㈱ミギナナメウエ	03-6260-9173	バズる企画を作ってメディアへの露出を狙います
テレビに強い	㈱才企画	03-3544-6200	全国各地NHK・民放でパブリシティを実施する専門会社
	㈱トークナビ	050-3634-3731	テレビ局出身の現役アナウンサー集団によるチーム戦略広報。メディア出演前指導にも定評がある
外資系	アリソン・アンド・パートナーズ㈱	03-6809-1300	急成長中のグローバル・コミュニケーション企業。コンテンツ・マーケティングなど、新しい視点から戦略的アプローチを提供

	社名	連絡先	自社PR
外資系	ウェーバー・シャンドウィック	03 5427 7311	世界119拠点を通じ、グローバル広報を実現します
	エデルマン・ジャパン㈱	03-4520-1540	世界60都市で6,000人以上の社員が様々な業界の各種コミュニケーションサービスを提供する世界最大のPR会社です
	オグルヴィ・パブリック・リレーションズ・ワールドワイド・ジャパン㈱	03-5793-2330	ブランディングへの深い理解とネットワークの力を活かしたグローバル戦略PRの支援
	クレアブ㈱	03-5404-0640	国内外の政府系（地方、官公庁など）PRに強い
	ゴリン ジャパン	03-5484-6001	さまざまなビジネス分野でグローバルな広報活動を展開
	バーソン・マーステラ	03-3264-6701	内外の大手企業・政府機関・団体のPR・広報活動
	ヒルアンドノウルトンジャパン㈱	03-5791-8700	ブランディングへの深い理解とネットワークの力を活かしグローバル戦略PRの支援を行なう
	ホフマンジャパン㈱	03-5159-5750	先進的な企業のコミュニケーションを支援します
モニタリング	@クリッピング（アットクリッピング）（ソーシャルワイヤー㈱）	03-5363-4878	リリース配信「@Press」や「@クリッピング」などのPR系サービスを提供
	㈱エルテス	03-6550-9280	SNSトラブル対応に強み。24時間365日目視でモニタリング、炎上前にリスクを検知します
	㈱エレクトロニック・ライブラリー	03-6271-0670	事前登録だけで必要な新聞雑誌記事原文を早朝自動配信
	シエンプレ㈱	03-6673-4652	累計取引実績6,000社超、炎上時の監視や風調分析、広報対応アドバイスで多数実績あり
	㈱ジャパン通信社	03-5550-3752	業界屈指の媒体数を誇る新聞雑誌・ウェブ・SNS・海外クリッピング、効果測定・分析を実施
	ソルナ㈱	03-6721-1861	「クローズアップ現代」や「WBS」にも取り上げられたネットトラブルの専門企業です
	㈱デスクワン	03-3813-7661	早朝クリッピングは検索・時間分業界最高レベル。広報効果を具体的な数値として分析
	㈱内外切抜通信社	03-3208-5134	新聞・雑誌・ウェブ・SNSなどあらゆるメディアを調査、効果測定や分析まで対応
	ニホンモニター㈱	03-3578-6850	テレビ/ウェブ/動画配信/新聞などあらゆるメディアをモニタリング。年間取引先数900社以上
	㈱PTP	03-5465-1626	テレビの広報業務に不可欠な「SPIDER PRO」。PC/スマホ対応で検索視聴がいつどこでも可能
ニュースリリース配信	@プレス（アットプレス）（ソーシャルワイヤー㈱）	03-5363-4870	リリース配信「@Press」や「@クリッピング」などのPR系サービスを提供
	㈱共同通信ピー・アール・ワイヤー	03-6252-6040	共同通信社のグループ企業として、国内・海外メディア向けリリース配信サービスを提供
	㈱バリュープレス	support@valuepress.co.jp	リリース配信の主要サービス「valuepress」のほか、プレリリースサービス「NOKKETE」も提供
	㈱PR TIMES	03-6625-4876	企業とメディア・生活者をニュースで繋ぐ「PR TIMES」を中心にストーリー配信や動画PRなど企業PR支援
	ビジネスワイヤ・ジャパン㈱	03-4577-4637	世界を代表するニュースワイヤ。160か国10万媒体以上の有力メディアをカバー
調査・分析・制作	㈱アークコミュニケーションズ	03-5261-2611	会社案内・PR誌等の社外広報ツール、社内広報ツールの制作会社。紙・ウェブとも対応
	インターワイヤード㈱	03-5764-3280	ES調査、コンプライアンス意識調査などHR系の調査をグローバルに展開
	㈱情報工房（京都）	075-353-7725	経営資源を活用し、魅力ある組織ベースの広報広告調査
	㈱タカオ・アソシエイツ	03-3296-0768	報道分析や効果測定、ニューズレターの企画制作等でメソッドを確立
	㈱トライベック トライベック・ブランド戦略研究所	03-5413-0177	企業のデジタルメディアの事業貢献度やUI／UXに関する調査・分析を実施!
	ネットエイジア㈱	03-3552-8041	モバイルリサーチ国内最大手。調査実績、業界No.1
	㈱マクロミル	03-6716-0700	ネットリサーチ国内最大手、ブランド調査やES調査も提供
	㈱ワイズワークスプロジェクト	03-3541-3951	ネット炎上や風評被害など危機管理支援サービスを専門的に提供

山見博康 （やまみ　ひろやす）

広報・危機管理コンサルタント。著述家。「広報PR実践会」会長。Value Integrator(価値統合家)。1945年福岡県飯塚市生まれ。1963年福岡県立嘉穂高等学校卒業。1968年九州大学経済学部卒業。同年㈱神戸製鋼所に入社、人事部・鉄鋼販売・輸出部などを経た後、20年近くにわたり広報畑を歩み、広報課長、広報部長を歴任する。米国ダートマス大学タック経営大学院マネジメントプログラム修了。1997年スーパーカー商業化ベンチャー企業および経営コンサルティング会社に転身。中小企業経営を学んだ後、2002年独立。現在、山見インテグレーター㈱代表取締役。カタール・豪・独での10年に及ぶ海外駐在を含む多彩な経験を生かし、広報・危機対応の専門家として、コンサルティングをベースにセミナー・企業研修・メディアトレーニング・執筆等で活躍中。現場に詳しく、わかりやすい解説には定評がある。

公職として、(一社)企業価値協会理事、(一社)グローバル・リーダーシップ・コーチング協会特別パートナー、(一社)100年経営研究機構顧問、障碍者お菓子sweet heart projectアドバイザー、㈱日本エレクトライク取締役、㈱シーバルーン顧問、㈱YAXIE顧問、(公財)日本バスケットボール協会(JBA)元裁定委員長、全日本柔道連盟元広報アドバイザー、九州大学元特別講師。

主な著書に『小さな会社の広報・PRの仕事ができる本』(日本実業出版社)、『危機管理広報大全』『企業不祥事・危機対応広報完全マニュアル』(ともに自由国民社)、『広報の達人になる法』(ダイヤモンド社)、『すぐ よく わかる 絵解き広報』(同友館)、『ニュースリリース大全集』『広報・ＰＲ実務ハンドブック』(ともに日本能率協会マネジメントセンター)、『山見式PR法』(翔泳社)などがある。

e-mail:yamami@yico.co.jp　　　URL:http://www.yico.co.jp

新版 広報・PRの基本

2009年5月1日	初 版 発 行
2020年1月20日	最新2版発行
2024年8月1日	第 6 刷 発 行

著　者　山見博康　©H. Yamami 2020
発行者　杉本淳一

発行所　株式会社 日本実業出版社　東京都新宿区市谷本村町3-29 〒162-0845
　　　　編集部 ☎03-3268-5651
　　　　営業部 ☎03-3268-5161　振 替 00170-1-25349
　　　　https://www.njg.co.jp/

印 刷／理 想 社　　　製 本／若林製本

この本の内容についてのお問合せは、書面かFAX(03-3268-0832)にてお願い致します。
落丁・乱丁本は、送料小社負担にて、お取り替え致します。

ISBN 978-4-534-05751-8　Printed in JAPAN